《苏州通史》编纂委员会 ◇ 编

苏州通史

五代宋元卷

戈春源 ◇ 著

学术总顾问

戴　逸

学术顾问

李文海　张海鹏　朱诚如　汝　信
茅家琦　段本洛　熊月之

总主编

王国平

苏州大学出版社
Soochow University Press

图书在版编目(CIP)数据

苏州通史.五代宋元卷/《苏州通史》编纂委员会编；戈春源著.—苏州：苏州大学出版社，2019.3
　ISBN 978-7-5672-2506-0

　Ⅰ.①苏… Ⅱ.①苏… ②戈… Ⅲ.①苏州—地方史—五代十国时期-宋元时期 Ⅳ.①K295.33

中国版本图书馆CIP数据核字(2018)第270218号

苏州通史　五代宋元卷

著　　者	戈春源
篆　　刻	陈道义
责任编辑	倪浩文
装帧设计	唐伟明　吴　钰
出版发行	苏州大学出版社
地　　址	苏州市十梓街1号
邮　　编	215006
电　　话	0512-67481020　65222617(传真)
网　　址	http://www.sudapress.com
邮　　箱	sdcbs@suda.edu.cn
印　　刷	苏州工业园区美柯乐制版印务有限责任公司
开　　本	787 mm×1 092 mm　1/16　印张 24.25　字数 436 千
版　　次	2019年3月第1版
	2019年3月第1次印刷
书　　号	ISBN 978-7-5672-2506-0
定　　价	120.00元

版权所有　侵权必究

序

在苏州市委、市政府领导和市委宣传部的组织实施下,经过长达十年的努力,皇皇16卷本的《苏州通史》即将出版,实在可喜可贺。

盛世修史,是中华民族的优良传统。伴随着经济的发展和社会的进步,2002年8月,党中央、国务院郑重做出了启动国家清史纂修工程的重大决定。在国家清史纂修工程的成功示范下,不少地方政府也开始组织力量,对本地区的历史文化进行深入挖掘和梳理,编纂区域性通史即是其中的重要途径。

苏州是我国重要的历史文化名城,在2500多年的发展史上,苏州先民创造了光辉灿烂的地方文化,成为中华文化的重要组成部分。宋代以来,苏州就有"人间天堂"的美誉。明清时期的苏州,在很多方面都达到了中国封建社会发展的顶峰。当今的苏州,作为改革开放的前沿,在经济、社会和文化诸方面都取得了令人瞩目的成就,综合实力位居全国前列。深入挖掘苏州的历史文化内涵,总结苏州发展的得失成败,是历史赋予当今苏州人的光荣使命。《苏州通史》在这种背景下应运而生。

十年来,在苏州市委、市政府和市委宣传部的大力支持下,总主编王国平教授带领课题组的数十位专家学者,心怀高度的历史责任感,反复切磋,努力钻研,通力合作,高质量地完成了《苏州通史》的撰写,堪称"十年磨一剑"。可以说,这部《苏州通史》系统地厘清了苏州发展的历史脉络,全面展现了苏州丰厚的文化积淀,是第一部完全意义上的苏州通史。我认为,这部《苏州通史》不但可以作为苏州城市的文化名片,也可以作为爱国主义教育的乡土教材。

古人云:"鉴于往事,有资于治道。"对于一个国家如此,对于一个地区何尝不是如此。相信《苏州通史》的出版,必将会为苏州的进一步发展提供强大精神力量。

苏州是我魂牵梦萦的家乡。八年前,我曾为《苏州史纲》作序;八年后的今天,又躬逢《苏州通史》出版的盛事,何其幸哉!对于家乡学术界在苏州历史文化研究方面取得的历史性跨越,我感到由衷的喜悦,故赘述如上,谨以为序。

戴 逸

2017 年 10 月 25 日

绪　言

苏州是中国重要的历史文化名城。早在一万多年前,太湖的三山岛就已出现了光辉灿烂的旧石器文化,成为中华文明的摇篮之一。商代末年,泰伯奔吴,带来了先进的中原文化。此后,吴国在此立国。吴王阖闾时期,兴建了吴大城,吴国也渐臻强盛,最终北上称霸。秦汉时期,今苏州地区纳入统一王朝的治理,经过孙吴政权的经营和东晋南朝的发展,到唐代中叶,苏州已经成为中国的经济中心之一。宋元时期,苏州的经济文化得到长足发展。到明清时期,苏州的发展水平已臻历史巅峰,成为全国著名的经济和文化中心,影响直至今日。晚清至民国时期,苏州逐渐从传统走向现代。中华人民共和国成立后,特别是改革开放以来,苏州再度强势崛起,成为当今中国发展最快、率先基本建成高水平全面小康社会的地区之一,创造了新的奇迹。这是苏州历史进程的主要脉络,构成了《苏州通史》的主线。

作为第一部完全意义上的苏州通史,我们希望能够以16卷的体量,系统完整地厘清苏州历史发展的脉络,全方位地展现苏州政治、军事、经济、社会、文化各方面的历史风貌。《苏州通史》撰写所涉及的主要内容与问题说明如下:

一、《苏州通史》的时空界定

1. 时间界定:苏州的历史包括这一区域的史前史。今日苏州所辖吴中区的太湖三山岛,早在一万多年前就出现了旧石器文化,这就成了《苏州通史》的起点。《苏州通史》的时间下限为公元2000年。

2. 政区空间界定:兼顾政区空间的现状与历史,以现行行政区域为基准,详写;历史行政区域超越现行行政区域部分,在相关历史时期中略写。

二、《苏州通史》的体例

参照中国传统史书编撰体例,借鉴国家清史纂修工程的《清史》主体设计,《苏州通史》主体部分为导论以及从先秦至中华人民共和国时期的历史(分为若干阶段的断代史),另设人物、志表、图录等三部分。人物、志表、图录中的内容是对通史部分相关内容的补白与补强。

《苏州通史》共分16卷。第1卷为导论卷,第2卷为先秦卷,第3卷为秦汉至隋唐卷,第4卷为五代宋元卷,第5卷为明代卷,第6卷为清代卷,第7卷为中华民国卷,第8卷为中华人民共和国卷(1949—1978),第9卷为中华人民共和国卷(1978—2000);第10卷为人物卷(上),第11卷为人物卷(中),第12卷为人物卷(下),第13卷为志表卷(上),第14卷为志表卷(下),第15卷为图录卷(上),第16卷为图录卷(下)。

三、"导论卷"的结构与内容

"导论卷"为丛书首卷,包括苏州历史地理概要、苏州史研究概述以及苏州史论三个部分。

"导论卷"上篇为苏州历史地理概要。在对苏州各历史时期地理环境要素演变做分期分类的基础上,重点对苏州历史沿革地理和苏州历史自然地理演变做概要性叙述,主要包括苏州历史气候与生态变迁、苏州地质与地貌变迁、苏州古城水道变迁、苏州历史建置沿革以及苏州城池防务沿革。

"导论卷"中篇为苏州史研究概述。《苏州通史》是学术界业已取得的研究成果的集中体现。对于苏州各个时期历史的研究,学术界已有或多或少的成果,并以著作、论文等为载体展现世间。《苏州通史》的作者们充分关注和汲取了这些宝贵的学术营养。"导论卷"的苏州史研究概述,分别列举并适当评述了先秦、秦汉至隋唐、五代宋元、明代、清代、中华民国、中华人民共和国等历史时期苏州史的研究成果。

"导论卷"下篇为苏州史论。按照通史的体例,正文中不可能就论题展开详细的专题性论述,这些相关论述即构成了"导论卷"下篇的苏州史论。这些专题论述有:《春秋吴国国号及苏州城市符号的"吴"及其溯源》《秦汉至隋唐时期吴城所辖行政区域及政治地位的变迁》《五代宋元时期来苏移民问题》《明代苏州地位论纲》《晚清苏州的现代演进》《民国以降苏州经济社会发展的传统规定性》《人民公社时期苏州农村社队工业的兴起与发展》《改革开放时期苏州经济发展的三次跨越》,大体上覆盖了苏州历史发展进程中的一些重要节点。

四、自先秦至中华人民共和国各卷的章节体系

自先秦至中华人民共和国各卷是通史的主体,分为8卷断代史。各卷采用纵横结合的结构,根据本卷所跨时段的政治经济发展状况,划分若干客观发展阶段为若干章,主要写政治、军事、经济状况;另设社会一章,主要写整个时段苏州人口家族、宗教信仰、民风节俗等;另设文化一章,主要写科学技术、教育、文化艺术等。这样,以"X+2"模式架构和贯通8卷断代史。

自先秦至中华人民共和国共8卷的章节体系,展示了苏州历史进程的主要脉络,体现了《苏州通史》的主线。各卷设章如下:

先秦卷 第一章,远古文明;第二章,泰伯南奔与立国勾吴(泰伯至寿梦);第三章,从徙吴至强盛(诸樊至吴王僚时期);第四章,"兴霸成王"与吴大城建筑(阖闾时期);第五章,从称霸到失国(夫差时期);第六章,战国时期的吴地;第七章,吴国社会状况;第八章,吴国的文化。

秦汉至隋唐卷 第一章,秦汉时期的苏州;第二章,六朝时期的苏州;第三章,隋唐时期的苏州;第四章,秦汉至隋唐时期的苏州社会;第五章,秦汉至隋唐时期的苏州文化。

五代宋元卷 第一章,五代苏州从混战走向稳定;第二章,北宋苏州的稳固与发展;第三章,南宋苏州的复兴与繁华;第四章,元代苏州的持续发展;第五章,五代宋元时期苏州的社会组织与社会生活风俗;第六章,五代宋元时期苏州的文化。

明代卷 第一章,洪武时期苏州社会恢复性发展;第二章,建文到弘治时期苏州社会持续性发展;第三章,正德到崇祯时期苏州社会转型性发展;第四章,明代苏州社会生活;第五章,明代苏州文化。

清代卷 第一章,恢复、发展与繁荣(顺治至乾隆年间);第二章,衰退与剧变(嘉庆至同治初年);第三章,变革与转型(同治初年至宣统年间);第四章,社会风貌;第五章,文化成就。

中华民国卷 第一章,民初情势;第二章,革命洗礼;第三章,近代气象;第四章,战争浴火;第五章,社会生活;第六章,文化教育。

中华人民共和国卷(1949—1978) 第一章,向社会主义过渡;第二章,全面探索的十年;第三章,"文化大革命"的十年内乱;第四章,在徘徊中前进的两年;第五章,社会变迁;第六章,文教、卫生事业的曲折发展。

中华人民共和国卷(1978—2000) 第一章,全面拨乱反正和改革开放启动时期;第二章,推进改革开放和加快发展时期;第三章,深入改革开放和现代化建设勃兴时期;第四章,和谐多彩的社会生活;第五章,与时俱进的文化建设。

五、人物、志表、图录各卷的编排

人物卷 《苏州通史》第10—12卷为人物卷(上)(中)(下),所录人物共1 600余人(含附传),包括苏州籍人士、寓居苏州有影响的非苏州籍人士,以及主要活动在外地的有影响的苏州籍人士。所录人物主要按人物生卒年排序。

志表卷 《苏州通史》第13—14卷为志表卷(上)(下),志表合一,分为建置、山川、水利、城市、街巷桥梁、园林、乡镇、人口、财政、职官、教育、藏书、文学、新闻出版、绘画、书法篆刻、音乐、昆曲、评弹、工艺美术、宗教、物产、风俗、古建筑、会馆公所、古迹等共26章。

图录卷 《苏州通史》第15—16卷为图录卷(上)(下),所录历史图片按政区舆图、军政纪略、衙署会所、城池胜迹、乡镇名景、水陆交通、市政设施、农林水利、工矿企业、店铺商社、苏工苏作、园林园艺、科学技术、科举教育、文学艺术、报纸杂志、书法绘画、文献藏书、文化设施、文娱体育、医疗卫生、风俗民情、宗教信仰、慈善救济、人物图像、故居祠墓等共26类编排。各类图片基本按图片内容发生时间排序。图录卷共收录图片2 000余幅,每幅图片均附扼要的文字说明。

《苏州通史》的人物、志表、图录等卷与其他相关的人物传记、方志、专业志、老照片等著作体裁有别,详略不同,其内容取舍取决于丛书的学术需求。

六、苏州元素的体现

苏州通史,所以能区别于其他地区的通史,在于展现了苏州悠久的历史发展过程中形成的历史文化特色,这些特色又是通过其独特的元素来体现的。为此,《苏州通史》的撰写,对历史进程中的苏州元素予以重点关注与剖析。诸如三山旧石器文化、太湖与苏州水系、伍子胥建城、三国东吴、范仲淹与"先天下之忧而忧,后天下之乐而乐"、苏州府学、"苏湖熟,天下足"、"上有天堂,下有苏杭"、吴门画派、吴门医派、昆曲评弹、园林、丝绸、顾炎武与"天下兴亡,匹夫有责"、姑苏繁华、明清苏州状元、苏福省、冯桂芬与"中学为体,西学为用"、苏州洋炮局、东吴大学、社队企业、"苏南模式"、苏州工业园区等,都会在相关各卷进行重点论述。

绪　言

从2007年撰写《苏州史纲》算起，至2010年《苏州通史》立项，再至2018年《苏州通史》付梓，整整十一年。若谓十年磨一剑，绝非虚语。

十余年里，我们怀抱美好的愿望，希望这部《苏州通史》能够成为第一部完全意义上的苏州通史，系统完整地厘清苏州历史发展的脉络，全方位地展现苏州政治、军事、经济、社会、文化各方面的历史风貌。希望这部《苏州通史》能够成为苏州城市的一张靓丽名片，展现苏州历史文化的丰厚积淀，展现当今苏州发展的辉煌成就，也在一定程度上展现苏州社会科学界在本土历史文化研究方面的学术成就。希望这部《苏州通史》能够成为苏州历史文化资源开发利用的一个坚实基础。

为此，《苏州通史》作者力求城市通史体系创新，力求新史料应用及史实考证的创新，力求观点提炼与论述创新，力求《苏州通史》能够达到同类通史的最高水平。

为此，《苏州通史》作者严格把握了保障学术水平的几个环节，诸如开题研讨、专题研讨、结项研讨、书稿外审、总主编审定、编委会审定等。在通史撰写过程中，熊月之、崔之清、姜涛、周新国、范金民、李良玉、戴鞍钢、马学强、张海林、王健、王永平、孟焕民、徐伟荣、汪长根、吴云高、卢宁、邓正发、涂海燕、陈其弟、陈嵘、尹占群、林植霖、张晓旭等专家学者参与了书稿的审阅，并提出了宝贵的意见与建议。

为此，苏州市领导还聘请了全国史学界及相关领域权威学者戴逸、李文海、张海鹏、朱诚如、汝信、茅家琦、段本洛、熊月之等先生担任学术顾问，并聘请戴逸先生担任总顾问。非常感谢他们听取相关事宜的汇报，并不吝赐教。

《苏州通史》作为市属重大社科研究项目，十余年来，得到苏州市委、市政府的高度重视和大力支持。先后担任中共苏州市委书记的王荣同志、蒋宏坤同志、石泰峰同志、周乃翔同志，以及先后担任苏州市市长的阎立同志、曲福田同志、李亚平同志等，都对《苏州通史》的研究编纂工作给予关心、指导和帮助。作为《苏州通史》编纂的主管部门，苏州市委宣传部历任部长徐国强同志、蔡丽新同志、徐明同志、盛蕾同志、金洁同志，历任分管副部长高志罡同志、孙艺兵同志、陈雪嵘同志、黄锡明同志等接续发力，从各方面为《苏州通史》编纂团队排忧解难，提供条件，创造了从容宽松的工作氛围。苏州市委宣传部副部长、市文明办主任缪学为同志和市社科联主席刘伯高同志积极支持项目立项和研究，并从资金等方面提供保障。苏州市委宣传部工作人员洪晔、吕江洋、徐惠、刘纯、刘锟、陆怡、盛征、陈华等同志先后参与了具体组织和协调推进工作。谨此致谢。

《苏州通史》杀青之际,掩卷而思著作之艰辛,能不感慨系之?感慨于《苏州通史》课题组各位同仁十余年来付出的难以言表与计量的刻苦与辛劳,感慨于众多学者专家审读各卷书稿所给评价与建议的中肯与宝贵,感慨于苏州市委宣传部历任领导对《苏州通史》从立项到出版全程的悉心呵护与大力支持,感慨于苏州大学领导从我们承接任务到付梓出版所给予的支持和关心,感慨于社会各界对《苏州通史》方方面面的关注与期待。

　　历经十余年打磨,《苏州通史》即将面世。果能得如所愿,不负领导希望,不负社会期待,不负同仁努力,则不胜欣慰之至!

王国平
2018年10月于自在书房

目 录

前　言 / 001

第一章　五代苏州从混战走向稳定 / 001

第一节　吴越对苏州的统治 / 003
一、唐末五代苏州的军阀混战 / 003
二、钱氏对苏州统治的稳定 / 006
三、钱元璙、钱文奉对苏州的管理 / 007

第二节　移　民 / 008
一、移民组成 / 008
二、移民影响 / 009

第三节　经济的发展 / 010
一、水利设施建设与管理 / 010
二、农田的开垦 / 011
三、作物与渔业 / 011
四、手工业 / 014
五、商　业 / 016

第二章　北宋苏州的稳固与发展 / 019

第一节　宋对苏州的统治 / 021
一、宋对吴越统治下苏州的控制 / 021
二、从平江军到平江府 / 022
三、北宋治苏官员的善政 / 023

第二节　范仲淹治苏 / 027
　　一、范仲淹生平 / 027
　　二、范仲淹思想特色 / 028
　　三、范仲淹治苏措施 / 029

第三节　北宋末期的危机 / 032
　　一、北宋最高统治者与苏州地方官吏的腐败 / 032
　　二、方腊起义对苏州的影响 / 033

第四节　水利与农业 / 035
　　一、水利建设 / 035
　　二、农业的发展 / 038

第五节　手工业 / 043
　　一、纺织坊市的出现与造作局的设立 / 043
　　二、龙船与车船 / 045
　　三、造纸与苏州刻书 / 046
　　四、制茶业 / 047
　　五、金属锻铸技艺水平的提高 / 047
　　六、太湖石的开采与加工 / 048
　　七、其　他 / 048

第六节　商　业 / 049
　　一、农产品的商业化 / 049
　　二、运河沿岸城镇的发展 / 050
　　三、坊市的易名与草市、夜市的兴盛 / 051
　　四、钱币的流通与市面的繁荣 / 051
　　五、海外贸易 / 053

第三章　南宋苏州的复兴与繁华 / 055

第一节　苏州的破坏与恢复 / 057
　　一、金人南侵与苏州抗金斗争 / 057
　　二、苏州的逐步恢复与全国经济重心的确立 / 061

目 录

三、苏州在南宋的地域优势 / 065

第二节　人口变化与民生 / 066

一、宋室南渡带来的人口变化 / 067

二、苏州经界、赋税之争 / 067

三、苏州官府与民生 / 069

四、官民实况 / 070

五、政府应对之举的失败 / 071

第三节　抗元斗争 / 071

一、张世杰在苏州的抗元斗争 / 072

二、文天祥与抗元中的苏州 / 073

第四节　农　业 / 074

一、水利与垦殖的继续发展 / 074

二、"苏湖熟，天下足"的完全形成 / 077

第五节　手工业 / 080

一、以宋锦为代表的纺编织品及其外输 / 081

二、彩竹笺与《碛砂藏》 / 081

三、制茶与食品制作 / 082

四、造船工业 / 083

五、金属冶铸与泥塑 / 084

六、制砖制罐等手工业 / 084

第六节　商　业 / 085

一、商品经济范围的扩大 / 085

二、服务行业的发展 / 086

三、花木市场的繁荣 / 087

四、小城镇的继续兴起 / 088

五、会子等货币的流通 / 089

六、对外贸易 / 089

第四章 元代苏州的持续发展 / 091

第一节 元朝初年对苏州的统治 / 093
一、苏州的破坏与元的民族歧视 / 093
二、元朝的地方行政 / 095
三、元朝贵族地主对生产资料的掠夺 / 096

第二节 元朝统治的某些改良 / 097
一、元朝发展生产措施 / 097
二、元朝苏州民生建设 / 098
三、元朝政治的改良 / 099

第三节 元朝后期腐朽统治与张士诚政权的建立 / 101
一、元朝后期统治的腐朽 / 101
二、张士诚大周政权的建立 / 103
三、张士诚与朱元璋的争夺 / 106

第四节 农 业 / 113
一、农业措施及产量的提高 / 113
二、棉花与其他经济作物的种植 / 116

第五节 手工业 / 117
一、棉纺织技术的引进与普及 / 118
二、丝织业的继续发展 / 119
三、海船的建造与修理 / 120
四、造纸与印刷业 / 120
五、金银加工 / 120
六、酿酒业与食品加工 / 121

第六节 交 通 / 121
一、陆上交通 / 121
二、内河交通 / 122
三、海上交通 / 122

第七节　商　业 / 123
　　一、洞庭商帮的萌芽 / 123
　　二、对外贸易的发达 / 124
　　三、城镇的继续兴起 / 125
　　四、货币的流通 / 127

第五章　五代宋元时期苏州的社会组织与社会生活风俗 / 129

第一节　社会基层制度 / 131
　　一、宋代坊厢制度 / 132
　　二、元代社甲制度 / 133
　　三、村社与家族宗法制度 / 133

第二节　社会团体 / 133
　　一、工商行会组织 / 133
　　二、文学艺术团体 / 134
　　三、体育性组织 / 135
　　四、老年团体 / 135
　　五、同学之会 / 136
　　六、丐帮与流氓团体 / 137

第三节　世家大族 / 137
　　一、范氏家族 / 138
　　二、韩氏家族 / 142
　　三、叶氏家族 / 144

第四节　苏州民众生活负担 / 145
　　一、赋税加重 / 146
　　二、物价上涨 / 147

第五节　社会慈善事业 / 148
　　一、灾荒与社会救济 / 148
　　二、居养安济院等慈善机构的设立 / 150
　　三、个人慈善之举 / 151

　　　　　四、范氏义庄的出现 / 152

第六节　社会风俗 / 153
　　　　　一、生产风俗 / 153
　　　　　二、衣食住行风俗 / 156
　　　　　三、婚丧风俗 / 159
　　　　　四、节俗与娱乐 / 162

第七节　宗教与信仰 / 172
　　　　　一、佛　教 / 172
　　　　　二、道　教 / 188
　　　　　三、民间信仰 / 199

第六章　五代宋元时期苏州的文化 / 207

第一节　教育与科举 / 209
　　　　　一、州县学的建立 / 209
　　　　　二、苏湖教学法 / 215
　　　　　三、书院、社学、义塾的兴盛及技术教育 / 217
　　　　　四、科举的渐兴 / 222

第二节　经学、兵学与史学 / 232
　　　　　一、经学研究领域的扩大 / 232
　　　　　二、流行学派 / 235
　　　　　三、兵　学 / 245
　　　　　四、方志与地方文献编纂的成就 / 246

第三节　文　学 / 256
　　　　　一、本地作家创作的诗词 / 257
　　　　　二、苏州著名诗词作家 / 271
　　　　　三、外地作家咏苏诗词 / 283
　　　　　四、民歌与曲 / 298
　　　　　五、诗话、诗注 / 302
　　　　　六、散　文 / 303

　　　　七、小　说 / 310

第四节　艺　术 / 311

　　　　一、书法与篆刻 / 312

　　　　二、绘画与雕塑 / 315

　　　　三、音乐、戏曲与舞蹈 / 320

第五节　科学技术 / 322

　　　　一、数学与物理学 / 323

　　　　二、天文、地理与气象学 / 323

　　　　三、水利学 / 325

　　　　四、农学与园艺学 / 326

　　　　五、医药学 / 327

　　　　六、建筑技艺 / 331

大事记 / 351

参考文献 / 357

后　记 / 366

前　言

在五代宋元时期,苏州以它优越的自然条件与相对稳定的政治局面,成为全国经济的重心,为明清时代的繁华奠定了基础。五代时,苏州为吴越国所属,称中吴府,同光二年(924)改称中吴军,设节度使以治。北宋时,苏州为两浙路所属,称为"紧"州,地位十分重要。政和三年(1113),苏州升平江府。南宋,平江(苏州)隶属于浙西路。绍兴年间始,节制浒浦军,成为军府。元改称平江路,为江浙行省所辖。元末,张士诚起事,以苏州为中心,一度称隆平府。

这一时期,苏州经五代初期与南宋建炎年间的短暂破坏,均迅速恢复。由于水利的兴修,塘浦圩田的兴建,农具与耕作方法的创新与改进,良种的培育与引入,肥料的开发与多样化,农业产量大幅提高,满足了全国的粮食供应,故而有"苏湖熟,天下足"的谚语。由于农副业的支撑,苏州的手工业产品增多,技术日精,其中以纺织、造船、造纸等最为著名,苏州是丝绸的重要产地之一。商业繁荣,商品丰富,街市喧阗,海运发达,苏州不仅为"浙西第一",而且有"人间天堂"的美誉。苏州之文化教育亦随之发展。

范仲淹在北宋景祐二年(1035)首创苏州州学,聘胡瑗为师,从而使政府办学之举与胡瑗所创"苏湖教学法"推广至全国。由于教育的发达,苏州科举渐呈兴盛趋势,也带来了学术的发展。苏州儒学,流派纷呈,各显其善。以《吴郡志》为代表的地方志编写,是最为突出的史学成就,在中国方志编纂史上占有重要地位。当时的苏州文学以诗词、散文见长,本土作家大量涌现。北宋范仲淹的《岳阳楼记》与边塞诗词脍炙人口。南宋范成大所作田园诗清新委婉。元四大画家多在平江活动,常熟黄公望所画山水,笔法雄浑,画意苍远,其《富春山居图》名噪一时。在南曲基础上形成的昆山腔,发展成今称百戏之祖的昆剧;以桥、塔、园林为标志的建筑技艺名闻中外。《天文图》《地理图》的绘制与医药学成就标志着苏州这一时期的科技在全国具有先进的水平。

五代宋元时期苏州社会基层组织较为严密,包括衣食住行的社会生活与民间的习俗信仰多体现了水乡特色。由于土沃物阜与儒家思想的熏陶,以范氏义庄为榜样的慈善事业蓬勃发展。一些传统的世家大族继续延绵。由于朝廷更替,世事变化,也出现了新兴的名门望族。五代宋元时期是苏州发展史上的一个重要阶段,起着承前启后的作用。

第一章 五代苏州从混战走向稳定

第一章　五代苏州从混战走向稳定

五代是一个军阀混战的时代。在战乱中,中原相继产生了梁、唐、晋、汉、周五个朝代,在周边地区陆续成立了十个"国家"的地方政权。在政治版图上,呈犬牙交错之状。他们为争夺土地物利,互相攻击,战争不断,人民深受其害。但是,自开平年间(907—911)吴越钱氏据有苏州后,直至北宋,苏州社会一直较为稳定,从而也赢得了一个发展机会。

第一节　吴越对苏州的统治

五代时期的苏州,经多次混战以后,长期处于吴越的统治之下。

一、唐末五代苏州的军阀混战

唐朝自中期之后,在一些地区,特别是河北一带,形成藩镇割据势力。从镇压黄巢起义始,各地军阀更雄张其势,为夺取地盘,纵横捭阖,开展斗争。苏州,正是军阀争夺的重要目标。

早在光启二年(886)十月,感化军牙将张雄、冯弘铎得罪了感化军统帅、徐州节度使时溥,张便率领己部三百余人离开徐州,渡过长江占领苏州,自任刺史。他逐步扩军至五万,拥有战舰千余艘,"自号天成军"。[1]近旁的镇海军节度使周宝见之妒羡,他知道驻扬州的原淮南节度使高骈的部将徐约实力雄厚,兵锋锐利,便"诱之使击雄"。[2]次年四月甲辰,徐约打败张雄,占领苏州,自任刺史。

文德元年(888)九月,杭州刺史钱镠在充分准备的基础上,派他的堂兄弟钱

---

[1] 司马光:《资治通鉴》卷二五六《唐纪七十二》,中华书局1956年,第8340页。
[2] 吴昌绶:《吴郡通典》备稿六,苏州市地方志办公室《苏州史志》2005年,第42页。

銶带兵进攻苏州,次年三月,拔之。徐约逃入海中,中箭死。钱镠任命海昌都将沈粲"权知苏州事"。这年十月,唐朝任命杜儒休为苏州刺史,改沈粲为苏州制置指挥使,而实权仍掌握在钱氏手中。大顺元年(890)八月,淮南节度使杨行密的部将李友攻下苏州。早先钱镠下令沈粲杀了杜儒休。为了应付唐朝的罪责,钱镠把杀杜的责任推向沈粲,沈粲便逃投另一军阀孙儒。当年闰七月,孙儒军占常州,十一月攻拔苏州,李友逃至常熟。十二月孙儒杀李友,派沈粲"守苏州"。孙儒军纪律败坏,焚掠苏、常。次年,钱镠再次反攻,占领苏州,任命钱銶为苏州招缉使。乾宁元年(894),任成及为苏州刺史。成及"与镠同事攻讨,谋多出于及",[1]为镠儿女亲家,曾参加过农民起义军,较为亲民。

乾宁二年(895)二月,在越州(今绍兴)的威胜军节度使董昌反,钱镠奉诏,以浙江东道招讨使、彭城郡王的名义起兵讨伐董昌。董昌向淮南节度使杨行密求救。杨行密为响应董昌,派部将台濛等围攻苏州。十月,淮南将柯厚部攻破苏州水栅。乾宁三年(896)四月,淮南军与钱镠兵战于苏州东郊黄天荡,钱镠兵失利。淮南军进围苏州,在苏州城内的常熟镇使陆郢献城,迎接淮南军,执刺史成及。杨行密见成及行政有法,清正廉明,很加赞赏,欲诱之以降,但成及有家属百口在钱氏处,不愿归降,于是成及被释南归。钱镠亲自到郊外迎接,"把袂以泣"。[2]钱镠接受了部将顾全武的建议,先用兵于董昌,再谋苏州的恢复。钱军全力东讨,攻克越州,斩董昌,钱氏占有浙东地。

乾宁四年(897)七月,钱镠命顾全武率师恢复苏州。顾全武采取先占外围,再攻苏州的办法,在一月之内先后攻拔了松江、无锡、常熟、华亭。八月,顾全武主力屯驻苏郊,作久围苏州之计。淮南节度使杨行密命其部将台濛坚守苏州,又派李近思、李简复等陆续出援台濛,对顾全武军产生很大压力。乾宁五年(898)正月,钱镠命令军队全力救援顾全武,活捉淮南将李近思,斩首一千余级,李部梁琮、张顗等被杀。[3]又攻败重占无锡的淮南将李简复,获其偏将陈益。三月,顾全武在白方湖抵住了淮南援将周本的进攻。九月,苏州城中粮食已尽,"台濛、李德诚等弃城走",[4]淮南的援军也因食尽而退遁。顾全武乘机发动攻击,占领苏州,并追败周本于望亭。由曹圭任苏州刺史。淮南在苏州的地盘仅剩昆山一城。

---

[1] 欧阳修:《新五代史》卷六十七《钱镠》,中华书局1974年,第837页。
[2] 路振:《九国志》卷五《成及》,《续修四库全书》第333册,上海古籍出版社2003年,第287页。
[3] 钱俨:《吴越备史》卷一《武肃王上》,文渊阁《四库全书》第464册,上海古籍出版社1987年,第515页。
[4] 吴任臣:《十国春秋》卷一《吴太祖世家》,中华书局1983年,第16页。

昆山守将秦裴率三千兵马，坚守城池，顾全武带万余人进攻，相持不下。浙军增加兵力加强进攻，并用水灌城。直至城坏食尽，秦裴方才投降，其老弱残兵，已不满百人。顾全武是克服苏州城的主将，富有谋略，为钱氏立下大功。

开平二年（908）九月（一说四月），淮南将步军都指挥使周本、吕师造再次进攻苏州，攻之甚急。苏州刺史曹圭具有胆气，在次年元宵节，开宴于族人曹师鲁宅，"盛陈灯火，令贼俘纵观"，[1]使淮人胆怯。淮南军推出攻城的器具"洞屋"，作为掩体。吴越（此时钱镠已称吴越王）守将孙琰在竹竿的顶部设置滑轮，滑轮上系一绳子，绳部设一重锥，击破洞屋，使淮南兵无所隐匿。淮南兵用炮攻击，吴越方面则"张网以拒之"。[2]钱镠派牙内指挥使钱镖、钱锯，行军副使杜建徽、江奕，都虞侯何逢、司马福等率军解除苏州之围。为了沟通与城内吴越军的信息，吴越游弈都虞侯司马福从郊外潜入护城河中三天，克服种种困难，终于见到城中吴越守将，传达了机宜。原来淮南兵为防止有人潜入城中，"以铜铃系网沉水中，断潜行者"，而司马福"多智而善水行，乃先以巨竹触网，淮人闻铃声遂举网，福乃过，入城中，其出也亦然"。[3]辛亥那天，吴越兵内外夹攻，获得大胜，俘虏淮南官兵闾丘直、何明、何朗等三千余人，获兵甲、生口三十余万，夺得战船两百余艘。接着在黄天荡打败连夜逃遁的周本、吕师造两人，继续追赶。淮南将钟泰章率领精兵两百人为后卫，顽强抵抗。淮南军多树己方旗帜于茭白田中，使吴越军产生疑虑，而不敢穷追。苏州之役，吴越取得大胜，有其原因。吴越一直重视农业生产，所任地方官员较为清廉，得到人民的拥护。吴越亦重视对人才的培养。陆仁章原是一个园丁，有次钱镠在游"府园"时发现陆仁章的才智，加以提拔，累次升至"两府军粮都监使"。这次在抗击淮南军的苏州之战中，其"通信入城，果得报而返"，起了重要作用。同时，吴越的战略战术，亦有可取之处，用内外交攻的方式，使淮南军一败涂地。相反，淮南政权正处于内讧之中，指挥不统一，下层多自作主张。正如周本后来总结教训时所说："苏州之败，非怯也，乃上将权轻，而下多专命尔。"[4]这次战争为吴越国对苏州的统治，奠定了稳固的基础。苏州是吴越北方的前沿重地，起着拱卫吴越"国都"杭州的重要作用，这也使苏州获得相对稳定的局面。

---

[1] 范成大：《吴郡志》卷十一《牧守》，江苏古籍出版社1986年，第137页。
[2] 吴昌绶：《吴郡通典》备稿六，苏州市地方志办公室《苏州史志》2005年，第44页。
[3] 欧阳修：《新五代史》卷六十七《钱镠》，中华书局1974年，第840页。
[4] 欧阳修：《新五代史》卷六十一《杨行密》，中华书局1974年，第754—755页。

二、钱氏对苏州统治的稳定

贞明三年(917),占据淮南的吴王杨隆演派前舒州刺史陈璋带兵攻打苏、湖两州,双方互有袭扰。贞明五年(919)七月,吴越国以苏州为中吴府。四月,钱军与淮南吴军战于狼山江,大败吴军。六月又战于沙山(今张家港江边),吴越军败。吴越王钱镠派其子传瓘(后改名元瓘)攻打杨吴的常州。吴国掌握实权的徐温率军来拒。徐温另派陈璋率领水军,从海门渡江南下,直捣吴越的后方,使吴越内外吃紧。壬申(夏历初七),吴越军与杨吴军在无锡作战,吴越的指挥使何逢、吴建战死,吴越败退苏州。一些部将劝徐温乘吴越大旱乘胜追击,袭取苏州。但徐温认为,"天下离乱久矣,民困已甚,钱公亦未易可轻;若连兵不解,方为诸君之忧。今战胜以惧之,戢兵以怀之,使两地之民各安其业,君臣高枕,岂不乐哉!多杀何为?"[1]徐温的这一和平共处思想,使苏州避免了一场浩劫。当年八月,吴归还了无锡战役中的俘虏,吴越接受了这些战俘,并对吴表示感谢。同光二年(924),吴越国发生大火,"焚其宫室、府库、甲兵皆尽"。[2]淮南吴国群臣劝主政李昪(徐知诰)乘弊攻之。李不许,遣使吊问,厚赐其乏,并归还双方所执将士。从此,双方休兵二十年,为苏州的发展取得宝贵的时间。钱氏对苏州的统治也逐步稳定下来。

吴越一直把苏州作为北边的重镇、国家的屏蔽,同光二年(924)升苏州为中吴军,领常州、润州(今镇江)等地,以钱元璙为节度使,提升了苏州的政治地位。吴越十分重视苏州的行政管理与城池建设,在一些人口稠密、形势险要的地方划置州县。开平三年(909),吴越通过后梁,划出苏州南部松江西边为吴江县,仍属苏州管辖。天福三年(938),以嘉兴县西鄙的义和镇建崇德县。五年(940)三月,析苏州嘉兴县为秀州;嘉兴、海盐、华亭、崇德等四县属之。州县的增加,顺应了经济发展、人口增长的趋势,加强了钱氏的统治。

吴越一直执行韬光养晦的政策,顺事中原,承认中原王朝的交替。吴越一直称王从未称帝。所用年号天宝(908—923)、宝大(924—925)、宝正(926—932),只在境内私用,以免招惹是非。钱镠去世时,更遗命今后不用国仪,而使用藩镇法。自第二代钱元瓘始,未再用年号,避开了政治上的敏感问题,加强了与中原的良好关系。

---

[1] 司马光:《资治通鉴》卷二七〇《后梁纪五》,中华书局1956年,第8847页。
[2] 欧阳修:《新五代史》卷六十二《李昪》,中华书局1974年,第768页。

吴越十分重视苏州城镇的建设,龙德二年(922)对苏州城墙作了修葺,砌成高二丈四尺、厚二丈五尺的砖墙,城内外均开城濠,可谓险固,在全国同类的城池中,也称上乘。吴越对一些小城镇的建设也较重视,乾化二年(912),苏州虎疁镇的建设得到加强。因"疁"与钱镠的"镠"近音,而改名为浒墅,这虽由封建时代的避讳所致,但也反映了吴越政权对这一城镇的重视。浒墅关是重要交通枢纽、苏州西部的门户,历来是收税的关権。

吴越统治集团从整体而言比较团结。长兴三年(932)钱镠去世,立自己的第七子传瓘(后改名元瓘)为王,而其六子、时任中吴军节度使的传璙(后改名元璙),对这决定表示拥护,并未引起纷争。长兴四年(933)七月,钱元璙自苏州入宫觐见。吴越王元瓘接见,用家人礼,置酒宫中。吴越王亲自举杯祝寿,说这先王之位,兄宜当之,使我小子到这一步,实在是兄的推载之力。元璙却俯于地,说:"大王功德高茂,先王择贤而立,至公也。君臣位定,惟知恭顺而已。"[1]表现了一种良好的政风。吴越通过一系列的措施加强对苏州的统治。

三、钱元璙、钱文奉对苏州的管理

钱元璙在凤历元年(天宝六年,913)任苏州刺史,特别自同光二年(924)充中吴军节度使以来,共统治苏州二十余年。其第二子钱文奉,"以荫为中吴军牙内都指挥使,改节度副使","天福(936—944)中,嗣元璙为节度使"。[2]父子两人统治苏州数十年。钱元璙号称"俭约而恭靖";文奉亦称涉猎经史,懂音律、医药,是全才式人物。

他们执行吴越王朝的政令,发展民生,减少了一些人民负担。长兴三年(932)吴越王钱镠逝世前,遗命蠲除民田荒绝者租税。天福六年(942),文穆王钱元瓘死,其子弘佐继位,下令免除境内赋税三年,以宽其民。钱元璙父子对这些利民的诏令,完全能遵旨奉行。天成元年(926),苏州大水,钱氏政权下令赈济。钱元璙父子的一些僚佐也称得人。当时担任中吴军节度司推官的丁守节、陈赞明、范梦龄(范仲淹曾祖)、谢崇礼等人办事持重,稳定行事,号称"长者"。[3]

钱氏父子十分重视水利建设,根据江南水乡的特点,抓住农业的命脉,加强水利的开发与管理,为农业的发展提供了条件。

---

[1] 吴任臣:《十国春秋》卷八十三《钱元璙传》,中华书局1983年,第1197页。
[2] 吴任臣:《十国春秋》卷八十三《钱文奉传》,中华书局1983年,第1197—1198页。
[3] 范成大:《吴郡志》卷十二《官吏》,江苏古籍出版社1986年,第161页。

钱文奉继承吴地统治者建筑园囿的传统,建设了优美的园林南园、东庄(亦称东墅)。这些园林"奇卉异木,及其身见,皆成合抱。又累土为山,亦成岩谷,延接宾旅,任其所适"。"时时乘白骡,披鹤氅,缓步花径,或泛舟池中,远近闻宾客笑语声,则就饮为乐。"[1]东庄也称东圃,有崇冈清池,茂林珍木,其址在今苏州大学本部。可见南园与东庄除了种植奇草异木之外,还开凿池沼,堆叠假山,不仅当时为"吴中之胜",具有观赏性与艺术性,而且对当时苏州甚或全国的园林建设,都有相当的影响。此外钱文恽造了金谷园(今环秀山庄及其附近)。

但是吴越常以物资进贡中原,"扬帆越海,贡奉无阙"。[2]统治阶级骄奢淫逸,"常重敛其民以事奢僭","值景而造成"园林。田赋高达亩税三斗,还征收以口计算的身丁钱,甚至鸡鸭鱼蛋与观赏的鸟儿也向民间征收,人民负担甚重。

虽然吴越政权有这些苛捐杂税的记载,但由于政府注意水利等建设,使经济有所发展,加上苏州地方官吏执政较平允,五代时的苏州总体而言取得稳定性的发展。

第二节 移 民

五代时由于中原板荡,军阀纷争,王朝更替极为频繁,在短短五十多年,出现了五个朝代,而南方相对稳定,人口自然流向南方。

一、移民组成

保大十五年(957),"乱兵焚扬州,民皆徙江南",[3]其中有一部分流至苏州。太平兴国三年(978),钱俶入朝纳土,苏州主客户达三万五千余户,人口当近二十万。可见由于外地人口来苏,因而保持了人口的稳定增长。吴越国大力招徕北方人才,"常使画工数十人居淞江,号鸢手校尉,伺北方流移来者,咸写貌以闻,择清俊福厚者用之"。[4]外来人口中,有不少是因任官而来苏。孙汉英因出仕任钱氏的昆山防遏使而安家昆山,其曾孙孙载,登宋治平二年进士。

又如:在吴越广陵王钱元璙与其子威显王钱文奉任中吴军节度使,开府苏

---

[1] 吴任臣:《十国春秋》卷八十三《钱文奉传》,中华书局1983年,第1198页。
[2] 薛居正:《旧五代史》卷一三三《钱镠》,中华书局1976年,第1771页。
[3] 马令:《南唐书》卷四《嗣主书》,文渊阁《四库全书》第464册,上海古籍出版社1987年,第266页。
[4] 吴任臣:《十国春秋》卷七十八《武肃王世家》,中华书局1983年,第1115页。

州时,上述丁守节等四人都是外来人员,同任中吴军节度推官。他们留苏后子孙繁衍,兴旺发达,丁守节之孙丁谓任丞相,陈赞明的曾孙陈之奇任屯田郎中,范梦龄的曾孙范仲淹任至参知政事,谢崇礼之子谢涛任太子宾客。后来他们的子弟登高科者不乏其人。

移民的后代马友直,以孝闻,宣和元年(1119)水灾时,马的兄弟都是只救自己的妻子与儿女,只有马友直迎接其双亲来归,而闻名于时。建炎二年(1128)以累次被推举而得官,任武康县簿、监潭州南岳庙,以宣教郎卒。而他的祖先叫司马球,在五代时以御史中丞的名义,担任吴越昆山镇遏使,[1]因而留在苏州,改马姓。友直的曾孙先觉,刻苦读书,绍兴年间中进士,以后,苏州马姓逐步繁衍。南宋状元卫泾的祖先是"齐人","唐末避乱南迁"。[2]

再如:著名大族郑氏的祖先是唐末从北方适苏,以后世代为吴县人。[3]正如皮光业所说,"中朝名士,在野遗人,或负笈担簦,来投霸府;或折襦为袴,而诣军门"。[4]钱氏政权中多北方来投者,他们纷纷落地于吴越,促进钱氏统治的完善与吴越的发展。

吴越时苏州大量移民还来自战俘。正如以上所述,乾宁四年(897)苏州之战,两浙将顾全武大破淮南十八营,俘敌魏约以下三千人。[5]后梁开平二年(908),吴越军围攻占领苏州的淮南军,生擒淮南军三千余人,缴获甲兵生口三十万。乾化三年(913)吴越钱传璙攻淮南的东洲,"获敌将李师愈、姚延环等三千余人而还"。[6]这些战俘大部落户于吴越,成为强壮的劳动力,他们带来了北方的一些生产技术,甚至习俗风尚,给吴越国与苏州的发展增添了生力军。当然,作为普通百姓南投者也不少,融成吴越劳动大军的一部分,直接促进了生产力的发展。

二、移民影响

五代时期,南迁的北方人士,具有较高的文化素养与精湛的技艺。"中岁入吴"的著名诗人罗隐投钱镠,任掌书记、节度判官、谏议大夫等职,天宝三年(910)卒葬新登(今杭州郊区)。他作文章"多气力",笔锋锐利,政治经验丰富,

---

[1] 范成大:《吴郡志》卷二十六《人物》,江苏古籍出版社1986年,第385页。
[2] 卢熊:洪武《苏州府志》卷三十五《人物》,广陵书社2015年,第445页。
[3] 胡宿:《文恭集》卷三十六《郑公墓志铭》,乾隆刻本,藏上海图书馆。
[4] 皮光业:《吴越国武肃王庙碑》,《十国春秋》卷七十八《钱镠传》,中华书局1983年,第1110页。
[5] 司马光:《资治通鉴》卷二六一《唐纪七十七》,中华书局1956年,第8503页。
[6] 吴任臣:《十国春秋》卷七十八《武肃王世家》,中华书局1983年,第1089页。

称江东人才。其子罗塞翁,官镇海节度推官,以画羊"超绝,妙于一时"。又如另一著名诗人皮日休,因任苏州军事判官而留苏。其子皮光业出生于苏州,十岁即能文。及长,以文才受到钱镠的赏识,署浙西节度推官等职,出使四方,多有外交成就。天福二年(937)任丞相,"凡教令仪注多数考定",撰《皮氏见闻录》十三卷。光业之弟光邻,官至温州刺史。光业之子皮璨,官至元帅府判官,著有《鹿门家钞诗咏》。皮家"三世以文雄江东,识者荣之"。[1]这些外来人才,传播了文化与技艺,带来了人口之利,促进了江南经济与文化的发展。

第三节　经济的发展

苏州在五代经济取得较快发展,主要是由于吴越王朝采取保境安民的方针,保障民生,使苏州处于相对稳定局面,在战乱纷扰的五代,成为一方乐土。吴越深知农林水利是立国之本,因而重视农业生产,发展水利事业,夯实农业基础。另外,各方人才汇聚到吴越,提高了南方的农耕与手工业水平。

一、水利设施建设与管理

吴越对苏州境内水利建设十分重视,专门建立管理机构,并组织人力,疏通水道,使太湖水得以下泄,并制定了一系列的措施、制度,保证水利工程的建设、维修与保护。

钱氏在沿海多处设捍海塘,以"铁絙贯幢干,用石䃂之","以折水势",防止海潮的浸入,并置闸门,以防江潮入河,由是"钱唐富庶盛于东南"。[2]天祐元年(904),钱镠还督率丁夫疏通松江、新洋江等塘浦,防止海潮上涨。新洋江疏通后"既可排流潦以注松江,又可引江流溉冈身也"。

末帝贞明元年(915),吴越设置都水营田使,主持水利事宜;建立撩浅(也叫撩清)军,治河筑堤,防止水患。撩浅军共分四路(一说二路),一路称开江营,负责常熟、昆山等地36条河道的疏浚与护理;另三路分别负责吴淞江、急水港、淀泖、小官浦及运河的清淤、罱泥、除草、置闸任务。这类士兵在太湖周边四郡,达七八千名之多。由于撩浅军的努力,太湖水一路直下吴淞江,另一路从急水港下淀山湖入海。这样,农民在旱时可以用水灌溉,涝则引水出田,其法甚备。钱氏

---

[1] 吴任臣:《十国春秋》卷八十六《皮光业传》,中华书局1983年,第1246页。
[2] 司马光:《资治通鉴》卷二六七《后梁纪二》,中华书局1956年,第8726页。

父子遵循这一治水方针,取得了丰硕的成果。

钱元璙当政期间,海虞(今常熟)二十四浦潮汐二至,挟沙而入,使一些支港堵塞。元璙派遣开江营将梅世忠为都水使,招募水利兵,在每个港口建设闸门,"按时启闭以备旱涝"。[1]为了防汛防潮,苏州特创水寨军,授李开山为水寨将军,屯兵于浒浦港,凡有紧急情况,即便救援,于民称便。旱则开闸,引江水之利;涝则闭闸,拒江水之害,成为农业的大利。

二、农田的开垦

汉隐帝乾祐二年(949),吴越置营田卒数千人,凭借吴淞江水灌溉,在两岸辟土而耕,不仅收获粮食,而且加强了水利工程的维修与利用。

与水利建设的同时,吴越加强了耕地的开发。吴越后期钱俶"募民能垦荒田者,勿收其税,由是境内无弃田"。[2]有人请求将遗漏户籍、不交常赋的成丁捡搜出来,以增加国家赋税收入。钱俶将此人"杖之国门",加以惩处。钱氏这一"存富于民"的思想得到了国人的拥护。吴越十分重视土地的开垦,扩大生存资源,安定了民众的生活。

江南自古以来"因其地势之高下,井之而为田,其环湖卑下之地,则于江之南北,为纵浦以通于江。又于浦之东西,为横塘以分其势而棋布之"。一般而言,"五里七里为一纵浦,七里十里而为一横塘"。用开挖沟渠的泥土修筑塘堤,塘堤阔二三十丈,高一丈至二三丈不论,但必须高出河湖的最高水位,并设置堰闸斗门,控制调节内河的水位,形成圩田相连,水网密布,区域协调的农田水利系统。圩田大小不等,多有一圩方圆数十里的,大如城。水利农田建设,促进了农业经济的发展。

三、作物与渔业

由于苏州形成了水利网络和塘浦圩田系统,一些湖滩荒地因此变成良田。太湖周边的大片荒地沼泽得到开垦和利用,粮食产量逐年提高,为宋代"苏湖熟,天下足"的全国粮仓地位,进一步打下了坚实的基础。

曲辕犁的使用与龙骨水车制造技术的提高减轻了劳动强度,增强了耕作效益,进一步扩大了耕田面积与经营范围。

---

[1] 吴昌绶:《吴郡通典》备稿七,苏州市地方志办公室《苏州史志》2005年,第45—46页。
[2] 司马光:《资治通鉴》卷二八八《后汉纪三》,中华书局1956年,第9415页。

1. 粮食作物

苏州的稻米品种,此时开始增多,其中著名的有香粳。香粳也叫香稻,出现在南朝,较大规模种植在唐时,陆龟蒙在《江南二首》中说:"便风船尾香粳熟,细雨篷头赤鲤跳。"又说:"香稻熟来秋菜嫩,伴僧餐了听云和。"[1]可见香稻是一种特色粮品。在五代时江南已普遍种植。

在唐末出现的稻米新品种还有红莲稻与穤秜二种。红莲稻"其粒大而芒红皮赤,五月而种,九月而熟,谓之红莲"。[2]穤秜是晚稻的一种,"其粒长而色斑,五月种,九月熟"。穤秜较易生长,产量较高,价格较低。由于吴地气候温度较高,持续时间又长,从唐开始,出现了刈而复生的再熟稻(也称再撩稻),提高了复种指数。

江南地区自古以来有饭稻羹鱼的传统,普遍种水稻。但从东汉至东吴,直至南北朝时期,北人大量南迁,麦类作物在吴地开始增多,特别在丘陵地带,种植更为普遍。这就改变了苏州传统粮食经济的结构,使之由单一的稻作农业向水旱并种、稻麦兼济的方向发展。一年之内稻麦两熟,夏秋水稻,冬春小麦,大大提高了土地利用率。这一轮作制度一般认为出现于唐代的吴地。李伯重《我国稻麦复种制产生于长江流域考》就力主此说,而获得一些学者的赞同。但这一制度由开创走向稳定有一个过程。五代,正是稻麦轮作制度由开创走向普遍确立的重要过渡时期。

总之,由于牛耕的普遍使用,水稻移栽技术的逐步普及,水稻品种的增多,早晚稻的出现,五代继唐之后苏州粮食产量无论总产与单产都有较大提高。

2. 经济作物

经济作物与衣食的关系特别密切。苏州五代时经济作物的生产在全国范围亦有一定的影响。饮茶当时在全国已经普及,苏州是生产茶叶的重要地方之一。陆羽《茶经》指出,苏州茶产于洞庭山一带,但品相较下。至宋《太平寰宇记》卷九一《江南东道》称:"洞庭山,按《苏州记》云,山出美茶,岁为入贡。故《茶说(经)》云,长洲县(笔者按,当为吴县)生洞庭山者,与金州、蕲州、梁州味同。"[3]《苏州记》是晚唐的著作,新旧《唐书》的《艺文志》均未著录,已佚。唐末五代苏州成为贡茶产地,茶质有所提高。吴人善烹茶,吴僧文了因善烹茶而受

---

[1] 陆龟蒙:《蔬食》,《全唐诗》,上海古籍出版社1986年,第1586页。
[2] 黄省曾:《理生玉镜稻品》,《丛书集成初编》,中华书局1985年,第1页。
[3] 乐史:《太平寰宇记》卷九十一《江南东道三·苏州》,中华书局2007年,第1827页。

到荆南节度使高氏的礼遇。[1]

栽桑养蚕,是丝织品重要来源之一。苏州是蚕桑业发达的地区。长期生活在苏州的晚唐诗人皮日休、陆龟蒙,多有描写江南蚕桑的诗歌。皮日休:"茧稀初上簇,醅尽未干床。尽日留蚕母,移时祭麹王。"[2]具体描写了蚕茧上簇的情景。陆龟蒙:"四邻多是老农家,百树鸡桑半顷麻。尽趁清明修网架,每和烟雨掉缲车。"[3]可见苏州养蚕缫丝十分繁忙。五代诗僧贯休:"尝闻养蚕妇,未晓上桑树。下树畏蚕饥,儿啼亦不顾。"[4]反映了蚕妇一早采桑,忙于养蚕,不顾儿啼的情景。说明蚕桑在五代的江南已成为农家重要的副业。

苏州地区,由于气候炎热,富产柑橘、杨梅等水果。苏州东西山所产柑橘,名冠天下,质量上乘,自唐以来,都作为贡品。五代时,在这一带柑橘栽种很是普遍。诗僧齐己:"洞庭栽种似潇湘,绿绕人家带夕阳。霜裹露蒸千树熟,浪围风撼一洲香。"[5]橘树遍地,香满一洲。迟至唐朝五代,柑橘作为一种商品,已有专业种植与专门商贩化的倾向。唐佚名《梨橘判》中,就有苏州人弘执信载橘往郑州贩卖的记录。[6]五代以后,这种专业化生产与商贩更加明显,已有吴地农民依靠柑橘生活的述载,可见专业化程度已提高。

3. 渔业生产

苏州地势低平,号称水乡泽国,渔业生产素称发达,不仅出产各种淡水鱼类,而且出产多种海鱼。有次宋命翰林学士陶穀出使吴越。吴越王"宴以水族数百器,又令膳人烹蝤蛑至蟛蚏十余种以进"。[7]蝤蛑,今称梭子蟹,是一种大型的海蟹。蟛蚏,也叫蟛蜞,是无毛的小河蟹。吴越厨中蟹蟛之类有十几种之多,可说品种齐全。吴越境内江河中有时出"巨鱼",乾德元年(963)曾获巨鱼于江壖,长九丈六尺。

苏州五代所出鱼类,有传统的松江鲈鱼,所作鲈鲙为世之所珍。还有太湖白鱼,此鱼"于湖侧浅水菰蒲之上产子,民得采之,随时贡入洛阳"。吴人以芒种日谓之入梅,梅后十五日谓之入时。白鱼于是盛出,谓之"时里白"。[8]

---

[1] 陶穀:《清异录》卷下《乳妖》,文渊阁《四库全书》第 1047 册,上海古籍出版社 1987 年,第 916 页。
[2] 皮日休:《五言十首奉题屋壁》,《全唐诗》,中华书局 1961 年,第 7061 页。
[3] 陆龟蒙:《奉和夏初袭美见访题小斋次韵》,《全唐诗》,上海古籍出版社 1986 年,第 1577 页。
[4] 贯休:《偶作五首》之一,《全唐诗》,中华书局 1961 年,第 9329 页。
[5] 齐己:《谢橘洲人寄橘》,《全唐诗》,中华书局 1961 年,第 9555 页。
[6] 李昉:《文苑英华》,中华书局 1966 年,第 2791 页。
[7] 吴任臣:《十国春秋》卷八十二《忠懿王世家》,中华书局 1983 年,第 1167 页。
[8] 范成大:《吴郡志》卷二十九《土物》,江苏古籍出版社 1986 年,第 432 页。

石首鱼(今称黄鱼)也是苏州特产。其鱼味道珍美,据《吴录》,这种鱼为江海鱼中之冠。夏初则至,吴人甚珍爱之。以楝花树为候。谚曰:"楝子花开石首来,笥中被絮舞三台,言典卖冬具以买鱼也。"至八月间,又一次出现黄鱼鱼汛,大量上市,称"回潮石首"。石首,以头中有骨两枚,色白,大如豆,坚如石,故名。面临东海的苏州,是石首鱼的重要产地与销售市场。

四、手工业

根据历史传统与地方特产,五代时苏州的手工业有下列几项比较突出。

1. 制盐

食盐作为人类生活必需品,十分重要。苏州靠沿海之利,富有海盐之饶。在唐时,苏州之盐,被称吴盐、浙盐,由浙西巡院负责监管专卖。五代时苏州盐田在今海盐一带,已出现浓缩海水、增加咸度的盐田,有"风干日曝盐味加,始灌潮波塯成卤"的说法。然后经巨灶的烧制,晒干成盐。盐的产量逐年递增,唐朝时苏州盐场收钱一百零伍万贯,占两浙的15.8%,五代时此势不减。

2. 纺织业

苏州地处产桑区,纺织业历来发达。吴中一年蚕四五熟,人民勤于纺织,丝产量大,技术水平在全国处于领先地位。在苏州虎丘塔与瑞光塔中,发现有五代的经帙、经袱,说明此时苏州织品多样,质量较高。吴越国王一次性入贡中原的锦绮达二十八万余匹、绢七十八万余匹。苏州节度使钱元璙进贡的金银锦绮、御服犀带达数千件,绫绢达七千余匹。同光三年(925),吴越贡后唐锦绮千件,多有染色。其中用到佛头螺子青与山螺子青,在当时是一种名贵的染料与绘画的颜料,为吴越的特产。1957年,从虎丘塔出土的孔雀宝相花纹锦、云纹瑞花锦,可知当时苏州有高超的织锦技术,已开宋锦先河。

3. 白金冶炼

除纺织品之外,吴越国似多产白金。周显德五年(958)四月,吴越王钱俶进贡周绫、绢各两万匹,白金一万两。该年闰七月又进贡白金五千两、绢两万匹、细衣缎两千连。八月贡周白金五千两、绢一万匹。十二月贺正钱一千贯、绢一千匹。吴越贡白金数量巨大,苏州应是白金的重要销售地之一。

4. 舟船建造

苏州有舟船建造的传统,早在春秋晚期,吴国已能制造大小形制各异、作用不同的战船。隋唐征高句丽用的海船,多由苏、常、润三州制造。苏州建造的舟船常用于水军作战,与杨吴、南唐在长江多次战争,双方动用了不少船只,吴越的战船以行动快捷的特点称雄于水上。吴越能造大型的龙舟。显德五年(958)吴越进贡的物件中,有龙舟与天禄舟各一艘,"皆饰以白金",[1]可知这艘龙舟装饰之丽,型号之大,价值之高,也说明吴越造船技术水平高超。

5. 制酒

苏州盛产糯米,水质清冽,多产美酒,所谓"酒法众传吴米好"。[2]苏州几乎家家自酿好酒,并已有专门经营酿酒餐饮的专业化服务。《吴郡图经续记》:"大酒巷,旧名黄土曲。唐时,有富人修第其间,植花浚池,建水槛、风亭,酝美酒以延宾旅,其酒价颇高,故号大酒巷。"[3]这种酒楼到五代遍布于城市的各个角落。正如齐己所说,"城中古巷寻诗客,桥上残阳背酒楼。"[4]五代继承唐的制法,制出一种叫"五酘"的酒,是一种特色产品。将秫米与浆水放入瓮中后,第二天,又以米投之,有一至再投者,所以称"五酘"。这种酒"清冽异常",成为受苏州人欢迎的饮品。

6. 白磏开采

白磏,也叫白泥,出自苏州阳山。它在春秋时代即有开采。从南北朝以来,长期作贡物。开采时"凿山为坑,深数十百丈始得。初如烂泥,见风渐坚,腻滑精细,它处无比者。土人亦当白石脂用"。[5]五代时期,白磏的开采延续不断,为各种手工业与建筑业提供了原料。

7. 造纸

造纸,一直是苏州的传统手工业。1956年,苏州市文管会在修缮虎丘云岩寺塔时,在塔的第二层正面门口一条十字形空弄中,发现一具石函,函中经箱内放着一卷纸张,经鉴定,疑似白绵纸。虎丘塔系五代末至宋初重建,其纸应是五代的产物。五代时,吴地所造笺纸,"名闻四方,以诸色粉和胶刷纸,隐以罗纹,然后砑花"而成。[6]其纸纹细如鱼子。至南宋,其制纸法在吴地没有传承下来,而传至蜀地。因此蜀中的粉笺,亦称吴笺。

8. 金银细工与琢玉雕石技术

苏州五代时金银锻造、琢玉与木材加工技巧,亦有所发展。著名玉工有颜规。苏州西南横山(俗称七子山)在1981年出土五代时期的文物多种,计有瓷器

---

[1] 吴任臣:《十国春秋》卷八十一《忠懿王世家》,中华书局1983年,第1157—1158页。
[2] 刘禹锡:《酬乐天衫酒见寄》,《全唐诗》,上海古籍出版社1986年,第901页。
[3] 朱长文:《吴郡图经续记》卷下《往迹》,江苏古籍出版社1986年,第60页。
[4] 齐己:《寄吴国知旧》,《全唐诗》,上海古籍出版社1986年,第2072页。
[5] 范成大:《吴郡志》卷二十九《土物》,江苏古籍出版社1986年,第428页。
[6] 范成大:《吴郡志》卷二十九《土物》,江苏古籍出版社1986年,第428页。

12件、陶俑8件、铜俑8件,还有兵器、金银玉器饰品、铜铁器等。其金玉饰品,据考出自本地,皆精工制作,器形多样,金彩银辉,很是美观。[1]在苏州虎丘云岩寺塔中,发现了晶莹如玉的越窑青瓷莲花碗、十分精致的檀龛宝相和鎏金镂花包边楠木经箱,还有11面铜观音像与刺绣经帙等。这都说明了五代苏州金属细工与玉器、木材加工的精致。

五、商 业

苏州在五代时的商业可说逐步繁荣。商市在乐桥堍一带,十分热闹。海外贸易发达,也是苏州特色之一。乾德二年(964),海舶献沉香翁一具,高尺余,剜镂若鬼工,(钱)王号为"清门处士"。有一次,高丽舶主王大世选沉水千斤,叠为"旖旎山",像衡岳七十二峰,(钱)王许以黄金五百两,竟不售。通过海上贸易,引进一件珍稀的大型工艺品,即达黄金五百两,可见其贸易额还是很大的。

为了便于流通,吴越自显德四年(957)开始仿照唐"开元通宝"的形制铸钱。1957年,在整修清理虎丘塔时,发现杂以铅质的开元通宝钱3 000枚。1982年夏,在北望亭的运河中出土同类的开元通宝钱5枚。1987年,浙江嘉兴中山路拓宽工程中,发现开元通宝与重元通宝的铅钱。次年,苏州干将路河道疏浚时,在言桥与乐桥的淤泥中出土大量的铅质开元通宝,有人考证这些钱是吴越所铸。此外还有周元通宝与唐周通宝。

五代时特色水产商品有彭螖即蟛蜞制品,"吴越间多以盐藏货于市"。其他水产品有白鱼与卵、石首鱼及其干品等,还有出于海中鳞细紫色的**鲍鱼**(米鱼),可制成**鲍鱼干脍、鲍鱼含肚**出售。**鲍鱼干脍**的做法是"缕切晒干,盛以瓷瓶,密封泥"。[2]要开食时,用新布裹上一个大盆,放到井底较长时间,然后捞出布,甩干水,蒸在盘上即成。**鲍鱼含肚**,是以鱼的腹部作为制品。海虾子,是用布袋盛盐封之,白天在太阳下曝晒,晚间用平板压住,等完全干了以后食用。鲤鱼鲭,是一种鲤鱼产品。蜜蟹,用糖浸制,不易坏,可远销外地。苏州还产大蟹称"拥剑"。鱼蟹制品是苏州标志性的食品,市场多有销售。吴越饮食业中,有一种名菜叫"玲珑牡丹鲊",[3]这是用腌制过的鱼鲊之片拼成牡丹花的形状再蒸制而成,形状与色彩俱美。

---

[1] 苏州市文管会、吴县文管会:《苏州七子山五代墓发掘简报》1981年第2期,第27—45页。
[2] 范成大:《吴郡志》卷二十九《土物》,江苏古籍出版社1986年,第436页。
[3] 陶穀:《清异录》卷下《玲珑牡丹鲊》,文渊阁《四库全书》第1047册,上海古籍出版社1987年,第919页。

这时形成了一些城镇。常熟北的梅李镇,是五代吴越王派遣梅世忠、李开山两将军戍此防江。由于军事结寨,居民依军成市;至宋,形成繁华的市镇。今张家港市的泗港,亦在五代成市,后成为港口。

五代,在苏州历史上是一个重要的节点,是全面提高经济文化水平的重要开端。

第二章 北宋苏州的稳固与发展

北宋初期,宋对吴越的统治是逐步加强的,可说是和平的统一。正是由于这种政治统一的模式实施,苏州得以维持稳定局面,并获得进一步发展。

第一节　宋对苏州的统治

宋在苏州统治的加强,是一种渐进式的逐步深化的过程。吴越一直自己承认是中原王朝的藩属,正是这一理念,为宋的统一奠定了基础。

一、宋对吴越统治下苏州的控制

吴越国从开创者钱镠始,对中原王朝十分尊重,其王号、谥号为中原王朝所"赐",几乎一直使用中原的年号。宋朝建立后,对苏州的控制逐步强化。

宋开宝元年(968)三月,宋为笼络吴越,对钱俶"加食邑一千户,实封五百户"。[1]至十二月,宋王朝又赐吴越王两藩兼都督之名位,加食邑三千九百户。这表示一种殊恩,实质是为逐步加强控制,作一铺垫。开宝七年,钱俶亲率五万余人,助宋进攻南唐的常州。次年,南唐大将卢绛宵遁。四月,攻下常州牙城,南唐知常州军州事禹万诚降。吴越国为宋平定江南(南唐)立下大功。是年十一月,宋为平江南事论功行赏,加钱俶的部下孙承祐为平江军节度使,苏州由中吴军改称平江军,这些都由宋中央王朝决定。孙承祐曾任两浙行军司马,并作为使者,入贡于宋,又协助宋军征伐后蜀。可见孙承祐与宋王朝的关系非同一般。孙承祐任平江军节度使以后,奉行宋法,说明宋对苏州的统治已逐步强化,吴越已不是完整意义上的"自治"。

---

[1]　吴任臣:《十国春秋》卷八十一《忠懿王世家》,中华书局1983年,第1165页。

二、从平江军到平江府

在太平兴国三年(978)三月,宋接收吴越钱俶所献土地户口,总计十三州一军八十六县,户五十五万六百八十,兵一十一万五千三十六,其中一军即平江军。平江的名字历来有二说,一说是由苏州地势较低,"与江水相平",故而称之;另一说是因"平定江南"而名之。当以后说为是,因命名之时正是宋与吴越的联军平定江南之时,这一命名具有纪念意义。

宋接纳吴越版图后,即改平江为苏州,属两浙路。当时有主户两万七千八百余,客户七千三百六十,以禁兵千人驻苏。大中祥符二年(1009)苏州户达六万六千一百余。元丰三年(1080)"增至户十九万九千,口三十七万九千,皆有奇,号为甚盛"。[1]"其输帛为匹者八万,苗为斛者三十四万九千,纩为两者二万五千,免役为缗者八万五千,皆有奇",其他土贡的特产亦很丰富。以后人口逐步繁衍,宋崇宁元年(1102)苏州人口达四十四万八千三百余。为了加强管理,加上苏州在名义上做过徽宗的节镇,因此,在徽宗政和三年(1113)升苏州为平江府。府在宋朝属第三级行政单位,一般在重要地方设之。宣和间,苏州户至四十三万,人口当在百万以上。

苏州历来为国家的财赋所出之地。宋神宗熙宁七年(1074)苏州的商税五务,岁额五万贯以上;酒课七务,岁额二十万贯以上。[2]该年,两浙路分浙东、浙西两路,苏州属浙西路,并设一些路级机关。宋时,路设有经略安抚使,"掌一路兵民之事,皆帅其属,而听其狱讼,颁其禁令,定其赏罚,稽其钱谷、甲械出纳之名籍而行其法"。[3]其属有干当公事、主管机宜文字,以及准备将领、准备差使等。设转运使,掌管一路财赋,而察其登耗有无,以足上供及郡县之费;负有检查积储、审计账籍、检举不法官吏等责。设提点刑狱公事,负责治安与执法。并设提举常平司,负责常平仓事务,以及义仓、免役、市易、坊场、河渡、水利之法,职责是平衡物价。两浙路还设有提举茶盐司,掌茶盐之利,"以佐国用"。路级机构常驻苏州(平江)的有提点刑狱司、提举常平茶盐司。

路以下为府、州。其主官称知府或知州,掌管郡政,宣布法令,劝课农桑,"凡赋役、钱谷、狱讼之事,兵民之政皆总焉"。[4]其佐职有通判,幕职有"签书判官"

---

[1] 范成大:《吴郡志》卷一《户口税租》,江苏古籍出版社1986年,第5页。
[2] 吴昌绶:《吴郡通典》备稿七,苏州市地方志办公室《苏州史志》2005年,第48页。
[3] 脱脱:《宋史》卷一六七《职官七》,中华书局1977年,第3960页。
[4] 脱脱:《宋史》卷一六七《职官七》,中华书局1977年,第3973页。

厅公事等。宋著名大臣司马光,在宝元年间(1038—1040)就担任签书苏州判官一职。庆历四年(1044),诏诸路州、军、监各令立学,设置教授,以经术行义,训导诸生。苏州早于朝廷办学诏令之前,于景祐二年(1035)即设立州学,置教授。州府以下为县,有总管县政的县令,还有县丞、主簿、县尉等。北宋时,苏州(平江府)下属有吴县、长洲、昆山、常熟、吴江等县。宋行政机构较严密。吴与长洲作为首县,同驻郡城。

三、北宋治苏官员的善政

北宋时期,朝廷政策较为宽松。主政苏州的地方长官,多有善政。第一是惠民清正。在吴越时抽"丁壮钱"来增加赋税,"贫匮之家,父母不能保守,或弃于襁褓,或卖为僮妾,至有提携,寄于释老者。真宗一切蠲放,吴俗始苏"。[1]钱氏纳土之时,宋朝命闫象安抚,任闫象作苏州刺史。其人政治清明,号称"恩涵泽濡,民赖以安"。[2]雍熙(984—987)中,许衮通判苏州,当时苏州始归朝廷,政务纷繁,而许衮精明干练,一一厘清,号称清吏。以后薛朋龟为苏州录事参军,廉洁明察,勤于政务,胥吏不能瞒上欺下,而被称为"牛皮绷铁鼓"。[3]裴庄,明经及第,咸平元年(998),巡抚江南。景德初,安抚两浙,忠诚直言,办事干练,宋太宗"多所听纳"。[4]孙冕在天禧三年(1019)任苏州知州时已年逾古稀,反对虚无而劳民伤财的"符瑞","断讼如神",天圣初,重修胥门内的白头桥。为了纪念他,后人改称孙老桥。富严以刑部郎中在庆历初(约1041)知苏州,嘉祐(1056—1063)以秘书监再守苏州,清正廉洁,以耆德称。任满,要求告老回到家乡河南。因在苏任上有仁爱精神,惠爱于民,吴人争相挽留,富严因此落籍,今仍留有富郎中巷的地名。章岵,元丰五年(1082)任苏州刺史,注重民生,刚上任时,吴地遭台风袭击,"民或漂溺,公遣吏巡视赈恤,请蠲田租,人不失所"。[5]他整治奸猾吏员,抑制铺张浪费,打击豪门胡为,都有成绩,立身敢作,政声颇佳,诏令连任。当时,有人提出要大修郡城,浚修河道,章岵考虑到这些工程并非必要,且民力不

---

[1] 文莹:《湘山野录》卷上,中华书局1984年,第11页。
[2] 吴昌绶:《吴郡通典》备稿七,苏州市地方志办公室《苏州史志》2005年,第46页。
[3] 陶榖:《清异录》卷上《牛皮绷铁鼓》,文渊阁《四库全书》第1047册,上海古籍出版社1987年,第845页。
[4] 脱脱:《宋史》,中华书局1977年,第9439页。
[5] 朱长文:《吴郡图经续记》卷上《牧守》,江苏古籍出版社1986年,第20页。

足,因此"请罢其役",[1]获得批准,吴民十分感谢。上述这些苏州知州、通判等地方执政大员,能秉承儒家精神,以人为本,执政宽宏,体恤下层,而得到好评。

第二,北宋时期,苏州一些地方官员开发水利,重视农业,发展民生。徐奭,在天圣初(约1023)任苏州通判,督治水利,巡视旧时的水利设施,总结水利经验,恢复良田数十万亩,搜出隐瞒田产者两万六千户,得苗三十万。[2]后升任两浙转运使,封晋宁侯。蔡抗在仁宗时任秘阁校理,乞知苏州。由于苏州依傍江海,民田受到台风与海潮的侵袭,乃建筑从州城到昆山八十里长堤。农民由大堤的保护得以立堰筑埂,"大以为利"。[3]其他如李禹卿、丘与权等都在水利上下了功夫,保证了农业的命脉而获得人民的拥护。韩正彦嘉祐中知昆山县时,创石堤,疏斗门,作塘长七十里,而人不病涉,得膏田百万顷。[4]加上执法宽宏,输税就近,而民大悦,为之作生祠。

第三,一些官吏在赈荒救灾中起了重要作用。宋珰在淳化(990—994)中任苏州知州。当时三吴饥荒,又多疾病,民众挣扎在死亡线上。宋珰负养护之责,全力救灾疗病,而不顾自己的身体健康。宋珰身体高大,有风湿性脚病,由于苏州地低潮湿,其病越来越厉害。有人劝他辞职北归,宋珰却说,天子因为苏州百姓有病,叫我来安抚、慰劳,现在因为自身有病而辞职,这不符合我当臣子的道义。淳化四年(993)逝世。皇帝听闻,嗟悼良久。陈省华,至道初(约995)以吏部员外郎名义知苏州。当时水灾肆虐,灾民生活无着,省华向上申请,免除了流民的赋税达数千户。一些荒流漂尸也得到妥善埋葬。皇帝下令表彰。张去惑,在景祐初(约1034)任平江节度推官。当时苏州发生较严重的水灾,转运使委托去惑,作堤防水。张去惑认真负责,完成了任务。事后朝廷录功,任去惑为"将作监丞"。梅挚在庆历年间(1041—1048)任苏州通判。这时两浙发生大面积饥荒,作为两浙的重要分区苏州受灾面积很大。政府发放粮食、种子,救治灾荒。事后不久,农民尚未恢复元气,而上面督责农民偿还,催迫甚急。梅挚紧急上报说,政府借贷百姓,本来是施行恩惠,现在急令农民偿债,却加重了农民的困难。宋廷接报后采纳了梅挚的意见,"诏缓输期",延长了偿债的日期,终于使农民舒了一口气。梅挚性情淳静,从不故意激昂做作。边珣,任平江节度推官时,昆山

---

[1] 王鏊:《姑苏志》卷三十九《宦绩》,文渊阁《四库全书》第493册,上海古籍出版社1987年,第698页。
[2] 吴昌绶:《吴郡通典》备稿七,苏州市地方志办公室《苏州史志》2005年,第47页。
[3] 冯桂芬:同治《苏州府志》卷六十九《名宦二》,江苏古籍出版社1990年,第802页。
[4] 龚明之:《中吴纪闻》卷六《思韩记》,上海古籍出版社1986年,第150页。

发生蝗灾。由于这一带濒临海边,芦苇丛生,蝗虫聚集在芦苇之下,众人不知如何灭虫。而边珣命"连梃碎根,植于土而毙之",[1]取得良好的灭虫效果,成为其他诸郡的榜样。陈幾道,任苏州录事参军,办事公正。其时,苏州发生大的灾荒,陈幾道奉州郡长官的命令,设法赈济救助,"多以全活"。苏州的这些地方官吏在灾荒中能深入现场,全力救灾,或设法赈济,力援民众,全活甚众。

第四,苏州的一些地方官员能做到刚正不阿,断狱如神,平反冤案。北宋初昆山豪民"占田无限,岁远多讼,有数十年不决者"。张安道知昆山,召问豪民:"所输租税几何?"回答是百分之一二。张安道就按赋税比例,把多余的土地,分给贫民。[2]他对官员尤其严格要求,不予宽贷。因此,官吏怕他而人民爱之。王质字子野,天圣七年(1029)以集贤院校理通判苏州。知州黄宗旦"负材自喜",以为王质是"新进"而轻视王质。但王质坚持原则,黄宗旦办事如不合政令,便强加谏争。宗旦屡次被顶撞,几乎下不了台。宗旦深知王质能佐助自己,反而更加礼遇。有次黄宗旦使用钓鱼式的方法诱使犯罪,抓捕了强盗百余人,并准备处死。王质忧心地说:"以术钩人,置之死地而又喜?"[3]使宗旦觉得惭愧,而对这些罪犯作了宽大处理,这显示了王质仁慈真诚的本性。张伯玉,庆历(1041—1048)中任吴郡(苏州)从事,"刚介有守",遵守法律与道德规范,清节自处,有较高的文化修养,受到范仲淹的赏识。杜曾,字孝先。举进士,为苏州司法参军,深明大义,精悉法律,严正不偏,被人称道。滕宗谅,字子京,从岳州迁苏州,崇尚节气,神态倜傥,任侠好施,清廉正直。死后,没有余财。"江浙间喧然称有神明之政。"[4]李夔,元丰三年(1080)进士,在翰林院修业期满,调华亭尉,转奉议郎,授金书平江军节度推官,曾代理州政。当时政治因循苟且,积累不少案子没有清理。李夔命令几名官吏把案分类查处,根据法律原则尽行处理,该断的断,该放的放,明快果决,使犯罪率明显降低,而使执法机关"遂以无事"。王觌,元祐(1086—1094)中以直龙图阁知苏州。当时州政府中的一些奸吏,摸清苏州主官的内心意图,从中弄权,接受贿赂,草菅人命,犯科作恶。王觌到任后,收集证据,充分揭露了奸吏犯法的情状,将他们置之于法。于是"一郡肃然",端正了政风。人民歌颂王觌说:"吏行冰上,人在镜心。"[5]意思是王觌秋毫明察,使官吏的行

---

[1] 卢熊:洪武《苏州府志》卷二十四《人物》,广陵书社2015年,第304页。
[2] 范成大:《吴郡志》卷十二《人物》,江苏古籍出版社1986年,第162页。
[3] 王鏊:《姑苏志》卷三十九《宦绩》,文渊阁《四库全书》第493册,上海古籍出版社1987年,第698—699页。
[4] 卢熊:洪武《苏州府志》卷二十三《人物》,广陵书社2015年,第284页。
[5] 卢熊:洪武《苏州府志》卷二十三《人物》,广陵书社2015年,第285页。

为要像"如履薄冰"一样小心。

庄徽,字彦猷,政和(1111—1118)以徽猷阁待制知苏州,为人独立刚直,不阿权贵。当时苏州人朱勔恃徽宗皇帝的娇宠,替皇家搜采修园物件,进奉花石纲,在皇帝面前说得上话,根本不把州县官放在眼里。他可以在一语之间决定这些官员的祸福。苏州的地方官无不"倾身事之",甚至连担任郡守的高官亦有投奔其门的。只有庄徽与朱勔保持距离,朱勔等人深所畏惮,不敢对他随便进谗言。后来,朝廷取消花石纲,罢免了朱勔,江南人民一片欢呼。而旁郡的一些官员不愿了结此事,多方迁移拖延,目的是希望再开花石纲,州县官可以从中多捞好处。而庄徽却毫不顾及私利,说:"(取消花石纲是)天子盛德事,人臣当奉承不暇,敢顾望乎?"[1]即日结罢。他当政六年,境内清静,较为稳定。像庄徽一样,与朱勔划清界限的还有苏州通判贾公望。贾公望曾写诗明志,指出当时"正直士流少,倾邪朋类多",但"阳光一销铄,不复见妖魔",[2]表明了不与朱勔同流合污的决心。还有平江户曹吴彦章等人亦能坚持清操,反对朱勔的贪腐。

北宋时苏州的一些地方官员,不顾个人安危,坚持实事求是,平反冤狱。江衮在宣和(1119—1125)中任平江府司兵曹事,当时方腊起义于浙江。有从浙江来的商旅数十人,行动畏葸,态度惶惧。郡将怀疑他们是方腊的间谍,将要把他们处死。江衮认为证据不足,事实不清,据理力争,终于免除了这些商人的"死罪"。这些商人称江是再生父母。

北宋在苏州留下善政的三十余名地方官员中,有知州、转运使等主官,还有通判、佥判、推官、从事、兵户曹等一些佐吏,虽然身份地位有别,但也存在一些共同的特点,其中之一是进士出身的士人较多,约占一半以上,有的还位居金榜前列。他们经艰苦认真的学习而获得功名,办事遵循儒家学说的原则,不虚妄,不夸耀,而是从民众的愿望出发,发展经济,直言敢谏,平反冤狱。尤其在救灾赈荒中,表现了负责的精神与精干的才能,获得人们的赞扬。当时,政府对科举出身的官员比较尊重,因此办事较有底气。贾公望对以花石纲幸进的朱勔父子很是蔑视。有次贾与朱勔之子相逢于天庆观(今玄妙观),朱勔之子见贾穿着金紫衣服,佩鱼袋,很是羡慕,熟视良久。公望很是讨厌,厉声叱责说:"这个服饰是我用才力得来的,不是因为花石纲起家!"这反映了当时士人有较高的地位与声望,也说明正途出身的官员能使用理性思维,正直反腐,抱有执政为民的理念。

---

[1] 王鏊:《姑苏志》卷三十九《宦绩》,文渊阁《四库全书》第493册,上海古籍出版社1987年,第704页。

[2] 龚明之:《中吴纪闻》卷五《贾表之》,上海古籍出版社1986年,第123页。

第二节 范仲淹治苏

范仲淹(989—1052),吴县人,大中祥符八年(1015)进士。景祐元年(1034)六月任苏州知州,工作勤奋,办事公正,尤致力于水利开发。当年八月,有诏徙明州(今宁波)。苏州上级行政长官两浙转运使上言,范仲淹在苏州治水刚有头绪,希望能完成水利工程再转地方。于是,朝廷诏范复知苏州。至次年冬十月任范为尚书礼部员外郎、天章阁待制,调至京师任职。范仲淹任苏州知州前后仅一年有余,但留下了辉煌的政绩。

一、范仲淹生平

范仲淹于端拱二年(989)生于一个官宦家庭。其祖赞时,仕吴越,终于秘书监。父范墉,随钱俶归宋,至各地任职。仲淹字希文,二岁而孤。母亲谢氏因贫困无所依,再适淄州长山朱氏。仲淹改姓朱,名说,幼年入长白山僧舍苦修,后至南都(今商丘)应天书院读书,从小即通六经要旨。范仲淹二十七岁时考中进士,为礼部选第一。初任广德军司理,迎母亲归养,至苏州会诸亲戚。天禧元年(1017)为亳州节度推官,始奏复范姓。天禧二年,任谯郡(今亳州)从事。次年至朝廷任校书郎。天禧五年(1021)监泰州西溪盐仓。仁宗天圣元年(1023),在西溪上言,要求昭雪寇准被诬事。同年任兴化县令。此时,后来任宰相的富弼弱冠来谒,范仲淹识其目光远大,并勉励之。次年,迁大理寺丞。天圣三年(1025),上书皇帝,要求纠正文风之弊,恢复武举,重视三馆之选,奖赏敢于直谏之臣,改革扩大恩荫范围的"延赏"制度。

天圣四年(1026),由范仲淹首议,泰州知州张纶发起通、泰、楚、海四州民筑捍海堰成,民享其利,称范公堤。"州人感之,为立生祠。"[1]第二年,范仲淹丁忧,寓于南京(今商丘)应天府,掌管府学,范仲淹"训督学者,皆有法度,勤劳恭谨,以身先之,由是四方从学者辐辏"。[2]同年,提交《上执政书》,要求择郡守,斥游惰,去冗僭,谨选举,敦教育,养将材,保直臣,使朝廷无过,生灵无怨。天圣六年(1028)再上书言朝政得失。十二月,服除,任秘阁校理。第二年,请皇太后还政于帝,寻任河中府通判。八年(1030)范仲淹上疏论宜罢宫观,减常岁市木

---

[1] 范镇:《东斋记事》卷三,中华书局1980年,第25页。
[2] 苏州市政协文史资料委员会:《范仲淹史料新编》四,沈阳出版社1989年,第165页。

之数,免除积负,以彰圣恩。同年夏四月,转殿中丞。六月,上疏言减少郡邑数量,以平差役。九年,迁太常博士,移通判陈州。明道二年(1033),范仲淹被召赴京,任右司谏、管勾国子监。八月衔命安抚江淮,所至开仓廪,赈穷乏,禁淫祀,奏免庐(今合肥)舒(今舒州)折役茶、江东丁口盐钱,均获皇帝的赞许。景祐元年(1034)正月,出守睦州(今桐庐),建严先生祠堂,褒扬东汉隐居之士严光。当年夏六月,知苏州,开水利,立郡学,多有政绩。二年,范仲淹进任吏部员外郎,权知开封府,决事如神,京都肃然。三年,范仲淹因直言落职知饶州(今江西鄱阳),建郡学。宝元元年(1038)赴润州(今镇江)任知州。同年十一月徙越州(今绍兴)。康定元年(1040)范仲淹复任天章阁待制、知永兴军(驻地在今西安);未到任,即改为陕西都转运使。上疏言守边实关中之策,筑青涧城,恢复承平、永平废寨。庆历元年(1041)与西夏元昊战,范坚守城池,不轻易出兵。四月,范仲淹以陕西经略副使的身份兼知延州,徙知耀州(今铜川),再知庆州(今庆阳),筑大顺城,击退元昊的侵犯。二年,范仲淹与韩琦等分领陕西四路都部署,经略安抚与沿边招讨使,采取积极防守政策。范仲淹居边三年,士勇边实,恩信大洽。当时军队有"军中有一范,'西贼'闻之惊破胆"之语。庆历三年(1043)八月任参知政事,上书言论改革,有"明黜陟,抑侥幸"等十事,称庆历新政。后因大官僚、大地主的反对,庆历新政破产。庆历五年(1045)范仲淹以参知政事、资政殿学士知邠州,春天以细腰城隶属原州。同年,乞罢政事,专知邠州。十一月转给事中,知邓州,作《岳阳楼记》,有"先天下之忧而忧,后天下之乐而乐"之句,充分反映了他的民本政治思想。八年(1048),诏徙知荆南府,邓人留之。皇祐元年(1049)范仲淹知杭州,置范氏义庄。次年,吴中大饥,发粟募民兴利。三年(1051)以户部侍郎知青州,充淄潍等州安抚使,设法减青州农民运粟之苦,青民德之,为立像祠。皇祐四年(1052)徙知颍州,行至徐州,病卒。赠兵部尚书,谥文正,葬河南洛阳万安山下。范仲淹一生,历政治、军事、经济、文化诸领域,均有建树,是苏州历史上的重要人物,一直是苏州城市精神的代表。

二、范仲淹思想特色

范仲淹从小刻苦钻研,熟悉儒家经典,尤精于《中庸》《周易》。《周易》主变,仲淹以刚柔相易之道、八卦振荡之理,主张适应形势,变革政治,端正政风。其行事多贯彻辩证之法,以中道和谐为尚。范仲淹用先忧后乐的思想指导行政,以民为本,直言敢谏,关心民众疾苦,主张精兵简政,疏民贫困,反对荫赏太滥与佞神浪费。范仲淹对司法作了改革,主张严格执法,选拔德才兼备人才,严肃吏治,严惩贪冒,求得社会稳定,敢于撤销不才的监司。重人才的选拔,主张精贡举,抑侥幸。

在经济上,范仲淹重农桑,厚民力,以为"养民之政,必先务农;农政既修,则衣食足"。[1]衣食足,则礼义生,"寇盗自息,祸乱不兴"。而要兴盛农桑,必须兴修水利,疏通河道,开挖陂渠,将以救水旱,丰稼穑。统治者必须做到开源与节流并举,"罢组绣之贡","不兴土木,示天下之俭"。[2]减轻赋役,舒宽民力,废除先朝之债务,以感天下之心,使上下相协,和谐一致。

范仲淹十分重视文教的重要作用。他以为风俗的淳厚,在于儒家精神的发扬,在于儒家文化氛围的增浓。因此,大力提倡学习儒家经典,指出:"夫善国者,莫先育材;育材之方,莫先劝学;劝学之道,莫尚宗经。"[3]并指出,读经可以使人服法度,察安危,陈得失,析是非,明天下之制,尽万物之情,"瞻顾礼仪,执守规矩"。从而使天下贤俊趋圣人之门,达到提高人们素质的目的。有鉴于此,范仲淹在守制期间,亲自主持应天书院,勇于任事,制订学规,"勤劳恭谨,以身先之"。在兴化、苏州、饶州等任地方官期间,热心办学,时不少待,取得办学的良好成果。

范仲淹还是一个军事家,其战略战术,堪称一流。他认为富国强兵为国防之本,应重视官兵的选拔,调动将领作战的能动性,严格士兵训练,提高素质。他还灵活运用战术,在陕西任上,将延州兵"分为六将,将三千人,分部教之,量贼众寡,使更御贼,贼不敢犯。既而诸将皆取法焉"。[4]他在防御之策中,主张严边城,使持久可守;实关内,使无虚可乘。具体做法是筑城、营田,徐图进取,和睦诸羌,使之折服、效死。

范仲淹不愧为一个伟大的政治家、军事家、教育家与文学家,一直是苏州人民的骄傲。

三、范仲淹治苏措施

范仲淹在任苏州知州期间,采取了多种惠民措施,取得了巨大业绩。一是兴

---

[1] 苏州市政协文出资料委员会:《范仲淹史料新编》二,沈阳出版社1989年,第89页。
[2] 范仲淹:《奏上时务书》,见《范文正集》,文渊阁《四库全书》第1089册,上海古籍出版社1987年,第628页。
[3] 范仲淹:《上时相议制举书》,见《范文正集》,文渊阁《四库全书》第1089册,上海古籍出版社1987年,第647页。
[4] 李焘:《续资治通鉴长编》卷一二八《仁宗康定元年八月》,文渊阁《四库全书》第316册,上海古籍出版社1987年,第110页。

修水利。范仲淹在景祐年间到苏州上任时正逢苏州水灾,百姓穷困之极,受灾之民,"其室十万,疾苦纷沓"。[1]他一到苏州,便全力以赴地投入救灾行动,亲至前方海边勘察,寻访高龄有经验的人,向他们取经,终于找到退水之法,这就是"浚河、置闸、修围"三者并举。

苏州是太湖泄水的走廊。太湖系江南水系中心,在苏州城西南15千米。它承接浙江天目山与江苏茅山山脉的来水,形成两千多平方千米的水域,通过松江、娄江及其支流排泄太湖洪水。苏州,这个水乡泽国,正是太湖的尾闾。在它境内有2万余条河流与大小湖泊323个,形成了储水与泄水网络。但由于长江上游挟带泥沙而下,形成长江三角洲。随着冲积面的扩展,阻断了太湖水的流动,泄道被塞,形成水灾。范仲淹找到这个根子后,力排众议,采用"以工代赈"的办法,发动灾民"浚白茆、福山、黄泗、许浦、奚浦、三丈浦及茜泾、下张、七丫,以疏导诸邑之水,使东南入松江,东北入扬子江与海"。[2]终于泄去积水,达到秋收可期的目的。

但是新开河道有被长江潮汐流沙淤塞的可能,因此一定要设置闸门,才能启闭引排自如,控制流沙的袭堵。范仲淹多次肯定建闸的重要,他说,设立闸门"常时启之,御其来潮,沙不能塞也。每春理其闸外,工减数倍矣。旱岁亦启之,驻水溉田,可救燠涸之灾。潦水则启之,疏积水之患"。[3]他在福山所置闸,依山麓为固,相传至今犹存,人称范闸。

苏州系沼泽低地,太湖泄水的解决,并不能从根本上解决土地受涝问题。范仲淹吸取历史经验,主张修筑围田(圩田)以防涝。他说:"江南旧有圩田,每一圩方数十里,如大城。中有河渠,外有门闸。旱则开闸,引江水之利;涝则闭闸,拒江水之害,旱涝不及,为农美利。"因此,他提出"每岁之秋,降敕下诸路转运司,令辖下州军吏民……或合开河渠,或筑堤堰陂塘之类,并委本州军选官计定工料,每岁于三月间兴役,半月而罢"。"如此不绝,数年之间农利大兴……此养民之政,富国之本也。"[4]在范仲淹的指导下苏州修固了不少塘浦围田,并且向江南其他地区推广。

修围、浚渠、置闸,三者齐备,乃治水之大本,缺一不可。它妥善地解决了蓄水与排水、挡潮与排涝、治水与治田的矛盾,保障了人民的安全、生产的稳定,为

---

[1] 苏州市政协文史资料委员会:《范仲淹史料新编》四,沈阳出版社1989年,第171页。
[2] 冯桂芬:同治《苏州府志》卷九《水利一》,江苏古籍出版社1991年,第249页。
[3] 苏州市政协文史资料委员会:《范仲淹史料新编》二,沈阳出版社1989年,第80页。
[4] 苏州市政协文史资料委员会:《范仲淹史料新编》二,沈阳出版社1989年,第90页。

苏州经济发展打下基础。

二是兴办学校。范仲淹深知人才是国家未来的根本,兴办学校十分重要。他一到苏州便应州人朱公绰等请,张罗办学。以前苏州地方官员虽有办学的零星记载,但似昙花一现,不能持久。自范仲淹始,苏州办学,才走上正规化的道路。范仲淹申办苏州州学,获朝廷的批准,"诏苏州立学,仍给田五顷",[1]充作学校经费。范仲淹捐出自己的私地,建筑校舍。"先是公得南园之地,既卜筑而将居下焉。阴阳家谓必踵生公卿。"而范仲淹却说,占有该地"吾家有其贵,孰若天下之士咸教育于此,贵将无已焉!"[2]于是在南园建学。这里高木清流,环境优美。校宇高耸,广殿在左,公堂在右,前有泮池,旁有斋室。是时,学者才逾二十人。范仲淹率先垂范,让自己的儿子纯佑、纯仁带头至州学学习,作出榜样。以后,入学者渐众。育材必先择师,范仲淹聘请富有教育经验、开创苏湖教学法的胡瑗任首任教席,提高教学质量。范家一直关注州学的建设,元祐四年(1089)五月范仲淹之子范纯礼以兵部侍郎制置江淮六路漕运事,持节过苏州,见州学斋室不庇风雨,讲习无所,要求给钱重修。哲宗下诏以度牒十纸充经费。

范仲淹治苏影响深远。他先忧后乐的思想,使后人深受教育。就范家而言,有兴利除害的治水传统。他的亲族范琪,在鄞县修葺了百余处堨堰,疏导积水,变水害为水利。[3]范的曾孙范寅孙在绍兴十七年(1147)任平阳丞时,"才敏而勤,急于民事,兴修水利,人胥赖之"。[4]由于范寅政绩斐然,被当地崇祀于名宦祠。

范仲淹的水利理论,一直得到后人的奉行。后人在太湖东北方向不断疏通多条河道,不仅使太湖来水,而且使该地的储水迅速外泄于江海,避免了内涝之危。范仲淹修通江河导水的举措一直延续到今天。常熟境内沿江的通江河道就设置浒浦、白茆、福山、望虞、金泾、徐六泾、海洋泾、耿泾、崔浦与芦浦等十余闸。范仲淹把水利与农田建设相结合,力主修围,使吴越时期的圩田古制在北宋时期得到修复与发展。直至明清,江南不少地方仍保留宋圩的基础。

范仲淹后任陕西经略副使与四路宣抚使,改革军制,巩固了边防,他"威德著闻,夷夏耸服,属户蕃部率称曰'龙图老子'"。他的军事思想仍可发扬。

范公殁后,著名学者欧阳修替他作神道碑铭,后任宰相的富弼作《范文正公

---

[1] 冯桂芬:同治《苏州府志》卷二十五《学校一》,江苏古籍出版社1990年,第585页。
[2] 苏州市政协文史资料委员会:《范仲淹史料新编》四,沈阳出版社1989年,第171页。
[3] 范成大:《吴郡志》卷二十六《人物》,江苏古籍出版社1986年,第379页。
[4] 顾震涛:《吴门表隐》卷十四《人物》,江苏古籍出版社1986年,第198页。

墓志铭》,汪泽民、徐琰分别撰《范文正公祠堂记》,各地多设有纪念范氏的建筑。在苏州本地,在府学与义庄设范公祠,在茜泾北门有范文正公衣冠墓,在常熟翼京门外风纪坊之北有范公祠,吴江平望有范文正祠。范仲淹今为苏州标志性人物,被铸像于火车站广场。

第三节 北宋末期的危机

北宋朝廷采取中央集权政策,强干弱枝,兵将分离,官吏士大夫有众多特权,政治走向朽败,贪腐盛行。在与辽、西夏的斗争中失败居多,兵滥积弱,北宋末年,王朝处于风雨飘摇之中。

一、北宋最高统治者与苏州地方官吏的腐败

北宋后期,虽然有哲宗时大臣章惇之子在苏"强买民田"等得到正确处理,但已趋向腐败。最高统治者宋徽宗赵佶(1082—1135)任用蔡京、童贯等人主持国政,这些人鱼肉百姓,贪污横暴,滥增捐税,弄得天怒人怨。宋廷此时官僚特别冗滥,从重和元年(1118)至宣和元年(1119)三月,在短短的几个月间"迁官论赏者五千余人"。吏部两选的小使臣达23 700余员,选人16 500余员,数量惊人。无疑,这加重了人民负担。而徽宗本人尊信道教,大建宫观,自称道君皇帝;穷奢极欲,兴建华阳宫等宫殿,靡费巨大;他在京师修筑园林,名"艮岳",搜集江南奇木怪石,编纲来京,称"花石纲"。苏州的朱勔(1075—1126)正是以花石纲起家。朱勔之父卖细物于乡市,是一个商人。朱勔玩弄手段,交结蔡京等朝廷重臣,冒军功为官。他取得奇石异卉,贡献朝廷,取媚徽宗。在平江(苏州)设应奉局,搜罗花石,运往京都开封。为了穷搜,拆人房屋,掘人祖坟。一些使者、郡守多出其门,豪夺渔取,居民不堪忍受。凡官吏军民与他有睚眦之怨者,无不生事陷害,流毒江南近二十年,人称"贼"。他举事铺张浪费,所征花木,强占民船运输。虎丘玉兰房的玉兰,传是朱勔"自闽所购,未及进御,移植于此",[1]进贡京师建造艮岳最大的太湖石曰"神运昭功",竟高达四十六尺,阔二十三尺。或说,"宣和五年(1123)朱勔取太湖石,高广数丈,载以大舟,挽以千夫,数月乃至"。"赐号敷庆神运石。石傍植两桧,一夭矫者名朝日升龙之桧,一偃蹇者名卧云伏龙之桧,

---

[1] 袁景澜:《吴郡岁华纪丽》卷二《玉兰房看花》,江苏古籍出版社1986年,第67页。

皆玉牌金字书之。"[1]朱勔与徽宗关系特密,以进奉为节度使,所穿的锦袍为皇帝所送。有次在宫中参加内宴,徽宗曾亲握其臂,从此以后,朱勔用黄帛缠臂,"与人揖,此臂竟不动"。朱勔一人得道,鸡犬升天,其子孙与弟侄辈任承宣使、舍人、观察使、州刺史有十几人之多。其子还直控浙西路分司。他的家奴服金带者数十人,成为杭州太守的幕客。朱勔生活十分奢侈,其父死,竟用一对童男女殉葬,极为残忍。朱勔是宋朝腐败之根。因此,当时有谚云:"金腰带,银腰带,赵家世界朱家坏。"[2]

而苏州一些贪吏,攀附朱勔,"时朱勔父子,方出入禁中,窃弄威权,一时奔竞之流,争持苞苴,唯恐无门而入"。[3]而一些正直的官吏,如贾公望等,竟为朱勔与地方上的贪官所挤,被停止职务。这时苏州官僚机构已经腐朽。

二、方腊起义对苏州的影响

北宋末,影响到苏州的方腊起义,由"外患"所引起。北宋长期受到北方少数民族政权辽、夏与金的侵凌,呈孱弱之势。辽在唐末兴起于北方。贞明二年(916)契丹部联盟领袖耶律阿保机完全统一了契丹各部,建都临潢(今巴林左旗),后改国号为辽,他设南面招讨使之职,准备长驱南下。其子德光继承了南侵政策,帮助石敬瑭建立后晋政权,还以燕云十六州为基地,不时向南进迫。赵宋继后周而起,在平定北汉后,乘机进兵辽的幽州,在高梁河大败而归。雍熙三年(986)宋太宗乘其主幼国疑之时,再次伐辽,又败于岐沟关。景德元年(1004)辽萧太后与辽帝隆绪率二十万军南侵,在澶州(今濮阳)与宋军相遇,宋军已成胜利之势,但急于求和的宋真宗以称萧太后为叔母,每年向辽输银10万两,绢20万匹的代价,维持原有的宋辽疆界。从此,宋辽之间形成相对稳定的局面。

宋在北方另一个劲敌是西夏。西夏政权由党项族建立。唐朝末年,党项族首领拓跋思恭在镇压黄巢起义中有"功",被赐姓李氏,封夏国公,据今陕西北部六州。西夏李元昊继位后,攻占甘肃。景祐五年(1038),元昊称帝,国号大夏,建都兴庆府(今银川),发动对宋的战争。康定元年(1040),西夏在三川口击败宋军。次年,元昊又在好水川(今隆德北)以诱敌深入的办法,打败宋将任福;庆历三年(1043),西夏再败宋于定川砦(今固原西北)。但西夏也兵力受损,人困马乏,又失去茶布的来源,因此要求议和。庆历四年(1044),经谈判,元昊取消

---

[1] 丁传靖:《宋人轶事汇编》卷一《徽宗》,中华书局1983年,第55页。
[2] 陆游:《老学庵笔记》卷一,中华书局1979年,第5页。
[3] 冯桂芬:同治《苏州府志》卷六十九《名宦二》,江苏古籍出版社1991年,第803页。

帝号；由宋封为夏国主。宋每年"赐"西夏银 7.2 万两，绢 15.3 万匹，以求苟安于一时。由于大量向辽夏输钱送绢，加强对内地的剥削，两浙路农民深受其害。

北宋时的两浙路，是宋王朝粮食物资供应基地，每年运输到开封的"漕粮"，有 150 万石左右，约占全国的四分之一。宋徽宗为了皇室的享乐，在苏州、杭州设置造作局，动用数千技术工匠制造各式精美工艺品，专供皇室消费，而所需材料却从民间征发。农民的生活十分痛苦，经风霜辛勤劳动而来的稻谷，进市出卖，"价贱"如糠秕。"卖牛纳税拆屋炊，虑浅不及明年饥。"而政府却要钱不要米，目的是"西北万里招羌儿"。[1]

由于宋王朝对辽夏战争的失败，每年要输辽夏大量银绢、茶叶，这使两浙的社会生产遭到严重破坏，人民生活十分痛苦，加上花石纲的扰害，对朝廷怨声载道，人民已走投无路，只得走上反抗之路。

由于统治者残酷的剥削压迫，两浙境内爆发了方腊起义。方腊，青溪（今淳安）人，是当地摩尼教首领，宣和二年（1120）十月十九日，方腊利用摩尼教组织群众，以"除朱勔"为名起义。他直接揭露北宋统治者的罪行："今赋役繁重，官吏侵渔，农桑不足以供应。吾侪所赖为命者，漆楮竹木耳，又悉科取，无锱铢遗。"这一带的经济林木全部被征发，抽掉了人民赖以活命的基础。方腊又指出，糜费之外，又"岁赂西北二虏银绢以百万计，皆吾东南赤子膏血也！"这就造成"妻子冻馁，求一日饱食不可得"的局面。[2]因此，只有起义的一条路。方腊起义后，"四方望风响应"，迅速由一千多人发展到十万人，占领睦、杭、婺、衢、处、歙 6 州 61 县，并一度攻到秀州（今嘉兴）、信州（今上饶）等地。在方腊起义的影响下，各地纷纷举起义旗，热烈响应，声势较大的有台州仙居十四都的吕师囊，方岩山（今属温岭）的陈十四，越州剡县（今嵊州）的仇道人，兰溪灵山的朱言、吴邦，东阳的霍成富，湖州归安的陆行儿，苏州的石生。为了镇压方腊起义，朝廷又增加卖酒、鬻糟、商税、牙税、头子钱、楼店钱的税收，称经制钱，后仿其法，又收赢焉，谓之总制钱，[3]加重人民负担。

苏州作为两浙路的重要城市，也是"花石纲"的直接受害地区，受到方腊起义的波及是在意料之中的事。史书上提到响应方腊起义的苏州人有石生其人。但石生的生平、起义的规模、经过，都付阙如。从起义者的名字来看，可能来自下层知识分子。石生应在苏州乡下活动，曾有攻打苏州的打算与举动。因此，苏州官

---

[1] 苏轼：《吴中田妇叹》，《宋诗钞》第一册《东坡诗钞》，中华书局 1986 年，第 646 页。
[2] 方勺：《泊宅编》附录《青溪寇轨》，中华书局 1983 年，第 112 页。
[3] 罗大经：《鹤林玉露》乙编《经总钱》，中华书局 1983 年，第 127 页。

方使用民兵加强了巡守与保卫工作,甚至还使用书生巡逻。[1]同时,苏州地方当局对来自外边的商旅盘查甚严,故而有苏州郡将把商人误作间谍而"将杀之"的事件发生。苏州的一些官僚士绅也被卷入到方腊事件之中,时任遂安知县的张栅,被方俘获,方腊兵败后才得脱释。

方腊起义在宋朝大军的镇压与叛徒出卖下而失败,但包括苏州在内的东南地区仍有起义军活动。它对宋王朝腐朽统治者是一个沉重打击与有力触动,迫使宋徽宗下诏"罪己",在短时期内撤销了"应奉局"与"花石纲"的奴役性征发,迫使统治者作了某些"让步"。方腊起义,加速了北宋王朝的溃垮。

第四节　水利与农业

北宋时期苏州水利与农业建设有着重大发展。

一、水利建设

江南地势低下,河汊通海,潮来时"泥加一箬叶厚。故河港常须疏浚,不然淤塞不通舟楫,旋成平陆,不能备旱涝矣"。[2]因此,北宋时期对苏州水利设施建设十分重视,逐步完善。尤其是至和塘的开挖,大大加强了太湖泄洪的能力,减少风涛,沟通了苏州与东部的联系,具有重要意义。

1. 至和塘的建设与水利设施完善

北宋中后期统治者从自己的利益出发,对于苏州的水利是非常关心的。天禧(1017—1021)间,两浙路转运使张纶在常熟、昆山,开了一些水浦,以引导积水。[3]天圣初(约1023)苏州水灾,冲毁太湖外塘。宋廷命转运使徐奭在市泾(今平望南二十四里)以北,赤门(在盘䦆门之间)以南,筑石堤(称西里)九十里,砌桥十八座(另一说四十余座),疏浚河道,使流水从吴淞江排入大海;"复良田数千顷,流民得自占者二万六千家,岁出租苗三十万"。[4]景祐元年(1034)范仲淹任苏州知州,开浚五浦,以疏诸邑之水。他曾上宰相书,说苏州郊区比较平坦,太湖水势特大,郊区冲积而为湖面积达十分之三,在积雨时,支流并塞,湖溢而

---

[1] 龚明之:《中吴纪闻》卷五《范无外》,上海古籍出版社1986年,第110页。
[2] 叶盛:《水东日记》卷三十一《江南浑潮塞北风沙》,中华书局1980年,第305页。
[3] 顾炎武:《天下郡国利病书·苏州备录上》,《顾炎武全集》第12册,上海古籍出版社2012年,第406页。
[4] 金友理:《太湖备考》卷三《水治》,江苏古籍出版社1986年,第110页。

壅。而且每年仅是修闸,以抵御潮沙,但水不得泄,因此必须把水疏导出海,"不惟使东南入于淞江,又使东北入于大江,以至于海","总数道而开之,灾必大减"。宝元元年(1038)两浙转运副使叶清臣重开松江,尤其针对松江弯曲的一段盘龙湾,进行疏浚,使水从沪渎(今上海)入海。庆历(1041—1048)中,苏州通判李禹卿在唐堤东边作东堤八十里,作为护运河之用,既防止洪水,又便利了航行,并蓄水灌溉四千余顷。李还筑桥于淞江太湖之间,沟通了吴江至平望的水陆交通。

宝元二年(1039),昆山主簿丘与权与苏州知州吕居简发动民众筑昆山塘,起自苏州娄门,经唯亭、正仪,东至昆山与太仓交界处,汇浏河入江,共治64泾、41浦、6塘,全长53千米,北纳阳澄湖,南吐淞江,"田无洿潴,民不病涉"。[1]便利舟楫,使两岸得以开辟。由于筑于至和年间,遂以年号命名。

嘉祐三年(1058)转运使沈立开顾浦,使水进一步外泄于海。四年(1059)招置苏湖开江士兵。五年,转运使王纯臣督苏、湖、常、秀四州,并筑田塍,使田土相接,抵御风涛。六年(1061)转运使李复圭、知昆山县韩正彦重新大修至和塘,浚塘70里,又开松江的白鹤汇。治平三年(1066),知吴江县孙觉大筑荻塘,始垒石为岸,壅土为塘。[2]熙宁三年(1070)广东安抚机宜郑亶上言苏州水利。五年(1072)朝廷任命郑亶为司农寺丞,提举两浙,兴修水利。元丰三年(1080)宋王朝下令"赐米三万石",开苏州至杭州运河浅淀处。元祐六年(1091)因太湖积水为患,下诏疏导苏州诸河。从元符三年到大观三年(1100—1109)数次开挖吴淞江与其他河湖塘浦,修筑堤岸,设置斗门水堰。其中崇宁二年(1103)规模较大,提举常平徐确,自封家渡古江,开挖至大通浦,直接通到海口,计74里。政和(1113—1118)间,户曹赵霖开平江30余浦。

北宋时期的苏州水利建筑时有断续,特别在景祐范仲淹之前,某些地方官员不注重此项工程。五代末已有人为了便于行舟而破坏冈门。北宋前期江南圩田、浙西河塘大半毁废,[3]以致堰闸被废,堤防破坏,水乱行于田间,内涝严重,失东南大利。范仲淹提出浚渠、置闸、筑圩三者并举后,苏州水利建设逐步走上正轨,有所好转。宣和二年(1120)在浙西诸水立水则碑,凡各处陂塘、泾浜、河渠,政府核实其丈尺(面积)并地名、四至,镌刻于石,以便更好地"蓄水灌田通

---

[1] 范成大:《吴郡志》卷十九《水利上》,江苏古籍出版社1986年,第261页。
[2] 金友理:《太湖备考》卷三《水治》,江苏古籍出版社1986年,第111页。
[3] 范成大:《吴郡志》卷五《营寨》,江苏古籍出版社1986年,第45页。

舟",[1]进一步加强了管理。

北宋继承五代之旧,进一步建立塘浦圩田之制。平江(苏州)一府,在昆山之东,接于海之冈垅,其地东高而西下,水东导于海反而西流。常熟之北,其地皆北高而南低,水北导于江而反南下。常熟以南,昆山以西,地势低下,经常受涝。而常北、昆东,称作高田,水乃流而不蓄,"故尝患旱"。宋人已察觉了这一水利形势,继五代方法,建立塘浦。加强纵向运行的浦的修筑,浦阔者二十余丈,狭十余丈,流向长江。又作横塘,以分其势,"使水行外,田成于内",也就是用堰蓄水,筑堤于水中以固堤,而形成圩田。在高田,设堰潴水以灌溉之。又浚其所谓经界沟洫,使水周流于其间以浸润之,立冈门以防其壅堵,则高田常无枯旱之患,而水田亦减数百里流注之势。以塘浦之土筑成堤岸,使塘浦深而堤高厚,水流通畅,避免危害。堤岸高厚,而水不壅,趋于江海。治田之法是,根据田土的高下,低田阔其塘浦,高其堤岸以固田;高田则深浚港浦,引江海之水以灌田。深开其塘,高修其岸,星罗棋布地筑成圩田。政和元年(1111),苏州等地掀起筑圩热潮,平江一府修围田达 2 000 余顷,使庄稼得及时灌溉,确保丰收。

2. 政府对河道的浚修与管理

为了加强对水利的管理,北宋继承五代都水营田法,疏浚河道,设置闸门。北宋大中祥符五年(1012),转运使专设开江营兵,凡 1 200 人,修吴江塘路,向南至嘉兴修筑了一条长 100 多里的塘岸。嘉祐四年(1059),"招置苏州开江兵士,立吴江、常熟、昆山、城下四指挥"。[2]指挥,原系武职名,所辖有多寡。五代宋初的营田军原分四都共七八千人,其职责是"专为田事,导河筑堤,以减水患"。[3]此时,开江兵的分布如下,(苏州)城下 500 人,昆山、常熟、吴江各 500 人,共计 2 000 人。后城下与吴江的开江兵被取消,仅常熟、昆山两县,"各招填百人",规模大大缩小。为了修筑水利工程有时亦请临时工,以 5 000 人为标准,正月上工,月余而毕。

崇宁元年(1102),宋政府设"提举淮浙澳闸司"于苏州,这是建设闸门、港口的专门机构。北宋任命户曹赵霖以提举常平的名义主持苏州水利,这是为确保水利工程经费的正常开支,因而以常平仓(平衡物价的机构,存有现钱)主管水利,北宋时期尤其是中期以后,苏州水利由专门机构、专人负责,有经费的专项保

---

[1] 金友理:《太湖备考》卷三《水治》,江苏古籍出版社 1996 年,第 112 页。
[2] 顾炎武:《天下郡国利病书·苏州备录上》,《顾炎武全集》第 12 册,上海古籍出版社 2012 年,第 407 页。
[3] 范成大:《吴郡志》卷五《营寨》,江苏古籍出版社 1986 年,第 45 页。

证,因而在水利兴修取得了一定成绩。但后期开江士兵减少,有懈怠的趋势。

二、农业的发展

苏州是北宋的重要地区,财赋所出,国脉所在,因此,保证农业的稳步发展,是政府的重要责任。

1. 土地的开垦

宋朝继承了唐与五代的政策,鼓励农民开垦土地。五代战乱,一些土地失主而被抛荒;加上由于水利工程的加强,形成了不少新的圩田。因此,宋朝发布政令,允许农民自由开垦荒地。至道元年(995)六月宋政府发布诏书:"旷土并许民请佃,便为永业。仍与免三年租税,二年外输税十之三,仍给复五年",农民所开荒地就成为自己的产业,获得减免赋税的优待。并说:"近年以来天灾相继,民多转徙,田卒污莱","应诸州管内旷土,并许民请佃"。[1]由于政府的励农政策,使广大农民回归土地,大大提高农民生产的积极性。韩正彦在嘉祐(1056—1063)疏浚河流得肥地数百顷,"民赖之。比去,民遮留不获,为立生祠,作《思韩记》"。政和初(1111),徐铸在常熟一次就辟田数顷。由于土地的开垦、农业产量的提高、人口的增长,进一步开发各种土地,扩大了耕地面积。

同时,在丘陵、山地开辟梯田。北宋时由于人多地少,垦殖山地,形成梯级上升,正如南宋范成大在《骖鸾录》所载:"岭阪之上皆禾田,层层而上至顶,名梯田。"[2]苏州地区由于丘陵、山地较少,梯田似不多。

另一是围湖造田,这在北宋的苏州地区普遍存在,其制已如上述。

再一是建葑田,有的地方也称架田,江东、淮东、两广皆有之。它是用木缚成架子,浮系在水,以葑泥附在木架之上,而种植水稻等作物,"随水高下浮泛,自不浸淹……自初种以至收刈,不过六七十日。"说明葑田不受水旱的限制,而且能速成。苏州一些无地农民就向水上发展。在草蒲丛生之处,容易淤成农田的地方,架起木排,上盖葑泥,形成葑田。北宋朱长文说:"葑者,茭土缪结,可以种植者也。"[3]"盖湖上有菱葑所相缪结,积久,厚之尺余,润沃可植蔬种稻。"[4]林逋的《葑田》诗,更描绘了葑田的具体形态:"淤泥肥黑稻秧青,阔盖深流旋旋生。

---

[1] 徐松:《宋会要辑稿·食货一之十六》,《续修四库全书》第781册,上海古籍出版社2003年,第577页。
[2] 范成大:《骖鸾录》,《范成大笔记六种》,中华书局2002年,第52页。
[3] 朱长文:《吴郡图经续记》卷上《门名》,江苏古籍出版社1986年,第12页。
[4] 杨亿:《杨文公谈苑》第五十一则《葑田》,上海古籍出版社1993年,第30页。

拟倩湖君书版籍,水仙今佃老农耕。"[1]架上的淤泥呈黑色,在架子之上稻秧青青。这首诗描绘葑田的具体形状,充分肯定了农民在水面扩大耕作的技巧性。苏州葑门的命名与葑田有关。因葑门外为一片沼泽之地,今仍存黄天荡、独墅湖、金鸡湖等水面,古时多存葑田,故而名之。

又有所谓沙田与涂田。沙田是在江边湖畔沙滩之上开沟作渠,种上庄稼,称沙田。有的沙田在大江边上,或者在江中的洲渚,四面种上稠密的芦苇用来保护堤岸,中间遍作埂塍,中贯潮沟,其地潮润,旱可灌溉,涝则泄水。中间较高,可作村落的地方,常树桑麻。在无灾之年,这种土地比一般土地质量为优,可以丰收。但有时抵不住风潮侵袭,成为"坍江"之田,废复无常,不能保证收获。

涂田,在海边打桩筑堤挡住海水,在田边开沟,积存雨水,以便灌溉,田上多积无卤的泥土。开始时多种水稗,等到斥卤既尽,就可种上水稻等庄稼。秋后,泥干地裂,又可种上麦子。据说,它的收获量甚至超过常田十倍。由于各种类型田土的开发,苏州在北宋时土地面积扩大,种艺水平亦有所提高。

2. 农具的发明与改进

由于冶铁技术的进步,开始使用灌铸技术制造农具,熟铁钢刃,其坚韧度与锋利度均有提高。这一时期发明了一些适合于水乡农业的器具。

这时发明了水稻拔秧、移栽用的农具秧马、秧船。秧马、秧船并无显著的区别。其形首尾相翘,如舟船之形,用榆枣之木作腹,主要是提高润滑度,它的上部用楸桐作成,减轻鞅马的重量。在栽秧时,可在水面滑行。"雀跃于泥中,系束藁其首以缚秧,日行千畦,较之伛偻以作者,劳逸相绝矣。"北宋著名诗人苏东坡曾任杭州刺史,爱江南山水,在宜兴置业,以作常住。他见江南农民皆骑秧马,因而作《秧马歌》,他先讲不用秧马插秧的痛苦:"嗟我妇子行水泥,朝分一垅暮千畦。腰如筊篗首啄鸡,筋烦骨殆声酸嘶。"接着讲使用秧马后劳动的便捷、快速、强度减弱:"我有桐马(秧马)手自提,头尻轩昂腹胁低。背如覆瓦去角圭,以我两足为四蹄。耸踊滑汰如凫鹥,纤纤束藁亦可赍。何用繁缨与月题,揭从畦东走畦西。"[2]秧马使用较普遍,大大提高了劳动效率。

北宋时期,中耕农具逐步完善,如耘稻有耘爪、耘耥(荡)、薅鼓、田漏等。还有一种薅禾的竹马称薅马。"似篮而长,如鞍而狭,两端攀以竹系,农人薅禾之际,乃置于胯间","控于腰畔乘之,两股既宽,又行陇上,不碍苗行,又且不为禾

---

[1] 林逋:《和靖诗钞·葑田》,《宋诗钞》,中华书局1986年,第412页。
[2] 苏东坡:《东坡全集》卷二十二《秧马歌》,文渊阁《四库全书》第1107册,上海古籍出版社1987年,第328页。

叶所络,故得专意摘剔稂莠,速胜锄薅,此所乘顺快之一助也"。[1]用于收割的农具,有月形镰刀的"铚",直形镰刀的"铭",割草砍柴兼用的"锲"。锲又称弯刀。它"似刀而上弯,似镰而下直,其如指厚,刃长尺许,柄盈两握","以刈草禾,或斫柴篠,可代镰斧,一物兼用"。

北宋时灌溉工具也有很大的改进。一是龙骨水车的普遍使用。这种引水工具,用脚踏车轴上的木榔,以戽斗将水引上;其形似龙蛇之骨,故而名之。这种水车充分利用脚的力量,比使用徒手提高了戽水效率。范仲淹作《水车赋》以咏其用。范成大诗亦咏其事:"下田戽水出江流,高垅翻江逆上沟。地势不齐人力尽,丁男常在踏车头。"[2]戽水车的改进型有牛转、水转、风转翻车等。它们分别用牛、流水或风作动力。水转翻车,置于流水之旁,无需人力或畜力,"日夜不止,绝胜踏车","工役既省,所利又溥"。

江南水乡,渔业也是一个重要的经济门类。北宋时对渔具网罩等作了一些改进,专门用于捕鱼的渔船,有网船、鸬鹚船等。鸬鹚又名水老鸦,自汉以来,多有记载。这种船小,仅用一橹一桨(也有两桨)。主要是利用鸬鹚下水捕鱼,但只能捕些小鱼。网船,在船头下网而捕鱼。[3]渔船的多样化,说明北宋时苏州渔业已呈发达之势。

3. 品种的改良与增加

由于宋王朝的统一,南北交流的加强,苏州农作物的品种逐步增多。宋太宗时江南地区大力推广小麦、黍、粟、豆等作物,而种子由淮北提供。当时曾下令"江南、两浙、荆湖、岭南、福建诸州长吏,劝民益种诸谷,民乏粟、麦、黍、豆种者,于淮北州郡给之;江北诸州,亦令就水广种粳稻,并免其租"。[4]苏州地区盛产稻米,北宋时培育或引进一些优良品种,其中最著名的是占城稻。它的原生地在占城(在今越南境),后被福建引进。占城稻属于早籼,因此又称早禾,其特点是生长期短,抗旱力、适应力强,不择地而生。北宋大中祥符四年(1011),因江淮、两浙大旱,水田无粮可产,宋真宗便遣使者到福建,取占城稻种,给两浙、江淮地区插种。从此,这一高产味甘的良种在苏州生根结实。《宋史》反映了这一推广过程:"帝以江、淮、两浙稍旱即水田不登,遣使就福建取占城稻三万斛,分给三路为种,择民田高仰者莳之,盖旱稻也。内出种法,命转运使揭榜示民。后又种

---

[1] 王祯:《农书》卷一《农器》,文渊阁《四库全书》第730册,上海古籍出版社1987年,第454页。
[2] 范成大:《夏日田园杂兴》,《宋诗钞》,中华书局1986年,第1801页。
[3] 吴自牧:《梦粱录》卷十二《江海船舰》,中华书局1962年,第235页。
[4] 丘濬:《大学衍义补》卷十四《制民之产》,明成化刻本,北京大学图书馆藏,第730页。

于玉宸殿,帝与近臣同观;毕刈,又遗内侍持于朝堂示百官。稻比中国者穗长而无芒,粒差小,不择地而生。"[1]

苏州当地培育的优良品种除红莲稻外,有箭子米等。《吴郡图经续记》:稻有早晚,其名品甚繁,农民随其力之所及,择其土之所宜,以次种焉。惟号"箭子"为最,"岁贡京师"。"箭子"从种号推测,应是穗形如箭,质佳味香的晚稻。红莲稻在唐时已有盛名。陆龟蒙《别墅怀归》诗:"遥为晚花吟白菊,近炊香稻识红莲。"经过人工的选择培育,至宋成为稻中佳品。[2]再一种无芒的和尚稻,吴地称师婆粳,也是良种。水稻品种众多,总的来分可以分成籼稻与粳稻两种。籼稻是早中稻,而粳稻多晚熟品种。苏州以种粳稻为主,曹勋在诗中曾说,作为浙西晚秋作物粳稻,一片弥望,丰收在握。[3]苏州米的质量属上乘。宦官杨戬用事时,规定输皇宫后苑的米,以苏州米作为榜样。[4]

麦子,是另一个苏州的重要粮品。《吴郡图经续记》:"其稼则刈麦种禾,一岁再熟。"[5]麦是与稻交替种植的重要粮食作物,唐时已多种于江南,"极目青青麦垄齐,野塘波阔下鸬鹚。"其优良品种名僧头麦(亦称和尚头、师姑头、火烧麦),有较强的生命力。因麦的种植已普遍,苏州成为麦子的重要产地。"高田二麦接山青",[6]反映了高田坡地遍种大小麦的景况。

除粮食作物之外,还有其他作物的种植。水生作物有茭白,王安石就说,吴江一带"当知耕牧地,往往茭蒲青"。[7]还有苏州特产紫莼、菱藕与席草等。

宋时苏州多出水果,"黄柑香硕,郡以充贡"。橘分丹绿,梨重丝蒂。还有樱桃。朱长文说,凡《药品》所录、《离骚》上所咏的花草,多布于苏州的皋泽之间。又说:"海苔可食,山蕨可掇,幽兰国香,近出山谷,人多玩焉。"[8]花有木兰、辛夷、牡丹多品,繁丽贵重,盛亚京洛。还有花树的种植,由于"红梅独盛于姑苏",[9]宰相晏殊移植一棵至自家园中。还有一棵叫"贵游",有人贿赂园吏得一枝种接,因而使都城才有两棵。竹子有各种形状,大如筼筜,小如箭桂,有的含露而斑,有的冒霜而紫,有的森

---

[1] 脱脱:《宋史》卷一七三《食货志·农田》,中华书局1977年,第4162页。
[2] 龚明之:《中吴纪闻》卷一《红莲稻》,上海古籍出版社1986年,第10页。
[3] 曹勋:《松隐集》卷二十《浙刈禾》,文渊阁《四库全书》第1129册,上海古籍出版社1987年,第445页。
[4] 脱脱:《宋史》卷四四五《叶梦得传》,中华书局1977年,第13134页。
[5] 朱长文:《吴郡图经续记》卷一《物产》,江苏古籍出版社1986年,第9页。
[6] 范成大:《四时田园杂兴》,《全宋诗》,北京大学出版社1998年,第26002页。
[7] 叶盛:《水东日记》卷十《昆山塘浦水利》,中华书局1980年,第107页。
[8] 朱长文:《吴郡图经续记》卷上《物产》,江苏古籍出版社1986年,第9页。
[9] 丁传靖:《宋人轶事汇编》卷七《晏殊》,中华书局1981年,第292页。

萃箫瑟,有的高可拂云。它们的幼体,嫩脆可食。苏州出产的树木,有栝柏松梓、棕楠杉桂之类,"冬岩常青,乔林相望,椒楋栀实,蕃衍足用"。茶的质量有所提高,包山(西山)的茶叶,很负盛名,被人珍爱。禽类有"鹖鸡、鹄鹭、鸥鹥之类,巨细参差,无不咸备"。鳞介之属,则有"鲦鳝鳗鲤、鮔鳝鳝魦、乘鲨鼋鼍、蟹螯螺蛤之类"。正如苏子美言,"吴中渚茶野酝足以销忧,莼鲈稻蟹足以适口"。[1]北宋时代的苏州,农、副、渔、园艺之产,丰硕繁盛,名副其实的"江外一都会也"。

4. 耕作技术的改进

北宋时期,苏州农业耕作技术亦有较大改进。一是开始稻麦轮作。正如《吴郡图经续记》所说,"其稼则刈麦种禾,一岁再熟,稻有早晚,其名品甚繁,农民随其力之所及,择其土之所宜,以次种焉"。麦子与稻米,一年中成熟各一次,增加了种植次数,提高了产量。有人还以为,这时已出现双季稻,即早稻、晚稻与麦子。而晚稻既可以插栽,亦可以自然"再生"。水稻收割后"稻根复蒸苗,极易长,旋复成实,可掠取,谓之再撩稻"。蒋堂《登吴江亭》诗云:"向日草青牛引犊,经秋田熟稻生孙。"[2]

5. 田间管理的加强

在耕前要做田土的平整。淳化五年(994)因耕牛大量死亡,而配给农民大量农具,以保证耕作的进行。耕耨除草,已成为日常田间管理的重要措施。"昼出耘稻夜绩麻",是典型的苏州农民的生活方式。因为这里的土地"必有锄耙数番,加以粪溉,方为良田"。

宋人已注意到施肥的重要性。土地种上庄稼三五年后肥力已乏,不宜栽种。陈旉认为,"若能时加新沃之土壤,以粪治之,则益精熟肥美,其力当常新壮矣,抑何敝何衰之有!"[3]再就是肥料的合理使用,根据土壤不同的性质,使用不同的肥料,旱地农作物多用人畜粪肥,水田多用河泥;又根据气候、季节、作物品种,施不同的肥料,可获丰收。正如陈旉所说:"土壤气脉,其类不一,肥沃硗埆,美恶不同,治之各有宜也。且黑壤之地信美矣,然肥沃之过,或苗茂而实不坚,当取生新之土以解利之,即疏爽得宜也。硗埆之土,信瘠恶矣,然粪壤滋培,即其苗畅茂而实坚栗矣。"[4]陈旉要求,"以物地相其宜而为之种,别土之等差而用粪

---

[1] 陆友仁:《吴中旧事》,《吴中小志丛刊》,广陵书社2004年,第4页。
[2] 范成大:《吴郡志》卷三十《土物》,江苏古籍出版社1986年,第438页。
[3] 陈旉:《农书》卷上《粪田之宜篇》,文渊阁《四库全书》第730册,上海古籍出版社1987年,第177页。
[4] 陈旉:《农书》卷上《粪田之宜篇》,文渊阁《四库全书》第730册,上海古籍出版社1987年,第177页。

治"。使用肥料可保持土壤的肥力,因而农家注重积肥。宋时"凡农居之侧,必置粪屋,低为檐楹",用来蔽风雨,不使风动日晒,保持肥效。

苏州一带农村,由于多种水稻,已把罱泥作为积肥的重要手段。毛珝在《吾竹小稿·吴门田家十咏》中,对罱泥过程作了生动描绘,并对河泥的肥效作了高度评价,"竹罾两两夹河泥,近郭沟渠此最肥。载得满船归插种,胜如贾贩岭南归"。[1]

由于水利的兴修,农具的改进,土壤的改造,良种的培育与肥料的使用,苏州农业产量逐步提高。北宋已有较高水平,有人考证认为亩产在 4 石左右,[2]漆侠认为当时太湖流域的亩产量应在 3 石左右,[3]而闵宗殿认为亩产应在 2.15 石。[4]苏州的粮食产量,在全国名列前茅,甚至说"几半天下",它的丰歉影响到全国的粮食供应,因此有"苏湖熟,天下足"[5]或"苏常熟,天下足"的谚语。[6]

苏州成了全国的粮仓。

第五节　手工业

水利的开发,农业的丰收,促进了苏州手工业的发达。手工品花样繁多,技艺精巧。其经营方式则以农村家庭与城市个体为主,也有一些官办手工业。

一、纺织坊市的出现与造作局的设立

北宋时,苏州民间丝织业较普遍,所谓"茧簿山立,缫车之声,连甍相闻"。[7]丝织品种类较全,分工细密,技良品高,产量众多。在虎丘塔中发现包裹经书的经帙。1978 年,在苏州瑞光塔发现的刺绣丝织的经袱与经卷,其中有宋初作品。其纺织技艺有所提高。

宋乾德(963—968)年间,全国各地所捐纳的丝织品为二百九十三万五千多

---

[1]　毛珝:《吴门田家十咏》,《吾筑小稿》,陈起《江湖小集》卷十二,文渊阁《四库全书》第 1357 册,上海古籍出版社 1987 年,第 94 页。
[2]　顾吉辰:《宋代粮食亩产量小考》,《农业考古》1983 年第 2 期。
[3]　漆侠:《宋代农业生产的发展及其不平衡性》,《中州学刊》1983 年第 1 期。
[4]　闵宗殿:《宋明清时期太湖地区水稻亩产量的探讨》,《中国农史》1984 年第 3 期。
[5]　范成大:《吴郡志》卷五十《杂志》,江苏古籍出版社 1986 年,第 660 页。
[6]　陆游:《渭南文集》卷二十《常州奔牛闸记》,文渊阁《四库全书》第 1163 册,上海古籍出版社 1987 年,第 465 页。
[7]　李觏:《盱江集》卷十六《富国策三》,文渊阁《四库全书》第 1095 册,上海古籍出版社 1987 年,第 118 页。

匹,两浙路捐六十七万三千匹,占约23%;绸四十一万五千多匹,两浙路捐十万四千多匹,约占25%强。丝棉九百十五万五千多两,两浙路占二百万四千多两。时布帛全部产量191万匹,至神宗熙宁(1068—1077)间,两浙路上贡之帛达九十八万(匹)。无疑,苏州在北宋时,丝业发展迅速,在全国一直居于首位。

北宋时期苏州生产的纺品种类特多,据马端临《文献通考·田赋考》,由政府征收的纺织品有十种:罗、绫、绵、纱、丝、细、杂折、丝线、锦、布葛。细,应是一种细布。杂折,是指零杂的纺织品。宋时作为纺织与编织的贡品,有席、倚席、生丝鞋、绢(每逢皇帝诞辰贡五百匹),葛布二十匹,席二十领。北宋的纺织品具有细、密、轻薄的特点。

艺术性丝织品有刺绣与刻丝两种工艺。"宋人之绣,针线细密,用绒止一二丝,用针如发细者为之。设色精妙,光彩射目,山水分远近之趣,楼阁得深邃之体,人物具瞻眺生动之情,花鸟极绰约嚷唼之态。佳者较画更胜,望之生趣悉备,十指春风盖至此乎?余家蓄一幅,作渊明潦倒于东篱,山水树石景物粲然也,傍作蝇头小楷十余字,亦遒劲不凡,用以裹子昂《归田赋》真迹,亦似得所。"[1]虎丘塔所出绣花经帙,共有五块,底色有栗、深紫、黄、绛色,有铺针、平戗、接针、齐针、斜缠、辫绣等针法,所绣有莲花、荷叶、凤凰等,四周绣有带状枝叶装饰,质朴明丽。宋代的刻丝,不管是人物仕女、山水花鸟,"每痕剜断,所以生意浑成,不为机经掣制,如妇人一衣,终岁方成,亦若宋绣有极工巧者,无刻迥不如宋也"。[2]可见宋绣与刻丝之优美与技巧的高明。

在宋代,还出现了发绣。一些信女,用头发绣佛像佛经,表示虔诚。"宋有孝女周氏,法名贞观,六岁而孤,年十三又丧母,痛无以报,遂结茅洛塘,于佛前矢心精进,刺舌血书《妙法莲华经》七万字,手擘发而绣之,历二十三年而竣。"[3]绣佛经耗费了青春心血。

当时苏州由于纺织生意的兴盛,逐步形成了纺织业相当集中的坊市,北宋时期60坊中,有在大市桥的锦绣坊,在南仓桥北的绣衣坊。嘉余坊俗称孙织纱巷,传巷内有姓孙的织纱女,巧手织纱而成名。纱有各种颜色,宜做夏服。这些坊名街名的产生,不仅反映了纺织业的繁荣,也反映了纺织业的专门化倾向。

---

[1] 张应文:《清秘藏》卷上《论宋绣刻丝》,文渊阁《四库全书》第872册,上海古籍出版社1987年,第15—16页。
[2] 张应文:《清秘藏》卷上《论宋绣刻丝》,文渊阁《四库全书》第872册,上海古籍出版社1987年,第16页。
[3] 朱启钤:《女红传征略》,见孙佩兰《吴地刺绣文化》,南京大学出版社1997年,第14页。

由于苏州所出纺织品特别精美,刺绣艺术高超,宋徽宗在苏州特设造作局,役使各色工匠制造纺织品在内的各种工艺品,供皇室使用,而所需材料全向百姓征敛。

由于关中缺乏蚕丝,在唐朝开元二十五年(737),皇帝曾下敕,称"关辅既寡蚕桑,每年庸调并宜折纳粟,造米支用。"[1]又据《新唐书·地理二》,长安及所在地关内道的贡赋没有丝绢一类的东西,因此,苏州是丝绸之路的起源地之一。

二、龙船与车船

苏州号称水乡泽国,舟船从来是主要的交通工具。位于江南运河中心点的苏州,是造船的重要场地。皇家所造的龙舟,照历来惯例,由两浙与江东提供。龙舟规模较大,有长 20 余丈的。两浙与江东建造的平底船,其规制 300 料或 500 料,承造常额每年就达 300 艘。徽宗重和二年(1119),又下发运司打造 300 料的舟船 1 300 艘,其中座船(即官员客船)100 只,浅底屋子船 200 只,杂船座船 1 000 只。平底船主要用于漕运。此外,还制造战舰与远航海船。漕船制造,在苏州特别发达。原因是苏州在运河之滨,附近丘陵多产木材,有林可伐;而北宋漕运对朝廷来说,既是必需也是急需,对漕船的需求量特大。北宋造船场规模颇宏,已有一定的场地分工划分。在附近往往设有买木场,专门供应造船所需的木料。

宋代的战舰,已有用脚踏车轮前进的车船。海船一般采取 V 形尖底造型,使船与海底接触面积缩小。船上装众多桅杆,下部设转轴之类装置,可使桅杆自由转动,以应付海上风暴及风向突变的意外情况。大型海船,还用木板隔成若干小的船舱,以避漏水。宋朝所造海船,船体巨大,载重多,抗风浪能力强。宣和年间出使高丽的神舟,据记载,长约 40 丈,深 9 丈,阔 7 丈 5 尺,"巍如山岳,浮动波上",十分壮观,"倾国耸观,而欢呼嘉叹也"。[2]

北宋民间造船业亦有所发展。一些豪商集中了较多的技术工匠,能制造长数十丈的海船,连官府造船有时也要向民间借用技术力量。民间所造之船,其精致程度有时超过了官家。抗金名将李纲曾说:"官中造船,决不如民间私家打造之精致。"[3]苏州所出的船已广泛应用于东部水域。

---

[1]《大唐六典》卷三《尚书户部》,日本广池学园 1973 年,第 54 页。
[2] 徐兢:《宣和奉使高丽图经》卷三十四《神舟》,文渊阁《四库全书》第 593 册,上海古籍出版社 1987 年,第 891 页。
[3] 李纲:《梁溪集》卷一二一《与张枢密书别幅》,文渊阁《四库全书》第 1126 册,上海古籍出版社 1987 年,第 442 页。

三、造纸与苏州刻书

苏州在北宋时造纸技术已在五代基础上大有提高,造纸大多已不用日晒,而在熏笼上用火焙烤,使各幅均匀如一,厚薄调匀,具有薄、软、轻、韧的特点。造纸原料有麻、竹、藤、桑等。江南的楮纸很是有名。苏州金粟山藏经纸,是神宗年间(1068—1085)苏州承天寺用楮桑合制而成,坚韧耐用,纤维细长,加蜡砑光,细润无纹,洁白如茧,故名茧纸。另有一种"春膏笺",由嫩竹制成,由于莹滑受墨而舒卷,十分方便用笔。"彩笺"有所发展,被称作"粉笺",有"苏州粉笺美如花"之语。[1]

北宋时,苏州已成刻书中心之一。刻书以儒佛经文为多,还有一些文人文集。苏州瑞光塔穴内发现《大隋求陀罗尼经咒》是北宋咸平四年(1001)所刻,为苏州最早的雕版印刷实物。上面刻有知苏州军事张去华、知长洲县王允巳、知吴县班绚等地方官员的题名款识。同时发现的有景德二年(1005)木刻《梵文经咒》一卷,天禧元年(1017)刻有卷轴装《妙法莲华经》一部七卷。今留下的苏州北宋刻本,还有嘉祐四年(1059)刊《杜工部集》二十卷、元丰三年(1080)《李翰林集》三十卷、《韦苏州集》等。崇宁元年(1102)吴江石处道等刊《佛顶心观世音菩萨大陀罗尼经》。另有《杜工部集》,由苏州知州王琪将王洙家所藏善本与其他名本参校后,交苏州公使库印刷万部,在当时已经是一个惊人的数字。尽管每部价值高达万钱,但"士人争购之"。20世纪50年代张元济影印《古逸丛书》就是用了这个本子。《韦苏州集》,是唐大诗人韦应物所作诗集,北宋时王钦臣校定。熙宁九年(1076),吴县知事葛繁校刊于苏州。晚唐著名诗人陆龟蒙的诗赋杂著《笠泽丛书》,文笔优美,一直在各地流传。北宋政和(1111—1118)间朱衮刻于吴江,计《丛书》四卷,补遗一卷。此外,释善庆在政和间(1111—1115)刊宋林虙撰《西汉诏令》十二卷。居世英在宣和间(1119—1125)刊宋苏轼《东坡集》四十卷、《后集》二十卷。

苏州还印刻了一些地方志书,计有大中祥符四年(1011)颁刊的李宗谔撰《苏州图经》六卷、元符元年(1098)苏州公使库刊宋朱长文《吴郡图经续记》三卷。苏州刻书,用纸洁,墨色强,校勘精,处于领先地位。刻书业的发达带来了苏州的藏书热。朱长文筑乐圃,建有书室,"藏书万卷"。吴人章甫,熙宁三年

---

[1] 张镃:《南湖集》卷二,文渊阁《四库全书》第1164册,台湾商务印书馆1986年,第579页。

(1070)进士,家中亦"藏书万卷",[1]都是校雠精密的本子。

四、制茶业

茶是中国古代重要饮品,也是出口的重要物资。由于贩茶能获重大利润,宋代继唐代旧制,茶业实行官府垄断的榷茶制,控制了茶叶的生产与贸易。宋代茶有两类,一是片茶,二是散茶。"片茶蒸造,实棬模中串之,唯建、剑既蒸而研,编竹为格,置焙室中,最为精洁,他处不能造。有龙、凤、石乳、白乳之类十二等,以充岁贡及邦国之用。其出虔、袁、饶、池、光、歙、潭、岳、辰、澧州、江陵府、兴国临江军,有仙芝、玉津、先春、绿芽之类二十六等;两浙及宣、江、鼎州又以上中下或第一至第五为号。散茶出淮南、归州、江南、荆湖,有龙溪、雨前、雨后之类十一等,江、浙又有以上中下或第一至第五为号。"[2]可见各地茶叶分成等级销售。上文所提两浙应包括苏州在内,苏州属两浙路所辖。茶的买价是,"片茶大片(每斤)自六十五钱至二百五钱有五十五等。散茶斤自十六钱至三十八钱五分有五十九等"。卖出价,"片茶自十七钱至九百一十七钱有六十五等,散茶自十五钱至一百二十一钱有一百九等"。[3]从买卖的差价可知,除特殊情况外,一般说来贩卖茶叶可获高额利润。

苏州茶叶产自洞庭东西山,大体属散茶一类,是进贡的美茶,味道香甜。其制茶工艺一直流传下来。据同治《苏州府志》,苏州贡茶,在谷雨前采摘,称雨前茶,味特佳。北宋时,洞庭山已形成品牌"水月茶",号称包山珍茗,洞庭美茶,是今天"碧螺春"的前身。

五、金属锻铸技艺水平的提高

苏州金属的冶炼、铸造与加工,具有较高的技艺水平。从唐代开始,已打破政府对金银业铸造的垄断,私有手工业已逐步兴盛,结成"行会"。造金银器贩卖的作坊往往集中在同一街坊,被称作"行作"。宋代继承了这一传统。政府设"造作局",打造金银器物。1977年,在今苏州大石头巷挖掘了一处宋代遗址,出土有陶质熔铸坩埚,还有铁叉、铁铲、铁凿、铁钎子、铁铡刀、铁剪刀等多种铁制工具。铁器的多样性,说明了当时人们对生产、生活需求不断丰富,也说明苏州冶铸与铁器制造水平的提高。北宋时期苏州还是铜镜制作中心之一,缪家为铸铜

---

[1] 范成大:《吴郡志》卷二十六《人物》,江苏古籍出版社1986年,第384页。
[2] 脱脱:《宋史》卷一八三《食货志》,中华书局1977年,第4477—4478页。
[3] 脱脱:《宋史》卷一八三《食货志》,中华书局1977年,第4477—4478页。

镜的有名商号。苏州金银加工也名冠一时,1978 年在苏州瑞光塔发现真珠舍利宝幢一座,饰有金银编织的飞龙走狮,制作精细,设计巧妙,形态生动,表现了精湛的技艺。

六、太湖石的开采与加工

太湖石,在北宋时是重要的石料产品。它分成两种,一种在水里,由于被波涛撞击,石成嵌空,形状奇突。"石面鳞鳞作靥",叫作"弹窝",是水留下的"痕迹"。由于没于水下,凿取不易,十分金贵。另一种在陆地山上,称旱石,亦成奇巧状,但不及水下石贵重。太湖石温润奇巧,扣之铿然有声,可作为园林的景缀。正如白居易《太湖石记》所说:"富哉石乎!其状非一。有盘坳秀出,如灵丘仙云者;有端严挺立,如真官神人者;有缜润削成,如珪瓒者;有廉棱锐刿,如剑戟者。又有如虬如凤,若跧若动;将翔将踊,如鬼如兽。若行若骤,将攫将斗。风烈雨晦之夕,洞穴开嚬,若欲云喷雷,嶷嶷然有可望而畏之者。"[1]北宋程俱也说,太湖石"竖江山之崿崿,续剑阁之峨峨,莫不剔山骨,拔云根。贞女屹立,伏虎昼奔"。[2]

北宋时太湖石大量开采。建中靖国元年(1101),宋徽宗即位,为修景灵西室,命令吴郡(苏州)、吴兴(今湖州)采集太湖石四千六百枚进贡。苏州的太湖石,主要采自于包山(今西山)。宣和五年(1123)为建筑皇家园林艮岳,由朱勔掌管开采湖石。其最大一石,为运入京师,造了巨舰由上千人抬进。事成后役夫各赐银碗一只,还赏朱勔的四个仆人做承节郎,赐予金带。朱勔本人更晋为威远军节度使。后朱勔被杀,剩余未献的太湖石都留在吴郡。至南宋,在西河(胥江)两旁的余石都归张俊家。

由于士大夫十分爱好太湖石,西山一带的人用"旱石"进行加工,作成玲珑之态,"又剜石面,赝作弹窝纹",提高价格。特别是太湖中鼋山所出之石,"莹洁可鉴,坚润如金玉,亦为天下之冠"。[3]

太湖石是苏州一大特色产品,一直流传到今天,但采之将尽。

七、其 他

其他如制酒,苏州常熟不论官营酒业或私营的酒务,都用石灰技术。"以朴

---

[1] 范成大:《吴郡志》卷二十九《土物》,江苏古籍出版社1986年,第424页。
[2] 范成大:《吴郡志》卷二十九《土物》,江苏古籍出版社1986年,第422页。
[3] 范成大:《吴郡志》卷二十九《土物》,江苏古籍出版社1986年,第421页。

木先烧石灰令赤,并木灰皆冷,投醅中。"[1]可使酒清冽,服久可以治病。北宋时苏州名酒的品牌有"木兰堂""白云泉"两种。[2]

还有织席,"姑苏之席,著名天下,不特今日,自古已然矣"。[3]苏州织席以西乡为多,品种丰富,质量上乘,享誉全国。

第六节 商 业

农业生产力的提高、产品的丰富,促进了农产品与手工制品的商品化、市场化。商品的种类日益增多,作为交易场所的城镇,在北宋时期大有发展,货币也呈多样化趋势。

一、农产品的商业化

农业生产力的提高,农产品的剩余,超出了农村自给自足的需要,促进了农产品的流通销售。北宋时期东西山盛产桑叶与水果,居民"皆以桑栀柑柚为常产"。茶叶是苏州贸易中的特产商品之一。大茶商田昌在天禧元年(1017)从太湖场买茶,"算茶十二万,计其羡数,又逾七万"。[4]当时太湖茶价以中号为七十五文六分计,要用九千余贯来购买,可见茶叶销售之巨。苏州太湖洞庭山以种植柑橘等经济作物为生。当时花卉交易盛行,茉莉花"今闽人以陶盎种之,转海而来,浙中人家以为嘉玩"。[5]

农业的商品化,也促进了手工业进一步从农业中分化出来,当时织女所织的绢价钱与米价相等,纺织也是保证一家生活的重要部分。纺织内部出现了桑丝户与织户的区别。北宋时徐积曾记载一个织女,"织得罗成还不著,卖线买得素丝归。"[6]她把自己织成的罗拿到市场销售,再买回丝,织成罗,赚取丝罗之间的差价,成为专门的织户。

---

[1] 庄绰:《鸡肋编》卷上,中华书局1983年,第16页。
[2] 朱弁:《曲洧旧闻》卷七,中华书局2002年,第179页。
[3] 吴曾:《能改斋漫录》卷十五《方物》,上海古籍出版社1979年,第457页。
[4] 徐松:《宋会要辑稿·食货》三六之三,文渊阁《四库全书》第782册,上海古籍出版社1987年,第574页。
[5] 张邦基:《墨庄漫录》卷七《末利花》,中华书局2002年,第198页。
[6] 徐积:《节孝集》卷二十五《织女》,文渊阁《四库全书》第1101册,上海古籍出版社1987年,第913页。

二、运河沿岸城镇的发展

北宋时,苏州由望郡升府,"人物之盛,为东南冠",是"四海金盛"的典型之一。地沃物夥,"若夫舟航往来,北自京国,南达海徼,衣冠所萃聚,食货之所丛集,乃江外之一都会也"。北宋熙宁间苏州城区商税竟高达五万一千多贯。[1]苏州"境无剧盗,里无奸凶,可谓天下之乐土也。顾其民,崇栋宇,丰庖厨,嫁娶丧葬,奢厚逾度"。[2]苏民虽有铺张浪费之俗,但也表明苏州物质基础之雄厚。宋代已有谚语"天上天堂,地下苏杭",是说"先苏州而后杭州"。北宋时苏州之繁华超出杭州。苏州百业兴旺,出现了废品收集行业,朱冲本是"收拾毁弃及破缺畸残器物,沿门贩鬻"的小贩,起家后,改业贩药而致富。

一些集镇随着河道的开掘、物产的丰盛而兴起。除了一些老镇如浒墅、用直、湘城等仍继续发展以外,出现了一些新兴的集镇。如今苏、锡之交的望亭镇。三国时孙坚在此建"御亭",隋置御亭驿,唐时改名望亭。北宋正式设镇。[3]又如光福镇,位于今苏州郊区西南部,古有"野步市""梓里村"之名。梁大同间(535—546)因建光福寺,香火很旺,改为光福。这里太湖围绕,水田似网,物产丰富,至宋形成集市。东山镇,地处洞庭东山之下而命名。此地盛产杨梅、柑橘等水果,在太湖中,又有渔业之利,到宋代形成较大集镇。木渎镇,同为北宋时所设,[4]"木渎",原为河名。相传春秋后期吴王夫差建馆娃宫、姑苏台,当时臣服于吴的越王勾践贡木材于吴,积材于此河三年,"连沟塞渎",因以"木渎"命河,继而命镇。黎里,也在宋时形成集市。今吴江区的宋镇有平望。宋兴,海内一统,东南富庶甲天下。平望地虽迫隘,而"大商巨舶,奇货充溢。熙宁间置军垒以儆寇盗"。又说两岸邸肆间列,以便行旅。[5]元末,曾筑城。吴江芦墟、昆山石浦,在宋时都设有巡检司署,以管辖其政事。昆山周庄,是因宋元祐元年(1086)周佚封为迪功郎,在此设庄,遂有周庄之称,并逐步形成集镇。

太仓是历代仓储之地,也是对外贸易的出发点。在宋时由于外贸的逐步发达,因而太仓镇的地位渐次提高,其地"政和中升州,属平江府"。[6]常熟直塘

---

[1] 徐松:《宋会要辑稿·食货一六之七》,文渊阁《四库全书》第782册,上海古籍出版社1987年,第213页。
[2] 朱长文:《吴郡图经续记》卷上《物产》,江苏古籍出版社1986年,第11页。
[3] 纪昌熙:《望亭镇志》第一章《集镇》,苏州大学出版社2003年,第25页。
[4] 王存:《元丰九域志》卷五《两浙路》,中华书局1984年,第210页。
[5] 翁广平:《平望志》卷一《沿革》,广陵书社2011年,第18页。
[6] 张采:崇祯《太仓州志》卷一《沿革》,太仓市方志办据康熙十七年版影印,第2页。

镇,七浦塘穿镇而过,无曲折,故名。它亦成集于宋代,历来为粮食集散地。今张家港所在的杨舍镇,相传宋朝有中书舍人杨某弃官隐此,率民耕种,深得爱戴。杨舍人死后,百姓于石桥河与新泾河之间为之建墓立碑。为纪念杨舍人,故以其名命镇。如这一传说属实,杨舍镇应兴起于宋。市镇的建立,加强了城乡的联系。

三、坊市的易名与草市、夜市的兴盛

苏州至北宋时,由于经济、文化活动的需要,逐步扩大、改建、增设了一些坊市。正如《吴郡志》所说:"六十坊者,《旧经》所籍如之,后颇随时而有创有易。"在北宋时新增或改称的有"儒学坊",其名是由于(林)希徯居吴,与弟旦嘉祐二年(1057)同第进士。下次科举,弟林邵再登第,"吴人荣之"。[1]于是便命名林家所在地为"儒学"。灵芝坊初名难老坊,因蒋堂家产灵芝,由兵部员外郎李晋卿题"灵芝"于坊表故而得名。上述绣衣与衮绣等坊反映了纺织刺绣业的发展,还有一些坊市与商业活动有关。今苏州大石头巷曾发掘北宋平权坊遗址,"平权"即公平买卖,也就是今天所谓的"公秤"。可见今苏州乐桥大石头巷一带的地方,是北宋的商业区域。在坊中发掘的文物有砖、青石板等各种建筑材料,与坩埚、陶范等铸造工具,还有碗、盘、壶、碟等大批瓷器,以及各种灯具,还出土了象棋、骰子、圆筹等各种娱乐品与各种铜钱。和丰坊,《吴郡志》表明这里是米行所在地,为粮食贸易之处。嘉鱼坊,在鱼行桥西,应是卖鱼的地点。阜通坊、通阛坊,似与交通有关。吴歈坊,是唱歌跳舞的娱乐场所。

北宋时期,草市增多,一些新兴集镇无不从草市开始。著名的丝绸之都盛泽镇,在宋称寅亥市,也就是在每月三旬中,以寅日(第三日)与亥日(第十日)作为临时集市贸易的日子,只能称作草市。至明嘉靖中,始有居民百家,以锦绫为市。宋代苏州夜市更加繁荣,宋继承唐的习惯,夜市多卖菱藕等食品。

四、钱币的流通与市面的繁荣

货币是商业活动的重要媒质,是充当一般等价物的特殊商品。北宋初期,吴越所铸杂有铅质的"开元通宝"仍在苏州流行。宋收江南后,通行宋铸货币。宋朝每改元必更铸,以年号为通宝而禁止使用径小恶钱。宋仁宗庆历初(约1041),敕令江南等地铸造大铜钱,并将江南等铸造的小铁钱输入关中。

---

[1] 范成大:《吴郡志》卷六《坊市》,江苏古籍出版社1986年,第72页。

宋代苏州通行的钱币除汉代、南北朝、隋唐等朝钱币之外,有宋元通宝、太平通宝、淳化元宝等。2011年,在苏州干将路改造工程中,在人民路与干将路交界处乐桥西南,一口残砖井中,出土铜钱四吨。其中北宋铜钱计有38种之多,[1]钱文至崇宁为止,可见是北宋窖藏。这说明北宋通行之货币,还是以宋铸铜钱为主。如此巨大的数额的钱币出现在苏州,说明当时苏州商品经济的繁荣。有人推测,当时苏州城内钱店、钱庄不少,富有的钱商囤积了大量铜钱,可能是碰上了战争等突发事件,而把钱囤埋在这里。

北宋钱币以铜钱为主,间用白银。由于携带方便还发行了大量纸币,纸币中以交子流通最久,会子发行量最大。还有钱引、小钞等。交子起源于宋时四川私商。"真宗时,张咏镇蜀,患蜀人铁钱重,不便贸易,设质剂之法,一交一缗,以三年为一界而换之。六十五年为二十二界,谓之交子,富民十六户主之。"后来由于资金的不足,收归官营,"富民资稍衰,不能偿所负,争讼不息。(蜀地)转运使薛田、张若谷请置益州交子务,以榷其出入,私造者禁之。仁宗从其议。界以百二十五万六千三百四十缗为额"。[2]由政府发行的交子,世称官交子,从天圣二年(1024)开始,分界发行。第一界发行120多万贯。三年为一界,界满以旧换新,发行额照旧。交子无疑在苏州亦有流通,或有影响。

宋徽宗崇宁四年(1105)开始,除四川仍用交子外,其他诸路改用钱引。但当时属于两浙路的平江府使用钱引略晚于其他各路。钱引的印刷较为繁杂,它"用六颗印来印刷,分三种颜色",第一颗印是敕字,第二颗是大料例,第三是所用年限,第四是背印,以上四种印用的是黑色。第五是青面(蓝色)。第六是红团。六颗印都饰以花纹,如敕字印上或饰以金鸡,或饰以金花,或饰以双龙,或饰以龙凤。每一界的钱引都不相同。以整张钱引而言,最上面是写明界分,接着写年号;其次多用格言写的贴头五行料理,再次是敕字花纹印,接下去是青面花纹印,红团故事印,多用花草的年限花纹印、背印,最后是书放额数。钱引分五百文与一贯(千文)两种。可见钱引的印刷较为复杂,比前精致。

宋朝还发行了"当十铜钱"的小钞。徽宗崇宁五年(1106),"当十铜钱"只能在京师与陕西、河北、河东三路通行。其余的"当十铜钱"用"小钞"新纸币兑收回来。这次发行的小钞,面额最大的为一贯。

北宋末年,苏州民间已通行便钱会子的纸币,方便了物资流通。"便钱会了"

---

[1] 苏州市考古研究所:《苏州乐桥宋代井藏铜钱发掘简报》,《苏州文博论丛》2013年(总第4辑),文物出版社2013年,第10页。
[2] 脱脱:《宋史》卷一八一《食货志》,中华书局1977年,第4403页。

到南宋绍兴时收归国有。

北宋纸币的大量出现与经济的繁荣、商业发达有关。商品的流通急需大量的货币,而金属币的笨重增加了携带的困难;当时雕版印刷的完善为印刷纸币提供了技术条件,于是纸币应运而生。有人考证,这在世界上是首次。可见当时中国在国际经济上的领先地位,而苏州正是中国经济核心地区之一。

五、海外贸易

苏州是对外贸易之口岸,交通便捷,通江达海,舟航之处,北达宋都开封,南达海边。青龙、福山通海之港,均在近旁。闽粤商贾北上来苏,"珍货远物,毕集于吴之市"。[1] 宋政府还授命平江府(今苏州)等地方政府"如有蕃商愿将船货投卖入官,即令税务监官依市舶法转买"。北宋时,苏州是海上贸易的重要港口。

---

[1] 朱长文:《吴郡图经续记》卷上《海道》,江苏古籍出版社1986年,第18页。

第三章 南宋苏州的复兴与繁华

南宋初期建炎年间,金人在侵占杭州后的北撤途中,攻入苏州,烧杀五昼夜,苏州遭到极大的破坏。但苏州凭借优越的地理位置、自然条件和人口优势,在人们辛勤的劳动下,迅速得到恢复和迅猛的发展,成为不容置疑的全国经济重心,号称天堂。

第一节 苏州的破坏与恢复

一、金人南侵与苏州抗金斗争

苏州南宋初期遭到的空前浩劫,缘于金人的南下。金是北宋末年在北方最强大的敌人。金政权由女真族主导组成。其先世为肃慎,以后也称鞑鞨,居住在黑龙江流域,为辽国藩属。北宋末,女真完颜部的阿骨打,统一了女真各部。女真族深受契丹的压迫、剥削。契丹贵族每年要向女真无偿索取大量的生金、东珠、名马与宝贵的猎鹰,敲诈勒索,极尽搜括之能事,这就激起了女真族的强烈反抗。

政和四年(1114)阿骨打率军攻克辽的重镇宁江州(今扶余东南),接着,攻占了原属辽的大片领土。次年正月,阿骨打称帝,国号大金。同年九月,金攻占辽在东北的军事要地黄龙府(今农安),震动辽廷。辽天祚帝急忙拼凑十多万之众进攻金军,结果大败而回。

见金日益强大,宋朝自政和七年(1117)始,多次由海上遣使赴金,"约期夹攻"[1]辽国,史称"海上之盟"。宣和四年(1122)正月,金破辽中京(今平泉东北),三月入西京(今大同),天祚帝西奔,辽朝败亡已成定局。但宋军迟迟北上,

---

[1] 徐梦莘:《三朝北盟会编》卷四《政宣上帙四》,上海古籍出版社2000年,第28页。

且多次失利,宋朝屡弱之势毕露。宣和五年,金太宗吴乞买即位,继续扩大战果。七年(1125),俘辽帝,辽国灭亡。金以宋招收金军叛将、撕毁盟约为借口,下令伐宋。分两路进兵,东路由斡离不率领由平州(卢龙)取道燕州南下,一路由粘罕率领,从云中出发,攻打太原,继而进逼汴京(今开封)。昏庸无能的宋徽宗,惧金军来势,恐状万端,急将皇位传给其子钦宗。这时各地勤王之师云集汴郊,给金军以打击。金考虑到两路军队无法配合,且宋勤王之师众多,开封防卫又比较牢固,在提出割让太原、河北、河间三镇与犒纳大量金银绢帛的条件完全满足后撤军。靖康元年(1126)金军再次分两路南下,攻陷汴京。金军挟持徽钦二帝、后妃、官吏等三千余人北去。钦宗弟赵构继位,是为高宗,年号建炎。

建炎元年(1127),宋高宗面对金军南逼的严峻形势,步步南撤,先退扬州,再南渡京口(今镇江),经常州、无锡到苏州。当时郡中一些富户私下遁去,但市井贸易如故。宋高宗至府治落脚,卸去甲胄,改服黄袍,稍增仪卫,诏谕安定百姓,住了三天,起驾赴杭州,命王渊留守平江。

高宗至杭州,王渊随驾南去。命张浚驻守平江。这时扈从统制苗傅、御营右军副都统刘正彦发动叛乱,杀死王渊,迫高宗退位;立高宗三岁的儿子为帝,以挟持朝政。当苗、刘伪命传到平江时,张浚拒绝接受,准备起兵勤王。驻江宁的江淮制置使吕颐浩也劝张浚出面平叛。此时大将张俊正领万人(一说八千)从中途回到平江,张浚与他密约,共讨苗、刘。建炎三年(1129)三月中旬,御营主管韩世忠从宿迁经常熟到平江,与两张合兵一处,共同平叛。三月二十日,韩世忠军从苏州出发,运河中舳舻相接,旗帜鲜明,在临平打败苗军。四月,高宗复位,保持了南宋政权的稳固与统一。九月朝廷命令周望为淮浙宣抚使,守平江。苏州,是平定叛军的根据地与出发地。时任平江知府的汤东野负责后勤支援,很是着力。史称平叛时军中"百须,东野实主之"。[1]建炎三年(1129)七月,金人分路大举入侵。东路由六部都统达赖带领,进攻山东、淮北地区,伺机南下。中路由完颜兀术(宗弼)带领,进军归德(今商丘南),再下建康,直取宋廷。西路由完颜娄室继续进攻陕西。兀术进兵快速,连克单州(今单县)、南京应天府(今商丘),进兵和州、无为(两地均在今安徽),十一月十六日,攻陷真州(今仪征)。二十七日,建康(今南京)守将杜充在马家渡战败后,叛宋降金。时驻军镇江的节度使韩世忠见势不妙,转移至今苏州、上海一线。兀术从建康出发,经溧水,进攻广德、湖州,南攻安吉,克独松关,于十二月二十一日陷杭州。高宗沿浙东运河,

---

[1] 卢熊:洪武《苏州府志》卷二十三《人物》,广陵书社2015年,第287页。

退至越州(今绍兴),再退明州(今宁波),定海(今镇海)、昌国(今定海),直到温、台海上。兀朮派大将阿里、浦卢浑二人追击宋帝。十二月二十四日,越州安抚使李邺降金,建炎四年(1131)金兵占领明州。

兀朮占领杭州后,碰到南宋军民的强烈反抗,且金兵不服南方的炎热气候,因而决定退兵。二月十六日兀朮率领包括裹胁者在内计十万兵众,满载掠夺来的物资,沿运河北返。二月十八日,金人犯秀州(今嘉兴)、崇德。宋命令淮浙宣抚使周望、平江知府汤东野固守平江。周望与张俊等居城中,"遣巨师古扼吴江,陈思恭屯楞伽山,李阁罗屯常熟县",郭仲威居城外。周望没有严密布置岗哨,不举烽火,且军纪太差,伐苏郊巨木作薪。十九日,宋征发乡兵抵御。乡兵有船千艘,自洞庭东西山出发,由用头巡检杨举总领,来到吴江,阵于简村。二十一日金兵进犯吴江,统制官巨师古不战而溃退,由太湖民舟作为向导,藏于西山。二十二日,郭从威遣兵拒守于苏州城南的尹山,已而退兵。次日,"府中令民逐便出城,留少壮者登埤以守"。〔1〕这一天,金人的游骑已到苏州东郊,与仲威军遭遇,仲威军不战而退。郡人惊奔出城,守关兵阻之,时任平江府都税务的姜浩叱吏开关,去者不胜计,浩殿后,几不免,人皆德之。〔2〕苏州人对宋军失望,有远逃至闽越一带的。守苏州的淮浙宣武使周望付印郭仲威而逃往青龙(在今上海境)。二十四日,郭仲威会诸将于城上宴饮,士民老幼有数万之众叩头出血,要求加强防御,仲威仍欺骗群众说:"即发骑兵,虏行破矣,民慎无忧!"下午,金人已大集城下,仲威军火烧广化寺,又烧医官李世康家,其下从城南转劫居民,当夜从齐门遁逃。苏州城内驻军,包括威果六十五指挥、全捷二十一指挥的禁军,与建中顺官军、御前拱卫水步军、御前游击军等望风而溃。城中居民公推织工赵秉中、旃檀寺和尚云逸为首进行自发的抵抗。在城门外战死者有刘鼐、张鳌两人。二十五日清晨,金兵从盘门入,劫掠官府民居,凡子女金帛、仓库积聚,均为所掳。纵火焚烧房屋库舍,"烟焰百余里,火五日乃灭"。〔3〕赵秉中、云逸所部民兵,进行了顽强的抵抗。但毕竟寡不敌众,战力不强,赵秉中中箭阵亡,云逸投水自杀。三月初一,金兵才从阊门出走无锡。此役,苏州士民出城得逃的才十分之二三;出城之后,仍遭官兵的搜刮、迫害。而迁避不及,遭金兵屠杀者竟有十分之六七,后收得男尸62 000余具,女尸25 000余具。再后又从河中捞出男尸85 000余具,女尸111 000余具。被杀者中有十岁以下的小儿、男子四十岁以上及四十以下

---

〔1〕 吴昌绶:《吴郡通典》卷七,苏州市地方志办公室《苏州史志》2005年,第53页。
〔2〕 冯桂芬:同治《苏州府志》卷六十九《名宦》,江苏古籍出版社1990年,第804页。
〔3〕 毕沅:《续资治通鉴》卷一〇七《高宗建炎四年》,上海古籍出版社1986年,第577页。

不任肩负与手无寸铁的知识分子,还有三十岁以上妇女;金军还裹胁男女青壮年10万北上,可谓"一城殆尽"。连远郊白马涧,"有宅百余区,尽被焚毁"。[1]这是苏州历史上的空前浩劫。

此时,潜走外邑的宋军,见金人已去,便竞相回府。张俊从昆山,巨师古从洞庭西山,李阊罗、鲁珏、郭仲威等从常熟,陈思恭从乌墩(今乌镇)以收复的名义再占平江。尽管苏州已"一屋不存",但郭仲威军仍穷问瘗藏之所,执居民以搜财物。有人从金军中逃归,多因饥饿或骤得食胀闷而死,横尸枕藉道路者,不可胜计。宋朝官军还破坏寺庙建筑,寒山寺在金兵的战火中幸免于难,但仍被官军破坏殆尽,寺僧逃匿,颓檐委地。宋军中真正抗金的只有陈思恭军,他以兵出太湖,击金兵之尾,在虏舟中被俘的宋民奋起作内应,于是纵火焚敌舟,取得一些胜利。众多死尸,由蔡隆兴倡议,得以火化归葬,故乡人建隆兴寺以作纪念。

这次苏州历史上空前的浩劫,究其原因,固然是由于金兵的残暴贪婪、灭绝人性;也由于宋朝官兵畏敌如虎、贪生怕死、欺侮百姓所造成。

南宋一些官员乘机炫功,迫害人民,追捕被金兵胁迫而为金做事的人,将蔡隆兴等以"通敌"处斩。又将留在寨中的病妇人二万多人没入妓籍,叫他们的家属出钱相赎,否则用刑,有刑酷而死者几千人。这些官员,还将火后剩余的房子如庆云庵、旃檀庵、报恩寺、杨柳楼台、张家祠、刘家祠、梅园、章园、孙园、蔡庄等处,借口曾住金军而下令拆除,把这些建筑的砖木用来砌官衙与营寨。北禅寺"为兀朮偏将所据。东城老稚尽数就戮。于此积薪焚尸,寺亦俱烬"。[2]经两次浩劫,苏州几成废墟。北禅寺只剩一个井栏,成为希世的文物。此劫后的绍兴六年(1136)九月,宋高宗从杭州出发北伐,在平江住三月,把"神主"寄于平江能仁寺。

绍兴三十一年(1161)九月,金由野心勃勃的完颜亮当政,决心侵占繁华的江南,率大军南下。金早先就命其尚书苏保衡由海道窥进二浙。宋命浙西副总管李宝进驻平江进行抵御。当时步帅李捧,要求毁断吴江桥,也有人提议截断常熟福山,来限制敌骑的前进。平江知府洪遵批判了这种逃跑退却的路线,阻遏了撤退文书的下发,积极支持李宝的进取策略。后李宝率领水师,直捣胶西(今山东半岛),成功而返。这与平江知府洪遵及时充足地供应资粮、器械、舟楫分不开的。绍兴三十一年(1161)十月,宋高宗下诏亲征。不久,完颜亮为部下所杀。

---

[1] 陆友仁:《吴中旧事》,《吴中小志丛刊》,广陵书社2004年,第15页。
[2] 王謇:《宋平江城坊考》卷四《东北隅》,江苏古籍出版社1986年,第193页。

高宗想乘机收复中原,到金陵(今南京)安抚军队,誓师北指。车驾过平江,平江供应充分,获得好评。可见当时的平江,一直是抗金的后勤中枢与物资基地,是拱卫临都杭州的屏障,在军事上的地位十分重要。

二、苏州的逐步恢复与全国经济重心的确立

为了恢复平江府的社会秩序,发展生产。宋政府采取了一些有效的措施。一是对抗金中的懦夫、荼毒百姓的郭仲威等进行严厉的惩处。郭仲威一度任真扬镇抚使,在郡仍怙恶不悛,被刘世安所擒,缚送行在。宋廷下令在平江府斩首,来安慰苏州百姓,安定人心,严肃军纪。建炎(1127—1130)中,汤东野知平江府时,州兵骄纵,横行吴中。有两个士卒直入一个寡妇开的酒店喝酒,不但不付酒钱,还毁坏店中的酒器,甩手而去。东野闻之,立即将两个士卒"格斩以徇",于是"列营慴肃",[1] 狠煞了州兵骄横之态,整顿了社会秩序。

二是严禁苛敛,实行赈济,召民垦殖。南宋初,李光以显谟阁直学士知平江府。朝廷因缺乏军粮储备,命户部郎中霍蠡出使两浙,到平江以"和籴"的名义,征收粮食,实是无偿收取。李光指斥霍蠡,主上(指宋高宗)南渡以来,屡次戒敕,不得随意科税聚敛。现在到民间"购买"米粮,要出本钱。霍蠡听罢只得引去。后皇上降旨发下本钱,使"和籴"购买粮食的任务,"不逾月而毕"。[2] 政府买卖的公平,对安定民心起了重要作用。

绍兴元年(1131)东南诸路发生饥荒,一些从中原流浪到平江府的难民,多有饿死的,宋政府下令赈济,被救者甚众。

绍兴二年(1132),由于平江府逃亡者的弃地较多,且其地塍岸久废,湖水浸入,因此宋政府决定召集流民垦殖。那些不可以马上开工的,免除其赋税的税额。一些陷入敌方的业主,在平江的土地还留下三万六千余顷,由原来的佃户掌管,要求这些业主在两年中还归,土地复归原主,否则由佃户经营。凡是贫瘠的、不可耕的土地,一律照面积减轻其赋税。绍兴二十三年(1153),谏议大夫史才言,近年太湖沿岸的土地被军队侵占,增高堤岸,纵横相连,称作"坝田"。旱时汲太湖水溉田,而民田不沾其利;湖水泛滥时,民田尽没。因此要求政府究治,拆除新筑高堤,恢复旧貌,"使军民各安田畴利益"。[3] 宋政府接受了史才的建议,解决了平江军民之间的矛盾。

---

[1] 卢熊:洪武《苏州府志》卷二十三《人物》,广陵书社2015年,第287页。
[2] 冯桂芬:同治《苏州府志》卷六十九《名宦》,江苏古籍出版社1990年,第804页。
[3] 吴昌绶:《吴郡通典》备稿七,苏州市地方志办公室《苏州史志》2005年,第55页。

绍兴二十八年(1158),苏州遇到猛烈的风雨,毁坏田庐。高宗下诏平江下户历年所欠的赋税一律免除,政府费用的不足由内库拨放。[1]高宗称,内库的钱"所积正欲备水旱,本是民间钱,却为民间用,何所惜!"[2]高宗此言,深得民心。由于众人在湖泊边上围湖造田,妨碍了水的流通,绍兴年间宋政府应知平江府陈正同之请,禁"围裹湖田",使生产依秩序照常进行。

三是加强城市建设。南宋初年,一些主政苏州的官僚,关注苏州的市政建设。王晚出任平江知府期间(1144—1147),修建府署,在古胥门大兴土木,门内设姑苏馆,城上筑姑苏台;在台旁设园林,名百花洲,在洲东设射台;并在府署近处,子城西门之上筑西楼;在郡治后子城上筑齐云楼,其楼"两挟循城,为屋数间,有二小楼翼之,轮奂雄特,不惟甲于二浙,虽蜀之西楼、鄂之南楼、岳阳楼、庾楼,皆在下风。父老谓兵火之后,官寺草创,惟此楼胜承平时"。[3]在楼前还同时建有文、武二亭,并筑西斋,斋前有花石小圃,是"便坐"的佳处。又在郡圃的东北建四照亭,"为屋四合,各植花石"。

其他如绍兴元年(1131)郡守胡松年再建军营的戟门。郡守席益、李擢在绍兴二三年间重建谯楼。绍兴三年,郡守宋伯友重建府衙正厅。高宗到苏,落脚于此,作为正衙,"制度差雄"。绍兴十七年(1147)郡守郑滋重建池光亭。"池旁有小山二:东曰芳坻,郡守蒋璨建,飞白书其额;西有桧,郡守洪遵访故事植焉。"[4]在绍兴年间建立的,还有郡守蒋璨所立平易堂、朱翌所建思政堂等,这些衙署、国防设施与游憩场所的建立,对苏州的稳定发展起着一定的作用。

特别一提的是王晚任职期间,见苏州经战争之后,瓦砾遍地,废墟相连,道路高低不平,王晚下令凡进城船只,必须装满残砖断瓦而出,运到郊外,把原来碎青石集中起来烧成石灰,变成建筑材料,为重造苏州城与官舍所用。使苏州城建"不赋于民而用有余"。[5]苏州不少道路得到了平整。尽管王晚为秦桧妻舅,一些史书说他"峻于聚敛,酷于用刑",建筑场馆有"媚金国使者"之嫌,但他对平江的市政建设,立下的功绩却不能一笔抹杀。经过绍兴年间的建设,苏州逐步恢复旧形。

以后,宋淳熙年间(1174—1198)知府谢师稷以郡中羡余钱40万缗修缮城

---

[1] 见李心传:《建炎以来系年要录》卷一八〇"绍兴二十八年十一月条",上海古籍出版社1992年,第327—549页。
[2] 吴昌绶:《吴郡通典》备稿七,苏州市地方志办公室《苏州史志》2005年,第55页。
[3] 范成大:《吴郡志》卷六《官宇》,江苏古籍出版社1986年,第62页。
[4] 范成大:《吴郡志》卷六《官宇》,江苏古籍出版社1986年,第56页。
[5] 陆友仁:《吴中旧事》,《吴中小志丛刊》,广陵书社2004年,第11页。

墙,使之完好如初。但到开禧间,圮坏殆半,城墙为菱荡稻畦所侵。嘉定十七年(1224),朝廷赐钱三万、米两万,由知府赵汝述、沈皞相继主持,重修城墙,历一年余完工。宝祐二年(1254),赵汝历又增筑城垛,使苏州城为一路之"最"。

苏州自建炎金军扰乱后,经过政府的治理,逐步恢复,并促使经济文化进一步发展。

南宋一些苏州的主政官员能坚持公平的原则,抑制豪强。章谊在绍兴六年(1136)任平江知府,看到"强宗巨室阡陌相望,而多无税之田,使下户为之破产"[1]的窘况,特设通判一员,负责"均平赋税"之事,压束豪强气焰。张孝祥在孝宗隆兴元年(1163)至次年二月,以左承议郎、集英殿修撰的名义知平江府。虽然"府务繁剧",他明察决断,"庭无滞讼"。在苏州属邑中,沿海有强宗大姓,强抢豪夺,奸诈贸利。孝祥将大姓捕治,抄籍其家,得粮食数万石,"明年吴中大饥,迄赖以济"[2]。罗点在淳熙中以提举常平摄平江府,审案号称神允。姚颖在淳熙八年(1181)通判平江府时,有两个豪强争讼,久不能决,部使者委姚颖主持此案。姚即檄令追捕豪强,但县里以为豪强具有背景,"未易追逮"。姚颖怒加诘问,说,朝廷设置官职,"非以治贫弱也,正欲制此曹尔。此而不惩,焉用州县?"[3]终于断清此案,使"合郡悚服"。高溶任平江料粮院通判军府事时,"郡有世家,围田壅下流者,溶视水势所向废之"[4],获民众的赞赏。这一时期,韩彦古、王佐等人,亦能明于狱讼,公正而决,被称作"神明"。景定(1260—1265)间,包恢打击豪强占据民田的恶行,"所至,破豪猾,去奸吏,治蛊狱,理逋负,政声赫然"[5]。政府打击地方豪右势力,调整了社会结构关系,维持了社会的安定。

南宋的一些地方官员,为政清廉,注意节约公费支出,减轻人民负担。绍兴二十七年(1157),蒋璨以集英殿修撰知平江府,他深入民间,了解疾苦。群众反映驻苏诸军给苏州百姓带来"牧马"之害。原来军队为饲养马匹,有马厩之屋数百间,用茅竹搭成,每年更换一次,茅竹材料的花费与所用劳动力,都为民间所供,负担沉重。蒋璨了解这一情况后,请示朝廷后决定修理马厩的钱由"内帑"出,并将马厩用陶瓦覆盖,使马厩建筑"坚壮可支数世,州人欢呼,相率诣北禅寺作佛事以报"[6]。朱翌在绍兴三十年(1160)知平江府"撙节浮费,积缗钱四十

---

[1] 脱脱:《宋史》卷一七三《食货志》,中华书局1977年,第4171页。
[2] 张昶:《吴中人物志》卷三《吏治》,古吴轩出版社2013年,第23页。
[3] 冯桂芬:同治《苏州府志》卷六十九《名宦二》,江苏古籍出版社1990年,第807页。
[4] 卢熊:洪武《苏州府志》卷二十四《人物》,广陵书社2015年,第302页。
[5] 卢熊:洪武《苏州府志》卷二十四《人物》,广陵书社2015年,第298页。
[6] 冯桂芬:同治《苏州府志》卷六十九《名宦二》,江苏古籍出版社1990年,第806页。

万",受到宋高宗的褒扬。谢师稷以集英殿修撰知平江,由于前守依恃苏州富裕,"率多妄用",铺张浪费。师稷来后,节制浮费,以"爱人"为原则,杜绝"横取"。不满一年,积公费四十万缗。用这些钱,修缮郡城,使苏州城"遂为壮观"。郑士鋐通判平江,不畏强势,"公平无私"。徐鹿卿,淳祐(1241—1252)升右文殿修撰知平江府兼发运使,可说实权在握。但鹿卿"居官廉约、清峻,毫发不妄取,一庐仅庇风雨"。[1] 常懋,淳祐七年(1247)进士,以侍郎衔知平江府,时发生旱灾,照常例,郡守可得缗钱十五万,而常懋分文不取,都作为百姓口粮与军饷,又蠲免民间赋税近四十万,被称作"不爱钱"侍郎。

一些官吏不仅自行清廉节约,而且在民间提倡清节良风,推官吴樵坚决反对吴人"宁拼百万钱嫁女,不能拼十万钱教子弟"的庸俗之举,倡议"勤俭节约"持家。虽有些人以"呆子"目之,但仍受到广大人民的拥护。

一些官吏能消灭盗患,平反冤狱,消弭内忧,维持了社会稳定。沈虚中在绍兴(1131—1162)间任平江仪曹掾,暂摄郡事。这时苏州驻军有谋变的,虚中深入调查,了解谋变的原因,在于待遇太薄,不能自给。于是,虚中亲自深入军中,做好劝诫工作,帮助分析"谋变"之害,并上禀郡守,"开府库赡给之,(兵士)皆欢呼投甲",[2] 表示服从。沈作宾在宁宗时以龙图阁待制出任平江知府,他自动请求节制浒浦水军。在平江使臣中,有原为海盗的。作宾利用使臣作媒介,"招诱其党",这些海盗来投,作宾亲自教勉,赏赐衣物,后又得到"强勇"的几千人,派将军统一管理指挥,号称"义士"。沈作宾还招募郡城内的"恶少年"几千人,加强教育,被称作"壮士",给他们以官军一样的待遇,而"轻捷善斗"超过官军。由于沈作宾成功地实行招抚政策,于是海盗被消弭,"海道不警,市井无哗"。

但对一些怙恶不悛的海盗亦给予惩处。姚宪在乾道三年(1167)以右朝散郎、直秘阁的名义知平江,时海盗毛鼎等出没于海上为商民之害,多次抓捕未获。朝廷知姚宪之能,把抓捕的任务专门给了姚宪。姚宪在不数月间,将海盗悉数擒获,安定了一方。一些官吏以抑豪强、正风俗、破迷信为务。南宋吴县光福有张姓豪族"阴聚仇党,四出侵暴,凡三十余年"。[3] 其族数十人"皆以虎自名"。叶延年在嘉泰(1201—1204)间任吴县知县,将张氏"禽置于法,邑人德之,立祠于瑞光寺"。王遂在理宗时知平江府,西洞庭山村民徐汝贤,欺诈惑众,自称水仙太保,自言能招至神灵与死者的魂魄,乘机掠人财物,诱人妻妾,为害一方已数十

---

[1] 冯桂芬:《苏州府志》卷六十九《名宦二》,江苏古籍出版社1990年,第810页。
[2] 冯桂芬:《苏州府志》卷六十九《名宦二》,江苏古籍出版社1990年,第807页。
[3] 卢熊:洪武《苏州府志》卷二十五《人物》,广陵书社2015年,第311页。

年。王遂将徐汝贤抓来审问,摧毁其家所设坛祀,并将他黥面鞭背,投入盘门水中。王遂公告说,徐汝贤自号水仙太保,今在水中不仙,只能与鱼虾为侣,这说明他原来所说,都是一些骗人的胡话。又,民间在七月十五日多设盂兰盆会,祭祀所谓孤魂饿鬼,王遂"作文镂板以禁"。迷信的破除,铲除了不安定因素,提高了社会的清肃度。

由于经济的发展与社会治安的需要,嘉定十年(1217),割昆山县东部为嘉定县,名称以年号为定。从而加强了对苏州东北部的治理与对海盗的防卫力量。

由于南宋政府采取了较有力的稳定政治与发展经济的措施,加上文教的兴盛,苏州获得了恢复与发展。苏州城内新增三坊。一称状元坊,缘由是淳熙八年(1181),黄由大魁于天下,知府乾彦质为表彰黄由,以其间巷增设。淳熙十一年(1184),居昆山石浦的卫泾继夺状元,政府亦在石浦设坊。二为两处武状元坊。淳熙十一年(1184),居住在平江乐桥之南的林𡾰,廷试高中武状元,郡守谢师稷,表其间为坊。庆元二年(1196)周虎参加武试,获得廷魁,郡守谢师稷又设坊以表其间,地点在雍熙寺之东。苏州的人口也随时代的发展有所增加,淳熙十一年(1184),已增至户十七万三千四十一,丁二十九万八千四百五。宁宗时吴渊知平江,有次发生灾荒,政府实行赈济,全活者就有四十二万三千五百余人,可知南宋后期,人口增长迅速,已超过了原来的规模。南宋末,苏州户口已增至三十二万九千六百余户,以一户五人计,即达一百数十万,可谓盛况空前,确是全国一大都会。

三、苏州在南宋的地域优势

建炎年间,宋廷退守江南,升杭州为临安府,作为行在(临时首都),与金对峙。在今中华大地上,形成两大主要民族政权。

南宋的主要防线,可分三个层次,最外面的一层为淮河汉水与秦岭,设江淮、荆襄与川蜀三大防区。第二层为长江,在鄂州、池州、建康、镇江、江阴、浒浦设有水军。在建康设沿江制置使司,加强江上防御。第三层是杭州的保卫圈,包括临平、独松关等要地隘口。苏州作为杭州的辅郡,具有陪都性质,其地理位置十分重要,正如前人所说:"浙西在今实为畿甸,异时遣使,视他路尤切注意。"[1]它是太湖东岸,由长江一线通向杭州的廊道节点,是第二道防线与首都之间过渡,浒浦军是防止北兵从海道入侵的重要港口,驻有重兵。苏州也一直是前方的重

---

[1] 范成大:《吴郡志》卷七《官宇》,江苏古籍出版社1986年,第77页。

要后勤基地。

苏州驻有重兵。禁军有威果二十八指挥以及四十一、六十五指挥,雄节第九指挥、全捷二十一指挥。厢军有崇节第九至第十二指挥、壮城指挥、中军鼓角指挥、横江指挥(水军)、宁节第三指挥以及专管水利的城下开江指挥。还有北城指挥。按一指挥,约500人左右,可知苏州禁军在2 000人以上,厢军约3 000人以上,加上水利兵上千,其数量不小。军员有缺,地方政府要及时补足。绍定年间李寿朋任平江知府时,见禁军原额为2 330人,由各种原因士兵离散,在籍者剩1 705人。李寿朋经多方设法招募,在五个月之间招收630人,填足了原额。苏州下辖的六县,亦多缺额,曾招填48人,"严行教阅"。厢军与递铺等军,一次招81人,以补空额。对苏州军队所用弓弩、衣甲、器械、钱米,一年需十万余缗,都由苏州负责供应。[1] 此外,还设一些地方性治安军队,如忠顺官寨,在苏州报恩广孝寺后,淳熙二年(1175)建;拱卫水步军寨,在北寺东,嘉泰初建;游击军寨,在报恩寺西,兵额多至三千人,少则五百人。忠劲军寨,在报恩寺西,兵额一千五百人。此外,有浒关的吴长寨、西山的用头寨,是为维持地方治安所设。还有专管养马的牧马寨。从这些军队的设置,说明苏州是一军事要地,具有屏蔽京师的重要地位。苏州是建炎初平定苗刘叛乱出发地,也是韩世忠黄天荡之战的准备地,他在苏郊整顿军队,训练士卒,最后取得了黄天荡之战的胜利。

平江(苏州)是浙西路的首府,继北宋驻在平江有提点刑狱司,负责执法与审讯,其长官提刑使或一人,或二人,乾道九年(1173)更设置武提刑一员,与文臣合台共治,主管军法的监行。提刑下设检法官与干办公事厅,对机构作了充实。苏州并设提举常平茶盐司。早在政和二年(1112)宋政府在江淮设茶盐提举司,宣和五年(1123)将浙西提举常平茶盐司置于平江府。它管辖八个州军、三十八县的常平茶盐事,管理平抑物价及朝廷茶盐收入事务。从上述提刑等两司之设,可知苏州是浙西路的行政与经济中心。

第二节　人口变化与民生

两宋之交,北方大批人口随高宗南渡,落于苏州者较多,成为新的移民。南宋政权关注民情,关护民生,促进了社会经济发展。

---

〔1〕 范成大:《吴郡志》卷五《营寨》,江苏古籍出版社1986年,第44页。

一、宋室南渡带来的人口变化

在建炎年间的宋金之战中,有大批官吏、将领与百姓随之南渡,"京都细民,往东南者甚众"。[1]南宋人口大量增加,从绍兴二十九年到淳熙六年,短短的二十年中增加了一千两百六十六万,全国几近三千万人。南渡之民多来自淮东与京东西。他们的生活比较艰难,绍兴元年(1131)发生灾荒,苏州流民多有饿死的。这些北人有互相关照的义务。如绍兴十九年(1149)任平江知府的周三畏,是北方人,对于乡人旧族负起收恤的责任,"推食与衣,待之如骨肉"。

外来的人员中成分较复杂。其中有一些是来自北方的将领与官僚。韩世忠是这一些人的杰出代表。韩世忠(1089—1151),延安郡绥德人,以"敢勇"之名入伍,在抗夏、抗辽,尤其在抗金中立下不朽的功勋。为奠定了南宋统治基础立下大功。他在建炎年间(1127—1130)落户于苏州,以沧浪亭作为邸宅。韩世忠曾任节度使、枢密使等职,晚年常来苏州,徜徉于山水之间,漫步于园林曲径,他逝世后,葬灵岩山麓。孝宗皇帝亲书墓碑,由礼部尚书赵雄撰写碑文。枢密使、右丞相周必大书写、镌刻。韩世忠有子四人。韩家从南宋起落籍苏州,成为新苏州人,韩世忠成为苏州的乡贤。

另一将军是北宋抗金将领徐徽言之后的徐素行,见皇帝赵构不图进取,偷安苟生,以为天下事不可为,戒其子断不可仕,认为洞庭西山山深水阔,兵火所不及,力耕其中,足以免患。与此相似的有袁襄简,本籍汴梁,在北宋时任京西提刑观察使,后随高宗南渡至吴。传五世至元末袁通甫,隐居于吴淞,筑静春堂。袁家以诗书相传,代多文人。又如哲宗孟皇后之兄信安郡王孟忠厚,曾在苏州鹤舞桥东,建藏春园,即在此时落户于苏州。外来人口,多知识分子及其后裔,绍兴十二年(1142),因参加科举的人多,解额特增流寓一名。大量北人南迁增强了南方生产技术力量,使南方优越的自然条件得到开发利用,开辟了大量荒地与弃置地,使经济发展超过北方。来南的多官吏与知识分子,提高了南方的文化水平。

二、苏州经界、赋税之争

宋朝的土地制度,较隋唐时期有明显不同,政府取消了对占用的限制,只要土地的主人按面积纳税,便可听任占有土地,容许兼并。甚至连陂塘湖泊与公共水利设施亦可私有。一些强力的人户,将陂塘沟渠"以起纳租税为名,收作己

---

[1] 徐梦莘:《三朝北盟汇编》卷六十三,上海古籍出版社2008年,第472页。

业"。"权势之家日盛,兼并之习日滋。"[1]宋政府以为富者通过兼并,连田阡陌,是"为国守财尔。缓急盗贼窃发,边境扰动,兼并之财乐于施纳"。[2]这加剧了社会矛盾。

宋政府对于土地占有、户口状况严加登记管理,令诸州每年将户籍、土地状况申报运司,运司在正月上户部,户部在半月内报尚书省。

但从北宋末至南宋,一些形势户多有隐瞒土地而不报的状况。绍兴年间,苏州连年灾荒地震,"平江府东南有逃田,湖浸相连,塍岸久废,岁失四万三千余斛"。绍兴十二年(1142),工部侍郎李濯言"乞招诱流民疏导耕垦;其不可即工者,蠲其额。又,郡民之陷虏者,弃田三万六千余顷,皆掌以旧佃户,诸县已立定租课,许以二年归。业主田瘠薄,民以旧籍为病,愿除其不可耕之田,损其已定过多之额"。[3]因此,南宋左司员外郎李椿年,提出了"正经界"即丈量土地的建议。他认为经界不正有十大患害:"一、侵耕失税;二、推割不行;三、衙前及坊场户虚供抵当;四、乡司走弄税名;五、诡名寄产;六、兵火后,税籍不信,争讼日起;七、倚阁不实;八、州县隐赋多,公私俱困;九、豪猾户自陈税籍不实;十,逃田税偏重,故税不行。"[4]李椿年又说,平江一府过去的税入有七十万斛,现在名义上收入虽有三十万斛,但实际收入仅二十万斛,这都是瞒上欺下所造成的。宋政府认为,"正经界",是一种正确的政策,"行之",公私均利。于是委任李椿年为两浙转运副使,从平江诸县开始,专门措置经界。李椿年先从自家土地开始丈量,一丝不苟,划清界限,计算面积。"又令民十家为甲自陈,不复图画、打量,即有隐田,以给告者。"至绍兴十四年十二月以丁母忧去职,由王铁代理。十七年李丁满回朝,提出两浙经界已完成四十余县;在没有推行的地方,如果停止这项工作,让人户自报,考虑到一些有权势的大户会有"欺隐"的情况出现,希望继续推行"正经界"的工程。依照实际土地占有,来制订户口簿。凡在所差遣的官员中先做好这项工作,事后老百姓没有诉讼的,给予奖赏;而拖延不负责任,给予弹劾。朝廷批准了李椿年的上奏,置局于平江,由李椿年负责,使"正经界"在两浙路得以完成。

在"正经界"的过程中,有一个小的插曲。李椿年"正经界"的本意是减轻百

---

[1] 脱脱:《宋史》卷一二六《食货志》,中华书局1977年,第4179页。
[2] 王明清:《挥麈录·后录余话》卷一《祖宗兵制名枢庭备检》,上海古籍出版社2012年,第188页。
[3] 吴昌绶:《吴郡通典》备稿七,苏州市地方志办公室《苏州史志》2005年,第54页。
[4] 李心传:《建炎以来朝野杂记》甲集卷五《经界法》,中华书局2000年,第123页。

姓负担,替朝廷增加税收,想把苏州赋税提高到旧额七十万斛。而此举遭到时任平江知府周葵的反对。周葵说,旧额七十万是谷子,二斛谷仅出米一斛,因此旧额与今天的米额三十万斛正好相等。从此,苏州赋税以三十万斛为准。总体而言,李椿年"正经界",核实了土地实际占有状况,平均赋税,减轻了人民负担,具有一定的积极意义,使"田税均齐,田里安静,公私皆享其利"。[1]

三、苏州官府与民生

南宋时苏州地方政府为得到民心,维护统治,对于老百姓的生活还是有所关心的,一贯注重民生的发展。除了发展水利,禁止围湖造田,实行赈济外,还采取"正经界"等措施,平均赋税。上述蒋璨知平江府时"禁缉奸偷,锄刈强梗,植善柔,拊贫弱,狱市为清"。[2]绍兴三十年(1160)洪遵试吏部侍郎,时苏州发生水灾,农民没有办法缴纳秋税,而税务机关命令春天用麦缴纳。洪遵说:麦价不在米下,现在老百姓的生活很是困难,为什么要变一次为二次收税,使百姓饿死于沟壑!因此,决定以半额收税,而受水灾地区免除全部税收。相传右中奉大夫陈汉在隆兴二年(1164)知平江府时,"太湖水溢,以身殉之",[3]制止了水患,苏州人立庙胥江以祀。隆兴乾道年间,沈度知平江府,初到任,碰上水灾,庄稼歉收,百姓生活困难。奉皇帝之命,用四万余马料救济百姓,"全活甚众"。接着,发动人民致力生产,不久即达"丰穰"的目的,被称作"良郡守"。赵汝述在嘉定十五年(1222)知平江时,以"节用恤民"为急务,十分注意节省民力。当时郡城圮坏,急需修理。但计算下来,所用工费需钱二十四万缗,用米四千斛,开支巨大。于是奏请于朝,用殿前步司二军来代替民工,完成力役。

次年,据两浙运判耿秉所奏,苏州"板账钱额太重",宜立其中制,"常熟一县每年减一万贯,昆山、吴江每年合与减发三千贯。"时又有经总制钱、月桩钱等名目,理宗登位,听从颜师鲁的建议,全部汰除或减免。

咸淳四年(1268)赵顺孙任平江知府,兼任发运使,时国库匮乏,照例在夏初即征税称预征。顺孙以为,从古以来,是十月纳税,现在提前半年收征,使老百姓不堪负担。于是打破三十年的惯例,把自己俸禄收入与省出的浮费作为籴买粮食的本钱,籴米达二十万斛,终于免除"预征",获百姓拥护,"郡大治"。

一些地方官吏,还能保护商业。宋绍兴末年,金军准备由海道进攻两浙,

---

[1] 罗大经:《鹤林玉露》卷六《甲编·经界》,中华书局1983年,第110页。
[2] 卢熊:洪武《苏州府志》卷二十三《人物》,广陵书社2015年,第288页。
[3] 顾震涛:《吴门表隐》卷十四,江苏古籍出版社1986年,第198页。

直攻南宋苏杭等中心地区。宋政权考虑商船有可能为敌人所用,全部没收入官。在沿海集中了不少巨舰,招募水手民兵守护,并把这些水手民兵"絷留",不得离开。时任平江知府的洪遵为保护商业,多次抗论,最终把商船还给了商家,让水手"自便"择业而去。保证了商业运输与水上航行,得到了吴人的称赞。[1]

一些官吏还举办文教事业,开设书院,提高了本地的文化水平。

但南宋中后期统治集团越来越走向腐败。开禧三年(1207),权相韩侂胄北伐失败被杀。继之而起的史弥远采取对金屈服的政策。嘉定元年(1208),宋金再次签订和议,规定宋金为叔侄之国,以增岁币为银30万两、绢30万匹,另交犒金银300万两的代价,换取了被金占领的大散关和瀛州等地。

四、官民实况

权臣招权纳贿,货赂公行。一些官吏以贿赂而得,到职后拼命掠取,与强盗无异。史弥远之子史宅之(曾任平江知府)以签书枢密院事领财计,查计浙西围田,置田事所,"属其嗜利无耻者经营,……一路骚动"。[2]统治集团恣意享受,大造园围、台榭,上下晏安,歌舞升平,使钱塘成为乐园。南宋末期宰相贾似道更是奢侈浪费,吃喝玩乐,拥妓豪醉,喜玩蟋蟀,人称"蟋蟀宰相"。他有意瞒报军情,以败乞和,反报为胜,致使元军东下,促使南宋的灭亡。

南宋人民负担逐渐加重。南宋的土地仅北宋的三分之二,而财政收入却超过北宋的一点三倍有余。南宋后期加强了杂税如经制钱、总制钱、月桩钱的征收。苏州所在的两浙路,这些加耗杂税竟超过正税。[3]据统计,早在绍兴十年(1140),经总制钱收入近1 725万贯,占当年南宋全部税收的四分之一。各州县官吏狼狈为奸,巧立名目,大肆搜括,所收有超过规定的五至八倍者。

南宋的一些官僚贵族在南方掠夺产业,建置家业,一些豪富大贾占有大片土地,"田连阡陌,子女玉帛充牣其家"。[4]"土地兼并日盛,豪民占田,不知其数。"又曰:"豪强兼并之患,至今日而极。"一些自耕农纷纷破产,沦为官庄或私庄的

---

[1] 脱脱:《宋史》卷三七三《洪遵传》,中华书局1977年,第11568页。
[2] 俞文豹:《吹剑录外集》"淳祐八年"条,文渊阁《四库全书》第865册,上海古籍出版社1987年,第491页。
[3] 吴潜:《许国公奏议》卷一《应诏上封事条陈国家大体治道要务凡九事》,《续修四库全书》第475册,上海古籍出版社2003年,第113—114页。
[4] 孙梦观:《雪窗集》卷二《诏籍记赃吏姓名》,文渊阁《四库全书》第1181册,上海古籍出版社1987年,第83页。

客户。由于农民负担特重,身受多种额外剥削,特别在荒歉之年,无法生活,只得铤而走险,抢夺地方与粮店的粮食。景定二年(1261),包括苏州在内的两浙发生大饥,饥民持械抢粮,来势甚猛,政府花了大力才将此势镇压下去。苏州籍官吏卫泾感叹说:"幸遇丰年,粗得无事;岁收稍不能给,数十为群,江湖商贾,村野居民,即被剽掠,甚至杀伤。"[1]这些抗租抢粮举动,打击了封建所有制,也动摇了南宋的统治基础。

五、政府应对之举的失败

南宋政府,为调整土地结构,采取"正经界""行公田"等措施。公田法,是将官户超出规定的土地,由政府收买,以此来"抑强制富"。苏州先后有知府包恢、抚参成公策、王大吕等负责督办此事。但在实际操作中,变成派买。开始时,两百亩以下免行派买,"及其后也,虽百亩之家亦不免焉"[2]。买田用钱以楮钱(纸币)为多,后竟以一些空名的爵位、告身作抵,增加了统治集团内部的矛盾,甚至损害了一些富农、自耕农的利益。正如周密所说"今宋夺民田以失人心,乃为大元饷军之利"[3]。

南宋政府又滥发纸币会子,会子已不能兑换金银,以新会子换旧会子时,折半而收,一贯新会子合二贯旧会子,无形中使人民遭受重大损失。政府向民间购买粮食茶盐、官吏的俸禄、军队的饷犒,都以会子交付。"会子造愈多而弊愈甚。"由于会子的贬值,物价飞涨,而使"民生憔悴"[4]。农民在求生不得的情况下,南方各地纷纷起义,南宋政权危机潜伏。

无疑,南宋政府采取了一些发展生产的措施,文教建设也颇有成绩。这一时期,苏州也不乏一些正直公道的官吏,替苏州人民做了一些实事,亦称廉明。但在制度性整体性腐败的笼罩下,这些官员作用的发挥被严重限制了。

第三节 抗元斗争

苏州是抗击元军的重地之一。南宋后期北方的劲敌是蒙古族为主体的元政

---

[1] 卫泾:《后乐编》卷十三,文渊阁《四库全书》第1169册,上海古籍出版社1987年,第653页。
[2] 周密:《齐东野语》卷十七《景定行公田》,中华书局1983年,第314页。
[3] 周密:《齐东野语》卷十七《景定行公田》,中华书局1983年,第316页。
[4] 马端临:《文献通考》卷九《钱币二》,文渊阁《四库全书》第610册,上海古籍出版社1987年,第228页。

权。蒙古族是东胡系室韦的一支,聚居于额尔古纳河流域。后来蒙古向西迁移,游牧于鄂嫩河、鲁伦河一带,形成不少部落。从9世纪末到10世纪,塔塔儿部与汉族、西夏族相接近,农业、手工业发展较快,并出现了阶级分化。蒙古原臣服于辽,金灭辽后,又臣服于金。

13世纪初,蒙古部孛儿只斤·乞颜氏族的铁木真兴起,先后打败蔑儿乞部、札木合及泰赤乌氏族。嘉泰二年(1202),大败塔塔儿部。第二年,又攻灭克烈部,接着打败强大的乃蛮部。开禧二年(1206)铁木真被推为蒙古的共主,尊称为"成吉思汗"。

蒙古统一以后,建立了军政合一的行政制度,加强军事力量,并发明了文字。蒙古政治、经济、文化得到了全面发展。蒙古首先力求南进,与金作战,摆脱其附属的地位。成吉思汗六年(1211),蒙古以汪古部为向导,在野狐岭一战,将金朝40万大军打得一败涂地。从此,成吉思汗攻城略地,所向披靡。到成吉思汗十三年(1218)攻取金辽东、中都以及河北、山西、山东大部地区。成吉思汗还派部将灭掉了西辽。接着,成吉思汗开始西征,一路顺利,直至今乌克兰一带。二十二年(1227)在西征回军途中,乘胜灭掉了西夏,成吉思汗继承者窝阔台,加紧了灭金的准备。而金为了维护自己的统治,不断加强对人民的榨取,挑起对南宋的战争,企图取得南宋的土地,以补偿"损失"。这样,南宋便与蒙古联合夹攻金,使金处于腹背受敌的地步。太宗三年(1231),蒙古军经充分准备后,兵分三路,进攻金朝。窝阔台五年(1233),蒙古军攻破汴京,金哀宗逃往蔡州。次年,蒙宋联军围占蔡州,金朝灭亡。

蒙古军见南宋实力不强,软弱可欺,不断南侵,占领成都、大理。宪宗九年(1259),蒙古蒙哥大汗死,由忽必烈(1215—1294)继位。他学习儒家,仿效汉法,加强中央集权,发展农桑,加速了封建化的过程,至元八年(1271)废除"蒙古"国号,建国号为元。次年,迁金中都,改称大都。忽必烈秉承蒙古的南进决策。至元十年(1273)攻破襄阳与樊城,由伯颜率主力沿江东下。另一支元军从两淮方面进攻,以牵制宋军的力量。在贾似道屈膝投降、乞身求和的方针下,宋军节节败退,战火延及江南。苏州人民进行了抗元斗争。

一、张世杰在苏州的抗元斗争

张世杰(？—1279)是南宋著名的抗元将领,出身行伍,以战功升任都统制,在抗元斗争中起了重要作用。德祐元年(1275)二月,元军在鲁港(今芜湖西南)打败宋军,三月占领建康(今南京)。四月,元丞相伯颜派宋降将李全等人到江南招降。李全带兵到苏州枫桥,平江太守潜说友望风遁逃,通判胡玉以及林镗等官员开城投降。这时,张世杰取道饶州至行在(今杭州)勤王。宋加世杰保康军承宣使、总都督府兵的职衔抗元。张世杰遣将四出,打败李全等元军,"复平江、安吉、广德、溧阳诸城,兵势颇振"。[1]当年七月与刘师勇等出师焦山,被元军阿术用火攻打败,奔圌山。张世杰不久升龙神卫四厢指挥使,十月,进沿江招讨使。此时元军已至杭州独松关,宋廷危急。朝廷召在苏州的文天祥到行在临安"入卫",文天祥所任"知平江府"一职,由张世杰以保康军节度使的名义兼任。张世杰把指挥机关设于苏州,但时间不长,张世杰奉命离任,入卫至杭州。德祐二年(1276)正月,张世杰表示愿与文天祥军合兵一处,背城一战,但遭到宰相陈宜中的反对而未果。后世杰相继奉赵昰、赵昺为主,退至福州,再徙新会(今属广东)崖山,最后牺牲于海上。张世杰在苏州的民族抗争史上留下了浓重的一笔。

二、文天祥与抗元中的苏州

文天祥(1236—1283),字宋瑞,一字履善,江西吉安人,理宗宝祐四年(1256)二十岁中进士。开庆元年(1259)蒙古军进攻鄂州(今武昌),宦官董宋臣主张迁都退避,时为宁海军节度判官的文天祥,上疏要求斩董宋臣,并进御敌之计,未被采纳。以后任刑部郎官,出守瑞州,改江西提刑。咸淳九年(1273)起为湖南提刑,次年改知赣州。德祐元年(1275),江上报急,诏天下勤王。文天祥在赣州组织义军,入卫临安。该年八月,宋廷任文天祥为浙西江东制置使兼江西安抚大使,知平江府,负责江南军事。十月,伯颜元军分兵东下,将陷常州。坐镇平江的文天祥,派将领尹玉、麻士龙、朱华等率赣军三千前去救助。此时主张议和的宰相陈宜中也派张全率军援常。张全此去的实际目的是暗中牵制援常军的行动,以求好于元,达到媾和的目的。十月二十六日,麻士龙在常州无锡交界处的虞桥设下伏兵,张网以待。元军来犯,麻士龙伏兵齐出,杀死元兵多名,但元军越来越多,显示了兵力上的优势,麻士龙力战而死。张全却坐视不顾,而退至朱华所守的五牧。朱华要求挖掘沟堑,设立鹿角,加强防御,张全未许。二十七日,元军全力攻打五牧,朱华军奋起抵御,自朝至午,激烈混战。下午过半,元军从山北杀出,部署在这里的尹玉军拼命赴前,杀元军千人。而张全却隔岸观火,坐看虎斗。朱华军不敌众多元军的进攻,败退运河,争着渡水,赣军士兵已抓到张全军的船舷,张全竟下令斩断赣军手指,撤离而去。因此,赣军多溺死。元军主力转

---

[1] 脱脱:《宋史》卷四五一《张世杰传》,中华书局1977年,第13272页。

而攻尹玉。尹玉身率五百壮士,进行誓死搏斗,自旦至晚,杀得元军"委积田间"。尹玉复杀数十人,力尽被俘,受虐死。所部五百人,仅存四人回苏州。是役,苏锡之交的杨宗达与他的儿子济良亦率乡勇数千赴常,与元兵激战而牺牲。此战,宋军的给养供应由苏负责,平江是文天祥重要的抗元基地。

这时,另一路元军攻占安吉,杭州外卫独松关告急,丞相留梦炎、陈宜中调文天祥军守杭州。文天祥委通判王矩之、都统王邦杰守苏州。十二月初,即文天祥离开平江没有几天,元伯颜军占无锡后进兵望亭。王矩之与王邦杰至寒山寺迎降。

德祐二年(1276)正月,宋廷派文天祥以右丞相兼枢密使的名义至苏州与伯颜谈判,被扣,押解北上。至镇江逃脱,在人民支持下流亡通州(今南通),渡海至福建,与陆秀夫、张世杰联合抗元。景炎二年(1277)在江西一带活动。一时抗元志士起兵来会,恢复州县多处。元兵入汀州,天祥移漳州。天祥在方石岭战败,至空坑,天祥妻妾子女皆见执,而天祥抗元决心未变,退入广东,坚持抗战。次年于五坡岭被执。元张弘范要文写信招降张世杰,遭文天祥的坚决拒绝。后送大都(今北京),经多次威迫利诱,文始终不屈,于至元十九年二月,在北京柴市被害,终年四十七。其衣带有赞:"读圣贤书,所学何事,而今而后,庶几无愧。"[1]后人在他所囚监狱故址,设文丞相祠,以资纪念。文天祥,是个值得纪念的民族英雄。苏州是他抗元的重要起始地。

第四节　农　业

由于苏州在南宋时较为安定的环境,水利设施的加强,耕地的扩大,农具与种子的改进,农业得到进一步开发。虽然中间经过数次自然灾害,如建炎二年(1128)、隆兴二年(1164)、乾道四年(1168)、绍熙五年(1194)发生水灾。嘉定十六年(1223)苏州水灾更甚,"漂民庐,害稼,圮城郭、堤防,溺死者众"。[2]但经济取得恢复发展,苏州成为著名的粮食基地。

一、水利与垦殖的继续发展

南宋重视江南水利建设,其治水重点仍是太湖水的外泄问题。

---

[1] 脱脱:《宋史》卷四一八《文天祥传》,中华书局1977年,第12540页。
[2] 脱脱:《宋史》卷六十一《五行志》,中华书局1977年,第1337页。

1. 撩湖军与河湖的疏浚

绍兴二十八年(1158),南宋增补开江士兵,加强水利管理与水利工程的维修。又应两浙转运副使赵子流之请,开浚诸浦。二十九年(1159)朝廷命令监察御史任古开浚平江(今苏州)水道,从常熟的东栅开始通雉浦,"入丁泾,开福山塘,自丁泾口至尚墅桥,北注大江"。[1]隆兴二年(1164),知平江沈度开昆山、常熟十浦,以通长江,共用钱三十余万贯,米九万余石。乾道元年(1165)补充开江兵的缺额。并开昆山、常熟诸浦通大海。淳熙二年(1175),知平江陈岘自雉浦至浒浦口,浚塘筑堤,沟通水利运输。提举薛元鼎又奏开运河五十里。六年三月,发运使魏峻重疏至和塘,由富民助工,二月而毕。十三年(1186)浙西提举常平罗点上奏朝廷,要求疏开淀山湖。"此湖东西三十六里,南北一十八里,旁通太湖,汇苏、湖、秀三州之水,上承下泄,不容少有壅遏。"但是"今来顽民,辄于山门溜之南,东取大石浦,西取道褐浦,并缘淀山湖北,筑成大岸,延跨数里,遏截湖水,不使北流",[2]而占成围田。围岸建筑时,湖水平白涨起丈余,水尽入西南华亭县(今松江)。由于围断,"遇水则无处泄泻,遇旱则无从取水"。十七年(1190),提举刘颖浚淀山湖,用来排泄吴淞江之水,禁止侵筑,以免堵塞。理宗朝,在魏江、江湾、福山设置水军数千人,专修江河湖塘,维护水利工程。绍定五年(1232)再修吴江长桥。南宋水利由专门的机构负责,并配置相当的军事力量,加强日常管理与合理开发建设,形成比较完备的排灌系统,为农业的高产创造了水利条件。

2. 荒地滩田的垦殖

由于宋金之间战争频发,人口逃亡,出现了较多荒地。南宋统治者鼓励开垦。绍兴三年(1133),宋高宗发布诏书说,"百姓弃产,已诏二年外许人请射,十年内虽已请射及充职田者,并听归业。孤幼及亲属应得财产者,守令验实给还。"这一诏令鼓励逃户归业与开垦荒地,对于恢复农业生产具有积极意义。由于战争对农村的破坏,苏州弃地亦有三万六千余顷,许业主在二年内认定,凡田瘠产贫的土地,可减免租赋。当然苏州更多的是开发滩地。南宋继承五代以来围水造田的举措,"视地形筑土作堤,环而不断,内容顷亩千百,皆为稼地"。[3]这种

---

[1] 顾炎武:《天下郡国利病书·苏州备录上》,《顾炎武全集》第12册,上海古籍出版社2012年,第424页。

[2] 顾炎武:《天下郡国利病书·苏州备录上》,《顾炎武全集》第12册,上海古籍出版社2012年,第424页。

[3] 王祯:《农书》卷十《田制》,文渊阁《四库全书》第730册,上海古籍出版社1987年,第416页。

稼地,可达上千顷之巨。王祯又称"复有圩田,谓复叠为圩岸,扦外水,与此相类,虽有水旱,皆可救御"。圩田,所产一熟,不仅本地区足食,还赡及邻郡,实是富国富民之策。杨万里也说:"江东水乡,堤河两涯而田其中,谓之圩。农家云,圩者,围也。内以围田,外以围水,盖河高而田反在水下,沿堤通斗门,每门疏港以溉田,故有丰年而无水患。"[1] 此时,苏州沙田进一步发展。沙田是"民自经理江湖沙涨地为田"。因靠近水边,其地常润泽,可种水稻,可艺桑麻,庄稼成熟,常获丰收,但江湖涨塌不定,废复不常。因此"税无定额"。南宋政权在绍兴间曾下令,对于势家霸占沙田,强征租税的,一律追还,而免除佃户的"冒佃之租"。以后关于沙田的增税,朝廷争论不息,或征或减,反复无常,或只征官户与富户。绍兴二十九年(1159),因一些官员经量沙田事不实,所增之租尽罢。孝宗乾道二年(1166),朝廷再次争议沙田征税之事。六年,梁伯彦检括得沙田 820 万亩。其地分布于浙西、淮东、江南路,可见沙田规模已相当之大。八年(1172)派官员核实江淮沙田顷亩,"悉追征之"。沙田大兴,表明南宋人口增长,垦殖力量的加强。沙田的收入增加了国家赋税,加强了对国防的支撑。南宋时,苏州继续发展葑田。葑田可以随水浮泛,自不淹浸,成为漂浮的土地,特别适合于地少多水的苏州水乡。南宋是葑田自觉发展时期。总之,在南宋时,土地大量开辟,"四郊无旷土,随高下悉为田"。[2]

3. 防止圩田过度开发的措施

圩田的开发为增加粮食产量,提供了条件。但开发过度,形成流水不畅、航行欠通,易为旱涝,亦有不利的一面。南宋对圩田开发作了一定的限制。

绍兴二十三年(1153),由于濒临太湖的土地,被"军下"侵占,"累土增高,长堤弥望","旱则据之以溉,而民田不沾其利;水则远近泛滥,不得入湖,而民田尽没"。因此,政府下令究治此事,"尽复太湖旧迹,使军民各安田畴利益"。[3]

绍兴二十九年(1159),知平江府陈正同,获朝廷允准,禁止围裹湖田。平江府立下"界至",约束人户,不许对湖田"占射围裹"。乾道间,南宋增设撩湖军,捞取堤旁茭菱,保护堤岸,保持一定的水面,防止水资源过度开发利用。上述提举常平罗点因山门溜围占成田,所筑大岸"延跨数里,遏截湖水,不使北流"。且"所谓斜路及大小石浦,泄放湖水去处,并皆筑塞","泥沙随潮而上,湖水又不下

---

[1] 杨万里:《诚斋集》卷三十二《圩丁词十解》注文,文渊阁《四库全书》第1160册,上海古籍出版社 1987 年,第 345 页。
[2] 范成大:《吴郡志》卷二《风俗》,江苏古籍出版社 1986 年,第 13 页。
[3] 吴昌绶:《吴郡通典》备稿七,苏州市地方志办公室《苏州史志》2005 年,第 55 页。

流,无缘荡涤通利,即今淤塞,反高于田,遇水则无处泄泻,遇旱则无从取水"。[1]因而开浚淀山湖,拆山门溜之围。

二、"苏湖熟,天下足"的完全形成

由于奖励农耕,土地面积进一步扩大,加强了对土质的改良,使用新型农具与良种,进一步加强了田间管理,因此,农业产量大幅度提高,成为中国著名的粮食供应地,"苏湖熟,天下足"已成公论。

1. 农具与种子的继续改良

南宋时,由于冶铁技术的进一步提高,钢刃熟铁农具进一步流行,耕作农具更加坚韧、锋利。一些传统农具,如江东犁等制作更加精细,水田整地农具如"耖"等逐步完善。还有掼稻簟、筦、乔扦等脱粒、晾晒工具的增添,莳插与除草工具的改进。收割的农具,有月形式的镰刀"铚",直形镰刀"铭",割草砍柴兼用的"鐁"。鐁又称"弯刀","似刀而上弯,似镰而下直,其背如指厚,刃长尺许,柄盈两握",以刈草禾,或斫柴篥,可代斧镰,一物兼用。南宋时期的手割工具,还有一种能滚动,前边带有月形镰刀的"推镰",它利用后柄向前推动将庄稼割下,利用力学原理,省却弯腰劳作之累。

南宋政府还大力推行耕作工具劚刀与踏犁。劚刀如短镰,但它的背部较厚,是用来垦发芦苇蒿莱的专用犁具。这种犁具先用一牛引曳小犁,"置刃裂地,辟及一垅,然后犁鑱随过覆墢,截然省力过半……此刃比之别用人畜,尤省便也"。[2]劚刀在开垦或改造蒿芦丛生的低洼田中,起了重要作用。踏犁,又称长鑱,是人力犁地工具。犁劚颇狭,制为长柄,"柄长三尺余,后偃而曲,上有横木如拐,以两手按之,用足踏其鑱柄后跟,其锋入土,乃挼柄以起墢也。在园圃区田皆可代耕,比于钁斫省力,得土又多,古谓之蹠铧,今谓之踏犁,亦耒耜之遗制也"。[3]踏犁,古有雏形。北宋时太子中允武允成完善此器后献出。南宋时经过战争的洗劫,缺乏耕牛,因而踏犁在南宋境内(包括苏州)流行起来,解决了耕牛缺乏问题。

这时,戽水与水利工具也呈现多样化的趋势。苏州号称水乡泽国,遍种水

---

[1] 顾炎武:《天下郡国利病书·苏州备录上》,《顾炎武全集》第12册,上海古籍出版社2012年,第424—425页。
[2] 王祯:《农书》卷十四《农器图谱》,文渊阁《四库全书》第730册,上海古籍出版社1987年,第461页。
[3] 王祯:《农书》卷十四《农器图谱》,文渊阁《四库全书》第730册,上海古籍出版社1987年,第441页。

稻,引水工具有水(牛)转翻车、人踏翻车(龙骨车)、水转动车、水转高车、筒车、戽斗、桔槔等各类工具。这些繁多的戽水、水利工具给苏州水乡的灌溉,带来方便,正如元农学家王祯所说:"惟南方熟于水利,官陂、官塘,处处有之。民间所自为溪堨水荡,难以数计。大可灌田数百顷,小可溉田数十亩。若沟渠陂堨,上置水闸,以备启闭。若塘堰之水,必置涵窦,以便通泄。此水在上者。若田高而水下,则设机械用之,如翻车、筒轮、戽斗、桔槔之类,挈而上之。如地势曲折而水远,则为槽架、连筒、阴沟、浚渠、陂栅之类,引而达之。此用水之巧者。若下灌及平浇之田为最;或用车起水者,次之,或再车三车之田,又为次也;其高田、旱稻,自种至收,不过五六月。期间或旱,不过浇灌四五次,此可力致其常稔也。"[1]这些戽水与水利工具、设施的使用,促进了农业的发展。苏州地处江南的重要地区,其民巧思多敏,发挥聪明才智发明并改进了水利工具。

种子的培育与选择,是农业生产的关键之一。苏州有培养优良品种的传统。早在春秋时期吴国稻米质量已优于南方的越国。越国要从吴引进良种。苏州继承了选种传统,在稻麦等粮食作物,培育了许多优良品种。除了"箭子""红莲"之外,昆山、常熟的稻种,有几十种之多。其中昆山有 34 种,计早稻(籼稻)14 种、常种稻 11 种、糯稻 9 种。常熟县有近四十种,计粳稻 21 种、籼稻 8 种、糯稻 8 种。[2]占城稻得到进一步改良。占城稻推行以来,江南农民加以改造,形成适合于缺水旱地的"旱占"。苏州在两宋时在一些丘陵地带推行过这一品种。小麦在南宋时,播种特别普遍,"小麦田田种,垂杨岸岸栽"。[3]亦有多种品种,有短麦、晚麦、淮麦等。因大量的北人流入两浙,他们以面食为主,因此麦价上涨,一斛高达一万二千钱,"农获其利,倍于种稻",于是"竞种春稼"。[4]可见南宋时,江南已大规模种植夏熟小麦等北方作物。

南宋时两浙包括苏州在内农田的精耕细作进一步加强,不仅多次耘耥、除草、施肥,而且采取靠田(又称干田)与还水的新技术。这一技术的过程是,在大暑之时,稻苗茂盛之日,"决去其水,使日曝之,固其根,名曰'靠田'。根既固矣,复车水入田,名曰还水"。"还水之后,苗日以盛,虽遇旱暵,可保无忧其熟也。"[5]由于田间管理的加强,提高了单位面积产量,上田一亩,可收五六石稻

---

[1] 王祯:《农书》卷三《农桑通诀》,文渊阁《四库全书》第 730 册,上海古籍出版社 1987 年,第 338 页。
[2] 卢镇:《重修琴川志》卷九《叙产》,《宋元方志丛刊》第 1 册,中华书局 1990 年,第 1236—1237 页。
[3] 杨万里:《朝天集续钞·过平望》,《宋诗钞》,中华书局 1986 年,第 2253 页。
[4] 庄绰:《鸡肋编》卷上《各地食物食性》,中华书局 1983 年,第 36 页。
[5] 高斯得:《耻堂存稿》卷五《宁国府劝农文》,文渊阁《四库全书》第 1182 册,上海古籍出版社 1987 年,第 88 页。

谷,折合大米约三四石。由于产量的提高,南宋政府以"和籴"名义征购的粮食,高达 150 万石,超出其他地区。

2. 棉花的引进

南宋苏州农业史上的一件大事是,棉花已从外地引进。棉花亦称木棉,南宋时传至苏州,其"种艺制作之法,骎骎北来,江淮川蜀既获其利"。[1]由于棉花产生巨大经济效益,南宋政府已对棉花征收夏税。苏州棉花主要生产于太仓、嘉定、常熟等沿江沙地,这些地区适合于棉花的生长。

3. 农家肥的增效

施肥从来是农业生产的重要环节,提高肥力,对农业增产有重要意义。王祯提出"惜粪如惜金",或谓"粪田胜如买田"之说。苏州一带积肥的方式是,"常于田头置砖槛窖,熟而后用之"。[2]这种用河泥、草木灰等沤制而成的熟肥,效率较高,为高产打下基础。苏州人对草木灰肥力,十分重视,以至于在除夕有"打灰堆"的习俗。"夜向明,则持杖击灰积,有祝词,谓之打灰堆。"[3]草木灰含有钾肥,对瓜类与水生作物的生长,具有促进作用。

4. 田间经营管理的加强

南宋时,加强了对农田耕作的经营管理。以作物的分布而言,苏州以粳稻为主。粳稻也称大米、大禾,米粒大而味佳,但对肥力要求较高。因此在肥沃的平地,多种粳稻。在一些丘陵与贫瘠的土地则种籼稻。籼稻,苏州俗称小米、小禾,米粒小而味差,但生长期短,产量较高,适应环境能力强,不论肥瘠皆可种。因而成为较普遍种植的品种。

在种植的流程上,是夏秋水稻,冬春种麦。范成大在《刈麦行》中,记载了苏州割麦与种植晚稻的情景:"梅花开时我种麦,桃李花飞麦丛碧。多病经旬不出门,东坡已作黄云色。腰镰刈熟趁晴归,明朝雨来麦带泥。犁田待雨插晚稻,朝出移秧夜食麨。"[4]生动指明了夏天割麦后种植晚熟稻米的先后程序,实行稻麦复种的制度。此时还加强了中耕除草与施肥措施,在水稻行间进行耘耥,除去害稼杂草。种麦必须起塿,把土地整成一垅一垅,以利麦的生长,南宋时形成较完整的整垅技术。由于两宋之间大批北方人南渡,促进了麦子栽培与管理的发展,

---

[1] 王祯:《农书》卷二十一《木棉序》,文渊阁《四库全书》第 730 册,上海古籍出版社 1987 年,第 588 页。
[2] 王祯:《农书》卷三《农桑通诀》,文渊阁《四库全书》第 730 册,上海古籍出版社 1987 年,第 336 页。
[3] 范成大:《吴郡志》卷二《风俗》,江苏古籍出版社 1986 年,第 14 页。
[4] 范成大:《刈麦行》,《宋诗钞》,中华书局 1986 年,第 1739 页。

麦子在产量与质量上均有提高。此时还加强了灭虫斗争。孝宗时,政府对于捕杀蝗虫还颁布了奖励措施。

5. 农业产量的提高

良好的自然条件,农具的改进,农业技术的提高与优良品种应用,使苏州地区成为全国著名的粮食生产基地。北宋中后期以来,已成"国之仓庾"。自宋室南渡后,苏州一带已成畿甸,"尤所仰给,旁及他路"。[1]或说:江南"岁一顺成,则粒米狼戾,四方取给,充然有余"。[2]南宋时苏州常平、归仁、报功诸仓粮食充足。淳熙十三年(1186)十二月,"提举罗点言:'平江府常平、归仁两仓,贮米之数当一路之半,而仓屋倾斜,乞于本府钱内,支拨一万贯,措置起盖三十间,收贮米斛。'从之"。可见平江粮食之丰。南宋时杭州每日消费米粮一两千石,而大米的第一供应地便是苏州。[3]至于粮食的具体产量,有亩产一石、[4]二石余、三四石、五六石、六七石之说,差距很大。但是总体来说,北宋苏州粮食产量高于以前历史上的任何一个朝代,南宋又高于北宋。

6. 水果与渔产品

除上述粮棉作物之外。还有果树种植。苏州韩墩所产韩墩梨,经特殊培育,"比之诸梨其香异焉"。南宋苏州渔业特产有河豚。河豚在春天荻芽萌发时出现,张网捕捞,它"腹胀而斑,状甚丑,腹中有白曰讷,有肝曰脂。讷最甘肥,吴人甚珍之,目为西施乳"。[5]吴江多捕鲈鱼,号称鲈乡。传统出产的鲈鱼质量上乘。"通白色,肉细,味美不腥。"[6]顾客特喜,甚至买时不论价钱多少,统统买进。苏州嘉鱼坊,在南宋时仍为鱼市之一。

第五节　手工业

南宋纺织、造纸、制茶等工艺均有发展。

---

[1]　杨士奇:《历代名臣奏议》卷二五三《水利》,文渊阁《四库全书》第440册,上海古籍出版社1987年,第37页。
[2]　郭受:《吴县厅记》,《吴郡文编》第二册,上海古籍出版社2011年,第284页。
[3]　吴自牧:《梦粱录》卷十二《河舟》,中华书局1962年,第237页。
[4]　李伯重:《宋末至明初江南农民经营方式的变化》,《中国农史》1998年第2期。
[5]　赵彦卫:《云麓漫钞》卷五,辽宁教育出版社,1998年,第55页。
[6]　杨万里:《观打鱼斫脍》自注,《全宋诗》,北京大学出版社1998年,第26450页。

一、以宋锦为代表的纺编织品及其外输

南宋时苏州缫丝已成为农村普遍的家庭手工业。每逢大麦黄时蚕茧成熟,"姑妇相呼有忙事,舍后煮茧门前香,缫车嘈嘈似风雨,茧厚丝长无断缕……明日西门卖丝去",[1]反映了农村蚕丝生产的场面。当时苏州的丝织品在细密、轻薄上下功夫。吴绫从来就是与楚绢、蜀锦、鲁缟、齐纨等齐名的品种。宋代时苏州织锦被列为重要贡品。南宋建都杭州,苏州近在密迩,是织锦的重要供应地。这时刺绣、刻丝与印染技术亦相应提高。宋代对百官按品级发送"袄子锦,分翠毛、宜男、云雁、细锦、狮子、练鹊、宝照计七等"。当时官僚贵族以穿宋锦为荣。宋锦高雅古朴,色调浓郁,可作服装,亦可用于墙壁装饰、书画装帧等工艺领域。缂丝,也称刻丝,它以生丝作经线、彩色或素色熟丝作纬线,织成图案。当时织造技术已能"随所欲作花草禽兽状"。[2]缂丝名家有沈子番(一作沈子藩)、吴子润等人,其作品名噪一时。南宋的丝织品向北,经盱眙、泗州等榷场,连接开封,再至永兴军(今西安),然后通过河西走廊西运。而海上是通过泉州与宁波港,运向海外。

宋时,苏州灯具,用丝绸作罩,丝质细腻,形式多样,特别在上元之夜,各种灯盏,各显美姿,令人"目夺神醉"。此外,昆山的麻织品药斑布与浒关(东桥)花席,在南宋亦有发展。

特别要指出的是,棉纺织业异军突起,逐步成为纺织手工业的重头之一。在宋以前,海南的黎族已从事棉纺织品的生产。两宋时期棉花种植逐步向北推广,越过岭海,推向两浙地区。到南宋中后期,以家庭个体为主的棉纺织业有重大发展。苏州特别是沿江地区的一些村民把它作为重要副业。在纺织业大发展的影响与带动下,依附于纺织业的服装鞋帽业也获得巨大进展。专门为人制作衣服的裁缝,成为一门独立的行业。

二、彩竹笺与《碛砂藏》

苏州在南宋时属于中心地区,经济的繁荣,促进了文化的发达。由于文化的需求,当时苏州造纸术有明显的提高,造纸原料丰富,其制作技艺也有所发展。南宋庆元年间(1195—1201)苏州人颜方权所制笺纸,有杏花、天水碧等多种颜

---

[1] 范成大:《缫丝行》,《宋诗钞》,中华书局1986年,第1717页。
[2] 庄绰:《鸡肋编》卷上,中华书局1983年,第33页。

色,还砑出各种图案。

政府对印刷业的开放政策,使国家与民间印刷业十分活跃。特别是学校与寺院是印刷的重要基地。学校所印,有书院或州(郡)县学本之别。一些坊间所刻《百家姓》《千字文》等,主要供应私塾与社学所用。寺院所刻,主要是一些佛教经典。南宋时信佛者众,僧人在战后为恢复寺院,至城乡募捐,一些施主捐钱粮而毫不吝惜。[1]寺院应佛众的需要,印刻佛经、佛像,从而发展到佛经总集的印刻。佛经总集《碛砂藏》的刊出,其资金是由信徒捐献的。南宋嘉定九年(1216),平江(苏州)碛砂延圣院始设经坊,雇佣工匠刻印佛经,一直拖延到元代至治二年(1322)方才完成。全帙共六千三百一十二卷,按千字文排列。碛砂藏的内容比以前所刻佛经有所扩大,也较精美。

此外,南宋时遗留至今的印刷品,有绍兴二十四年(1154)平江府刊《备急总效方》40卷、二十七年(1157)景德寺所刊《翻译名义集》7卷、乾道二年(1166)所刊《柳先生集》、绍定年间(1228—1233)所刻李诫《营造法式》等,所刻内容,除诗文集、佛经之外,还有医方、工艺等著作。

三、制茶与食品制作

茶是人们日常生活所需的饮料。苏州自古以来就有植茶制茶的优良传统。

水月茶的烘制,在南宋继续流传。相传南宋时苏州开始"花茶"的生产。还有一种叫"扶芳"茶,"叶圆而厚,夏月取叶,火炙香,煮以为饮,色碧绿而香"。[2]出自虎丘的称"白云茶"。

苏州荤蔬食品,以水生作物与鱼类之多为其特色,具有吴地特殊风味。南宋时,吴地制作的加工常用食品有糖团、爆米花(又称爆孛娄,爆糯谷于釜中而成)、春茧(茧状粉团)、水团、粽子(角黍)、花糕、赤豆粥、胶牙糖等。而作为商品出售的有爊炕鹅鸭、爊炕猪羊、灌肺、灌肠、鹌鹑馉饳儿、羊肝铗、猪胰胡饼、羊脂韭饼、窝丝姜豉、科斗细粉、玲珑双条、七色烧饼、金铤裹蒸、市罗角儿、宽焦薄脆、糕糜、施炙犯儿、八馉鹅鸭、炙鸡鸭、爊肝、罐里爊、爊鳗鳝、爊团鱼、煎白肠、水晶脍、煎鸭子、脏驼儿、焦蒸饼、海蜇鲜、姜虾米、辣斋粉、糖叶子、豆团、麻团、螺头、膘皮、辣菜饼、炒螃蟹、肉葱齑、羊血、鹿肉、犯子等。作为"果饯"有蜜炒团、澄沙团子、橘红膏、蜜姜豉、糖碗豆、二色灌香藕、蜜枣儿、桃穰酥、乌梅糖等四十余品。

---

[1] 叶昌炽:《寒山寺志》卷一《志寺》,江苏古籍出版社1986年,第9页。
[2] 范成大:《吴郡志》卷三十《土物》,江苏古籍出版社1986年,第445页。

作为菜蔬有藕鲊、笋鲊、茭白鲜、糟黄芽拌生菜等二十品。粥有糖粥、绿豆粥、七宝素粥、粟米(小米)粥等二十品。"豝鲊"有胡羊豝、糟猪头、银鱼鲊等三十余品。凉水,相当于现在的冷饮,有甘豆汤、椰子酒、鹿梨浆、姜蜜水、梅花酒等十几味。糕类有糖糕、蜜糕、栗糕、糍糕、重阳糕等近二十种。蒸食有大包子、荷叶饼、豆沙饼、骆驼蹄、羊肉馒头、千层、月饼、春饼、胡饼、豆沙包等五十余种。以上食单见于宋代周密《武林旧事》,虽然讲的是杭州饭馆、食摊的食物,但是作为陪都的苏州的食品,不会离此太远。从今日苏州流行的名菜、名点看,这些食物名目,至今还有影响。苏州盐鸭蛋,"用虎杖根渍之",作为特色。[1]至于名酒,南宋时苏州有三味,即浙西常平仓所出的"皇华堂"酒以及齐云清露、双瑞。这些似为政府所专用。安定郡王用吴县真柑酿酒,名"洞庭春色",有芳烈之气,[2]三日犹香。由于酒税事务繁忙,苏州设"四酒务"以辖之。

四、造船工业

苏州历来是造船中心之一。当时苏州地名中多船场、船坊等名称。南宋两浙(包括苏州)造一种浅底铁头船,用来搬运行在(今杭州)军储。两浙诸州,还打造9车与13车的用于军事的车船。所谓"车",是在船身设有代替橹桨的车轮,用脚踏轮,驱船前进,凡一根贯轴带两个翼轮的称一"车"。平江府造船场还承造八橹战船与四橹海鹘船两种。"八橹"通长8丈,造价1159贯,"四橹"通长4.5丈,造价329贯。[3]绍兴五年(1135),两浙路船场仿制和改进了杨幺车船,造了高二三层,可载千余人的9车车船。这些船只供政府与军队使用。两宋时,政府还常以"和雇""募船""入中"等名义,征集民间船只。并采取措施,促进富裕户"打卖舟船"。民间船的种类有沙船、舠船,还有属于民用的"踏驾车船"。

由于造船的巨大进步,苏州、建康等地所造舰船在抗金的水战中发挥了巨大作用,"斗舰之制,近世太精,昔人智巧殆不够及。胡虏望之,惊若鬼神。限以际天之水,驾以如山之浪,彼虽虎兕豺狼莫敢前也"。[4]

还有平底沙船的建造。1978年嘉定县封浜杨湾,出土一艘残破南宋木船,经复原后全长约10米,宽1.85米,深0.95米,有7个隔舱。在第二舱后舱板左

---

[1] 陆游:《老学庵笔记》卷五,中华书局1979年,第62页。
[2] 范成大:《吴郡志》卷三十《土物》,江苏古籍出版社1986年,第440页。
[3] 陆游:《老学庵笔记》卷一,中华书局1979年,第5页。
[4] 王应麟:《玉海》卷一四七《兵制·水战》,文渊阁《四库全书》第946册,台湾商务印书馆1986年,第795页。

侧的船舷板上钉有一根桨柱,第四第五舱梁低矮而平齐,第五舱的梁根插有桅杆,其底部有陶灶、铁锅、水勺、菜刀、黄釉瓷碗等生活用品,还发现一块不规则的作为锚的石碇。其二、六、七舱装有建筑材料。这艘船的舷侧板高于船首,船体两侧各有护木。船体各部的连接用钉子钉牢,缝隙中充实桐油石灰。这艘船的载重量约五吨,是一艘运输船。

五、金属冶铸与泥塑

南宋时期,金属冶铸亦有较大发展,宋室南迁,设置殿前军器所,生产各种军用器具,每年生产各种兵器几万件。南宋孝宗时,御前军械所的工匠增加到3千多人,苏州设有军器制造的作坊。

苏州当时铜镜的制造,也较兴盛。在南宋的墓葬中,出现过较高价值的苏州铜镜,也出现过南宋时的金银器物。

此外,苏州的泥塑亦很盛行。苏州泥塑业,采用前店后作、产销结合的模式,并发展连锁经营,到各地开设分店。镇江考古组曾在城区骆驼岭发掘宋代泥塑商店的遗址。发现大量的泥孩儿像,还有制造泥塑的工具、颜料。塑像后面戳刻有"吴郡包仁祖""平江孙荣"等字样。据推测,这一遗址是苏州泥人匠师在镇江开设的分店,或后期加工的作坊。苏州的泥人工艺,一直延续到明清,所制泥人称"泥美人",其中直接替旅客当场捏出的称"捏相"。或用蜡制成的或用木雕的婴儿或孩儿称"摩睺罗"。正如祝穆所说苏州"土人工于泥塑,所造摩睺罗尤为精巧"。[1]

六、制砖制罐等手工业

南宋时苏州制砖造瓦,已形成了规模性行业,并有较为精深的技术。范成大在《阊门初泛二十四韵》中,在描述苏州枫桥寒山寺一带的景色是:"竟日窑烟直,中流塔影横。"[2]以"窑烟"作为景色,说明苏州郊区制陶制砖的家庭式手工业较发达。韩世忠还制有韩瓶。宋时苏州盛产蟋蟀盆,相传南宋奸相贾似道在半闲堂所用蟋蟀盆来自苏州陆墓。

此外,苏州还出产高型家具、团扇等日用品。

---

[1] 祝穆:《方舆胜览》卷二《平江府》,中华书局2003年,第31页。
[2] 范成大:《阊门初泛二十四韵》,《全宋诗》,北京大学出版社1998年,第26007页。

第六节　商　业

南宋时商品经济继续发展,农副产品与手工业品进一步涌入市场。茶、米、麦、瓜、水果、蔬菜、木材、薪柴、炭、竹,以及猪、牛、羊、鸡、鸭、鹅、鱼,甚至狗等,都成了商品。太湖流域地区,专业的茶农、果农、蔗农、菜农大批出现,加上手工业者,形成了小商品生产、经营的大军。

一、商品经济范围的扩大

一些粮食作物成为重要商品。有记载称,南宋淳熙元年(1174),从事农产品生产的常熟富民张三八翁,与一名米商商谈卖米之数,高达8万斤之多。[1]一些专门生产经济作物的地区,其平时粮食供应必须外买。绍兴二年(1132)冬,东西山"忽大寒,湖水遂冰,米船不到,山中小民多饿死。"[2]

南宋时苏州水果和干果品种繁多。有出自洞庭东西山的柑橘,"香味胜绝"。[3]其中绿橘个儿特大,在霜降前呈深绿色,到橘脐间有一点儿黄便可食用。又一种比绿橘小一点,要到表皮全黄时,方可食用的叫平橘。平橘皮可做中药。有同样出自洞庭东西山的真柑,"其品特高,芳香超胜",超过浙东、江西以及四川果州的柑。"方结实时,一颗至值百钱,犹是常品,稍大者倍价。"如果带枝叶剪下,装在果盘,则金碧璀璨,十分喜人。苏州所出水果,还有海杏,大者如拳。连根柿,出于吴县西。方蒂柿,因蒂是正方而命名。"色如鞓红,味极甘松,它红柿无能及者。"[4]韩梨,出自常熟韩丘(也叫韩墩)。后因帝避讳,改名韩村梨,又后韩侂胄当国,不能称"村"(谐音蠢),而直呼为韩梨。人们所知,凡梨削皮切片,不多时颜色则变,只有韩梨,"经日不变",因此价格独贵,"为天下冠"。顶山栗,出自常熟顶山,形态比一般的栗子要小。但"香味胜绝,亦号麝香囊,以其香而软也,微风干之尤美"。由于所出极少,因此人们把它放在彩囊中,作为送礼的佳品。蜡樱桃,吴樱桃中的上品,出自常熟县,颜色微黄,滋味特美。"含桃最说出东吴,香色鲜秾气味殊。"[5]自唐至宋,一直流传下来。西瓜来自于西域

---

[1] 洪迈:《夷坚甲志》,见《江苏通史》,江苏人民出版社2012年,第208页。
[2] 庄绰:《鸡肋编》卷上,中华书局1983年,第64页。
[3] 赵彦卫:《云麓漫钞》卷十,辽宁教育出版社1998年,第102页。
[4] 范成大:《吴郡志》卷三十《土物》,江苏古籍出版社1986年,第441页。
[5] 白居易:《吴樱桃》,《全唐诗》七函五册,上海古籍出版社1986年,第1123页。

回纥,经契丹传至中国。这一商品性水果,在南宋时已普遍种植。范成大《西瓜园》诗说"年来处处食西瓜",苏州亦不例外,是西瓜的产地之一。此外,还有两种水生作物商品,菱与藕。苏州上品藕称"伤荷藕"。因其叶有甜味被虫所伤,故而名之。菱,宋时有腰菱(两角菱)。还有馄饨菱,"最甘香"。

渔副产品,产量增加,成为重要商品。《夷坚志·村叟梦鳖》中记载,苏州昆山县,有一条船,舱里装满甲鱼,共值三万钱,准备运到杭州销售。该书又说,"吴中甲乙两细民,同以鬻鳝为业",居然能"日赢三百钱"。又昆山人"沈十九能与人装治书画,而其家以煮蟹自给"。[1]卖熟蟹,已成一种维生的职业。这说明甲鱼、鳝、蟹等已成为一种商品,也说明水产品销费量十分巨大。苏州是名副其实的鱼米之乡。城市与乡下集镇,形成鱼市。其时作为商品鱼出售的有传统的鲈鱼、白鱼、石首鱼、河豚鱼。河豚鱼有毒,"然人甚贵之。"技术高超的厨师烹之则能去除毒素,食之鲜美。"吴人春初会客,有此鱼则为盛会。晨朝烹之,羹成候客至,率再温之以进,云尤美"。[2]针口鱼,它的形状像针。春天时,这种鱼群集在松江长桥之下。当地人捞取晒干,可以保鲜良久,送到远方。此时,石首鱼已能冰储,借以保鲜。

南宋时,苏州蔬菜也成为重要商品,在城中与集镇形成菜市,把菘、芥等蔬菜洗净后在店头出卖,菜农用菜来换取盐酒而归。苏州有名的菜味,有菘(今称白菜),其叶宽大,故有阔叶吴菘之称。还有莼菜是作鱼羹的重要原料,鲜美可口。白菜的心与芥菜的肥苔都得到顾客的喜爱。

商业性农副业的发展,促进了农副业生产的多样性,打破了传统单一的农业经济结构,促进了农副业技术的提高,加强了农业与市场的联系。

二、服务行业的发展

酒店与各种服务性商业设施随处可见,一些山村水郭都设酒店,"山腰樵担动,木末酒旗明"。[3]在树丛中的大字帘招特别引人注目。酒店多设在水边要津,吴江平望"一色河边卖酒家,于中酒客一家多"。[4]有名的酒店,生意特别兴隆。酒店"皆揭大帘于外,以青白布数幅为之,微者随其高卑小大,村店或挂瓶瓢,标帚杆",作为招牌。

---

[1] 洪迈:《夷坚乙志》卷十七《沈十九》,中州古籍出版社1994年,第706页。
[2] 范成大:《吴郡志》卷二十九《土物》,江苏古籍出版社1986年,第433页。
[3] 范成大:《阊门初泛》,《全宋诗》,北京大学出版社1998年,第26007页。
[4] 杨万里:《夜泊平望》,《全宋诗》,北京大学出版社1992年,第26489页。

三、花木市场的繁荣

随着城市商品经济的发展,物质消费水平的提高,带来了精神享受的需求,促进了花木生产的发展。一些农户已专门莳草种花,供应市场。苏州人范成大在《菊谱》曾记载,各类种植的菊花有几十种之多。他在淳熙丙午(1186)年移植于范村的即达三十六种。菊花,苏州人特别爱好。当时城东城西的卖花人家"所植弥望,人家亦各自种圃者"。[1]在春天时,菊苗长至尺许时,摘去其顶上嫩枝;数日后出两枝,又摘去,越摘,分枝越多,到秋天主干菊花上形成千百朵。苏州菊花的品种,黄色的计有胜金黄、明州黄等十七种,白的有子细白、金杯玉盘等,红的有桃花菊,还有紫菊等。梅花品种较多,有早梅,在冬至前已开;有官城梅,是用直脚梅嫁接以花肥实大的其他品种而形成,还有消梅、重叶梅等。莲花海棠,是范成大从四川移来吴中。

牡丹,从洛阳移至苏州。朱勔在阊门内有一园圃,种植了牡丹上万支。南宋以后,肉红色牡丹有观音、崇宁、寿安王、希叠汉等名称,淡红色的有风娇、一捻红等,深红则有朝霞红、鞓红等,还有云叶、茜金毯、紫中贵、牛家黄,共计十余种。还有一种称"苏州花"的被评作一品。宋时士大夫家多种牡丹,提刑蓝叔成家有白碗玉、景云红等三千株,知府林得之家有千株。太尉成居仁、给事胡长文、待制吴谦之等亦有上千株,发运使史正志家有五百株,还有一两百株的多家。种植牡丹,蔚然成风。金林檎,从南京嫁接到杭州禁中,再流传到苏州。"其花丰腴艳美,百种皆在下风"。[2]

南宋时苏州的花木品种较多,其中外地移植者不少。花木品种的增多与改良,促进了花市的繁荣,也进一步完善了种花与养花的技术,为改良与发展新的品种提供了条件。

一些家庭手工业与农业有逐步分离的倾向。养蚕织丝,可以维持一些农户的生活。在蚕丝手工业内部,似乎逐步有了蚕桑户、缫丝户与织丝户的区别。甚至在蚕桑户中,有专门种桑以供养蚕户的需要。南宋江南有一家养数十箔蚕的村民,见市场上桑叶短缺,桑叶急涨之时,将自己的蚕全部烫死,把自己的桑叶卖出而获利。商品经济的扩展,打破固有的自给自足的小农经济,活跃了市场,孕育资本主义生产关系的逐步萌发。

---

[1] 范成大:《吴郡志》卷三十《土物》,江苏古籍出版社1986年,第446页。
[2] 范成大:《吴郡志》卷三十《土物》,江苏古籍出版社1986年,第444页。

四、小城镇的继续兴起

南宋时,苏州的一些小城镇继续兴起,吴江县黎里镇,在元祐(1086—1094)年间,由进士魏志及其兄弟居此而逐渐兴起。至淳熙(1174—1189)时由于工部侍郎赵磻老居此,"黎里之名始著"。陆游入蜀,过黎里之下的合路村,称这里"居人繁夥,卖鲊者尤众"。[1]

锦溪镇在昆山西南。镇区呈皇冠形,市河似一条卧龙,古称锦溪。据载,南宋隆兴元年(1163),宋孝宗为抗金奔忙中,陈妃死,命下葬于镇南五保湖畔,此地便名为"陈墓"。由于人口的聚集,逐步形成集镇。

福山镇,在常熟北部,因境内有福山,故名。古为南沙乡。东晋时一度称县。南宋建炎初(约1127),在这里设武卫水军。由于驻军众多,增加了消费与服务行业,使福山镇热闹兴盛起来。浒浦与福山一样,在南宋以军民在此生聚、互易而兴盛。

吴江同里,一称同川,宋代设镇。这里原称富土,因这两字过于显耀,乃析"田"加"土",改称同里,说明宋时同里已成物产丰富之地。宋时设巡检司一员,以维持治安。元时更设税课局大使、副使各一员以及务提领、务大使、务副司、巡检司各一员,来加强管理。同里"宋元间民物丰阜,商贩骈集,百工之事咸具,园池亭榭,声伎歌舞,冠绝一时"。[2]

吴江震泽镇,为南宋绍兴年间所设,此地位于太湖东南,是通向桐乡的要道,水陆交通便利,物产丰富,因而相应成镇。屯村,因一些士民随宋政权南渡寓居于此,而成"千余家"的热闹市镇。吴县光福镇,南宋时"民灶千余,阡陌交通",人烟稠密,是农产品的集散地。此外还有西山堂里,因徐氏大族迁徙到这里,而渐兴为集镇。同属西山的后堡,因宋末蒋族聚居,形成十字街道。

苏州在南宋中期得到恢复,具有陪都之重,市面繁荣,从宋以来就有天堂之誉,南宋时名声显著。据范成大《吴郡志·坊市》,苏州所开商行,有米行、锦坊、丝行、鱼行、果子行,还有进行娱乐活动的吴歈坊等。其商业区主要在今干将东路东端南侧,这里设有米店、杂货等店铺,南至尽市桥一带。尽市桥,言至南而市尽,故名。

南宋时商市已打破原来限于某坊的壁垒,随地都有商市。政府设管理机构,

---

[1] 徐达源等:《黎里志》卷一《界域》,广陵书社2011年,第40页。
[2] 丁正元等:乾隆《吴江县志》卷四《镇市村》,凤凰出版社2008年,第372页。

维持市场秩序,增加国家税收。

五、会子等货币的流通

南宋继北宋货币制度,流通的有钱与白银。为了防止铜钱外流至金,在江淮地区发行铁钱。纸币除交子外,还用"钱引"。介于交子与钱引之间还有小钞、公据和关子。小钞面额最大的是一贯,流行于各路。公据始于绍兴二十九年(1159),该年朝廷付淮东路总领所公据40万缗,从十千到百千共五个等级,在两年内使用。关子付湖广与淮西路,在三年内使用。它们的使用期短,似仅限于两淮与湖广流通。

南宋发行量最大的纸币是会子,在民间,早已有代替金属货币的"便钱会子"。宋高宗绍兴三十年(1160),户部侍郎钱端礼照政府旨意,把钱储存起来,造出会子,在城内外流转。会子从此由民间走向官办。说"其合发官钱,并许兑会子输左藏库"。[1]后来又下诏把会子务隶属于都茶场,可能是因会子用于茶叶贸易,故有此诏。次年,在杭州设立"行在会子务",在东南各路,尤其是浙东西推行。会子分一贯、二贯、三贯三等。后来,为了便于流通,又增设二百、三百、五百文票面。但是,原会子与铜钱不许过江至两淮使用,淮人过江南来或江南人渡江北去,不得用会子,必须交换,易以交子,于是,"商贾不行,淮民以困"。朝廷经过调查后发诏,铜钱并会子依旧过江行用,民间交子许作见钱输官,凡官交,尽数输行在左藏库。"三年,诏造新交子一百三十万,付淮南漕司分给州军对换行使,不限以年,其运司见储交子,先付南库交收。"[2]绍熙三年(1192)以后又发行了大量的交子。交、会子在两淮地区的通用,促进了物资交流,但由于交子发行量大,"其数日增,价亦日损",形成物价的高涨动荡,对生产生活产生了不利影响。

苏州还有远途商贩的记载,在南宋理宗时,有个名叫朱横的年轻人至岭右(今广西)做商贩,不幸在第二年的秋天病殁于瘴乡。其妻钱氏去奔丧,历尽艰虞而至。[3]苏州商旅之程的远伸,说明苏州商品辐射力的强大。

六、对外贸易

苏州对外贸易一向堪称发达。宋设市舶司于青龙镇(今上海青浦东北),专

---

[1] 脱脱:《宋史》卷一八一《食货志》,中华书局1977年,第4406页。
[2] 脱脱:《宋史》卷一八一《食货志》,中华书局1977年,第4411页。
[3] 罗烨:《新编醉翁谈录》乙集卷二《姑苏钱氏归乡壁记于道》,辽宁教育出版社1998年,第15页。

门负责海外贸易,一些洋货被贩运到苏州。而苏州一带的"海船"民户,通过海路,外销本地商品,所贩粮食,每一海舟所容,不下 2 000 斛,所往或南或北,获利数倍。

由于苏州粮食充足,手工艺品精美,大量输向全国。主要是通过运河运到盱眙或泗州出售,促进了南北的经济交流。

苏州的全面发展,有诸多原因。江南自然条件优越,雨水充足,土地温肥,交通便利。在靖康建炎之难中,大批北人南迁,"中原士民,扶携南渡,不知其几千万人"。[1]南渡人口中,又多文化层次较高的人士。当时士大夫与士子多携家南渡,定居于平江等南方地区,使这一地区"号为士大夫渊薮"。[2]因而带来了先进的文化,全面提高了人口素质,包括耕作与手工技艺水平的提高,给南宋苏州经济文化发展提供了机遇。

---

[1] 李心传:《建炎以来系年要录》卷八十六《绍兴五年系闰二月》,上海古籍出版社1992年,第326页。
[2] 李心传:《建炎以来系年要录》卷二十《建炎三年二月》,上海古籍出版社1992年,第325—313页。

第四章 元代苏州的持续发展

元代的苏州，人口汇聚，人们争相"舍农本，趋商贾"，商市繁荣，富闻天下。但由于元朝后期政治腐败，滥发纸币，物价飞涨，元政失御，义军纷起。元末，苏州为张士诚所据。

第一节 元朝初年对苏州的统治

元军于至元十二年（1275）占领苏州。元伯颜大军在该年十二月进逼苏州西郊望亭，宋平江府推官王矩之与都统王邦述迎降于寒山寺南。

一、苏州的破坏与元的民族歧视

伯颜在进苏州城前发出告示，"本兵入城时不杀一人，不掠一物"，但进入苏州后违背了诺言，杀人以万计，稍有反抗，则遭杀戮。甚至缚童稚于高竿，射中其窍者，赌羊酒。[1]"居民有抗心自尽者，杀一家；有一家同尽者，屠一巷。"元军禁止南人自杀，目的是保持人口以便奴役。杀人后，尸体长期无人掩埋，乱后检骨十余万，葬于桃花坞西北周书桥，题墓碑曰"万忠"。蒙古军残忍无道，令人发指。

元军进苏州之初，即下令拆除城墙。因元军的骑兵利于旷野的拼杀，惧怕高城深池的阻挡，因此，"元既定江南，凡城池悉命夷堙"，[2]虽然名义上仍设有五个门，但是"荡无防蔽"。

元朝把人分为四等，最高贵的是蒙古人，其次为色目人，即最早被它征服的西域人，其下为汉人，最下为南人（即南方汉人）。元朝开始时厉行社甲制度，以

---

[1] 徐大焯：《烬余录》，《五亩园小志》，广陵书社2006年，第65页。
[2] 曹允源、李根源：民国《吴县志》卷十八下《沿革》，江苏古籍出版社1991年，第238页。

五十户为一社,设社长,探马赤军(蒙古色目各部族军)军户随同入社,作为监督。以二十户作为一甲,由蒙古人为甲主。甲主拥有二十户的所有权,"衣服饮食惟所欲,童男少女惟所命"。[1]这种野蛮的统治遭到强烈的反抗。有的女子在新婚中自杀,如周氏嫁金芸楼为妻,甲主强行初夜权,周氏女在晚上用熨斗将甲主砸死,然后周金双双自杀,形成人间悲剧。

人们为逃避甲主的残酷剥削与压迫,苏州有些遗民舍宅为寺,全家作了僧尼,因照规定,"娼、优、隶、卒、僧、道、尼、乞不属甲下"。有些降为隶卒,沦为乞丐,宁愿苦行艰食,不愿受辱。由于出家户的大量增加,元政府为了保证基层统治,禁止僧尼同住,以此阻止举家入佛。这一弊政奉行数年后,遭南人反抗,发生了省郡同歼蒙古甲主的联合行动,于至元十六年(1279)被迫取消。但是南人的反抗,并未停止。元初有人乘平江库内防守不严之时,入库竞取财物。平江所在的江南臣服于蒙古较晚,地位低下。一般来说,南人所任职官只能是副贰,各地方长官"蒙古人为之,而汉人、南人贰焉"。[2]如果蒙古人缺乏,"于有根脚色目人内选用"。[3]苏州所在的江浙行省,在和平时期共有十几位掌握实权的丞相,却没有一个是南人或汉人。南人在铨选时往往"置而不用",因而仕者寥寥。[4]元朝又长期不设科举,江南以科举为本,士人几无生路。延祐(1314—1320)开始设科举考试,元政府亦采取民族歧视政策,采取左右二榜,右榜录取蒙古色目人,考中率高,试题简易;反之,左榜录汉人、南人,数量少,难度大。正如程端礼所说:"我国家设科以来,声教洽海宇,江浙一省应诏而起者岁不下三四千人,得贡于礼部者四十三人而已。"[5]江南士人,只能充当一些没有实权的学官一类的职务。一些士人北游大都(今北京),原想交结权贵混个一官半职,但大多被讥作"腊鸡",空手而返。在法律上,因民族的不同,大有区别,杀人、斗殴、盗窃等罪,蒙古色目人从宽,而汉人、南人从严。元蒙法律禁止汉人、南人拥有武器,但对蒙古、色目人却没有这种限制。

在民族等级制之下,受压迫最重的是南人,士子们隐遁山林,埋头于乡校,对元朝统治作无声的抗议。家住苏州桃花坞的士人陈深,闭门著书,不问外事,以

---

[1] 凌泗、谢家福:《五亩园志余·万忠墓》,《园林名胜丛刊》,广陵书社2006年,第65页。
[2] 宋濂:《元史》卷八十五《百官志》,中华书局1976年,第2120页。
[3] 《元典章》卷九《吏郡三·有姓达鲁花赤》,天津古籍出版社2001年,第11页。
[4] 陶安:《陶学士集》卷十二《送易生序》,文渊阁《四库全书》第1225册,上海古籍出版社1987年,第721页。
[5] 程端礼:《畏斋集》卷二《江浙进士乡会小录序》,文渊阁《四库全书》第1199册,上海古籍出版社1987年,第653页。

教书为职业。他的学生,曾任平江路总管府治中、浙东道宣慰副使,后任平江路总管,江浙参政的王都中劝老师担任不关政治的文案工作,遭陈深回绝。苏州人俞琰,钻研道术,传授《易经》。郑思肖在宋亡后更名所南,表示不忘南方,心所向宋。他不仕不娶,隐居于苏州条坊巷(调丰巷)南三十年,从不面北而坐。降元的宋朝宗室赵孟𫖯来看他,他拒绝接见。从郑思肖的所作所为,可见当时南人知识分子坚持不与元合作的态度,是对元政府的一种反抗。元朝的民族政策造成了尖锐的社会矛盾,也是它最终被推翻的重要原因。

二、元朝的地方行政

元朝在地方最高一级称行中书省(简称行省),它的职责是"掌国庶务,统郡县,镇边鄙"。地方上"凡钱粮、兵甲、屯种、漕运、军国重事,无不领之"。[1]行中书省在短时期内曾改称行尚书省,旋复如旧。每省一般设丞相一员,平章二员,左右丞各一员,参知政事二员,以上官员自从一品至从二品不等。以下是郎中、员外郎、掾史、蒙古必阇赤、回回令史、通事、知印、宣使等。丞相,因地位重要往往或缺。下属机关有检校所、照磨所、儒学提举司等。检校所为江浙行省首创,职责为"检详法度,饬励纲纪"。元时省级还设提刑按察司,管省内监察与执法。浙西提刑按察司设于平江。

苏州(平江)初属江淮行省(至元十三年,即1276年设),治所在扬州。二十一年(1284)因地理因素与民俗不同,省治迁至杭州。次年,割江北诸郡隶属河南行省。江以南与今浙江,改称江浙行省,统有三十路一府。平江为该省的一路。有总管府,设达鲁花赤(监临官)、总管各一人,总理行政,兼管劝农事。下设同知、治中、判官各一员。至元二十三年(1286)置推官二员,专治刑狱。经历一员,知事一员或二员,照磨兼承发架阁一员,译史、通事各一人,各有其责。其他司吏无定制,随事情的繁简,配以不等的员额。路的下属机构有儒学、医学、司狱司、平准库、府仓、惠民药局、录事司等。

平江(苏州)被元占领后,设浙西军民宣抚司,以孟古岱(忙古歹)、范文虎行两浙大都督,总管平江府事。至元十三年(1276)元丞相伯颜入临安,南宋降。十二月改浙西宣抚司为平江路总管府。苏州城中分四厢,置录事司以治之。领吴、长洲、昆山、常熟、吴江、嘉定六县。主客户三十二万九千六百零三户,约一二百万人。成宗元贞元年(1295)升昆山、常熟、吴江、嘉定四县为州。元初原定一

---

[1] 宋濂:《元史》卷九十一《百官七》,中华书局1976年,第2305页。

万五千户以上者为上州,六千户之上者为中州,六千以下者为下州。江南既平,又定五万之上者为上州,三万户之上者为中州,三万户以下者为下州。平江新升四州,均为上州。州级主官有达鲁花赤、州尹,下设同知、判官。参佐官有知事,提控案牍各一员。吴与长洲两县,因在三万户之上,称上县。设达鲁花赤、尹、丞、簿、尉各一员,典史二员。尉主捕盗之事。

平江,曾徙浙西宣慰司于此。宣慰司主要是在行省与路、府、州之间起上下转承的作用。"行省有政令则布于下,郡县有请即为达于省。"

元朝在地方上设监察机构,称行御史台。于江南、河西、云南、陕西设行御史台四所。台之下有诸道肃政廉访司,每道设八员,其中二使,"留司以总制一道",其他六员临所部,如"民事、钱谷、官吏奸弊,一切委之。俟岁终,省、台遣官考其功效"。[1] 平江按监察区域,属江南行台浙西道。行台与肃政廉访司的设立,加强了对平江官吏的监督;在防止官吏违法腐化中起了一定作用,加强了元朝的统治。

苏州的驻军,主要是由新附军与汉军组成,但也有少量的蒙古军与探马赤军(以兀鲁等五十部的降附人马编就,意为前锋)杂驻其间。新附军与汉军中有契丹与女真的成分。在江南地区至元二十二年(1285),元政府改编江淮、江西招讨司的汉军、新附军及少数蒙古军队,共设37万户府。苏州有镇守平江十字路的万户府,编制3 000人,下设理事的镇抚所,以及淄莱翼、广平翼、真定翼、河间新旧军二翼、济南新旧军二翼等,共八翼,似多为北兵。另有奥鲁翼,驻在草桥,由杭州益都万户府所委管,并管辖平江的新附军。

另外,还有负责海运与漕运的水军,归枢密院节制。苏州在元朝是个军事要地。

三、元朝贵族地主对生产资料的掠夺

元朝统一江南后,贵族加强了对生产资料的掠夺。把南宋官田夺为元蒙官有,并把南宋旧官僚贵族的土地没收入官。"凡各处系官田土",即拨与各官,充合得职田。表面上官员的职田,由"官荒闲田"内拨付,实际上往往占据膏腴肥地,甚至夺取宋以来农民垦荒而得到的世业田,还用官钱强买"江南民田土"。[2] 元朝统治者经常将官田赏赐给官僚贵族。此外,还赐一些官田给寺院

---

[1] 宋濂:《元史》卷十六《世祖纪》,中华书局1976年,第345页。
[2] 宋濂:《元史》卷十三《世祖纪》,中华书局1976年,第274页。

道观,如文宗天历二年(1329)就曾以平江官田一百五十顷赐给大龙翔集庆寺及大崇禧万寿寺。[1]

元朝的一些贵族与文武官员凭借政府权势霸占百姓产业。平江路总管王虎臣"多强买人田,纵宾客为奸利"。海道运粮万户朱清、张瑄依仗权势与财力强买民间土地,"他人不敢得也"。地方上一些豪富也乘乱强占亡宋官田或围占江湖为田,淀山湖、吴淞江都有被地主围占的现象,以至造成灾害。吴淞江"势豪租占为荡为田,州县不得其人,辄行许准,以致湮塞不通"。[2]淀山湖"在宋时委官差军守之,湖旁余地,不许侵占,常疏其壅塞,以泄水势。今既无人管领,遂为势豪绝水筑堤,绕湖为田。湖狭不足潴蓄,每遇霖涝,泛溢为害"。[3]由于贵族、官僚、土豪广侵土地,资财雄厚,驱使佃户,压迫人民,无所不至,人民生活陷入痛苦之中。

第二节　元朝统治的某些改良

蒙古政权自忽必烈的元政府开始,实行汉化政策,进行政府机构的完善与改革。中央设中书省掌管全国行政,枢密院掌管全国军事,御史台负责监察与司法,宣政院掌握宗教,通政院掌握驿站,此外还有翰林院、集贤院、大常礼仪院、太史院、太医院,匠作院等机构。地方设行省与路、府、州、县机构,加强了国家行政的统一。元统一中国后作了某些改良。

一、元朝发展生产措施

元政府在中原与江南农业经济高度发展的影响下,逐步放弃游牧经济与剥削方式,开始重视农业。中央与地方都设立督促、检查农业生产的机关。中央设大司农司,其长官由正二品担任,并派劝农使分赴各地整顿与发展农桑,一些地方长官亦兼管劝农事宜。元政府在大力提倡垦殖的同时,还实行军屯与民屯,发展生产,解决军费问题,对贫困的屯田户给予耕牛、农具与种子。为了提高佃农的生产积极性,下令减轻佃户的私租,"田主所做佃客租课,以十分为率,减免二分"。[4]至元二十三年(1286),元朝颁布《农桑辑要》一书,广泛推广先进的农业

---

[1]　宋濂:《元史》卷三十三《文宗纪》,中华书局1976年,第745页。
[2]　宋濂:《元史》卷六十五《河渠志》,中华书局1976年,第1635页。
[3]　宋濂:《元史》卷六十五《河渠志》,中华书局1976年,第1638页。
[4]　沈刻《元典章》圣政卷之二《减私租》,1908年,第9页。

技术。由于元政府重视农桑的发展,苏州等各地农业生产得到恢复。

二、元朝苏州民生建设

在人民的压力下,元朝政府取消某些弊政,针对贵族、官僚、地主强夺民田的状况,下令"禁诸王、驸马并权豪,毋夺民田"。[1]在征税中,江南分夏秋二季征收。秋税征粮,夏税纳木棉、布帛、丝棉等物。税额根据土地肥瘠、产量的多寡而定,较为合理。元朝开始时"赋税宽简,其民止输地税,他无征发"。其税额不过宋朝之半,刑赋恒轻。或曰:"宋时亩税一斗。元有天下,令田税无过亩三升,吴民大乐业。"[2]元朝还设立学官,举办学校,设立书院,提倡社学。元朝的统治,有与时渐进的一面。

第一是注重民生,开垦土地。至元二十年(1283)怀远大将军赵全真任平江路总管,在他的主持安排下,"开垦荒田六百三十余顷,增户口至九百七十"。后移任杭州,"吴民泣送,不忍舍之"。元中期,常熟州达鲁花赤募民垦田80余顷。

第二是筑堤修桥,便捷交通。明宗天历元年(1328),水没民田,灾及百姓。吴江知州孙伯恭募钞一千锭、米一千余石,大修石塘,用巨石重新砌筑,保护堤岸,以防水溢,便利行人。又筑水洞133个,水洞之上用巨石作梁,十分牢固,以便水的流通。还把一些木桥,改作石桥,增加桥的牢固度,保证人的出行安全。

第三是修筑城堞,巩固城防。在至正十二年(1352),战乱已开,奉上命,廉访使李铁木儿谋于太守高履,监郡六十(人名),重修平江城,重开胥门。共设葑、娄、阊、齐、盘、胥六门。"筑垒开濠、备极深广。"其筑城目的为了防御起义军,但亦有保障人民生命财产、安定人心的目的。

同时,实行救荒赈灾。至元二十三年(1286)六月,苏州多雨,发生水灾,"百姓艰食",时任江南浙西提刑按察使的雷膺,请求朝廷发放粮食二十万石来拯救灾难。江淮行省以为发粟过多,要求减至原额的三分之一。雷膺疾呼说:开仓救灾是宣扬皇上恩泽,惠养穷困百姓的大事,怎么可以吝惜!后卒从其请。至元二十五年(1288)苏州大水,人民有卖妻女换取粮食的现象,行省申报朝廷,要求用上供米20万石赈灾。这一要求,获朝廷批准。成宗大德三年(1299)发生水灾,后又发生饥荒,元政府都作赈济。总管戎益亲赴各县,劝导富裕的"上户",捐粮救灾,得米一万七千七百余石,穷民多德之。至大德三年止,连续灾难,或大

---

[1] 宋濂:《元史》卷十九《成宗纪》,中华书局1976年,第415页。
[2] 潘耒:《送汤公潜庵抚江南序》,《切问斋文钞》卷十五,同治杨国桢刻本第十五卷,第17页。

水,或饥馑或遭巨风之灾,海溢卷岸,掀民居屋顶。时任平江推官的吕某,也聚集富人,责以赈灾大义,号召富户捐粮,并至属县依次劝说,凡得米三十六万石以赈百姓,被呼作良吏。大德十年(1306)苏州大水,吴江尤为严重,元政府也采取了相应的救灾措施。延祐二年(1315),苏州被螟虫所害,水稻不实,田地荒芜,总管刘允申报行省,经核实后,全部免除了田税。天历元年(1328)、至顺元年(1330)苏州大水。至顺二年吴江又遭台风袭击,带来暴雨,太湖水溢,漂没庐舍一千九百七十家,一些人口、牲畜溺亡。顺帝至正八年(1348)又发生水灾,元政府亦作了较妥善的处理。

三、元朝政治的改良

元军占领江南后,在政治上作了一些改革,取消了甲主特权,禁止豪右兼并土地。至元十六年(1279)九月,皇帝还下令苏、杭、嘉兴三路办课官吏,给他们"月给食钱,毋得额外多取分例"。[1]

苏州地方一些贤明之吏,能遵循朝廷意旨与儒家学说规范,做到均平徭役赋税。皇庆延祐(1312—1320)时,江浙一些州郡官员要重新统一田赋,提高岁率。时平江路总管刘允大声疾呼:"地有肥硗,厥赋宜不齐,一旦更改,民病何瘳乎?"终使赋税照额输送,防止了人民负担的加重。当时赋役由里正承包,有"产去税存"之患,即土地已转移他人而税收依旧,显然不合理。刘允主政苏州,力主根据田产的实际数量而当差,赋役遂均。师朵列秃在延祐七年(1320)继承刘允之法,防止里正因承担收税之责而破产。当时有人把本可在本都服役的农民故意调到他都(乡里行政单位),乘机上下其手,贪赃不法。列秃每次都从富裕的上户排到贫穷的下户,依次服役不得离开本都。于是,农民称便。城中的酒税,每年定额八千贯,由大小不等的一百八十户酒家平均承担,使小酒家负担过重,列秃便选择富裕的二十家大酒店,"认办"酒税,使小酒家减轻了交税的支出。官府用酒,亦用现金购买,不得拖欠。[2]有商人贩运粮草至城市,偷税漏税。事觉,进城的粮草与城外的积存全被没收。列秃以城外货物并没有到市场,不应以匿税法处理,而把城外的粮草全部还给商人,执法公平公正。苏州每年输纳赋税,一些豪强贿通税吏,叫他们先向穷民征税,每石加五六斗的补耗。而后期才向富裕上户征税,补耗仅三四斗,其不足之处,由穷民多输税粮补足,使穷民吃亏。在

---
[1] 吴昌绶:《吴郡通典》备稿九,苏州地方志办公室《苏州史志》2005年,第58页。
[2] 卢熊:洪武《苏州府志》卷二十六《人物》,广陵书社2015年,第336页。

惠宗至元二年任平江总管的高昌人道童,反其道而行之,凡交税的初期必定大户,在本税与补耗交足以后,才叫穷民纳税,维护了"细民"的利益。[1]他来平江,"一无所取,斯亦可谓大丈夫者矣"。

至正十五年(1355),朝廷颁行"纳粟补官"的命令,凡交纳一定数量的粮食,可以得到相应的官爵。朝廷的使者带着空名的委任状,来到州府督办。有些州府官吏为了取得政绩,竟召集各县邑的富裕大户,强令他们捐粮,有不愿意的就加以榜掠拷打。而时任平江达鲁花赤的六十(人名),对使者说:吴民被"和籴"(政府向民间强行征购粮食)所困,"米价腾贵,小民艰食",已无人应募。使者虽存疑虑,但只得悻悻而去。六十在吴六年,多有德政,吴人立石颂之。

其二是政治明洁。王都中在至元年间任平江路总管府治中,遇事剖析,皆中肯綮。昆山有人冒占官田,事发后八年未决。都中查阅旧的文献,进行调查研究,洞悉了事情原委,经过审讯,使占田者服罪。吴江有人抗拒政府"筑堤护田"的法令,却诿过于众人,王都中明白就里,专治带头抗法的士绅,而释众人不问,"其人乃无所逃罪"。

真定人董章在大德五年(1301)担任平江总管,为政廉明,狱讼鲜少,"作善教二十四条以劝民,大抵以厚风俗为急"。[2]刘允任总管,"发奸摘伏,洞烛民隐",了解民间疾苦,深知吏弊,仗义执言,一丝不苟,惩罚邪恶势力,猛追不贷。师朵列秃初执平江之政,州县未结之案达二千二百多起。列秃责成吏曹,因繁就简,限定日期,秉公处理,迅速结案。汪泽民任平江路总管府推官,替僧人静广昭雪被诬杀人的冤案。萧义在至正八年(1348)任平江路总管,时国家向苏州征粮高达一百万石,民间负担已重,而一些"土吏",从中侵渔,因此民不堪命。上交秋粮,往往至次年夏天,还没有交足。萧义了解到拖税的根本原因,在于"土吏"作祟,于是,拘系历年主办税务的"十老人","籍其赀数,令其办认。本年秋粮过限不足,即没其家以偿之",[3]杜绝了税吏贪污之源,得到百姓拥护。每年催粮的祗候、禁子、火家人等的名单,一一公示,明确其分工,"各令生理",不得越权舞弊。依照标准,重造斗、斛等量器,防止税吏增大容器,多收税粮,从中贪污。公开明示,增收十分之一的耗损,使仓场官吏不得上下其手。地方税吏怕他的严令,只得按亩实征,民皆乐从,到期完成了收税任务。其他州县见之"不令而从,咸不失期"。萧义自奉甚薄,生活节俭,而疾恶如仇,决不宽恕,吏胥慑服,当时就

---

[1] 冯桂芬:同治《苏州府志》卷七十《名宦》,江苏古籍出版社1990年,第816页。
[2] 冯桂芬:同治《苏州府志》卷七十《名宦》,江苏古籍出版社1990年,第815页。
[3] 冯桂芬:同治《苏州府志》卷七十《名宦》,江苏古籍出版社1990年,第816页。

有"萧打鬼"的美名。

其三是尚文崇教。早在元世祖时,王都中任平江路总管府治中,当时学舍久坏,没有修葺,而总管缺人。都中说,维护圣人之道,大家都可去做,为什么一定要等总管来呢?因此,王都中首先发动募捐,大家凑钱,重新修建了孔子圣殿。董章亲自制定了教育人的条教训示。祝峋,大德间(1297—1307)由海道都漕运万户府经历,升任平江路总管,倡导文教,提倡学术,他向俞琰学《易》,讲治甚精,"所交多一时名俊,与赵孟頫、朱德润气谊相许"。[1]

上述苏州地方官的廉洁美行,虽未脱元朝法律畴域,但能不顾私利,坚持国法原则,敢于向豪强作斗争,而取得人民的称颂。他们严遵法律,克己奉公,这对蒙古奴隶制统治,不能不说是一种进步。元朝统治确有与时改良渐进的一面。

第三节　元朝后期腐朽统治与张士诚政权的建立

元朝后期,统治阶级日趋奢侈,吏治败坏,贪污成风,在起义军打击下逃往北方草原。

一、元朝后期统治的腐朽

元朝政府建立初期,实行落后腐败的统治。元军官本无俸钞,依靠地方供给,随意支取。随着时间推移,怯薛军及侍卫亲军、镇戍军人有了相应的俸禄,只是江南的新附军没有定制。至元十八年(1281)给予新附军"人二锭"的将校钞。大德七年(1303)才许内外官吏依俸添米。次年,元朝政府才给江南诸翼添支俸米。总的来说,江南官吏的俸禄要低于北方。官吏除钱俸以外,还有职田。至元二十一年(1284),"依中原迁转官例,每俸钞给公田一顷"。政府还在苏常赐给王公贵族甚至寺观大量土地。

元朝占据江南后,没收南宋官田与旧官僚贵族的土地,甚至掠取近年来农民经垦荒而成的世业田,还用官钱强买,已如上述。元朝统治者中后期经常将官田赏赐给官僚贵族。如武宗至大二年(1309)赐大长公主平江稻田一千五百顷。[2]英宗至治二年(1322)"赐平江腴田万亩"给拜住。文宗至顺元年(1330),以平江等处官田五百顷,赏赐给鲁国大长公主。

---

〔1〕　冯桂芬:同治《苏州府志》卷七十《名宦》,江苏古籍出版社1990年,第814页。
〔2〕　宋濂:《元史》卷一一八《特薛禅传》,中华书局1976年,第2917页。

江南是国家赋税重地,是国家的命脉所在,但元朝官吏对它的剥削最为苛重,苛捐杂税特别严重。江南产丝,多"丝料"之征。元朝官吏大多是一些世袭子弟,骄奢淫佚,而一些到江南任郡县官属的,"半为贩缯屠狗之流,贪污狼藉之辈"。[1]他们鱼肉乡民,尽力榨取。正是"寒向江南暖,饥向江南饱。物物是江南,不道江南好"。[2]元代后期腐败现象更加严重,做官成了贪污敛财的大好机会,缺乏政治抱负与为国为民的宗旨,刻剥百姓,贿赂公行,"坏天下国家者,吏人之罪也"。各级官吏贪污成风,公开卖官鬻爵。官吏搜括的花样众多,有拜见钱、节日钱、生日钱、送迎钱等。大德七年(1303)仅被处分的官员数高达一万八千多人,获赃银四万五千多锭。

元朝的一些贵族与文武官僚,凭借权势霸占百姓产业,平江路此风一直延至元末。一些贵族承包官田,从中进行剥削。顺帝时右丞相燕帖木儿承包平江官田五百顷,承租一万石,实际征收十万石,从中盘剥高达九万石。海道运粮万户朱清、张瑄依仗权势、财力强买苏州民间土地。地方上的一些豪富,也乘战乱强占官田或圈占江湖围田。由于地主广占土地,资财雄厚,加重剥削,使人民生活陷入痛苦境地。

元朝赋税按贫富分三等九级,又按职业如民户、军户、盐户等分别编入"诸色户",承担不同的地税与差科。地税包括秋季的粮食与夏季布帛丝绵的征税。差科有户税与包银两种。包银每年每户要出四两。为了弥补亏空,元朝的赋税不断加重。还要交水脚、稻藁、鼠耗等额外租税。在至元四年(1338)元政府竟一度恢复人头税"丁身钱"。

"国家遇有大役,均取钱于民",[3]还有高利贷式的"预收麦钱,借与五百,征麦一石"。元朝后期江南频发水旱虫灾,加深了元朝的政治危机,推速了人民起义斗争的开展。由于水灾严重,政府强迫农夫、士兵治河,劳动十分繁重,而食钱经层层克扣,不够供给,引起民众的极大愤恨。加上元朝政府推行"至正交钞""至正通宝钞",滥发纸币,提高钞值,而使物价飞涨。元统治者还广修佛寺,其修建费用,有时竟占政府收入的三分之二。由于统治阶级生活腐化,加重剥削,引起了严重的阶级矛盾与民族矛盾,各地纷纷起义,走上武装反抗的道路。

---

[1] 程钜夫:《雪楼集》卷十《吏治五事·通南北之选》,文渊阁《四库全书》第1202册,上海古籍出版社1987年,第116页。

[2] 孔齐:《静斋至正直记》卷三《曼硕题雁》,《续修四库全书》第1166册,上海古籍出版社2003年,第388页。

[3] 王恽:《玉堂嘉话》卷五,中华书局2006年,第138页。

二、张士诚大周政权的建立

元朝后期,各地人民的反抗斗争风起云涌,连续不断。据统计,从泰定二年(1325)至顺帝至正初,较大规模的人民起义有十余起。元末人民大小起义已遍及全国。

当时,流传着反抗蒙古统治者的各种民谣,如:"塔儿白,北人是主南是客。塔儿红,南人来做主人翁。"又说:"天雨线,民起怨,中原地,事必变。"[1]这是日益增大的民族矛盾与阶级矛盾的强烈反映。至正十一年(1351),元朝政府因水灾命工部尚书贾鲁发汴梁、大名等十三路农民共十五万人治理黄河,同时又派两万军队沿黄河监督,催工峻急,又克扣民工口粮,不少人被折磨致死。韩山童、刘福通利用这一时机进行起义。先是韩山童在永年聚众三千,宣布反元,因事机不密,为官府镇压。刘福通在颍州(今阜阳)继起,一举攻占颍州,称红巾军,很快攻占河南、淮西的许多州县。随刘福通的起义,一些白莲教徒纷纷响应:李二、彭大、赵均用等在徐州,王权在唐、邓,孟海马在襄阳,郭子兴在濠州(今凤阳)。南方有徐寿辉、彭莹玉的起义,他们在湖北发展。一时如火之燎原。义军所到之处农民弃农业执刃器,跟随而去,他们"见富人如仇,必欲焚其屋而杀其人"。[2]豪势之家,只得"焚荡播迁,靡所底止"。[3]给元蒙统治者以沉重打击。不属于上述红巾军系统的有方国珍,他出身佃农,因有人告发他私通海盗,坐地分赃。他只得带领家属逃往海岛,聚集数千人,占据庆元、台州、温州等沿海地区。还有,就是占据苏州的张士诚。

张士诚(1321—1367),小字九四,泰州白驹场(今属大丰)人。有弟三人:士义、士德、士信。张士诚凝重少言,轻财好施,获得一些群众拥护。张家以"操舟贩盐"为业,经常卖盐给富户。富户中多有欺凌、侮辱张家的人,或者买了盐不给钱。其中有个凶恶的弓兵(巡检司属兵)名叫丘义的,屡次凌辱张士诚。至正十三年(1353)正月,士诚不胜忿恨,就率领他的弟弟以及壮士李伯昇、潘元明、吕珍等十八人,杀了丘义以及平时侮辱张士诚的人,并纵火焚烧他们的居所。当时盐丁苦于重役,于是张士诚招集近旁盐场的青年,乘机起兵,被推为主。士诚军

---

[1] 宋濂:《元史》卷五十《五行》,中华书局1976年,第1109页。
[2] 卢琦:《圭峰集》卷下《谕寇文》,文渊阁《四库全书》第1224册,台湾商务印书馆1986年,第750页。
[3] 朱善:《朱一斋先生集》卷八《元鲁吴公墓志铭》,《四库全书存目丛书》集部第25册,齐鲁书社1997年,第226页。

行至丁溪,道路被当地土豪刘子仁所扼,士诚军多有被杀伤的,其弟士义中箭而死。张士诚十分愤怒,奋击子仁,子仁军溃。张军得到发展,跟从的有一万多人。

从至正十一年韩山童倡义反元以来,义军已遍及数省。泰州人王克家中富有而好施,多结游侠,密谋起义,被高邮知府李齐收捕于狱。王的好友李华甫密谋劫狱,进行反抗。后李华甫被元"招安",任泰州通判。张士诚与其党共杀华甫。三月,攻下泰州。接着,杀元行省参知政事赵琏,攻克兴化,结寨于德胜湖。五月,张士诚军攻破高邮,舟舰四塞蔓延。元军纳速剌丁带领舟师,"进讨"士诚,在三垛镇激战,张军火筒火簇齐发,纳速剌丁被杀身亡。张士诚军占宝应县。

至正十四年,张士诚在高邮自称诚王,国号大周,改元天祐。二月,元以淮南行省平章政事苟儿为主将,权山东义兵万户府事石普率万人为辅翼,进攻高邮。石普军至氾水,太阳未落,就叫军队吃饱晚饭。夜漏三刻,石普军营中的更鼓如平时一样,而石普军主力却衔枚疾奔至宝应,"抵县即登城树帜",周军吃惊溃败;石普军乘胜拔下十余寨,直抵高邮。石普亲自上阵,攻打北门,而苟儿怕石普成功,望之不进,只有蒙古军千骑突前。周军拼上全力捍卫城池。蒙古军见城池不克,即驰马回程,石普止之不得。周军奋勇冲前,元军大乱,落水而死者众多。至正十四年六月,周军围攻扬州,元军败绩。九月二十五日,攻破扬州,因有元朝苗军来攻,周军复退。十一月,元丞相脱脱率大军至高邮,"旌旗累千里,金鼓震野,出师之盛,未有过之者"。[1]辛未(十四日),战于高邮城外,元军将周军打得大败,并收复了六合。十二月,元顺帝听信哈麻等人的谗言,以"军疲敝,耗费财物"的罪名,削去脱脱职务与官爵,安置淮安路。其军队由河南行省左丞相太不花等代领。张士诚乘这一空隙,出击元军,取得大胜,其势复振。至正十五年(1355)四月与五月,元廷命孙撝与咬住分别前来招安,均遭张士诚拒绝。

当时江浙行省的江阴州,群雄纷起,互相吞食。其中江宗三与朱英两股势力最大。朱英,也是以贩盐为主,与石牌的富民赵氏有仇,遂集众起事。元朝派遣江浙参政纳麟哈剌讨伐朱英,江宗三亦将入城杀朱。朱英见势不妙就乘机携家眷过江向张士诚求救,想把自己的妻子、儿女作为人质借兵复仇。张士诚初时尚有疑虑,并没有听从朱英的建议。而朱英盛赞江南土地的广大,钱粮的丰富,子女玉帛的众多。张士诚终于心动,派遣他的兄弟士德率领兵众杀向通州,再由通州进击横坍,渡过长江占领福山港,没收了富姓曹家的财富。于至正十六年(1356)正月初一占领常熟州,元军元帅王与敬败退。一个月后,周军进至平江。

---

[1] 宋濂:《元史》卷一八三《脱脱传》,中华书局1976年,第3346—3347页。

而元军都是一些饥馑的农民组成,从来没有练武,不习兵戎之事;以这样的军队来抵挡周军,无异于以纸挡刃。张士德作为先锋仅三四千人,便长驱直入,抵达平江北门。当时元方守城的是江浙行省参政脱寅,由他统领官军与民兵,全权负责。平江路总管贡师泰巡守城池。其时平江路达鲁花赤六十已死,由松江府达鲁花赤哈散沙代之领兵。元方派元帅王与敬率众前去御敌,被杀伤过半,欲逃入城,平江城闭门不纳,王与敬只得带千余残兵退保松江。张士德弓不发矢,剑不接刃,沿城墙而上。元军府参谋杨椿"独擐甲持弓,匹马突出劫之,身被数枪死"。[1] 脱寅躲匿在娄门十八营俞家园的丛篠中,自刎不死,不久被游兵所杀。哈散沙逃到城外,听说平江城已破,便投水而死。贡师泰身怀平江路行政的印绶,逃避到海边。张士德就这样占领了平江路,以承天寺作为周的王府,踞坐大殿之上,并射三箭于栋梁之上,以显示武功。吴中的一些寺观庵院、豪门巨室被周军将士分别占领。既而昆山、嘉定、崇明诸州相继降周。张士德率军进攻常州,常州"豪侠"黄贵甫,暗通周军,许为内应,于是不攻而破,常州改名毗陵郡。至正十六年(1356)二月,太仓州丁伸德持州印降周。同月,张士诚派军进攻淮安。元朝守将褚不花与刘甲拒守。刘甲的别部守韩信城,与淮安互为犄角。后刘甲奉调他往,淮安被周军所占。此时平江附近州县,仅有嘉兴为元所有。元江浙行省左丞相达识帖木儿派苗军统帅、行省参政杨完者守御嘉兴。苗军善于作战,实力较强,不仅守住了嘉兴,并一度打败松江的王与敬,占有松嘉两地。四月,张士诚派部将赵打虎进攻湖州,"一鼓而得,易为吴兴郡"。[2] 四月初十,周军史文炳自湖泖入古浦塘,打破元淀山湖寨。接着,舳舻相衔、旌旗蔽日的周军,浩浩荡荡,向松江进发。杨完者的苗军"一矢不交,夜遁而去"。六月,张士诚军到嘉兴,杨完者统领苗僚瑶僮军,守御甚坚,周军屡攻不克,呈相持状态。

张士诚是该年三月从高邮到达平江的。他的服御器用与乘舆都是王者规模,建宫于承天寺万岁阁。张士诚以阴阳术人李行素为丞相;弟士德为平章,提调各郡兵马;蒋辉为右丞,居内处理各种行政事务;李伯昇知军事;潘元明为左丞,镇守吴兴;史文炳为枢密同知,镇守松江;徐义典亲军;后由黄敬夫、蔡彦文、叶德新等任谋议。升平江为隆平府(次年又改路),由锻工出身稍习吏事的周仁任知府。张士诚建枢密院等中央机构,还开学士员,设弘文馆。地方行政的主官,郡称太守,州称通守,县称尹。郡同知称府丞,知事曰从事,其他在元制上

---

[1] 张泉:《吴中人物志》卷二《忠义》,古吴轩出版社2013年,第14页。
[2] 陶宗仪:《南村辍耕录》卷二十九《纪隆平》,中华书局1959年,第358页。

略作损益而已。

张氏政权自建立以后,实行了一些新政。首先是选用、奖励人才,选拔地方官吏,能注意录用德才兼备者。张士诚渡江至吴,同日命十一人担任州县令丞、簿尉、录事、录判等职,各赐衣二袭,马一匹,粟若干石,还有不等的肥牸羊、旨酒。丹阳籍人士张君德,曾作吴县县丞三年,由于考绩优异,升任县尹。第二年调同知嘉定州事。壬寅(1362)秋调松江府判官。元原同知太常礼仪院事周伯琦,因事留于平江,张士诚"为造第宅于乘鱼桥北,厚其廪给"。[1]有人说张王"不爱玉帛舆马,招来贤俊,四方奇拔之士闻风而至者相望也"。[2]其次,张士诚注意发展民生,减轻赋税。兴修水利,疏浚白茆港,于民称便。还建设瓮城,巩固了城防。

张士诚注意文教的建设。其弟士信在杭州修岳鄂王(飞)坟,重新装饰其庙,并率僚佐致祭。张士信还补刻西湖书院书籍。书院原有书库,兵后零落,士信"出官钱,补缀成帙"。经一年书版补全,为文教事业作了一定贡献。

张士诚军纪律较好,时元朝嘉兴守将苗帅杨完者,抢钱,污女,纪律败坏,因此在张杨斗争中,人民都倾向于张。在对外关系方面,注意与一些起义军相处。宁波方国珍利用海军优势,数次侵犯张的属邑昆山。张士诚托丁氏往来说合,与方家结成婚姻,使"昆山之民,幸遂苏息"。[3]

总之,由于张士诚"宽以得民",取得了人民的拥护。士诚守苏州,州人愿与之俱死。张士诚死后,还多处立庙以作纪念。

三、张士诚与朱元璋的争夺

元至正年间,以奉小明王韩林儿为正朔的朱元璋逐步崛起。朱元璋,原是濠州郭子兴的部下,后子兴死,代领其众。龙凤二年(1356)攻下集庆路(治所在今南京),称吴国公,势力扩大到东边的扬州、镇江一带,与张士诚境域相接,引起冲突。

周天祐三年(1356),原朱军的部下陈保二叛降士诚。陈保二是常州奔牛人,当初聚众起义,因用黄布包头,称黄包头军。当朱元璋部将汤和攻下镇江,徇查奔牛、吕城时,陈保二率众降朱。不久,陈保二执朱军詹、李等头目,叛朱而降周。朱元璋不愿事情扩大,派遣儒士杨宪,致书通好于士诚。书信中称:"近闻足下,

---

[1] 吴宽:《平吴录》,《续修四库全书》第432册,上海古籍出版社2003年,第524页。
[2] 陈基:《送周信夫序》,《夷白斋稿》卷二十一,文渊阁《四库全书》第1222册,上海古籍出版社1987年,第292页。
[3] 陶宗仪:《南村辍耕录》卷二十九《纪隆平》,中华书局1959年,第358页。

兵由通州,遂有吴郡。昔隗嚣据天水以称雄,今足下据姑苏以自王,吾深为足下喜。吾与足下,东西境也,睦邻守国,保境息民,古人所贵,吾甚慕焉。自今以后,通使往来,毋惑于交构之言,以生边衅。"[1]但是张士诚认为自己力量强,接信后,表示不满,不给回信,还把杨宪拘留起来。从此,张士诚军与朱吴之间发生冲突与战争。张朱之争可分三个阶段。第一阶段从至正十六年起约两年,是胶着于边界城池的争夺。至正十六年(1356)七月,士诚军进攻元军守卫的杭州与嘉兴均告失利,欲向西发展。辛巳,张士诚派部将吕同金率领水军进伐朱元璋的镇江,前方游动哨兵已到瓜埠城中。朱元璋的正规军与一些看守仓库的武装出城抵御。第三天,周军与朱吴军大战于龙潭,周军的舰船被焚烧,被杀与溺死的将士众多。朱元璋亲自率领战舰到了龙潭江面,奋勇直追,一直追到黄石永沙,不及而返。接着,徐达根据朱元璋"困其营垒"的策略,进兵常州,驻扎在常州城的西北。为了夺取常州,朱元璋又派甲士三万,战将千员前往支援。当时周将张彪驻在常州城南,要求张士诚支援。士诚派其弟士德率领数万兵众前来解救。张士德军在离城十八里的地方,中了朱军徐达的埋伏。徐达命令总管王均用率领铁骑作奇兵,横冲张士德军阵。张军阵乱,张士德策马而逃。王均用与其子王虎子追赶。张士德遇到沟坎而坠马,王虎子与先锋刁国宝俘虏了张士德。张士诚要求用被俘的朱吴军廖同金换张士德,朱元璋不许。张士德在羁押中,暗地里致书张士诚,劝张士诚投降元朝作为依助。自己为保持气节,不食而死。

十月,张士诚遣孙居寿奉书求和于朱吴。士诚在书中检讨自己挑起战争的过失,表达了"愿与媾和,以解困厄"的希望,并愿输粮食、金钱作为"犒军"之资,要求朱元璋撤军,"各守封疆"。朱元璋回信,只要输粮食五十万石,朱军即可班师。但是张士诚却没答复。

十一月,因常州久困未下,朱元璋又增加精兵两万人进攻常州。张士诚引诱隶属于朱军的新附义兵元帅郑佥院带领七千士兵叛朱。朱军徐达驻于常州城南,常遇春部驻于城东南三十里外。周军挟郑佥院军进攻徐达的营垒。徐达部署兵力与张军作战,朱军常遇春、廖永安、胡大海援助徐达,内外夹击,周军大败。张士诚再派遣其步将吕珍进入常州,督兵拒守。徐达进兵,加紧围攻常州,常州更加困难。元至正十七年(1357)三月,徐达攻常州愈急,吕珍宵遁,朱吴遂取常州。与围困常州的同时,朱吴军耿炳文打败周赵打虎的三千兵众,擒获长兴守将李福安等,攻克长兴。五月,周左丞潘元明率军再夺长兴,为耿炳文所败,被擒数

---

[1] 朱元璋:《致张士诚书》,《全明文》卷十七,上海古籍出版社1992年,第279页。

百人。同月,朱吴枢密副使张鉴等进攻泰兴,周将杨文德被擒,周遂失泰兴。六月,朱吴军枢密分院判官赵继祖、镇抚吴良等进攻江阴。周兵据秦望山以守,吴军乘风雨之夜进攻,占据了秦望山。第二天,攻克江阴,朱吴派吴良镇守。朱吴徐达乘机从宜兴至常熟,击败周军,获马五十匹、船三十艘。江南的江阴与太湖边的长兴都是军事要害。长兴据太湖口,陆走广德诸郡;江阴枕大江,扼姑苏、通州济渡之处。"朱吴得长兴,则周之步骑不敢出广德,窥宣歙,得江阴,则周之舟师不敢溯大江、上金焦。至是,并为朱吴所有,诚王(张士诚)如井底蛙矣。"[1]

张士诚常被朱元璋所逼迫,南攻嘉兴时又败于杨完者,张士诚为巩固自己的势力,遣蛮子海牙到杭州江浙左丞达识帖睦尔处,要求降元。该年八月,达识帖睦尔在杨完者的劝说下,接受了张士诚的输款,承制授士诚太尉之职,士信为同知行枢密院事,士德虽囚于朱吴,仍授淮南行省平章政事的职务。其余皆授官有差。张士诚降元,是一种策略,凡城池府库,甲兵钱粮,皆自据如故。[2]当年又改平江路为隆平府,张士诚的治所亦迁到府治所在。以张士诚降元为标志,张朱争战的第二阶段开始。

至正十七年(1357)冬,张氏在虎丘筑城,因高据险,经一月余竣工,加强了对朱吴的防备。元至正十八年正月,朱吴将廖永安与俞通海进攻张士诚的营寨石牌;石牌守将降朱。张士诚兵又进攻常州,被朱吴将领汤和击败;再攻打朱吴水师,被朱吴击败于太湖鲇鱼口。张士诚军再与廖永安战于常熟北面长江边上的福港,张军被廖所破。战于南通狼山,张士诚又败,可谓败仗连连。但这时张士诚却取了嘉兴。原来杨完者飞扬跋扈,军无纪律,与达识帖睦尔、张士诚多有嫌隙。由达识定计,叫张士诚除杨。乘张、杨共同出兵的机会,张发动突然袭击,围杀杨完者,乘机拿下嘉兴、杭州。十月,绍兴元朝守将内斗,张士诚派吕珍据绍兴。十月,朱吴廖永安率舟师攻击张士诚水军,由于孤军深入,被张军所获。至正十九年(1359)正月,张军在余杭与临安连续被朱吴军击败。朱吴将胡大海率兵攻占诸暨,张军守将宵遁。二月,张士诚命宣武将军苏克恭督水师,在江上向西进兵,"蒙冲"蔽江,结寨于君山。朱吴江阴守将吴良遣其弟出北门,又派王子明出南门,南北合击,打败苏克恭军,被擒者两百余人。同月,朱吴将邰荣率兵围湖州,张士诚军从城中全军杀出,打败朱军,保住了湖州。三月,张士诚军攻建德

---

[1] 支伟成等:《吴王张士诚载记》卷二《正编》,中华书局2013年,第62—63页。
[2] 支伟成等:《吴王张士诚载记》卷二《正编》,中华书局2013年,第64页。

为朱吴守将朱文忠所败。以后,双方争夺于婺州与绍兴。此时朱吴有一些卫士佯称得罪主上,诈降于张士诚。张士诚配以妻,待之优厚。不到一月,卫士中有个周海的出来自首。张将这些卫士全部斩杀于虎丘山下。十二月,朱吴军守将何时明,败张军于分水。从此,张军不敢窥严(今建德)、婺(今金华)。十二月,朱吴命常遇春进攻杭州,自冬及春百方攻之不克,乃纵兵四掠,烧民庐,发冢墓,失去民望。在次年三月辛丑的晚上,朱吴军大败,被擒者以万计,斩首数千级。朱军只得撤退。由于朱元璋要对付上游的陈友谅,从至正二十年(1360),朱元璋对张士诚采取守势,朱张之间战事较少。至正二十年二月,徐达克张士诚的高邮,未几复失。三月俞通海侵犯张士诚福山、刘家港与白茅港。九月,张士诚命吕珍、徐义率领舟师从太湖入陈渎港,三路进兵攻长兴,耿炳文御之,大破吕珍。十一月,张军司徒李伯昇再次攻长兴,众十余万,而长兴城中朱军仅七千人。二十一年,李伯昇军围住长兴城,在城外"结九寨,为楼车,下瞰城中,运土石填濠隍,放火船烧水关"[1],长兴城形势危急。朱元璋派常遇春往援,伯昇弃营逃遁。至正二十二年(1362),张士信围攻诸全,被诸全守将谢再兴击败。

元至正二十三年(1363)二月,由于刘福通北伐失败,已呈衰微之态。张士诚派大将吕珍率领20万兵众,进攻刘福通的中心安丰,张士信继进,占领安丰。三月初一,朱元璋派徐达、常遇春援助刘福通,这时正碰上陈友谅攻南昌,朱元璋只得调兵到江西。韩林儿放弃安丰,退居滁州。张士诚乘机略定濠(今凤阳)、泗(今泗县)、汝(今汝州)、颍(今阜阳一带)等地,在皖东北、河南等地大有发展。

该年九月,张士诚以自己的功绩要求元廷给予王爵,但奏之再三,始终不允。于是自立为吴王,改至正二十三年为吴元年,立曹氏为太妃。至正二十四年(1364),汤和、俞通海击败张吴军于黄杨山、刘家港。十月,张士信率兵进攻长兴,又败。次年二月,张士信耻长兴之败,急攻朱吴的诸全新城,部队绵长十余里,朱吴将胡德济坚壁拒守;朱吴行省左丞朱文忠率军衔枚走新城,大破士信军,张吴仅数骑遁。至此,战争第二阶段结束。这阶段的战争,基本都在江南进行,除杭州、宜兴、诸全战役之外,一般来说规模不算太大。战争中双方各有得失。

从这年十月开始,战争进入第三阶段。原来由于朱元璋与陈友谅相持,无暇顾及张士诚。自上年陈友谅之子陈理降朱吴后,朱元璋便全力对付张士诚。至正二十五年(1365)十月,朱元璋下了讨伐张士诚的檄文,称张"假元之命,叛服

---

[1] 支伟成等:《吴王张士诚载记》卷二《正编》,中华书局2013年,第75页。

不常","连兵搆祸,罪不可逭"。并说这次征讨"止于罪首",军民"毋妄逃窜,无废农业",并申明在战争中"约束官军,无致掳掠,违者依律论罪"。这一檄令直指张士诚,起到了分化张军与安定人心的作用。朱元璋用兵策略是先经营江北、淮南,"剪其羽翼,然后专取浙西"。因此命左相国徐达、平章常遇春、胡廷瑞、枢密院的冯国胜、左丞华高等率领马步舟师,进围泰州新城。庚辰,克泰州,获张军守将金院严再兴等军官九十四人,兵卒五千。朱元璋命战俘于潭辰二州安置,给予优待。十一月,张吴军进攻宜兴,徐达率兵至宜兴城下,击败张吴军,获三千余人。元至正二十六年(1366)正月,康茂才率水军追张吴军,在浮子门打败张吴,获将校四百余人,卒五千余人。三月,徐达、冯国胜攻高邮,四门齐上,一鼓破之,俘其将卒两千两百余人,获马三百七十余匹。四月,徐达进兵淮安,破淮安守将徐义的水寨,徐义逃到海上逸去,张吴政权右丞梅思祖出降。以后濠州李济,徐州陆聚等相继归降于朱,张士诚原在江北的土地全为朱元璋所有。

八月,朱元璋命徐达为大将军、平章常遇春为副将军,率领二十万人进攻张士诚。朱吴军采取"先攻湖州,疲其侧支,然后移兵姑苏"的方针。出兵之前,朱元璋传檄姑苏,数落张士诚"官以贿成,罪以情免"等八大罪状。癸丑(八月初四)朱吴军从龙江出发。过了几日,常遇春击败张军于湖州港口,进驻洞庭山(东、西山)。甲戌,朱吴军进兵湖州的三里桥,张吴军三路来挡。张吴军张天骐等战败固守,张吴王多次派援军至湖州,都被朱军打败。张士诚亲自率军救湖州,徐达与张士诚战于皂林的郊外,张军失败,失甲士三千余人。十月,朱军攻湖州外围据点乌镇、弁山、旧馆,吕珍、五太子梁氏俱降朱吴。十一月甲申,徐达派冯国胜带降将吕珍等与张吴湖州守将李伯昇对话劝降。因久困城中,李伯昇只得出降。徐达军一路下南浔、吴江。九月己未,朱元璋命李文忠攻打杭州,沿路下桐庐、富阳、余杭,杭州守将潘元明降,得兵二万,马六百匹。紧接着招抚了绍兴。

至正十六年十一月,朱吴军进兵姑苏,扫清了鲇鱼口、尹山桥等外围据点,并降服了平江所属州县。朱吴采取"孤立苏州长围使困"的作战方针,徐达军驻葑门,常遇春军驻虎丘,郭子兴军驻娄门,华云龙军驻胥门,汤和军驻阊门,王弼军驻盘门,张温军驻西门,康茂才军驻北门,耿炳文军驻东北,仇成军驻西南,何文辉军驻西北,"筑长围困之"。[1] 又在城外架木塔,高度与城里浮屠相齐,木塔筑台三层,每层施放弓箭火铳;又设襄阳炮,轰击城中军事设施。时无锡莫天佑尚

---

[1] 张廷玉:《明史》卷一二三《张士诚传》,中华书局1974年,第3695页。

为士诚守,天佑派杨茂至姑苏泗水过护城河,与士诚互通情报。哪知杨茂为朱吴逻卒所获,杨茂反而为朱吴所用。由是尽知张吴与莫天佑的虚实。当时徐达督兵进攻娄门,张士诚出兵拒战,指挥茅成中箭死。至正二十七年(1367)正月,朱吴兵取松江府。五月初一,朱元璋致书张士诚,劝张投降,希望张能全身保族,不要危其兵民,自取灭亡。但张士诚置而不答。六月初四,张士诚被围已久,派遣徐义、潘元绍暗中出西门,再转向阊门,冲击常遇春军。常遇春分兵北濠,断绝朱吴军的归路。两军交战,久时未决。张士诚亲自出兵山塘,作为徐、潘的援军。但山塘街狭窄,不可进,士诚指挥军队稍作撤退。遇春部下王弼挥舞双刀拼命向前,常遇春乘机攻击,张吴军大败,人马溺死于沙盆潭者众多。张吴有支由仓夫组成的勇胜军,号十条龙,此次都溺死在钱万里桥下。张士诚的坐骑受惊落水,张本人被部下强救而出,坐肩舆入城。壬子(初七),张士诚率兵由胥门出战,又被打败。张士信在城上督战,中炮而死。

九月辛巳(初八),徐达督将士戴"竹笆"以攻城。张士诚大将唐杰、周仁、徐义、潘元绍投降于朱军。张士诚军全部溃退,朱军各路兵马蚁附登城。张士诚亲自率领残兵战于万寿寺东街,又败。张士诚匆忙回家,强令妻子眷属登齐云楼自焚,自己则闭门自经。徐达派李伯昇前往谕意,急将张士诚抱持解绳,使张气绝复苏。张士诚不听原自己部下降朱将领的劝说,瞑目不言。乙丑,张士诚至建康,自缢死,时年四十七。后钱鹤皋据松江反朱,但很快被镇压下去。

张士诚自起事至败灭,凡十有四年。张士诚之败有诸多原因,在客观上来说,朱元璋军自灭陈友谅后,兵多将广,实力大增,张士诚已无力抗衡。朱元璋还实行正确的俘虏政策,优待敌方被俘将领,解除其后顾之忧。朱军纪律严明,不犯百姓。朱元璋还在策略上采取"剪其羽翼"的正确战略,使平江最后孤立无援,张只得就擒。而张士诚后期存在诸多缺点与错误,胸无大志,缺乏恢宏之气,企图保土自固,不思进取。张的子弟及亲戚将帅,贪乐淫逸,各拥重兵以谋富贵,"美衣玉食,歌妓舞女,日夕酣宴,身衣天下至美,口甘天下至味,犹未厌足"。[1]张士信"所载婢妾乐器踵相接不绝","樗蒲蹴鞠,皆不以军务为意"。[2]还造园扩池,砌房造屋,贪图享受。带兵将领,自以为是白起、韩信之才骄傲自大,而军机不密,用兵失误,与朱军作战,败者居多。谋议之士,如黄敬夫、蔡彦文、叶德新之流,自以为是萧何、曹参,傲视天下,实质是迂腐书生,不知大计,空谈虚议,脱

---

[1] 支伟成等:《吴王张士诚载记》卷二《正编》,中华书局2013年,第103页。
[2] 张廷玉:《明史》卷一二三《张士诚传》,中华书局1974年,第3694页。

离实际,于事无补,反致失败。正如一首民谣所言:"丞相(指张士诚)作事业,专用黄菜(蔡)叶。一夜西风起,干瘪!"[1]张士诚确有"官以贿成,罪由情免"的情况,对于一些败军之将,并未深究,赏罚失当。张处于深宫之中,不了解前方实情,措置忙乱。在失去与陈友谅夹攻朱军的大好事机后,不知集中力量与朱元璋一拼,而是分散抵御,结果分别被朱军一一击破。

张士诚失败的另一个重要原因是脱离了宗旨。张本以反元苛政起家,然在至正十七年(1357)纳降于元,特别是自十九年始,每年由张士诚出粮,方国珍出船,海运粮食十万石以上至北京,支持元朝摇摇欲坠的统治,失去起义之大义。

同时徭役有时太重,至正十九年七月,为修筑杭州城发动"平江、松江、湖州、嘉兴四路官民以供畚筑,海盐一州发徒一万二千,分为三番,以一月更代,皆裹粮远役,而督事长吏复藉之以酷敛,鞭扑捶楚,死者相望"。这些做法,大失民望。

但张士诚打击了元朝的统治,结束了元蒙的民族歧视政策,恢复了汉族在民族大家庭中应有的地位。张士诚军纪律严明,进入苏城秋毫无犯,还打开库房,分给百姓财物,周济穷民,与百姓关系融洽。张士诚军与元朝嘉兴将领杨完者军的奸淫抢掠形成鲜明对比,因此当时歌谚云:"死不怨泰州张,生不谢宝庆杨。"[2]因杨完者的祖籍在宝庆(今邵阳),故称。张士诚治苏,重视水利的开发,改轻赋税。注意人才的招收与选择,造景贤楼,开宾贤馆,以罗致天下豪杰,"礼贤下士","能得士心"。"故海内文章技能之士悉萃于吴。""一时文章书字皆极天下之选。"当时元臣名流如陈基、饶介、周伯琦、张思廉、陈维允、王逢,咸集其廷。在戎马倥偬中还修缮州学,举行科举,选拔张经等能吏充当地方官员。潘元明、张士信任江浙行省平章政事时,还重刻四部书,新修岳王(飞)庙墓,加强了文物保护。

总体而言,张士诚减轻赋税,关注民生,兴办文教,给苏州人民留下好印象。每逢七月三十日,苏州人民在这个地藏生日(也是张士诚的生日),要点九四(张士诚小名)香(俗称狗屎香)以作纪念。甚至在清明、中元、十月朝三节都作纪念,正如清潜庵在《苏台竹枝词》中所说:"清明才过又中元,十月初朝鼓乐喧。千载淮张供血食,游魂应使靖中原。"[3]苏人为纪念张士诚,有张王庙之设,一设于娄门外,一设于城西何山,逢时致祭。人们怕被明祖所知,把张士诚托称金容大帝、朱天大帝、行灾大帝,或托为都天大帝的唐将张巡,或托称晋孝侯周处的"周王"。甚

---

[1] 支伟成等:《吴王张士诚载记》卷三《黄敬夫等传》,中华书局2013年,第132页。
[2] 杜文澜:《古谣谚》卷六十三《嘉兴民为张士诚杨完者谣》,中华书局1958年,第734页。
[3] 潜庵:《苏台竹枝词》,《江苏竹枝词集》,江苏教育出版社2001年,第593页。

至家各立庙,祀张士诚本人及其三兄弟和其母亲之像,碰到"岁时水旱,祭祷惟谨,而讳之曰五圣,即所谓五通神也"。[1]由于在日常生活中经常念叨张士诚,久而久之,苏人把讲闲话叫"讲张"。这说明苏州人对张士诚的留恋与怀念。

第四节 农 业

由于元政府采取了维护农业的一些重大措施,特别是完善水利设施,加强了土地开垦、引进农业新品,元时农业有一定的发展。

一、农业措施及产量的提高

为发展农业,元朝采取一系列行政与技术措施。

1. 水利与土地建设

元朝初年,平江常患水害,从至元十九年(1282)至成宗元贞元年(1295)在短短的十余年间竟发生大水与海溢七次之多,元世祖忽必烈与继承者采取以农桑立国的政策,在河港密布的平江地区,重视水利建设,作为农业的保障。

自宋朝娄江与东江淤埋以来,吴淞江成为太湖水东泄的主要通道,但是其出海口逐步被泥沙涨塞,"半为平陆",[2]出水困难。至元三十年(1293),因浙西大水"冒田为灾","令富家募佃人疏决水道"。[3]又诏"平江松江等路府修治湖泖河港"。使用民夫20万人,疏太湖、淀山湖、吴淞江。至元三十一年八月,元成宗"令军士复浚浙西太湖、淀山湖沟港"。[4]又加以修筑围岸,自此"岁获丰收"。为了加强对水利的开发与管理,元大德二年(1298),设浙西都水庸田使司于平江。不久,罢撤。大德八年再立行都水监,专管吴淞江水利工程,"提调田土河道。"该年,根据海道千夫长任仁发关于治河必先"浚河、筑岸、置闸"的建议,命江浙"行省平章彻里开吴淞江,西自上海县界吴淞旧江,东抵嘉定石桥浜,迤逦入海"。长38里余,深1丈5尺,阔25丈,经三月完工。此后,从英宗至治三年(1323)至顺帝二十四年,不下十次,在平江、松江等地开浚渠道,整治圩田。其中规模较大的有三次,一次在大德八年(1304),[5]另一次是泰定元年(1324),

---

[1] 周宏燨:《琅峰遗稿·张吴王传》,《吴王张士诚载记》,中华书局2013年,第196页。
[2] 姚文灏:《浙西水利书》卷中《周文英三吴水利》,文渊阁《四库全书》第576册,上海古籍出版社1987年,第120页。
[3] 宋濂:《元史》卷十七《世祖十四》,中华书局1976年,第373页。
[4] 宋濂:《元史》卷十八《成宗一》,中华书局1976年,第387页。
[5] 宋濂:《元史》卷三十二《成宗四》,中华书局1976年,第459页。

即复立都水营田使司那年。该年命行省左丞朵儿只班,知水利前都水少监任仁发开吴淞旧江于嘉定州之赵浦、嘉兴上海县之潘家港、乌泥泾,并各置石闸。第三次是在至正元年(1341)。由于海岸线迅速外延,吴淞入海口淤塞,命工部尚书秃鲁,行省平章政事只里瓦歹等撩浚吴淞江沙泥,浚各闸旧河直道与漕渠、张泾及风波、南俞、北俞、盐铁、官绍、盘龙、浦汇、六磊、石浦等塘。[1]

特别是元末张士诚在战乱频仍之际,于至正二十四年(1364)坚持开白茆塘事,值得一提。原来在泰定间周文英所奏水利书中,指出引水向海,应率先开娄江、白茆,当时无人领悟其正确性。张士诚在批阅旧的文件,看到文英的奏书,大加赞赏,于是动用民工十万,开白茆港,全长 90 里,广 36 丈,"委左丞吕珍督之。时人采民言,歌之功,卒告成",使十余年无水灾。元朝的水利建设,泄太湖积水,便于灌溉与航行,避免了水灾,确保苏州农业的丰收。

其次,是圩田的整治。围水造田,水中夺粮,本是对自然地理条件的利用。元时苏州达 8 829 圩。但自两宋以来,由于圩田带来利益的巨大,引起争夺。圩田的开发过度,抬高了水位,反而引发水灾。因此,必须对圩田进行整治。水田专家任仁发指出:"浙西之地低于天下,而苏、湖又低于浙西,淀山湖又低于苏州。""彼中富户数千家,于中每岁种植芰芦,埋钉桩笆,委葑土围,筑硬岸",[2] 使湖地变成膏腴之田。因此必须开河、筑围,开挑河道,所以泄水;修筑围岸,所以障水。"浙西水乡以农事为重,河道田围必须修浚,二事可以兼行,不可偏废。"

由于圩田相望,江浙行省在至大初年制订了圩田规制。圩岸分为五等,岸高 7.5 尺与水平面相同者为一等,以后每以岸高一尺分等,到岸高 4 尺为止。使圩岸体式有个标准,利于操作。圩田内有沟渎以便灌溉,"凡一熟之余",可供应邻州,成为永利。

元时继续对沙田与涂田进行改良。元政府还在水边实行屯田,多有所获。

再次是大运河的疏通与建闸。为了煞住太湖水势,使它分流入长江与东海;同时为了加强漕运,使源源不断的粮食、纺织品运至大都,元政府加强了对大运河南段江南河的疏通。至治三年(1323)十月,镇江路上报,近年练湖与漕渠(运河)淤塞,妨害漕运。元政府同意了镇江路的要求,派行省、行台分官临视,参政董正奉亲临督役。由镇江、平江、常州、建康与江阴五郡共派人夫一万余名,每夫

---

[1] 顾炎武:《天下郡国利病书·苏州备录上》,上海古籍出版社 2012 年,《顾炎武全集》第 12 册,第 426 页。

[2] 顾炎武:《天下郡国利病书·苏州备录上》,上海古籍出版社 2012 年,《顾炎武全集》第 12 册,第 514 页。

给米三升,中统钞一贯,共花工程费 8 679 锭。先修漕河(运河)后浚练湖,工程采取传统的取泥之法,挖出河中泥土,用来增筑河岸。至泰定元年(1324)三月四日即告竣工。大运河的日常修浚与河闸修建,也由政府负责。大型工程,由国家下拨资金,直接管理;一些中小型工程,根据地方受益多少而分摊费用,这一做法调动了地方的积极性,较为合理。

元朝政府把塘浦圩田的治理与大型河流的疏浚建设结合起来,保障了农业生产所需,为经济发展提供了良好条件。

2. 品种的增加

经过历代的精心培育,优质稻米品种大有增加,甚至有"不可枚举"之慨。当时太湖流域与江南地区,流行的大稻种(粳稻)有 16 种,"曰香子,曰鲫鱼,曰灰鹤,曰时里,曰八月白,曰芦花白,曰浪里白,曰白莲子,曰红莲子,曰早红芒,曰晚红芒,曰青州黄,曰秆川黄,曰马尾乌,曰老丫乌,曰下马看"。小稻种(籼稻)有六种,"曰白尖,曰红尖,曰晚籼,曰六十日,曰八十日,曰一百日",又皆以熟之先后为名"。[1] 糯稻之种有九:"曰芒,曰香,曰晚,曰抄社,曰羊脂,曰牛虱,曰虎斑,曰柏枝,曰长秆。"品种繁多,有诸多原因。一是传统品种的继承,如红莲稻,在宋时已有盛名,至元仍为当家品种之一。一是远地作物的移植,"青州黄"很可能是从青州移来。再一是远近杂交。北宋时从今越南移来的占城稻,却在稻种名单中消失,很可能与本地品种杂交或经过多次改良而易名。

3. 农具的改进与田间管理的发展

元时,作为农业生产力重要组成部分的农具,得到较大的发展与改进,种类、型号与数量均有增加。王祯《农书·农器图谱》中,记载了名目繁多的各种农业器械,有 266 种之多。其中一些特别适用于苏州地区。苏州土质黏性重,地块不易翻动,于是有一种名叫"铁鎝"的农具被发明。它是利用杠杆原理,用长柄短齿的结合翻动土地,省力有效。《农书》形容它"锐比昆吾之钩,利即莫邪之铁,举巨爪兮爬抶……不耕而种,且宽牛畜之租"。耘荡是水稻田中耕除草农具,它的形体如木屐或头尖尾宽的船形,长一尺余,阔三寸,底部列短钉二十余枚,装上木柄。"柄长五尺余。耘田之际,农人执之,推荡禾垅间草泥,使之混溺,则田可精熟,既胜耙锄,又代手足,况所耘田数,日复数倍。"[2]

元代灌溉工具,较前增多,有水车、水转翻车、筒车、桔槔等,并在一些部件上

---

[1] 脱因:至顺《镇江志》卷四《土产》,《宋元方志丛刊》,中华书局 1990 年,第 2652 页。
[2] 王祯:《农书》卷十《耘荡》,文渊阁《四库全书》第 730 册,上海古籍出版社 1987 年,第 452 页。

作了改进。苏州地区有广阔平原,也有丘陵山区,还有低洼湿地,这些灌溉工具减轻劳作之苦,满足了苏州的需求,一般年份可以保证农田灌溉所需。

对于施肥的认识与方法亦有所提高。元人认识到施肥不能用刚下的生粪或用粪过多。生粪,未经沤化,不易吸收,且热量过大。用粪过多,粪力峻热,危害庄稼。因而施肥要适中,应施用适量的熟粪,达到肥力的最佳效果。元人很会利用草肥,在江南三月草长时,把它割倒,就地掩埋腐烂而形成较强的肥力。"岁岁如此,地力常盛。"[1]

元时,还曾一度设江南行大司农司于平江,至元三十年(1293)才迁至他处。

由于生产措施的得力,苏州粮食总产与亩产都有提高。元代江浙行省每年粮食收入达 4 494 783 石,占全国三分之一强,输大都 300 万石。夏税钞数达到 57 830 贯(以天历元年计)。延祐四年(1317),苏州秋税粮达 882 150 石余,夏税丝计 22 495 斤余。从秋税粮之多,可见农民负担之重,也可用以证实,苏州一带农业产量,"用之以足国"。[2]元末,苏州之粮起先因兵乱未到京师,引起大都的粮荒。张士诚从至正十九年(1359)起,向京师输粮 11 至 13 万石,才使京师粮荒有所缓解,可见苏粮在全国粮食中的地位。

二、棉花与其他经济作物的种植

元代是苏州大量引进棉花种植的时期。政府颁发《农桑辑要》,专门介绍棉花的栽培方法,作大力推广。苏州的棉花种植,是从宋时闽广一带传入,元时在松江与长江沿江地区发展迅速。"松江府东去五十里许,曰乌泥泾,其地土田硗瘠,民食不给,因谋树艺,以资生业,遂觅种于彼。"再从松江一带流传至苏州太仓、嘉定、常熟,密布于沿江、沿湖的高冈滩地。种棉及其技术也逐步提高,并逐步推至北方。[3]由于棉花种植的发展,以及元朝政府官兵的消费需要,在江南各地设木棉提举司,向民间征收木棉布十万匹。至元贞二年(1296)定江南夏税的品种,其中就有木棉布一项。在科差里,也征收棉布与棉花。大德元年(1297)江浙行省规定"浙西"依亡宋例,交纳夏税木棉、布等。棉花的种植技术,

---

[1] 王祯:《农书》卷三《农桑通诀》,文渊阁《四库全书》第 730 册,上海古籍出版社 1987 年,第 336 页。
[2] 丘濬:《漕运之宜》,《明经世文编》卷七十一,《续修四库全书》第 1655 册,上海古籍出版社 2003 年,第 684 页。
[3] 马祖常:《石田集》卷五《淮南田歌十首》,文渊阁《四库全书》第 1206 册,上海古籍出版社 1987 年,第 538 页。

也随之提高。从留种、整地、施肥、播种、密植、整枝到栽培管理,已形成一套完整的技术。

桑树种植是蚕丝业的基础,苏州种桑极为普遍。农村中家家户户都栽桑养蚕。"商溪溪上日初晴,艳妆彩服踏春明。桑树叶圆蚕出大,布谷夜啼郎起耕。"[1]元末苏州著名诗人高启也描写摘桑养蚕的艰苦与收茧的情景:"东家西家罢来往,晴日深窗风雨响。二眠蚕起食叶多,陌头桑树空枝柯。新妇守箔女执筐,头发不梳一月忙。三姑祭后今年好,满簇如云茧成早。檐前缫车急作丝,又是夏税相催时。"[2]三姑,是吴地信仰的蚕桑之神。这些诗都反映了苏州农村栽桑养蚕的勤苦。

作为传统纺织原料的麻,苏州地区种植也较普遍。尤其是苎麻,为喜温作物,在苏州更多。种麻织布,是苏州农村的重要副业。

茶的种植,遍及于苏州丘陵地带,元时苏州属全国著名产茶区之一。高启在《采茶词》中,形容了苏州等江南地区采茶与茶叶加工的过程:"雷过溪山碧云暖,幽丛半吐枪旗短。银钗女儿相应歌,筐中摘得谁最多?归来清香犹在手,高品先将呈太守。竹炉新焙未得尝,笼盛贩与湖南商。山家不解种禾黍,衣食年年在春雨。"[3]这首词也反映了当时的一些社会关系与茶农的独立存在。

苏州的果树栽培闻名遐迩,尤其是柑橘、枇杷、杨梅等亚热带水果作物,多有栽培,质量上乘。上文已述,不作复论。

苏州元时观赏花木的种植,已成为一种重要商品。盆栽花木与卖花成为苏城的一种兴盛的行业。正如高启所描述:"绿盆小树枝枝好,花比人家别开早。陌头担得春风行,美人出帘闻叫声。移去莫愁花不活,卖与还传种花诀。余香满路日暮归,犹有蜂蝶相随飞。买花朱门几回改,不如担上花长在。"[4]反映了元末明初,花木买卖的情景。

第五节　手工业

苏州元代手工业的特色是以新兴产业棉织业的普及,传统丝织业与造船造

---

[1] 袁华:《耕学斋诗集》卷十二《上巳日晚步商墓西村》,文渊阁《四库全书》第1232册,上海古籍出版社1987年,第355页。
[2] 高启:《高青丘集》卷二《养蚕词》,上海古籍出版社2013年,第82—83页。
[3] 高启:《高青丘集》卷二《采茶词》,上海古籍出版社2013年,第85页。
[4] 高启:《高青丘集》卷二《卖花词》,上海古籍出版社2013年,第85页。

纸技术的提高为特点。苏州成为陆上与海上丝绸等物资贸易的重要起点之一。

一、棉纺织技术的引进与普及

南宋时棉花已由海南、闽广逐步推广至今苏沪一带。元时松江民妇黄道婆从海南岛回到自己的家乡松江乌泥泾，引进了海南黎族的植棉织棉技术。黎族早就有棉花种植与纺织棉花的先进技艺，他们生产的黎幕、黎单、黎饰、鞍搭、花被、缦布等运销内地，受内地的欢迎。

乌泥泾，在松江东边50里。这里土地贫瘠，粮食不能自给，就以植棉纺棉作为生业。开始时用手工剥去棉籽，费工费时。黄道婆回家后"乃教以做造捍弹纺织之具。至于错纱配色，综线挈花，各有其法。以故织成被褥、带、帨，其上折枝团凤、棋局字样，粲然若写。人既受教，竞相作为，转货他郡，家既就殷"。[1]仰食者有千余家。黄道婆逝世，乡人十分感激为立祠纪念。

黄道婆所教纺织之具与王祯《农书》所记载的织棉工具，当一脉相承。其中有轧棉子工具搅车；有弹棉花工具弹弓，弹弓长约四尺许，上一截比较长而弯曲，下一截稍短而坚硬，再"挖以绳弦用弹棉英"。有卷棉工具卷筳；有纺纱工具纺车，其动力可能脚踏所致，"夫轮动弦转，莩繀（锭子）随之。纺人左手握其棉筒，不过二三续于莩繀，牵引渐长，右手均捻，具成紧缕，就绕繀上"。[2]有将纺锭上棉纱拨到车上变成棉纤的工具拨车与軖床。还有并纱成线的工具线架，"以木为之，下作方座，长阔尺余，卧列四繀，座上凿置独柱，高可二尺余，柱下横木长可二尺，用竹篾均列四弯内引下座，四繀纺于车上，即成棉线"。[3]最后是纺织织布的织机，黄道婆时已有提花技术。这些器械配套成龙，从散花到织布都有相关设备。

黄道婆纺纱织布技术迅速在江南推广，江阴大布成为当时的名品。织布的印染技术，亦有较大提高，能染印出青花布，还有院画、芦雁、花草等图案。据说，这一技术源于海外，"吴人巧而效之，以木棉布染盖印也。青久浣亦不脱，尝为靠裀之类"。[4]

---

[1] 陶宗仪：《南村辍耕录》卷二十四《黄道婆》，中华书局1959年，第297页。
[2] 王祯：《农书》卷二十一《农器》，文渊阁《四库全书》第730册，上海古籍出版社1987年，第591页。
[3] 王祯：《农书》卷二十一《田器》，文渊阁《四库全书》第730册，上海古籍出版社1987年，第592页。
[4] 孔齐：《静斋至正直记》卷一《松江花布》，《续修四库全书》第1166册，上海古籍出版社2003年，第248页。

棉布较之丝绸,无采养之劳,有必收之效,在江浙发展速度惊人。早在元贞二年(1296),国家把棉作为常赋。元朝全年的棉产量,江浙居其半。无疑,元时苏州、松江一带是中国的棉纺织中心地区。

二、丝织业的继续发展

元代苏州是丝绸的最重要产地之一。

由于本身消费的需要,元朝政府加强对丝织的管理,在江淮等处财赋都总管府下设提举司,其下再设织染局,以经营丝织事宜。平江是元政府所设重要提举司之一。其织染局设于平桥南,有织机数百台,工匠数百人。政府对于丝织品的质量,尤为重视,江浙行省局院的夏缎就因为质量不过关而被责成赔偿。官营丝织业,由于设备优质而先进,技术力量相对集中,在丝织生产中起示范作用。

丝织生产也遍及城乡民间,贩丝成为集镇经营的主要项目。地方政府课税所用丝绸,多数是从民间"和买"而来。为了统一销售,在元贞元年(1295)在苏州玄妙观设吴郡机业公所,加强协调。在马可·波罗的笔下:"(苏州)漂亮得惊人,方圆有32千米,居民生产大量的生丝制成的绸缎,不仅供应自己的消费,使人人都穿上绸缎,而且还运销其他市场。"[1]这说明苏州丝绸生产以民间个体户为主,在衣着上的普及程度很高。不仅苏州如此,其属邑亦是丝绸生产的重要城邑,"吴州(今吴江)这里也同样生产大量生丝,并有许多商人和手工艺人。这地方出产的绸缎质量最优良,行销全省各地"。[2]

元代丝织品比之前更加精致,盛行用金银丝装饰丝织物,明清时期著名的云锦就是从元织金锦(纳石失)发展而来。元时所产五色缎运销全国各地并向海外市场拓展。其技艺水平在全国领先。1964年,在苏州吴县盘溪小学内发掘的元末张士诚母墓中,发现了大量的丝织品,有锦、缎、绸、绫、绢缝制的衣服被褥。图案生动,其中一件薄丝棉袄,为五枚经缎纹心与花五枚纬文构成,以连续曲尺云朵纹饰,加上银锭、玉钏、珊瑚、如意等图案,十分精美。[3]

苏州丝织品的产量丰富。马可·波罗记述苏州以织金锦等"盛饶"而闻名。张士诚在城破时,大规模开仓放粮,广施民众,放宫人于民间,并把聚敛的十三库绫罗散发城中父老。又取珍衣二十余种,出于卧龙街焚之。张士诚所储绫罗之丰,正说明苏州丝棉织品产量之高。

---

[1] 陈开浚等译:《马可·波罗游记》,福建科技出版社1981年,第174页。
[2] 陈开浚等译:《马可·波罗游记》,福建科技出版社1981年,第174页。
[3] 苏州博物馆:《苏州吴张士诚母曹氏墓清理简报》,《考古》1965年第6期。

三、海船的建造与修理

元政府十分重视海船的制造,因为内陆漕运由于水灾等自然条件的限制很不稳定,因而逐步开展海漕运输。海上总管罗壁奉命创制大型平底海船,这种船后来被称作"遮阳船",属沙船性质。在上海南汇县里护塘外侧约 5 千米处,曾出土一只铁锚,虽锈蚀严重,但基本形态仍清晰可见。锚柄呈长条形,顶部有一圆孔,中间留有棕绳纤维;锚爪成矛形。在柄爪之间锻成锐角,在夹角内填上铁质,其外有铁箍一道,使柄爪之间牢固相连。锚重 12 千克,可用于较大吨位的海船。

元代苏州海船的建造与修理,多设在港口地区。今沿海的太仓还保存着一只元代海船浸篾缆绳用的铁釜,口径 178 厘米,高 87 厘米,底径 164 厘米。这只铁釜,证明了当时海船已有较大规模。

四、造纸与印刷业

由于元代造纸术与印刷术的进一步提高,苏州刻书业,在元代文化衰退中,相对而言,仍有发展。现今可考的苏州刻书计有 30 余种,约占元代全国的十分之一。元代刻书以佛经较多,官府多刻经史著作,而私家所刻以诗文集为主。平江刻书的成就,以《碛砂藏》至治二年(1322)刊刻完成,作为重要标志。这是佛经刊刻史上的一件大事,影响深远。

其他如平江路儒学于至正二十五年(1365 年)所刊《战国策校注》十卷,号称最善之本。苏州范氏岁寒堂所刻《范文正公集》20 卷、《范忠宣公文集》20 卷、至正七年(1347)释念常自刊《佛祖历代统载》30 卷、梅溪书院刊宋郑震撰《清隽集》一卷,在当时也有一定影响。元代平江路刻书,就经史子集四部而论,以子部为多,有 11 种,其次是史部、集部共计 15 种。总体而言,苏州刻本字迹较为端正,刻工精细,显示了苏州的工艺特色。

印刷的质量与纸张有着密切关系,苏州出产的茧纸,作蜡色,两面光莹,堪称上品。加上印刷技术的高超,苏州刻书在全国名列上乘。

五、金银加工

元代,苏州金银器在型号与纹饰方面承袭宋代,所制金银器物除日常用品之外,还有文房用具及各种陈设品。吴县李师孟墓出土的银盒等物品,有刻工闻宣的姓名。浙西银工手艺名声大的有平江的谢君余与谢君和兄弟,在著名的银工四人中占了二分之一。[1]其中还有一个朱华玉(字碧山),是嘉兴魏塘人,而流寓苏州木渎,制作银器"首数碧山,所制酒器最为精妙"。[2]他用白银打造了一件银槎酒杯,形似老树丫杈,根部坐一长须道者。构思独到,造型生动。明清时以藏有朱碧山制银器为荣。张士诚母曹氏墓中,出土了头戴手佩的精美金器,还有一套银器。其中有高24.3厘米的通体葵状六瓣的银奁。银奁盖上与周边刻有牡丹迎春等花纹。银奁中,上层置银剪刀一把,中层置银圆盒四只,下层有半月形银锁、银篦、银针、银水盂等。银奁旁放银架一件、银碗两只、银筷一双。银架上刻凤凰戏牡丹等图案,十分精致,其技艺可说在全国领先。

六、酿酒业与食品加工

苏州酿酒业,在元代也声名远播,原因是此地有优质稻米香莎糯稻,与虎丘泉等优质水源。加上苏州人的聪灵手巧,酿出了好酒。因此,元政府在平江专设海运香莎糯米千户所,专掌运输"香莎"事务,以供大都酿酒之用。当时大都的酿酒不仅原料来自平江,而且一些技术工匠亦来自江南。其他如米面食品与鱼产品的加工,也很出名。苏州特制的鲈鱼鲊与鲟子腊,风味甚美。元延祐(1314—1320),苏州地方官员把它们作为贡品上贡。其制作工艺继宋传统:鲈鱼鲊是用鲈鱼肉加香柔花叶、紫花绿叶,相间一些白鱼,用"一息泥"(一种椒类)拌之而成。鲟子腊,是选肥美的鱼,去其头尾,风干为腊,加香料而成。据说这两种鱼制食品,"他鱼无可为敌。"[3]

第六节 交 通

元是沟通欧亚大陆的一个朝代,陆上西通中亚与东欧,海上达阿拉伯。在国内设驿道,开运河,辟海运,呈现出一种新的交通气象。

一、陆上交通

元政府为了加强对地方的控制,设驿道制度。从京城大都出发,通各行省,再下通路、府、州县,形成交通网络。通往苏州的驿道,始于京都,从京东通州出发,经天津、沧州、德州、济南、兖州、徐州、淮阴、扬州、镇江、常州、无锡至苏州,再

---

[1] 陶宗仪:《南村辍耕录》卷三十《银工》,中华书局1959年,第373页。
[2] 金海龙:《吴中名贤图传》卷二《朱碧山》,西泠印社出版社2006年,第52页。
[3] 高德基:《平江记事》,《吴中小志丛刊》,广陵书社2004年,第28页。

向杭州,联通宁波、福州。在德州至徐州段,亦可走聊城、东平、济宁一线。这条陆路交通线走向基本上与运河相一致。它是从大都通向东南的大道,为明清两代的官道奠定了基础。

二、内河交通

苏州内河交通以运河与长江为主。元代大运河是全国的黄金水道,由元朝中央水利部门都水监管理,并根据各地水利工程的需要,在一些地区(例如平江、松江地区)设行都水监,负责水利工程的建设与维修。而运河的交通运输则由漕运司负责,主要运送粮食。自至元二十六年(1289)济州漕渠与会通河相继开凿之后,京杭大运河正式形成。苏州的大批物资特别是粮食,通过运河运往大都。苏州运河自望亭至盛泽东南,全长约80千米,属于大运河江南河的中段,起枢纽作用。它在苏州地区,通过胥江与太湖相连,又通过娄江、吴淞江与江海沟通。运河又与城内纵横交错的内河相联结。大运河在元代经不断的疏通,成为苏州物资流通的重要渠道,是经济的生命线。

长江也是苏州境边另一条重要内河交通线。长江上中游的粮食、桐油、猪鬃等物资,经长江至镇江、福山、浒浦、刘家港等源源不绝地运入江南地区;而江南的丝织品、棉纺品也通过长江运销全国各地。长江运河联通吴地河流,使物资得以流通,正如李祁所说,"其水之大者为川,川之流夷旷深广,可以达帆樯,通远物,贸迁有无,以济世用"。[1]

三、海上交通

元朝海上运输是一种用沙船航行的近海运输。元代的漕运以海运为大宗,原因是海船负载量大,较为便捷;缺点是,相对而言,风险较大。从元朝初年开始的50年间,海运漕量从4.2万石上升到350万石,远远超过了陆路运输与运河漕运。元时海运路线,前后有所变化。元初从太仓刘家港(今浏河)出发,沿海门万里长滩、盐城、海宁(今连云港)再上山东、河北。至元二十九年(1292)开辟的航线是自刘家港到撑脚沙转沙嘴,至三沙扬子江,过扁担沙,万里长滩,放大洋到清水洋,又经黑水洋,再至山东成山、刘岛、芝罘、沙门等,再至莱州大洋,抵界河口。这条线路都用直线。海运的第三条路线是从平江太仓刘家港东航出

---

[1] 李祁:《云阳集》卷七《溪南堂记》,文渊阁《四库全书》第1219册,上海古籍出版社1987年,第713页。

发,入长江口,"至崇明州三沙放洋,向东行,入黑水大洋,取成山,转西至刘家岛。又至登州沙门岛,于莱州大洋入界河"。[1]运抵直沽,以达京城。从苏州至杨村码头,有一万三千四百余里,如果顺风,不过旬日即可到达。海运,使"民无挽输之劳,国有储蓄之富"。比陆运之费,可节省十分之七八,比河运亦能节省十分之三四。因而元代多采取海运。元初由朱清、张瑄以万户身份主持海运,"上宠之,诏赐钞印,令自造行用,自是富倍王室"。[2]后元室虑朱张有变,设法除之。

平江刘家港是重要的海运码头,它可以容万斛之舟,外通日本等国。位于常熟东北的白茆港,也是海运支线的出发点。白茆是太湖重要出水口之一。延祐三年(1316)为减轻刘家港的航运压力,将松江、温州、台州、庆元、绍兴等地的粮船集中在这里出洋,可称刘家港的支港。为了安全,避免在航道上发生触礁等交通事故,元代在吴地长江口西暗沙嘴设置航标船,船上立标旗,指引船舶的航行,以保证航行的安全。

苏州在元代是陆、河、海运的联结点,是大运河的重要一站,是长江下游的重要区段中心,还是近海航行的出发点。苏州在内地水陆交通与海运的网络中,起着串连作用。

由于河道纵横,而又靠近海洋,苏州无论是造船技术与河运、海运技能,都在全国处于领先地位。一些近海的航海家就出生于苏州。如居住于太仓的徐兴祖、杭和卿、沈雷奋等都曾经营漕事,以精通航路情况与航海技术而闻名。

第七节 商 业

元代苏州的商业,以苏州城的继续繁荣,一大批中小城镇的涌现,和对外贸易的发达为标志,进入了一个新的境地。

一、洞庭商帮的萌芽

洞庭商帮,也称苏州商帮,是产生于苏州洞庭东西山的全国著名商帮之一。由于洞庭东山与洞庭西山多产水果、坚果等经济作物与鱼虾、湖石等特产,而粮食生产相对不足,加上水运的便利条件,洞庭山人具有经商的传统。北宋西山夏元富经商而成豪富。[3]南宋初年,北人南下,多择东西山而居,因不愿入仕而从

---

[1] 丘濬:《大学衍义补》卷三十三《制国用》,京华出版社1999年,第309页。
[2] 叶子奇:《草木子》卷四《谈薮篇》,中华书局1959年,第79页。
[3] 王维德:《林屋民风》卷七,《中国风土志丛刊》,广陵书社2003年,第503页。

商。传元代洞庭人王惟贞继承家族货殖经验,历练于江湖之上,由于深谙理财积蓄之术,被尊为商业之师。元末洞庭巨商陆道源,因经商有道,而"货甲天下",此人兼学儒术,曾任甫里(今苏州甪直)书院山长,可谓元明之间的"儒商"。还有一个叶德闻,从小随父至淮河一带经商,经验丰富,亦有所成。洞庭山人长期的商业活动,积累了经验,培养人才,为洞庭商帮的形成,准备了人才、经营条件。

二、对外贸易的发达

元时,苏州对外贸易有飞跃式的发展,原因是元朝与蒙古族汗国政权,占有欧亚大陆,加强了东西方的交流。苏州对外贸易主要是通过刘家港与白茆港进行。它们地处娄江与白茆水的出江口,内河向西南连接昆山与苏州,再南指杭州;向西通过长江、运河,通向全国各地。更主要的是它们经崇明水域可通向日本与东南亚。

由于刘家港"通海外番舶,蛮商夷贾,云集鳞萃,当时谓之六国码头"。[1]元朝在这里设万户府管理海运漕粮事务,并设市舶分司,掌管海上贸易。进口的商品有象牙、翠羽、珍珠、贝金、苏合、薰陆、水沉等,而出口的货物有粮食、食盐、丝绸等等。

在海外贸易的发展中,苏州涌现出一批富商巨贾。元初发迹有朱清与张瑄。他们曾约为兄弟,从事海上贸易与海盗活动。元统一后被招抚,担任海道运粮万户等职,领海上漕运事。起初每年运粮数万吨,后至300余万吨。"朱张两氏得以交通诸蕃贸易,占刘官芦,贩盐行劫,第宅遍吴中。"[2]张累官至明威将军、行省参知政事。朱官至昭勇大将军、河南行省参知政事。他们的子弟婿侄皆为高官,"田园宅馆遍天下,库藏仓庾相望,巨艘大舶,帆交蕃夷中,舆骑塞隘门巷"。[3]

元末最著名的海商,还有后来被奉作财神的沈万三。沈万三,亦称沈秀,原名沈富,字仲荣。生卒年无考,有人推知他生于1297年或1307年,苏州周庄人。约在大德末年(1307年左右),江浙流行瘟疫,沈万三的父亲沈祐举家从湖州流落到长洲县周庄东垞,开荒耕作,围田拓陌,"粪治有方,潴泄有法",因而开垦了大量土地。沈万三具有理财天赋,他积累资金,扩大土地经营,有田数千顷,这是

---

[1] 土祖畲:光绪《太仓州志》卷一《封域上》,上海古籍出版社1999年,第14页。
[2] 黄省曾:《吴风录》,《吴中小志丛刊》,广陵书社2004年,第177页。
[3] 桑悦:弘治《太仓州志》卷八,《日本藏中国罕见地方志丛刊续编》(3),北京图书馆出版社2003年,第213—214页。

沈万三发家致富的基础。而沈家的财富应是"通蕃"即海外贸易所得。《云蕉馆纪谈》说他尝为海贾,奔走徽、池、宁、太、常豪富间,辗转贸易,致金百万,因以显富。[1]尤其是粮食贸易,量大而易销,为致富捷径。沈家常"由海道运米去燕京,获利无数"。他亦运粮食与丝绸、茶叶、瓷器等工艺品与特产至日本、琉球及南洋。沈万三"赀巨万万,田产通天下",为"江南第一富家",其衣服器具拟于王者。至明,因助筑都城三之一,又请犒军,遭明帝朱元璋的猜忌,而被遣戍云南。沈万三适应时势,开展海外贸易,发财致富,号称"财神",这些海贸巨贾的出现,进一步推动了苏州外贸发展。

三、城镇的继续兴起

苏州,由于地处太湖流域重心地区,通江带海,一直是我国东南手工业与商业的中心。苏州城内高楼危栏众多,商铺林立,行人如织,庙观雄伟。马可·波罗称之为"地上的城市"。以为苏州市民"只从事工商业,在这方面,的确显得相当能干。如果他们的勇敢和他们的机智一样优越,那么就凭他们众多的人口,不仅可以征服全省,而且还可以放眼图谋更远的地方"。这说明苏州有众多的人口,并以工商为本,赚钱有方。马可·波罗又说:苏州人"稠密得令人吃惊","有16个富庶的大城市和城镇,属于苏州管辖的范围。这里商业和工艺十分繁荣兴盛"。[2]苏州又是人文荟萃之处,有许多技术高明的医生,有学识渊博著称的教授,"或者如我们应该称呼的那样,是哲学家"。从马可·波罗的笔下,可知苏州在元朝后期市面繁荣,全面发展的景象。

苏州下属诸县,吴江、昆山、常熟、嘉定,在元时都上升为州。吴江生产大量生丝,商人与手工艺人众多,其丝织品畅销各地。

由于海运的发达在沿长江濒海之处,出现了一些航运码头式的城镇。太仓是漕舟之津,"商贾辏集,民以富庶"。[3]琉球、日本、高丽诸国海船咸集太仓,称天下第一都会,"固东南首善之区"。诗人谢应芳作诗描绘了太仓商业的繁荣:"杨柳溪边系客槎,桃花雨后柳吹花。东风地角环沧海,日夜潮声走白沙。市舶物多横道路,江瑶价重压鱼虾。天妃庙下沈玄璧,漕运开洋鼓乱挝。"[4]而太仓

---

[1] 孔迩:《云蕉馆纪谈》,《古都苏州新天堂》,白山出版社2004年,第443页。
[2] 陈开浚等译:《马可·波罗游记》,福建科技出版社1981年,第174页。
[3] 张寅:嘉靖《太仓新志》卷一,《古代刘家港资料集》,南京大学出版社1985年,第13页。
[4] 谢应芳:《龟巢稿》卷二《过太仓》,文渊阁《四库全书》第1218册,上海古籍出版社1987年,第23页。

刘家港的形成，完全是海上贸易所造成。这里"本墟落，居民鲜少"。但由于元初朱清等为海运的需要而"剪荆榛，立第宅，招徕蕃商，屯聚粮艘，不数年间，凑集成市"。[1]像这一类港口式城镇还有白茆、福山、浒浦等。

元时在交通要道上工商繁荣的重要集镇，设巡检司以维持治安。当时设巡检司的集镇，常熟有庆安、福山、浒浦。吴县有浒关、木渎、胥口、甪头。吴江有同里、平望等。同时还有一批新兴集镇崛起。周庄自南宋建炎年间有人南渡定居以来，人口逐步密集。元朝中后期，江南巨富沈万三之父沈祐迁此经营，遂成市镇。常熟鹿苑，地处盐铁塘与三丈浦交汇处。元初奚浦钱氏迁此，由于子孙繁衍，店肆与工匠日增，集鱼盐米布之利，大辟市廛，渐成规模。董浜镇，因元代致和元年（1328）吏部给事中董逸溪在此结庐建村，逐步发展成商铺相接的集镇。东张镇，相传元末张士诚曾驻军在这里，军民杂居形成集镇，故称张市，又因在县城之东又名东张。塘桥镇，原有东横塘与西横塘两个村落，元朝时由于经济的发展，在两村之间建石桥一座，形成有一定商业基础的集镇，遂以"塘桥"名之。沙溪镇，在唐宋时已存村，名涂松。元时，由于设泊所在此，人众聚集而成市，故名沙头。由于该镇靠七溪（七浦塘），故名沙溪。老闸镇，原名七浦塘闸，位于太仓市北部，宋末元初，北人纷纷南来，集结于此，成为集镇。

平江府的嘉定县钱门塘镇，在南宋时由于水深港阔，已是"居民鳞比，商贾辏集"。元明时称钱门塘市，盛产棉布，以丁娘子布最为有名，"纱细工良"，称"钱门塘布"。史称钱门塘"街巷纷歧，人烟稠密"。[2]南翔镇在嘉定县治南24里，因萧梁时设白鹤南翔寺于此而命名。寺后圮，至正间重建该寺。宋元时，街镇在今镇西南方向，街面繁荣，"万安寺前至王家桥俱列肆"，"民物殷繁"，[3]后因吴淞江多盗，西南受侵，逐步东徙。

罗店镇，在嘉定之东，苏松二州府交通要道，物产丰富，交通发达。元至元间，由本地人罗升在此构筑店铺与街市，逐步由市成镇，故称罗店或罗溪，号称"商贾凑集"，至明代前期已成大镇，居嘉定七镇五市之首。

黄渡镇，在嘉定县治南45里，与青浦搭界，宋元之际，黄渡镇北部（属嘉定县）已成聚落，相传卜姓人居此，称卜家湾。元时，海外贸易发达，在这里设市舶提举司，管理番夷与闽粤海舶。元大德（1297—1307）年间此地"民物日盛，商贾

---

[1] 杨譓：至正《昆山郡志》卷一《风俗》，《宋元方志丛刊》，中华书局1990年，第1114页。
[2] 童书高：民国《钱门塘乡志》卷一《乡域志》，江苏古籍出版社1998年，第6页。
[3] 张承先：嘉庆《南翔镇志》卷一《沿革》，江苏古籍出版社1998年，第457页。

日集"。[1]在附近设吴塘巡检司,以加强治理。

这些小城镇的兴起,促进经济交流与文化的发展,起着城乡的连接作用。

四、货币的流通

元朝灭宋,统一中国,进行了大规模的币制改革,收兑宋会子等纸币,禁止使用铜钱,统一发行铜版的中统钞,增大发行额。最初钞币由五文、拾文至二贯,共计11种。[2]几年内,由于社会较为稳定,在经济发展的基础上,购买力也相对稳定,对苏州商业活动起了良好的作用,使北方诸投下人也到江南经商。但是随着发行量的猛增,物价飞涨。在武宗至大三年(1310),顺帝至正十年(1350)再铸铜钱,但因滥发交钞,破坏钱钞原定比价,引起骚动,成为元朝被推翻的原因之一。

---

[1] 章树福:咸丰《黄渡镇志》卷一《建置·缘起》,江苏古籍出版社1998年,第699页。
[2] 陶宗仪:《南村辍耕录》卷三十六《至元钞料》,中华书局1959年,第325页。

第五章 五代宋元时期苏州的社会组织与社会生活风俗

五代至北宋初,苏州领吴、长洲、昆山、常熟、吴江五县。县以下的政社组织,大多称"都"。吴县有吴门、利娃等20都,长洲有上元、乐安等20都,昆山有朱塘、积善等14都,常熟有积善、开元等12都。而吴江县之下称乡,有"源澄、震泽、感化、久咏、港隅"五乡。吴县之下还有洞庭、社下与木渎三镇。[1]可见五代至北宋初是乡、都、镇并列为县以下的政治与社会相结合的基层组织。

至北宋元丰(1078—1085)年间,苏州(俗称吴郡)平江军节度继五代旧制下设五县。除吴江为紧县外,其余均为望县。吴县有20乡一镇(木渎),长洲为19乡,昆山14乡,常熟9乡,还有福山、庆安、梅里(李)3镇,吴江仅4乡。[2]与宋初相比,乡镇似作了调整,数量有所减少,县之下取消了"都"的名称,以"乡"代之,置都于乡之下。都亦可称"保"。

立足于水乡的社会生活,几乎是环绕"水"来展开的。居民所食以稻米为主,也喜食水生作物的菜蔬,所衣符合于多雨多水的自然条件,所居要筑高基,所行多用舟楫。居民的节庆活动,与"水"亦有密切关系,竞渡、船技等特别活跃。送亲多以船代轿。在民间信仰中多有水神之崇拜。苏州人民的社会生活,可说与水密不可分。由于土地沃腴,经济发达。婚丧嫁娶,往往奢厚逾度,为历代所诟病。

第一节　社会基层制度

随着政治经济发展,这一时期社会基层组织发生了一定的变化。

---

[1] 佚名:《吴地记后集》,江苏古籍出版社1986年,第117页。
[2] 王存:《元丰九域志》卷五《两浙路》,中华书局1984年,第210页。

一、宋代坊厢制度

五代社会基层组织,在城市与唐代一样,基本未变,在城中设坊市。至宋,称坊厢,城中曰坊,近城曰厢。坊有坊正、坊长作为行政长官。苏州在宋时城市设六十五坊。据《吴郡志》记载,六十五坊以乐桥为中心,分四大区域,乐桥东南、乐桥东北、乐桥西南、乐桥西北。东南有十七坊、东北十六坊、西南十七坊、西北有十五坊。宋在京城外区,划分若干厢,厢有厢官、厢长、厢吏,厢巡等负责行政与治安。南宋沿北宋之旧,在临安设厢,以加强统治。苏州在南宋是"陪都",在城区有"厢"的行政建制,故今苏州老城区东北隅,尚留胡厢使巷的地名。

宋于乡村设乡保。十户为一保,保之上为都,都之上为乡,乡之上为县。有"合保为都,合都为乡,合乡为县"[1]之说。据程俱《太湖采石赋》等记载,乡有乡三老作为社会与基层组织的主持人。乡设乡官,负责催征租税等事。宋神宗时用王安石之策,实行保甲法,把乡村民户加以编制,以五家为一小保,十家为一保,设保长一人。五保为一大保,设大保长一人。十大保为一都保,设正、副都保正各一人。保统于乡。保长、大保长与正副都保长选择有实力与有才能的人担任。不论主客户,家中凡有二丁以上的,选一人为保丁,农闲时加强军事训练,教习武艺。保丁(每大保五人)轮番值日巡夜,维持治安。王安石实行保甲法的目的是强化农村基层组织,加强对农民的统治。同时民兵组织可代替部分军队的作用。王安石变法虽然在大地主、大官僚、大商人的反对下失败,但是在一些地区,乡保的名称与所辖区域却被固定下来。乡以下或有称"里"的,里有里正,负责催租等事务。宋时以第一等户充之。

宋代江南镇级单位,与乡村都保不同,差京官任镇监等官,甚至派县级军事官员县尉常驻该镇,作弹压之用。镇级政权,具有相当的行政、财政与军事作用。镇坊依县坊郭例,设坊正,管理各坊居民,并设巡检、税务或税场等治安与税务机构。但镇监、巡检等与地方头面人物,特别是宗族之长,互相依恃。一些重要社会活动,如春秋祭祀等,还要由当地乡绅出面主持。一些次要的市镇,不常设上述机构,而是临时派人收税。"平江府常熟县支塘税场,虽属浒浦镇税务管勾,只差栏头在彼拘收税钱,不曾立定年额钱数,及无正官监当。"[2]再次一等的定期墟市,本无收税之举,后"令人户买扑纳钱,俾自税收"。与一般的乡村管理无

---

[1] 脱脱:《宋史》卷四〇〇《袁燮传》,中华书局1977年,第12146页。
[2] 《宋会要》,《食货》十七《商税四》,《续修四库全书》第782册,上海古籍出版社1977年,第237页。

异。如有"续添税场",朝廷下令"废罢"。[1]

二、元代社甲制度

元时,开始时对南人采用野蛮的社甲制度,即以五十家为一社,设社长,作为蒙古色目诸部军队的"探马赤军"随同入社,加强对南人的箝制。其统治十分野蛮,后被迫取消。元参照宋制,县之下设乡,乡之下设都。"乡都之设,所以治郊墅之编氓,重农桑之庶务。"[2]都以下为保。

元朝在各大市镇设巡检司,或设税务机构,或两者均设,而以税务隶于巡检司。而较小市镇,仍以农村政权形式进行统治。乡村政权与宗族管理机构、社会组织,往往融为一体。

三、村社与家族宗法制度

村社原是在原始社会末期公有制向私有制过渡的经济组织。由居住在一定范围内同一氏族不同的家庭组成,土地公有,而住宅、牲畜、农具、生产物属私有,产品根据社会地位与劳动强度差异进行分配。由于中国传统重视以血缘为纽带的宗法关系,多聚族而居,因而残存村社制度。一族也就是一村,有共同的祠堂与一些公共土地。村社往往与基层行政组织相结合。村,宋元时在郊外设立,相当于里、坊。设有村社长,或村吏、村正。在村社的氏族每逢节日要共同祭祀社神与祖先,举行乡宴;并有共同的坟地,以安葬族中亡者。氏族一般由年辈高的长辈担任族长。嫡系子孙,具有某些特权。苏州范氏家族,由年长的德行高尚者担任义庄主管,掌握财务,以赡周族人。

第二节 社会团体

宋时随着经济文化的发展,产生各种社会团体,以便共同协调与研讨,促进事业的发展。

一、工商行会组织

宋元时代,一些工商业者为了互相帮助,协扶克困,同业者结成行会,尤其是

---

[1]《宋会要》,《食货》十八《商税五》,《续修四库全书》第 782 册,上海古籍出版社 1977 年,第 246 页。
[2] 脱因:至顺《镇江志》卷一《地理·乡都》,《宋元方志丛刊》,中华书局 1990 年,第 2623 页。

同乡同业者,更容易结成利益共同的行会团体。在原料采购、产品销售,特别是抵制外帮或外人的竞争中互相照应。"每春秋季,市肆皆率其党,合牢醴,祈福于三让王。"[1]共同祭神,求得行业的兴隆发达。"市肆之党",应是工商业者的组织。这些行业自主组织,虽未摆脱政府的管理与政策的影响,但已有相当的自主权。宋元时,凡工商百业,甚至医卜星相都有行会:"市肆谓之团行者,盖因官府回买而立此名,不以物之大小,皆置为团行,虽医卜工役,亦有差使,则与当行同也。"[2]《都城纪胜》亦说:"市肆谓之行者,因官府科索而得此名,不以其物之小大,但合充用者,皆置为行。"这些行业组织,大致可分为四类,即手工业、商业、手工兼商业、医卜业。由于劳动分工的细密,便衍生出众多行会。如食品业中,就分有鱼行、蟹行、姜行、菱行、猪行、菜行、鸡鹅行等。各行业衣着不同,"诸行百户,衣巾装着,皆有差等"[3]。且各行之间"各有市语,不相通用"[4]。城市的行会组织对协助官府分摊科配,加强同业组织的联系,维持工商业秩序,协调市场活动,统筹生产销售,保持市场流通,避免恶性竞争都起了重要作用。相传宋时苏州就有米、丝、茶的商业组织。行会组织促进了技艺的提高。带有艺术性的珠玉加工与人工花鸟行业,创作玉山宝带,寸璧寸珠,璀璨夺目;所作"天骥龙媒,绒鞯宝辔,竞赏神骏"。还有行会内的一些"好奇者至翦毛为花草人物,厨行、果局,穷极肴核之珍"。一些具有创意的人"悉以通草罗帛,雕塑为楼台故事之类,饰以珠翠,极其精致"。所作奇禽"则红鹦、白雀,水族则银蟹,金龟,高丽、华山之奇松,交广、海峤之异卉,不可缕数,莫非动心骇目之观也"[5]。可说达到了手工艺术的高峰。

二、文学艺术团体

经济与文化的发展,带来了文学的繁荣。宋元时期的一些士绅文人,为了交流文学创作的经验,共同欣赏作品而结成文社。早在靖康之际,吴江李山民与吴云公等结成"岁寒社",共同研讨诗词的创作。南宋文士"有西湖诗社,此乃行都搢绅之士及四方流寓儒人,寄兴适情赋咏,脍炙人口,流传四方,非其他社集之

---

[1] 李昉:《太平广记》卷二八五《刘景复》,岳麓书社1996年,第1523页。
[2] 吴自牧:《梦粱录》卷十三《团行》,中华书局1962年,第238—239页。
[3] 吴自牧:《梦粱录》卷十八《民俗》,中华书局1962年,第281页。
[4] 翟灏:《通俗编》卷三十八《市语》,《续修四库全书》第194册,上海古籍出版社2003年,第666页。
[5] 周密:《武林旧事》卷三《社会》,中华书局1962年,第377—378页。

比"。[1]西湖诗社中当不乏苏州人士。其后,苏州范成大、马先觉、乐备等诗人集而成社,具一定名声。顾景繁、张紫薇等也结为一社,"与之酬唱"。[2]这一些都是研究诗词创作的组织。而同文社、雄辩社则是以创作词赋、小说为主,并作表演的组织。

苏州宋元时期的文人聚会较多,而负有盛名的当推昆山人顾瑛在元朝后期所发起的"玉山雅集"。顾瑛(1310—1369),也叫顾德辉,字仲瑛,自称金粟道人,昆山界溪人。青年时因经营田产与商业,发财致富成巨贾。中年后由商转儒,以优裕的资产作基础,建玉山草堂,举办文酒之会,称"玉山雅集"。常来此集会的有杨维桢、张翥、柯九思、倪瓒等著名文学家、画家。他们交相唱和,互相酬答,俨然成为一个文艺团体。文士们优游于湖山园林之间,共赏绘画与昆曲佳作,加深了友谊。他们的作品编而成集,流传后世。顾瑛成为东南文学艺术的盟主而载入史册。

其他的文艺团体有扮演杂剧的绯绿社,能演唱诸家"赚曲"的遏云社,专搞清乐的"清音社",表演影戏的"绘革社",讲究理发艺术的"净发社",专门吟唱呼叫的"律华社"。这些社团有些具有行业协会的性质。在首都杭州,此类社团比较齐全。而近在密迩的苏州,不一定像都城一样完齐。

三、体育性组织

这一类行会组织亦较多,有踢球的齐云社,相扑的"角觝社",射弩的"锦标社",表演魔术戏法的"云机社"等。参加射弓踏弩社的人,"皆能攀弓射弩"。武艺精熟者,才可入社。"蹴鞠、打毬,射水弩"的社,是由一等富室郎君、风流子弟与一些闲人组成。[3]

四、老年团体

宋朝尊老成风,一些老年官员致仕退休后往往结成团体,以乐晚年。庆历年间(1041—1048),由都官员外郎徐祐与少卿叶参回吴后发起成立九老会。时宰相晏殊与杜衍都寄诗赞之。晏殊首题云:"买到梧宫数亩秋,便追黄绮作朋俦。"杜衍的末两句云:"如何九老人犹少,应许东归伴醉吟。"[4]这一老年团体,主要

---

[1] 吴自牧:《梦粱录》卷十九《社会》,中华书局1962年,第299页。
[2] 龚明之:《中吴纪闻》卷六《顾景范》,上海古籍出版社1986年,第133页。
[3] 吴自牧:《梦粱录》卷十九《社会》,中华书局1962年,第299页。
[4] 龚明之:《中吴纪闻》卷二《徐都官九老会》,上海古籍出版社1986年,第49页。

是共赏"梧宫"(指吴中)风物,吟诗作词,交流休养怡年的经验。九老后更名"耆英",又名"真率"。

元丰年间(1078—1085),太子少保元绛、大中大夫卢仲新、骑都尉黄操、正议大夫程师孟、朝散大夫郑方平、朝议大夫闾丘孝宗、中散大夫知苏州军州事章岵、朝请大夫徐九思、朝议大夫徐师闵、承议郎崇大年、龙图阁直学士张枢言、朝请大夫王琉、承议郎通判苏湜结成老年人会。除章岵,都是一些退休官僚,年龄都在七十以上。章岵作为郡守,经常与他们饮酒赋诗,并对他们的业绩与品德作出赞颂性评价。可见宋朝退休官员晚年精神生活的丰富与当时社会尊老之风盛行。

龚宗元在任都官员外郎分司南京时,辞事家居,在苏州大酒巷建中隐堂。他与尚书屯田员外郎程适、太子中允陈之奇,"相与游从,日为琴酒之乐,至于穷夜而忘其归"。[1]三人都退休在家,这实质是一种老人会之类的非恒性组织。

政和八年(1118),复修元丰之会,由郡守章献参与,与会的有"张洵、范希逸、方惟深、蒋长生、陈之深、郑景平、张膺、沈彦生、章縡、章綜,凡十有一人"。[2]一时称盛。宝祐四年(1256),由郡守主持,举行"耆耋"之会,以八十九岁的胡淳作为主要宾客,提刑按察使包恢,提举常平洪寿作司仪,进士郁祥做副手。一些有雅望的老者赴会,观礼者有一千五百余人之多,规模颇大。

五、同学之会

宋时苏州还有同学之会。淳祐己酉(1249)由平江知府郑霖发起,召开三舍同学会。参加会议的有42人,来自吴门者居多,还有来自天台、应天(今商丘)、婺州(今金华一带)、会稽(今绍兴)、三衢(今衢州)、嘉兴、三山(今福州)、兴化、严陵(今桐庐)、毗陵(今常州)、合阳、通川(今达州)、临安、南剑州,都是一些嗜学硕士。范成大在编写《吴郡志》时,替这些人物的学行作了注解,如周元德为"养正"、钱季玉为"笃言"、詹平叟为"持志"、朱晦叔为"务本"、范景哲为"守约"等。同学会在天庆观(今玄妙观)斋堂进行"序拜"礼,以年齿排序,井然有秩。礼毕,在郡府的春雨堂举行宴会。这次同学聚会"交以礼,会以文",[3]以文会友,加强了同学"仕而行义"的信念和同学间的深厚友谊,也是"乡饮"酒礼的遗风,表示政府对知识分子的一种尊重。这种同学会,并无定期,但时有所闻。

---

[1] 龚明之:《中吴纪闻》卷二《中隐堂三老》,上海古籍出版社1986年,第36页。
[2] 卢熊:洪武《苏州府志》卷十六《风俗》,广陵书社2015年,第210页。
[3] 范成大:《吴郡志》卷二《风俗》,江苏古籍出版社1986年,第18页。

六、丐帮与流氓团体

乞丐是以乞讨为生的人,其成分特别复杂,有孤残无依之人,有失业或受灾生活无着的人。毫无疑问,也有以乞讨为生的职业乞丐。宋元时期的乞丐,"亦有规格,稍似懈怠,众所不容"。[1] 所谓规格,似指乞丐的衣饰、装扮的不同,用以指明所乞区域与行乞对象的不同,并显示在丐帮中的地位与作用的区别。宋时职业乞丐,已有一定的组织,称丐帮。乞丐要受团体的约束,有一定的权利与义务。宋元时全城丐帮的总头称团头,他手中的杆子是权力的象征。全城的丐户"小声低气,服着团头,与奴一般,不敢触犯"。可见丐帮纪律严明,乞丐所得,对团头与上级要有一定的供献。团头有庇护乞丐的责任,团头可执行帮规,惩治违规的乞丐。丐帮是具有一定组织程度的社会群体,是社会经济发展到一定程度的产物,对社会起着消极的作用。

流氓是无产无业,不务正业,扰乱社会的游民闲人。五代宋初,流氓集团已大量产生。他们患害街市乡里,称霸一方,占人田土,垄断市场,霸占私产,抢骗钱财,强奸妇女,为非作歹,进行黑市与淫乱活动。多数流氓与官府胥吏勾结而作害于一方,严重扰乱居民生活,实为国家之祸。苏轼曾针对流氓现象的严重,发出感叹说:"民何以支,而国何以堪乎!"

据泗水潜夫《南宋市肆记》,像苏州一类的浩穰之区,一些游闲奸黠之徒,设赌局(柜坊局)实行诈骗,还设美人局,用自己的妻妾作为诱饵出卖风情,挑逗青年郎君,引人上当受骗,敲诈钱财。宋时流氓集团还有设其他局行骗的,杀人抢劫的,甚至有私置税场、垄断市场、夺人田产、拐卖儿童等恶行。

早在五代后唐庄宗时,对这些"昼则聚徒蒲博,夜则结党穿窬"的流氓集团实行严厉打击,但是,由于封建社会制度性缺陷、官吏军队的软弱无能,往往禁而不绝,为害人民。

第三节 世家大族

世家是世代显贵的家族或大家,具有传承性质,它是由血缘相关的家庭构成。其中在政治、经济、文化上强势的家族,且绵延不断者,便称作世家大族。苏州在宋元时期,除传统的顾、陆、朱、张等世家大族外,还出现了一些新的名门望

---

[1] 孟元老:《东京梦华录》卷五《民俗》,中华书局1962年,第29页。

族,他们对苏州乃至国家的政治、文化产生巨大的影响。

一、范氏家族

范氏家族自五代迁吴,以范仲淹作为重要代表。范氏原为邠州人,唐相范履冰之后。唐咸通十一年(870)范隋南渡任丽水县丞。仲淹的曾祖范梦龄在吴越时曾任中吴节度司主管钱粮的判官,为官清廉自持,而家于吴。梦龄子范赞,亦在吴越国任职。范赞子范墉,即范仲淹之父亦任职于吴越王幕府。太平兴国三年(978)吴越归一,范家仕宋。范仲淹出生时,范墉任宁武军(驻所徐州)掌书记,卒于任上。

范氏家族自五代以来,尤其是范仲淹出仕显赫之后,一直是苏州地区的重要世族。其重要人物,宋时有范琪,是范仲淹的从兄,字希世,其父为宋宁国节度推官范昌言。天圣五年(1027)进士。历任鄱阳保信军、庐州从事。由叶清臣举荐,充任茶官,后授开封府法曹。他议论精当,坚持原则,"握节不挠",因而改大理寺丞。范琪知明州(今宁波)鄞县时,十分关注民生,修筑堰埭百余,决导潴积,加强水利农田建设,受到上级机关浙东路转运司与安抚司的推荐。知常熟,"辟金泾、鹤渎二浦田千顷为公家利"。[1]升任尚书员外郎、通判泰州,卒于任上。

范仲温,字伯玉,仲淹之兄。景祐(1034—1038)补将作簿,调新昌尉,监余杭县税,迁宁海军(驻所宁波)节度推官。庆历七年(1047)任台州黄岩知县。正碰上海潮冲击台州城,沦溺者甚众。范仲温教民作竹木筏子,救活万人。既而主持州城的修筑,"虑人筑且劳,壁不能久",于是召集民工积土为基,以牛数百蹂之,坚而后再加上长石,互相衔枕,使城壁牢固。城门都设闸,"遇水暴至则障之,众服其善,台人遂安"。[2]秩满,以太子中允退休,卒葬天平山。仲温子有文,天圣间(1023—1031),在宋庠榜及第省试,惜年轻早逝。

范纯祐(1024—1063),范仲淹长子,字天成。早慧夙灵,方十岁,即读诸书,作文章。范仲淹守苏州时,建立州学,聘名师胡瑗任教。胡瑗学规严密,生徒多不奉率,范仲淹很是担心。而纯祐主动要求入学,叙于诸生之末,完全遵守胡瑗的学规,从而使其他学生依纯祐所为作标的,没有一个敢犯规的。从此,苏州州学成为各郡的榜样。宝元年间(1038—1040)西夏叛宋。范仲淹与西夏在陕西

---

[1] 张昊:《吴中人物志》卷五《官绩》,古吴轩出版社2013年,第43页。
[2] 张昊:《吴中人物志》卷五《官绩》,古吴轩出版社2013年,第43—44页。

作战。范纯祐深入基层,与官兵"杂处",深知军中隐情与军官的"臧否",因而范仲淹能做到,"任人无失,而屡有功"。[1]范仲淹率军在环庆时,筑马铺砦,西夏因怕这个"砦"扼住它的冲要之地,因而派兵干扰建砦工程。范纯祐闻讯领兵奔驰至马铺砦,一面作战,一面筑砦,数日便成。一路之境,依恃此砦而安定下来。

范纯祐对父母十分孝顺,一生未尝离开左右。在范仲淹受到谗言罢官时,纯祐担任将作监主簿,以后又担任司竹监的官职,但都以非己之好,离任而去,随被贬任知州的范仲淹到了邓州。不久,即卧病于许昌。这时,富弼正镇守淮西,前来看他。他问富弼说:"这次你来,是为公事,还是私事?"富弼回答:"为了公事。"范纯祐说,"为公则可,为私就不可了。"可见范纯祐,公私分明、光明正大的风格。

范纯仁(1027—1101),字尧夫,范仲淹次子,天资警敏,八岁时,即能讲解老师所授的道理与知识。皇祐元年(1049)进士及第,为侍养父母而不赴外地任官。他勤于学习,"昼夜肄业,至夜分不寝,置灯帐中,帐顶如墨色"。[2]范纯仁所交游的都是其父范仲淹帐下的贤士,如胡瑗、孙复、石介、李觏之类。仲淹殁后,方才出仕,以著作佐郎的名义知襄邑县。力劝县民植桑织丝,对一些触犯刑法而犯罪较轻的人视其植桑的多寡来减除刑罚。县境内有中央政府的牧地,一些卫士牧马,蹂践百姓的庄稼,纯仁抓捕卫士一人,处以杖刑。上级对此事"劾治甚急",要处分纯仁。纯仁答辩说:养兵的经费来源于田税,如果侵暴民田而不问,那么税从何来?皇帝听了纯仁的解释,放了范纯仁,并下令将牧地划归县府,统一管理。当时,久旱不雨,范纯仁谕令境内的粮商把所贩的五谷贮放在佛寺,有十几万斛。至来年春天,各县都发生饥荒,而襄邑县由于储粮充足,境内居民竟不知春荒为何物。

治平年间(1064—1067),范纯仁擢升江东转运判官,召为殿中侍御史,后出任地方官员,历京西提点刑狱,京西、陕西转运副使。在任时使陕西"城郭粗全,甲兵粗修,粮储粗备"。[3]范纯仁反对"掊克财利"的王安石新法,因新法执行中,奸吏贪墨,民心不宁,范纯仁因直言犯上再贬边地,知庆州。纯仁辞阙,表示愿"缮治城垒,爱养百姓"。[4]这时秦中正发生饥荒,范纯仁不经上报,直接从常平仓中发售粮食,贷给灾民。纯仁的僚属说,调发常平仓粟,应该请奏上报。纯

---

[1] 脱脱:《宋史》卷三一四《范纯祐传》,中华书局1977年,第10276页。
[2] 脱脱:《宋史》卷三一四《范纯仁传》,中华书局1977年,第10282页。
[3] 脱脱:《宋史》卷三一四《范纯仁传》,中华书局1977年,第10283页。
[4] 脱脱:《宋史》卷三一四《范纯仁传》,中华书局1977年,第10285页。

仁说,"如果此事请示上级,时间已不许可了。我完全独当其责,与诸君无干系。"至秋,大获丰收,民众欢腾。后移知齐州。齐俗凶悍,人轻为盗劫,纯仁治之以宽厚。齐州西司理院,囚犯常满,都是一些违法屠贩与小盗贼之流,范纯仁把这些囚犯教训后尽行放出,叫他们回去后纳税守法,重新做人。一岁之后,盗贼比往年减少了大半。

元祐初(1086)进吏部尚书。三年(1088)拜尚书右仆射兼中书侍郎(右相)。范纯仁对变法派的章惇、邓绾,与守旧派的苏轼等都有所维护。元祐八年(1093)哲宗亲政后起用新党,推行新法。章惇被任命为首相,排斥吕大防、苏辙等守旧派官员。吕大防被章惇流放时,满朝文武无一人敢言,只有范纯仁不顾家人阻拦,替吕大防辩护,结果"诋为同罪,落职知随州"。第二年,又贬为武安军节度副使,永州安置。范纯仁宽厚大量从不言章惇之恶。在永州三年,徽宗即位,即授纯仁光禄卿,分司南京,邓州居住。纯仁乞归许昌养疾。建中靖国元年(1101)正月初二,"熟寐而卒"。谥"忠宣"。

范纯仁性格平易宽简,廉洁勤俭,所得的朝廷赏赐,都充实到范氏义庄之中。心地善良、仁慈,任地方官时有惠政,许州等地为之建生祠。[1]他一生奉行孝道,年轻时不愿轻离父母而赴官。兄纯祐有心疾,"奉之如父,药膳居服,皆躬亲时节之",颇有乃父之风,为当朝人赞誉。

范纯礼(1031—1106),字彝叟,范仲淹第三子。年轻时,以父亲的荫庇,任秘书省正字,签书河南府判官,知陵台令兼永安县。为官公正、公平、正直、清廉,主张宽猛兼济,建皇帝的永昭陵时,永安县的上级机关京西转运司,平均分配路内各县木石砖甓及工役的任务。但是,范纯礼拒绝接受这一"任务"。他说:皇家的陵墓都在永安境内,每年"缮治"无虚日,永安的负担很重,这次不能与他县一样提供建材。负责建造山陵的韩琦认为他的建议合理而免除了费用。他在遂州任上,泸南边境,征调纷扰,民情不安,范纯礼"以静待之",凡可办的事则办,而"不取于民"。老百姓对这位地方长官十分感激,把他的图像挂在家中,奉之如神灵。这种挂有范仁礼图像的家称作"范公庵"。有次,遂州草场发生火灾,"民情疑怖",看守草场的小吏,恐惧待死。范纯礼检查后却说,这是草湿热后自然生火,没有什么奇怪的,免除了草场小吏的罪责,还私下给小吏以经济帮助。一个管理仓库的官吏盗窃库中的丝,犯了死罪。纯礼却让库吏的家属花钱偿丝,以赎死罪。还命令释放此案的牵连者。范纯礼历任吏部郎中、太常少卿、江淮荆

---

[1] 庄绰:《鸡肋编》卷上,中华书局1983年,第34页。

浙发运使、吏部侍郎、礼部尚书等职。他执政以宽,说:"宽猛相济,圣人之训。今处深文之后,若益以猛,是以火济火也。方务去前之苛,犹虑未尽,岂有宽为患也。"[1]范纯礼对家乡文教事业十分关心,元祐四年(1089),以"南隙地"拓展了由他父亲仲淹创办的苏州州学,使州学得到发展。

范纯粹,字德孺,范仲淹季子。元丰(1078—1085)为陕西转运判官,调解并解决伐夏诸路军队的矛盾。又以"关陕事力单竭,公私大困"的理由,劝阻了神宗再次伐夏之举。后任鄜延路都总管、经略安抚使,复代兄知庆州。时与夏议分疆界,纯粹修明战守救援之法,保持边疆的和平。纯粹任官,沉毅有干略,有适应形势的才干。他反对以钱买官的政策,在朝野被称作直臣。范纯僖,范仲淹侄辈,似曾在广西静江府任职,有诗咏桂林景色。[2]范师道,字贯之。范仲淹侄,天圣九年(1031)王珪辰榜进士。累知广德县,禁杀牛祀神的陋习。擢侍御史,论事触犯宰相刘沆,反对崇尚虚文,终直龙图阁、知明州。师道之子范世京,字延祖,皇祐五年(1053)进士,以孝闻。为官治声动浙右。范纯诚,范仲淹侄,长期掌管范氏义庄义田,他悉心剖划,创立规制,作风廉洁,后任衢州司理,惜英年早逝。

范周,字无外,范仲淹侄孙,赞善大夫纯古之子。少负不羁之名,安贫乐道,未尝屈折于人,常作诗以讽刺时政,居范家园。范正民,范纯仁(忠宣公)长子,以荫补军州团练推官,早卒。作有《孔林》诗。范正平,字子夷,范纯仁次子。北宋绍圣初(约1094),任开封尉,户部尚书。蔡京勾结皇后亲戚向氏夺取民田,来扩展向氏的坟地。范正平直言敢谏,揭发蔡京擅夺民田之罪,蔡京因此而获"赎铜"的处罚。正平后坐事下御史狱,事解,终身不仕。正平肆力于学,为文通古今,论议出人意表,"不朋比为进取资,不可以势屈,不可以利回"。[3]作风清廉,"操履甚于贫儒",具有范氏家风。其弟范正思,字子默,学行为士林所推。范正国,字子仪,曾知延津县,卫隆裕太后南渡,任广东路转运判官,终荆湖北路转运使。范寅孙,范仲淹曾孙。绍兴十七年(1147)官平阳县丞。才思敏捷,勤于用事,关怀民生,积极兴修水利,被崇祀于名宦祠。[4]

范之柔,南宋中期人,字叔刚。范仲淹五世孙。乾道八年(1172)进士,官至礼部尚书。他执政孝亲,都是以范仲淹的举措作准则,知止畏盈,不作声张。常

---

[1] 脱脱:《宋史》卷三一四《范纯礼传》,中华书局1977年,第10278页。
[2] 王象之:《舆地纪胜》卷一○三《静江府》,中华书局1992年,第3183页。
[3] 范成大:《吴郡志》卷二十六《人物》,江苏古籍出版社1986年,第379页。
[4] 顾震涛:《吴门表隐》卷十四《人物》,江苏古籍出版社1986年,第198页。

有隐逸于山林之志,卒谥清宪。范公偁,仲淹五世孙,学行俱佳,所著《过庭录》,多述祖德,而语不溢美,有乃祖淳实之遗风。

范文英,字良材,号静翁。元末人,范仲淹八世孙。博闻强记,冠绝于人。一生讲学于信州(今上饶)、处州(今丽水)、湖州等地书院以平江路教授退休。后创办文正书院,招致名师,以培养范氏族人。在绍兴任教授时,曾救助"贫不能归"的故人。

元末以后范氏族人,奉法勤仕,遵循"先忧后乐"思想,办好义庄,周济族人。如范国雋,仲淹九世孙,因卓然异等被推荐于朝。[1]又如十四世孙范信,任明广西参将,都指挥使,"有将略,而素以墨闻"。范允临,字长倩,万历(1573—1620)进士,官至福建参议,工于书画,与董其昌齐名,筑室于天平山之阳,凡故人及四方知交之来吴者,常与游山水之间,人称豪爽。范允临关心范氏义庄建设及先祖坟茔的保护修缮。今天平山之枫,由范允临种植。

范可询,清人,字问之。品行至优,居白堤,有功于范氏义庄,力修天平山祖庙。其子范珍勋,积累自己的资金,增置良田千亩,充实义庄以广祖泽。范可询之像崇祀于文正书院。范家一直以"清苦俭约"、[2]推己及人、先忧后乐、培养人才著称于世。

二、韩氏家族

韩氏家族,是宋时苏州新兴家族之一,以迁吴始祖韩世忠为标志。韩世忠其先为陕北延安人。曾祖叫韩则,家中富有资财,常出钱帮助穷民。但到祖父韩广、父亲韩庆时,家道已中落,"家贫无生业",[3]落入贫农阶层。

韩世忠早年参军,曾参加抗夏与抗辽的斗争。靖康元年(1126)抗击金军于浚州(今浚县),平定叛军于淄青。其后,韩世忠以团练使名义,率部赴赵州,支持王渊,乘雪夜袭击金军,取得大胜。靖康之变后,韩世忠率部劝赵构登基,又击溃金兵数万于西王台,斩其主帅首级。宗室南渡,韩世忠曾护驾至扬州,收服张遇。建炎三年(1129)金人侵入京西诸路,形势吃紧,左翼军统制韩世忠奉命驰援,转战各地,惜在宿迁作战失利,退保盐城。三月中旬,韩世忠率军至苏州,平定了苗傅、刘正彦的叛乱。韩世忠军奉命在通惠镇(今上海青浦北)练军待发。

---

[1] 曹允源、李根源:民国《吴县志》卷六十五下《列传》,江苏古籍出版社1991年,第80页。
[2] 朱弁:《曲洧旧闻》卷三《范子夷》,中华书局2002年,第121页。
[3] 李幼武:《宋名臣言行录》别集下卷六《韩世忠》,文渊阁《四库全书》第449册,上海古籍出版社1987年,第582页。

时金军南占杭州、明州后,由于各地的反抗与气候的炎热,只得北撤。韩世忠计谋在中途邀击金兵,获朝廷同意后,韩军在镇江设伏以待。建炎四年(1130)三月,金兵退至镇江,统帅兀术在金山寺遇袭。金兵被韩世忠拦击于镇江江南,传韩夫人梁氏亲自击鼓励军。金兵不得北渡,只得转向建康。双方在黄天荡激战,相持四十八日,韩世忠以八千精兵击败十万金兵。后金兵靠疏浚小河逃入长江,又乘风烧韩世忠船,才退回了江北,免遭灭顶之灾。

绍兴初(1131)被调往福建,镇压范汝为起义。四年(1134)在大仪(今仪征北),大破金与伪齐联军。两年后任京东、淮东路宣抚处置使,开府楚州,力谋恢复。他多次上书,反对秦桧与金议和。绍兴十一年(1141),韩世忠被召入行在临安(今杭州),授枢密使。他上疏言事,主张继续武力抗金。岳飞遭冤狱,曾面诘秦桧。由于他的主张不被采纳而自请解职,闭门谢客。死后追赠"蕲王"。[1] 韩世忠在建炎三年,自常熟带军到苏州平苗刘之叛时,置家于苏州,以后他的封地亦在苏州南园一带,其宅第即沧浪亭。韩世忠自前线回杭州,多次至苏州家中停留休息。任职杭州与清休后,也常至苏州。死后葬灵岩山麓。

韩世忠亲族中,有下列著名人物。

韩世清,韩世忠弟,曾任统制官,屯建康。韩世良,韩世忠弟,统制官,有带御器械的职衔。

韩彦直,韩世忠长子,字子温,六岁即能写大字,绍兴十八年(1148)登进士第。任太社令、浙东安抚司主管机宜文字,迁屯田员外郎兼权右曹郎官、工部侍郎。乾道二年(1166)迁户部郎官,主管左曹,总领淮东军马钱粮,深入细察,知粮吏"给米不如数,而置于法"。知江州日,搜剔隐匿,发还岳飞冤杀后被人所占产业。七年(1171)授鄂州驻扎御前诸军都统制,加强军事训练,卓然有成效。次年知台州。九年(1173),充遣金使,在投递国书中,坚持宋政府立场,"几罹祸者数,守节不屈"。[2] 回宋后迁吏部侍郎,改工部尚书,兼知临安府。最后,提举万寿观,转光禄大夫,致仕。

韩彦朴,韩世忠次子,奉议郎,直显谟阁,甚有政绩。惜其寿不延,在早年弃世。

韩彦质,韩世忠三子,绍兴十一年(1141)直秘阁,二十八年(1158)行光禄寺丞,曾任两浙转运判官。后为朝奉大夫,知黄州,淳熙七年(1180)至九年

---

[1] 脱脱:《宋史》卷三六四《韩世忠传》,中华书局1977年,第11367页。
[2] 脱脱:《宋史》卷三六四《韩世忠传》,中华书局1977年,第11370页。

(1182),以朝请大夫,充秘阁修撰,任平江知府。接着,任太府少卿,兼知临安府。

韩彦古,韩世忠幼子。绍兴十八年(1148)直秘阁,以朝奉大夫任秘阁修撰。在淳熙元年(1174)七月任平江知府。九月丁母蕲国夫人周氏忧,解职持服。至次年正月,再任平江知府。六月,除敷文阁待制,八月罢。韩彦古初到平江任职,有士人拿着平江吏员的长短向彦古告状,来占测彦古处理政事的能力。韩彦古说:这个状子你没有能力写出,后面一定有吏员作主使。那个士人听了很惊异,就以事实相告。韩彦古把那个主使的吏员处以杖刑。一州人士,都认为韩彦古很神明。韩彦古治政严于执法,"刚严有风采,所至令行禁止"。[1]韩彦古在苏替府学筑采芹、仰高两亭,修治百花庙并修缮义仓,充储粮食以备荒。宋孝宗一直把韩彦古作为韩世忠的接班人,曾对诸位将军说:韩彦古能继承家风,我对他表示信任与勉励。韩彦古官至户部尚书。

韩枫,韩世忠孙,右承奉郎,直秘阁。韩梃,韩世忠孙,直秘阁。孙韩亦颜归佛乘,号清凉居士。世忠葬苏州灵岩山,留子孙守墓。宋末为避元兵,深入太湖中甲山(横山)隐居。韩氏以文武兼行为其特色。

三、叶氏家族

叶氏是文化世家,以叶清臣、叶梦得为代表。相传金紫光禄大夫叶纲,以长洲县道义乡为"定着",死葬苏州宝华山,苏州叶氏多是其流派。其主要人物如下。

叶参,长洲人,天圣二年(1024),以朝散大夫刑部郎中知苏州,修七桧堂。谢事后,居天庆观(今玄妙观)之东,有"贤德"之名。"九老会"人员之一。为叶梦得族祖。

叶清臣,字道卿。叶参之子。从小敏异好学,天资爽直豪迈,善写文章。天圣二年(1024)举进士第二,任签书苏州观察判官。逐步升迁作"起居注",入三班盐铁院。敢与大臣争,反对大臣专权,出为两浙转运副使。两浙豪右占据上游之地,水不得泄,叶清臣请求疏通盘龙港、沪渎港等水,使水排于海,获朝廷批准,"民赖其利"。[2]升三司使,主管国家财政出入,把有关财政、税收的诏敕,汇编成册,给予公布,使吏员不敢欺瞒百姓。曾历知江宁、邠(今彬县)、澶(今濮阳)、

---

[1] 卢熊:洪武《苏州府志》卷四十五《异闻》,广陵书社2015年,第588页。
[2] 范成大:《吴郡志》卷二十五《人物》,江苏古籍出版社1986年,第368页。

青州、永兴、河阳诸郡。遇事敢行,上书言事,皆当世可行者。

叶均,叶清臣之子,曾任集贤院校理。据传,曾领乡郡,士绅以为光荣。叶温叟,是清臣子侄辈,任浙西转运使,施赈从公,而获好评。叶羲叟,叶清臣侄,叶梦得祖父。以叶清臣之荫而入仕。年六十余提举两浙常平仓事。第二年,提举江南西路常平等事。叶助(1047?—1113?),叶梦得父,字天佑,熙宁三年(1070)进士,任睦州建德(今属浙江)尉,后官拱州,再任达州(今属四川)司理参军等职。叶梦得(1077—1148),叶清臣从侄曾孙,长洲人,仕至尚书左丞,加观文殿学士,详见《文学》一节。

叶梦得子息众多,其子孙辈著名的有下列几位:长子叶韩栋,协助叶梦得编写《石林燕语》与《避暑录话》。叶桯(一作程),字叔轸,曾任临安府通判,知永州(今属湖南)、吉州(今属江西),仕至中奉大夫。栋与桯,后都隐居于吴县东山碧螺峰下,死后亦葬于此山。叶模,字叔范,梦得再任建康时,以右宣议郎充江南东路安抚制置大使书写机宜文字。绍兴十一年(1141)二月,奉父命,率领千人,守卫马家渡,金将兀朮带领轻兵来犯,由于叶模的坚决抵抗,使兀朮不得渡水而回。[1]乾道末至淳熙初(1173—1174),又以右朝散大夫提举两浙西路盐茶,曾知兴国军(今阳新)。叶韩橹,晚年知缙云(今属浙江)县,卒于官。叶筠,叶梦得孙。庆元庚申(1200)曾守临江(今清江),曾语及其祖《贺新郎》词,评论得当,有一定的文学修养。[2]叶溥,号克斋,叶梦得族孙,在湖州城东,创建叶氏园,"多竹石之胜"。[3]叶氏后裔叶燮曾说叶氏自南宋迄元,名贤踵起,若讳时,若讳颙,若讳适,若讳李,诸公或位登宰执,或职居卿贰,皆以文章德业名世。

第四节 苏州民众生活负担

五代宋元时期,苏州人民的负担较重,每朝都有逐步加重的趋势。五代时,国家正式的赋税是"亩税三斗,浙人苦之"。[4]后宋太宗派王赞为转运使,曾减至亩税一斗,但后来又有增加。

---

[1] 李心传:《建炎以来系年要录》卷一三九,上海古籍出版社1987年,第326—863页。
[2] 刘昌诗:《芦浦笔记》卷十《石林词》,中华书局1986年,第79页。
[3] 周密:《癸辛杂识》前集《吴兴园圃》,中华书局1988年,第10页。
[4] 龚明之:《中吴纪闻》卷一《王赞运使减租》,上海古籍出版社1986年,第24页。

一、赋税加重

北宋盛时,政府在两浙收税的收入达330万余缗,"而盐、茶、酒税十居其八,郡国支计皆在期间",由于承五代钱氏横敛之政,"故赋入视他路已厚"。宋时,官府还故意将仓库转移他处,或支应边郡军需,令人民远地输送。缴税粮户,为减轻运费,常用现钱至指定场所购粮缴纳,但又被商税机关指为经商,"收取"税款。以后官吏勒索粮户支移脚钱,用来作免除远地运输的代价,加重了人民负担。

宋政府又改征其他财物,从中取利,称折变,从而"益加靡费,其数反重于正捐"。宋政府的杂税名目众多,不胜数。又如义仓之设,本为灾年输赈之用,有利于百姓,但一些自耕农"每当输一石,而义仓省耗,别为一斗二升。官仓明言十加六,复于期间用米之精粗为说,分若干甲,有至七八甲者,则数外之取亦如之。庾人执槩从而轻重其手,度二石二三斗乃可给。至于水脚、头子、市例之类,其名不一,合为七八百钱,以中价计之,并僦船负担,又须五斗,殆是一而取三"。[1]自耕农实际所缴租税,已数倍于原有之额。义仓之法"行之日久,官吏视为公家之物,遇赈给靳惜特甚"。[2]宋时,租粮特重,一些贫雇农"耕垦豪富家田,十分之五输本田主"。

南宋淳熙末(1189),包括苏州在内的浙西地区,输朝廷左、内藏两库的税钱750余万缗,还不包括茶盐专利之税。从建炎三年(1129)始,政府还下令捐纳"折帛钱"。两浙路"上供和买绸绢,每岁为一百七十万余匹","令民户每匹折纳钱二千"。[3]后又有加征,使人民负担愈来愈重。

宋时酒由政府专卖,酒价逐年增高。建炎四年(1130),每升酒增钱二十四,"迄绍兴六年(1136),浙路出煮酒每升共增一百五十钱"。本为调节粮价而设的常平仓,自抗金军兴之后,"往往拨以赡军,无复如曩时之封桩矣",[4]起不了平抑粮价的作用。

宋政府为支付日益增长的军政开支,总揽东南地区财赋的发运兼经制使,建议增收卖酒钱、印契钱、头子钱以充军费,称经制钱。靖康时一度废除。绍兴五年(1135)总制使又仿上述办法增税,称经总制钱,完全是一种苛捐杂税行为。

---

[1] 洪迈:《容斋续笔》卷七《田租轻重》,中华书局1982年,第295页。
[2] 王栐:《燕翼诒谋录》卷四,中华书局1981年,第34页。
[3] 李心传:《建炎以来朝野杂记》甲集卷十四《东南折帛钱》,中华书局2000年,第291页。
[4] 李心传:《建炎以来朝野杂记》甲集卷十五《常平苗役之制》,中华书局2000年,第315页。

此外,还有"月桩钱",原规定以酒税,经制等钱供应,但所给不能满足十分之一二,"故郡邑多横赋于民"。[1]

身丁钱,更是人民的一大负担,"两浙身丁钱者,始末行钞法以前,岁计丁口,官散蚕盐,每丁给盐一斗,输钱百六十六文,谓之丁盐钱。皇祐(1049—1054)中,许民以绸绢依时值折纳,谓之丁绢。自钞法既行,盐尽通商,而民无所给,每丁仍增钱三百六十文,谓之身丁钱。大观(1107—1110)中始令三丁纳绢一匹,当时绢贱,未有陪费,后物价益贵,乃令每丁输绢一丈,绵一两,皆取于五等下户,民甚病之"。[2]建炎三年(1129)政府规定,身丁钱的一半折成绢交纳,一半用现钱。直至开禧元年(1205)才予免除。宋时还有放牧于民的陋制。南宋早年,国家到广西与四川买马,以供军队与驿旅之需。养马之费,转嫁于苏州一带农民,每逢暑时,政府将三岁的马"放牧于苏、秀以就水草",成为放牧区的一大患害。

农民还要受到基层小吏的骚扰。据范成大前后《催租行》诗,里正来催租时,农民要"热情"招待,供钱喝酒。农民家中"床头悭囊大如拳,扑破正有三百钱。不堪与君成一醉,聊复偿君草鞋费"。[3]农民租税负担特重,因全力输租,只能"抱长饥"偷活。而乡官催租特急,"黄纸放尽白纸催",只能典尽衣物,甚至用女儿出嫁所得彩礼来缴税。

元时苏州人民负担更逐步加重,至元十七年(1280)定全科户丁税,每丁粟三石,驱丁(家奴)一石;地税每亩粟三升。从元成宗元贞二年(1296)开始分夏秋二季征收,"秋税止命输租,夏税则输以木棉布绢丝绵等物"。[4]政府所收粮食,江浙一路达 4 494 783 石,几近其他省(腹里除外)的总和,还要负担 57 830 锭的夏税钞和丝料、包银、山林川泽之产的岁课。元政府与历朝封建政府一样,实行盐、茶、酒等专卖,加重对人民的剥削。江浙一路的商税高达 269 027 锭。在正额之外,还有所谓额外科,山场、河泊、窑冶、蒲荻、鱼苗等,凡 32 项,均须收税。加上权势之家与税吏相勾结,从中作弊,鱼肉乡民,不胜其烦,民众负担日增。

二、物价上涨

宋元时期,与人民生活密切相关的米盐价格逐年上涨。北宋真宗时,一些地区一斗麦十钱左右。熙宁元丰时期(1068—1085),米价每石大约四五十文。而

---

[1] 李心传:《建炎以来朝野杂记》甲集卷十五《月桩钱》,中华书局 2000 年,第 322 页。
[2] 李心传:《建炎以来朝野杂记》甲集卷十五《身丁钱》,中华书局 2000 年,第 327 页。
[3] 范成大:《催租行》,《宋诗钞》,中华书局 1986 年,第 1717 页。
[4] 宋濂:《元史》卷九十三《食货一》,中华书局 1976 年,第 2359 页。

至北宋末,由于天灾人祸,宣和间涨至每石两三千文。靖康之变后汴京米价一升高至三百文。[1]战乱时期,苏州米粮跟风涨价。至南宋米价居高不下,每石维持在两千的水平。元初,米价每石一千文左右,至元二十四年(1287),由于至元钞兼行,米价飞涨,每石至十余贯,涨了十多倍。至正六年(1346)粳米价格上涨至三十二两至四十两。至正十九年(1359)冬,杭州米价达二十五贯一斗,比元初涨了两百五十倍。其他与生活紧密有关的盐、酒、茶亦逐年涨价,宋元时代的民众生活负担还是很重的。

第五节　社会慈善事业

随着生产力的提高,经济实力的增强。五代宋元时期慈善事业取得相应的拓展,慈善品种增多,受益面逐步扩大。

一、灾荒与社会救济

苏州在唐末至元朝期间,多次发生灾荒。乾宁元年(894)四月,苏州大雨,继而大雪,伤害禾稼。宋淳化初(990)"三吴岁饥,疾病,民多死"。大中祥符四年(1011)九月,苏州吴江水灾,泛溢坏民庐舍。嘉祐五年(1060)七月,发生水灾,风激涛起,影响航行。元祐二年(1087),太湖大水,苏州溺死者三十余万,使秋田不种。绍圣元年(1094)海风强大,破坏民田。次年,自夏迄秋,频发地震。大观元年(1107)发生水灾。该年十月辛酉地震继祸。五年(1111)八月,由于海洋季风,发生重大水灾。宋绍兴元年(1131),东南诸路包括两浙路在内发生饥荒,多有饿死者。"是夏疾疫",遍发传染病。二年八月,长洲地震自西北来,树木皆摇动。三年(1133),苏州发生重大地震。次年六月,由于连续不断的大雨,使庄稼受到危害。宋绍兴十三年(1143)三月十五,时已过清明,居然,"大雪盈尺",空气奇冷。二十八年(1158)七月"大风雨,潮溢数百里,坏田庐三省",[2]"平江等府被水尤甚"。

宋隆兴元年(1163)八月,由于大风大水,使"是岁大饥"。次年七月平江大水浸城郭,"坏庐舍圩田军垒,舟行廛市累日,人溺死甚众。越月积阴苦雨,水患益甚"。乾道元年(1165)春,平江府发生大饥荒,人有饿死者,"徙者不可胜

---

[1] 李心传:《建炎以来系年要录》卷四,上海古籍出版社2008年,第325—380页。
[2] 吴昌绶:《吴郡通典》备稿七,苏州市地方志办公室《苏州史志》2005年,第55页。

计"。[1]乾道六年(1170)与淳熙三年(1176)苏州都曾发生大水。十二年(1185)"有虫聚于禾稼",绍熙五年(1194)与嘉定十六年(1223)都有发生大水或大雨"伤害庄稼"的记载。度宗咸淳七年(1271),平江又产生饥荒。元朝至元二十一年(1284)二月,霖雨欠时,米价腾贵。二十三年(1286)六月苏州"多雨伤稼,百姓艰食"。次年,仍是"水涝为灾"。由于频年饥荒,"民鬻妻女相食"。二十九年(1292)六月,苏州水灾。元贞元年(1295)平江等路大水。大德三年(1299)六月继之。四年(1300),发生饥荒。五年(1301)七月初一,海水溢岸,飓风把平江路与吴县、长洲县的治所摧毁,"拔地而起"。这一年,又发生水灾。十年(1306),可说是灾害之年,五月大水,伤害庄稼;七月大风,"海溢漂民庐舍;十月,吴江大水"。元天历元年(1328)八月,"水没民田"。从至顺元年(1330)开始,又是一连串的灾难,元年闰七月,发生水灾。二年(1331)十月"吴江大风雨,太湖溢,漂没庐舍孳畜千九百七十家"。[2]三年(1332)九月,又发生水灾。元顺帝至正八年(1348)四月大水。二十五年(1365)"平江连发大水,民多饥馑"。

宋元时期的苏州,可说是灾害频仍,多达40余次。除了自然灾害,还一些是人为所造成。如政和三年(1113)四月,"苏州火,延烧公私屋一百七十余间"。[3]绍兴七年(1137)正月辛未(一月三十一日),平江城发生火灾,灾情较重。

苏州这一时期为什么发生众多的灾害?究其原因,是由于苏州地处东南海滨,河流网织,湖泊棋布,加上处于季风区域内,故而水灾加剧。也由于一些地方官吏的贪渎、无能与失职。如元至元二十四五年,元政府江淮行省在赈灾中由于官吏与富民"因缘为奸,多不及贫者",影响了民众抗灾的积极性,加上政府的不力,以至于"杭、苏、秀、湖四州复大水"。而一些火灾的发生,更是地方政府管理不善的直接结果。元朝吏治腐败,因而受灾次数最多。

对于灾害的救济,有多种途径。一是由政府蠲免赋税。绍兴二十一年(1151)因复业未久,免除"平江折帛钱三年"。[4]绍兴二十八年(1158)平江府水灾严重,政府便免除了平江府的赋税及历年积欠。二是政府直接赈济。宋哲宗元祐六年(1091),苏杭被水,死者数十万人,宋朝政府"诏赐米百万斛、钱二十

---

[1] 吴昌绶:《吴郡通典》备稿七,苏州市地方志办公室《苏州史志》2005年,第56页。
[2] 吴昌绶:《吴郡通典》备稿七,苏州市地方志办公室《苏州史志》2005年,第59页。
[3] 吴昌绶:《吴郡通典》备稿七,苏州市地方志办公室《苏州史志》2005年,第51页。
[4] 脱脱:《宋史》卷三十《高宗纪七》,中华书局1977年,第572页。

余万赈济灾伤"。甚至直接提供食物,宋乾道元年春,苏州发生饥馑,有饿死人的现象的出现,州县为之提供了米粥等食品。三是以工代赈。宋隆兴二年(1164)七月,水患严重,平江政府用钱三十余万贯、米九万余石开围十三所,加强水利建设,又救济了灾民生活。四是平抑物价。至元二十一年(1284),由于雨涝灾害而粮价上涨,政府发米十万斛,"平价粜之",使民不饥。以上可说是政府的慈善救济活动。

在灾难中一些"上户"与"富民"都有助赈的义务。吴地历来水涝成灾,元世祖至元二十四年(1287)宣慰使朱清以水涝劝谕"上户"开浚娄江,使娄江从娄门顺利出水。用钱支持水利工程,实是替政府代赈。更难能可贵的是,一些热心人士,个人出资进行直接性的赈济。元时吴江同里的徐孝祥,自耕自足,不求他人。至治二年(1322)岁收大歉,民不聊生,孝祥毅然拿窖藏的白金,"日取数锭收籴以散贫人,所全活者不可胜计,物尽乃已"。[1]

而国家与社会的救济,主要来源于义仓与常平仓。义仓是为备荒而设置的粮仓,也叫社仓,始于隋。隋长孙平"见天下州县多罹水旱,百姓不给,奏令民间每秋家出粟麦一石已下,贫富差等,储之闾巷,以备凶年,名曰义仓"。[2]也就是说,在丰年之时"输其馀";在凶年歉收时,"受而食之"。义仓虽为官方所倡立,但积谷与管理多来自民间,主要设立于乡村。

而常平仓的设立比义仓早得多,在汉宣帝(前73—前49在位)时,由耿寿昌首创。其法:筑仓储谷,用于调节米价。在丰收谷贱时,增价而籴;在荒年谷贵时,减价而粜。这使在发生灾荒之时,粮食保持平价,保证了人的生存,给人民带来便利。宋时十分重视常平仓的管理,特设提举常平司的机构,负责此事,限制商人非法牟利。南宋平江知府韩彦古还设立归仁仓,报功仓,作备粮之用,具有国家仓储性质,以应付救灾等急需。

二、居养安济院等慈善机构的设立

宋时继承了唐代慈善事业的传统,在苏州设立了各种治病养老送终慈善机构。崇宁(1102—1106)政府规定州县"置居养院以存老者,安济坊以养病者,漏泽院以葬死者"。[3]第一种是收养失偶老人的居养安济院。建于北宋时期,南宋淳熙五年(1178)重建,位于社坛之东(今三元坊附近)。另一居养安济院,建于

---

[1] 高德基:《平江记事》,《吴中小志丛刊》,广陵书社2004年,第30页。
[2] 魏徵:《隋书》卷四十六《长孙平传》,中华书局1973年,第1254页。
[3] 龚明之:《中吴纪闻》卷五《生老病死》,上海古籍出版社1986,第112页。

绍熙四年（1193），地址在城西南隅，主要是收养鳏寡孤独者。广惠坊在鱼行桥，绍定四年（1231）建，收养鳏寡孤独、癃老废疾、颠连而无告者。[1]第二种是抚育幼儿机构。如慈幼局，宝祐三年（1255）设于府治东同乐院门内，主要是收养遗弃小儿。居养安济院亦有收养"幼失怙恃"孤儿的部分功能。第三种是救助残疾者，上述广惠坊就有这一作用。第四种是医病施药。太平惠民药局，宋庆元元年（1195）设于醋库巷；济民药局，宋绍定四年（1231）设于惠民坊；元时新建惠民药局设于颁春亭废址。它们都有为贫民施药医病的义务。第五种是送葬机构，如慈济局，宋嘉定（1208—1224）中建于夫子巷，它的义举是施棺于贫穷的丧家。此外，一些寺院亦有这一作用，张体仁所创齐昇院，"贫民死而不能津送者，则与之棺"。

多种作用各异的慈善机构的设立，表明了国家和社会慈善举措的全面提升。这些机构，设施较前齐全，如广惠坊内设有仓库、水井、厨房、浴室与生病者的专有房间。这些机构也具有较强的经济支撑，建于社坛之东的居养安济院有田产1 660亩，每年收租700余石，[2]可以支付养济院的日常开支，因而规模较大。又如，广惠坊就收养有200人之多。吴江县的安济坊、居养院、漏泽院，置于县学之东的隙地，受惠面较广。

宋元时期，苏州之所以出现众多的慈善机构，慈善事业日趋发达，在于苏州经济发展较快，人口迅速增长，产生了流浪失业等社会问题，但仍有余力对这些老弱病残者给予关怀。也在于宋时士绅阶层的兴起及其主流意识加强，给予"老有所养""父慈子孝"的儒家道德以贯彻的机会，士绅中乐善捐输者不乏其人。开禧三年（1207）陈耆寿向苏州居养安济院一次就捐田一千一百二十亩，其捐输量之大，令人吃惊。广惠坊的部分资金，也来源于民间筹集。民间力量的积极参与，是宋元苏州慈善事业的特征之一。

三、个人慈善之举

慈善乐施，已成为宋朝的风气，连一些商人，也开展慈善活动。朱勔的父亲朱冲以销售日用品为业，后积累一定资金，改开药店。由于生意越做越大，拥有大量的财产。朱冲"能以济人为心。每遇春夏之交，即出钱米药物，募医官数人，巡门问贫者之疾，从而赒之。又多买弊衣，择市妪之善缝纫者，成衲衣数百，当大

---

[1] 吴渊：《广惠坊记》，《吴郡文编》第二册，上海古籍出版社2011年，第281页。
[2] 卢瑢：《重建居养安济院记》，《吴郡文编》第二册，上海古籍出版社2011年，第280页。

寒雪,尽以给冻者。诸延寿堂病僧,日为供饮食药饵,病愈则已。"[1]朱冲主要是从自己行业(医药业)的角度开展施药救病的慈善活动。这完全应当肯定,不能因其子朱勔作恶多端而否定朱冲行善之举。宋元时还出现了一些世代相传的慈善家,南宋咸淳贡士、黄埭沈巷村的沈埠以炼铁铸造起家,用力周济乡里,很有名望,死后葬于虎阜野芳浜。其"子孙世承为善,曾孙仲昇捐筑下塘街,修虎丘塔。元孙孟迪,助代偿役田"。[2]可说是慈善世家之泽,代代相传绵延。

还有一些是捐款用于修桥补路,加强公共设施建设。北宋治平元年(1064),家住长洲东吴乡唐家桥的王一娘,把自己的"装奁"发卖,与其子金守遏一起捐款,使山塘河上的胜安桥由木板改成石桥。至南宋嘉定四年(1211),尼姑师道等又捐款重修。钱万里桥,相传是宋(一说元)善士钱万二捐钱创建。后来,"二"讹传成"里"。富孙桥为宋承事李富孙创建。在穹窿山北面,还有名叫张墅观、张阿庶的两座桥,是以宋代两善士的姓名命名。这两位善士,以务农为本,积资独建,很不容易。

在今葑门外的安里桥(或称安利桥),原是一座古桥,至正十四年(1354),由道人修真与城东丹霞馆的里人周玄初募集捐款,主持重建。桥记由姜渐撰写。元末,朱元璋军攻击平江。外城河上桥梁多有破坏,此桥由朱部徐达军保护下来。

四、范氏义庄的出现

义庄是宗族所办,用于周济族人的机构。范氏义庄是范仲淹在苏州首创,后在全国推广。范仲淹虽然青少年时代生活在外地,但是具有强烈的亲族观念。他得官回乡时,用绢三千匹,散与亲戚及知旧,"自大及小,散之皆尽"。[3]见范氏宗亲中有贫弱者,于宋仁宗皇祐二年(1050)在灵芝坊祖宅创办范氏义庄。他说:"吾吴中宗族甚众,于吾固有亲疏。然以吾祖宗视之,则均是子孙,固无亲疏也。吾安得不恤其饥寒哉!"[4]范仲淹买近郊丰熟的肥沃土地千亩,称"义田",作为"义庄"的救济来源。相传义庄基址的土地,由周瑞龙所捐。开始时采取普遍福利原则,"日食米一升,岁衣缣一匹"。[5]"嫁女者钱五十千,娶妇者二十千,

---

[1] 龚明之:《中吴纪闻》卷六《朱氏盛衰》,上海古籍出版社1986年,第145页。
[2] 顾震涛:《吴门表隐》卷八,江苏古籍出版社1986年,第94页。
[3] 龚明之:《中吴纪闻》卷三《范文正公还乡》,上海古籍出版社1986年,第60页。
[4] 范仲淹:《告子弟书》,《范仲淹全集》,四川大学出版社2002年,第802页。
[5] 王闢之:《渑水燕谈录》卷四《忠孝》,中华书局1981年,第36页。

再嫁者三十千,再娶者十五千,葬者如再嫁之数,葬幼者十千。族之聚者九十口,岁入粳稻八百斛,以其所入给其所聚,仕而家居俟代者预焉,仕而之官者罢其给。"[1]义庄还置有房屋,提供给无力置房的族人居住。义庄,选择年长而贤明的人担任主持,负责钱粮出纳。后因族中人口增长,入不敷出,转而对贫困族人的周济,侧重保障孤贫老弱的生活。

范氏义庄制度条例比较完善,便于执行。其慈善福利比较全面,在衣、食、住、教几个方面多给予关注。范氏设立"义学",给族中贫寒子弟以学习的机会。范氏义庄沿延多世,给后代义庄的发展以重大影响。一般认为,范仲淹是"义庄"的发轫者,后世全国各地的义庄,无不以范氏义庄为蓝本。南宋郑准,从父祖开始即寓居昆山,他厚于道义,轻财好客,"赴人之急,尤加意睦族,买田给赡之,有(范)文正公义庄之风。"[2]清雅尔哈善说,"范氏设义庄"可使"海内闻之兴起"。由范氏设义庄始,至明清逐渐推及全国,成为一种风尚。

范氏义庄经历了两宋、元、明、清、民国,直至新中国,历时九百余年。其范氏义学,至元朝改名文正书院,一直薪火相传,绵延不绝,至今仍在此办有景范中学。范氏义庄可以说是中华历史上延续时间最长、规模最大、管理最周密、影响最广泛的民间慈善机构之一。

第六节 社 会 风 俗

风俗是人民在生产、生活中相沿积久而成的风气、习俗。五代宋元时期的苏州风俗,由于自然环境的影响,体现了水乡风貌。再由于历史文化的积淀,进一步由尚武转向尚文,逐步走向精致典雅,其俗以完美显善,讲究生活质量而闻名。

一、生产风俗

自先秦至两汉,苏州的生产风俗,是火耕水耨,以种稻捕鱼为业,具有水乡特色。至五代宋元,深耕细作,手工精致,形成了一套完整的由生产各环节所组合的风俗习惯。根据地形高低与季节变化,苏州农业生产布局有其特点,一是高田种麦,低田种稻。"高田二麦接山青,傍水低田绿未耕。"[3]麦子种在山上的高田,而近水的低田,适宜种水稻,且在冬季休耕一熟,以保养肥力。二是争种隙

---

[1] 龚明之:《中吴纪闻》卷三《范文正公还乡》,上海古籍出版社1986年,第60页。
[2] 张昶:《吴中人物志》卷十《流寓》,古吴轩出版社2013年,第127页。
[3] 范成大:《四时田园杂兴》,《全宋诗》,北京大学出版社1998年,第26002页。

地。由于桑树系落叶树木,因而冬天在桑田种上蔬菜,到春天收获。"桑下春蔬绿满畦,菘心青嫩芥薹肥。溪头洗择店头卖,日暮裹盐沽酒归。"[1]冬春菘芥等蔬菜种在桑田,农民洗取出卖,以换回盐酒。在湖荡等水面上种植菱藕等富有灵气的水生作物,号称"水八仙"。而在湖外的水边多种植芦苇,正如范成大所说:"湖莲旧荡藕新翻,小小荷钱没涨痕。斟酌梅天风浪紧,更从外水种芦根。"[2]在庄边园地种上竹子,春时"舍后荒畦犹绿秀,邻家鞭笋过墙来"。苏州农业生产布局,因地制宜,利用空地与水面,争取农副业的高产。

根据苏州的气候条件,农事的随季节的变化作适当安排。春天的活计是酿酒。当时苏州流行一种叫"杜茅柴"的土酒,滋味虽薄,而酒力甚强,在社日擂鼓聚饮时,往往是"日斜扶得醉翁回"。春天另一个重要农活是"浸种育种",这是一件大事。开启稻种的蒲包浸种,要选择一个吉日,以祈稻米的丰收。春天又是采摘的季节,忙于采摘茶叶,采桑养蚕。正如《吴下田家志》所说"寒食过了无时节,娘养花蚕郎种田"。[3]晚春时节,苏州农村主要是移栽秧苗(俗称莳秧),种植茭青,以护堤岸。同时,还采摘樱桃、芦芽与芹韭等。这时亦是放鹅鸭的季节。夏日,农民的忙活是收获二麦(大麦与小麦),在南宋时一斗麦子的价格达百钱。青壮男人要长日在田头踏水车灌水稻田,"下田戽水出江流,高垎翻江逆上沟。地势不齐人力尽,丁男长在踏车头",[4]正反映了壮劳力农民用力戽水的情景。妇女正是缲丝作绢的大好时间,雪白的丝从茧抽出,发出了如雨鸣簧的音乐;连夜上机织绢,作成夏衣。农民们忙于劳作,"昼出耘稻夜绩麻,村庄儿女各当家"。一天忙到晚,不得休息。夏秋之季在水稻田的耕作,主要是耘田除草,加强水的管理。晚上还要纺绩麻线,农村中除纺丝外,还是以绩麻为主,毕竟麻纺物是农民衣料的重要来源。

秋日,农村活计主要是收割、打稻与打谷,在打稻之前,要把打谷场浇水压平,做到像镜面似的。打谷要乘晴天,有时只能连夜劳作,正是"获稻毕工随晒谷,直须晴到入仓时"才罢休。以后是把谷物储藏,准备过冬,"菽粟瓶缶贮满家,天教将醉作生涯"。[5]秋天,也是洞庭橘收获的季节,这时橘园在碧丛中染上红黄之色,果农收之换线,价格不菲,可抵"万黄金"。范成大诗:"惟有橘园风

---

[1] 范成大:《春日田园杂兴》,《全宋诗》,北京大学出版社 1998 年,第 26003 页。
[2] 范成大:《夏日田园杂兴》,《全宋诗》,北京大学出版社 1998 年,第 26003 页。
[3] 陆泳:《吴下田家志》,《吴中小志丛刊》,广陵书社 2004 年,第 159 页。
[4] 范成大:《夏日田园杂兴》,《全宋诗》,北京大学出版社 1998 年,第 26004 页。
[5] 范成大:《秋日田园杂兴》,《全宋诗》,北京大学出版社 1998 年,第 26005 页。

景异,碧丛丛里万黄金。"[1]后句"万黄金"既指橘子的颜色,也指柑橘丰硕的收入。

冬天,农民生产生活活动亦有多种。一是舂米。在腊月要把一年的米舂好,放在土瓦甓中,经一岁不蛀坏,称"冬舂米"。二是修缮房屋,涂抹墙壁,加厚茅草,"屋上添高一把茅,密泥房壁似僧寮"。从而"从叫屋外阴风吼,卧听篱头响玉箫",可安稳地度过寒冷的冬天。三是在休息时,用燃炭的地炉暖酒与煨芋栗。正是"榾柮无烟雪夜长,地炉煨酒暖如汤。莫嗔老妇无盘飣,笑指灰中芋栗香"。[2]四是挖掘蔬菜。特别是雪下的蔬菜,更是鲜美可口。"拨雪挑来踏地菘,味如蜜藕更肥醲。"踏地菘,今称矮脚白菜,仍是重要的蔬菜品种。

苏州是鱼米之乡,渔业与农业并重,几乎家家兼搞渔业。淳熙十三年(1186)范成大从苏州桃花坞,经运河至枫桥、横塘所见的景色是:"数帆残照满,一笛暮江平。晒网枫边桁,牵罾柳际棚。岫云紫石柱,田水穴堤鸣。过渡牛归速,穿篱犬吠狞。鱼寒犹作阵,雁远更闻声。"[3]从这一农村全景图中,体现了苏州农渔并重的特点。在河流边上搭棚牵网作为捕鱼之用,成为农村中的普遍现象。他过平望时,也见到"孤烟乍举网,苍烟忽鸣榔"[4]的景色,可见苏州渔船有鸣榔的习惯。由于鱼的收获量巨大,因此在鱼的买卖中,有"论斗不论斤"的习俗,宋时以两斤半为一斗。此俗一直沿传至民国。

宋继承唐的传统,在冬天十月,由于吴地牛栏寒冷且潮湿,因而要垫高牛栏基地,周围置上防风的秫秸,称牛宫。在建牛宫之前,要致词求灵,叫"祝牛宫词"。此外,与农业风俗有关的还有"照田财""打灰堆"等节日风俗。

苏州在农业生产中还有一些忌日,如耕田忌大月初六、小月初八;插秧忌九焦日;播种忌壬戌、壬辰、乙未日。当然也有宜日,如种麦宜庚午,种豆宜甲子之类。建筑禽畜笼舍亦有方向的选择,作牛栏忌丑方,作羊圈忌未方,作猪阱忌亥方,作鸡栖忌酉方。[5]

宋元苏州农业生产中的"忌宜"风俗,虽含有一定的迷信成分,但更多的是农业生产的经验总结。农业生产毕竟受到气候的制约,要适应天时变化的规律。至于禽舍畜栏建筑,更要注意地形的高低、开口的方向与所在的方位,以便禽畜

---

[1] 范成大:《秋日田园杂兴》,《全宋诗》,北京大学出版社1998年,第26005页。
[2] 范成大:《冬日田园杂兴》,《全宋诗》,北京大学出版社1998年,第26005页。
[3] 范成大:《阊门初泛二十四韵》,《全宋诗》,北京大学出版社1998年,第26007页。
[4] 范成大:《过平望》,《宋诗钞》,中华书局1986年,第1710页。
[5] 陆泳:《吴下田家志》,《吴中小志丛刊》,广陵书社2004年,第161页。

的健康生长。"忌宜"风俗,应包含了一些积极的成分。

二、衣食住行风俗

江南是水乡,居民的衣、食、住、行形成了与"水"相适应的习俗。

1. 服饰

宋元江南的服饰,衣料,以丝、麻、葛、棉为主。丝料,华丽轻柔,但不很耐用,价格又贵,因而产丝的农村,反而较少穿用。农民的日常衣料,多用麻葛制成。丝织衣饰主要盛行于城市。自南宋至元,由于棉花在江南的推广与棉花产量的提高,无论城乡,多用棉织品作衣料。

宋元时男子服饰流行的有"巾"。巾,自古有之,大约是"方者曰巾,圆者曰帽"。[1]为下层人民的"贱者"所戴。"庶人所戴头巾,唐人亦谓之'四脚'。盖两脚系脑后,两脚系额下,取其服劳不脱也,无事则反系于顶上。"但到宋时额下两带,成为虚设。[2]头巾实用方便,因而在各阶层流行开来。头巾有各种式样,光当时名士所戴的就有仙桃巾、幅巾、团巾、披巾、道巾、唐巾等。仙桃巾形似于桃。还有一种称额子,"帽下戴小冠簪,以帛作横幅约发"。[3]纱帽,也是宋时男子的普遍服饰。由于南方炎热,夏日戴纱帽的较多。宋时在知识分子中还盛行一种高耸的东坡冠。幞头,是宋男子所常用,古人用皂绢三尺裹发。北宋宣和初年(1119),有旨令士人用结带巾,其特点是"大带向前面系","不得向后长垂"。宋时幞头已改变了巾帕的形式。"有直脚、局脚、交脚、朝天、顺风凡五等,唯直脚贵贱通服之。"又说:"如今之幞头者,巾额皆方。"[4]

宋代男子喜穿一种叫"背子"的服装。背子原来像今天的背心(也叫马夹),后加上袖子,称作"半背"。大约在北宋后期逐步盛行起来。背子流行的有两种形式,一种是袖大而长,前襟平行而不缝合,两腋以下开叉。另一种是两腋和背后都垂有带子,腰间用勒帛束缚(也可不用束缚,任左右两襟敞开)。由于背子穿着方便,因此在宋时吴地流行起来。

宋朝南渡后,士大夫多有穿军衣的,"始衣紫窄衫,上下如一,绍兴九年(1139)诏公卿长吏毋得以戎服临民,复用冠带"。[5]

---

[1] 李时珍:《本草纲目》卷三十八《释名》,清乾隆四十九年(1784)书业堂本,第6页。
[2] 沈括:《梦溪笔谈》卷一,浙江古籍出版社1986年,第2页。
[3] 叶梦得:《石林燕语》卷十,中华书局1984年,第149页。
[4] 沈括:《梦溪笔谈》卷十九,浙江古籍出版社1986年,第2页。
[5] 罗大经:《鹤林玉露》卷之一乙编《紫窄衫》,中华书局1983年,第120页。

宋时的文人或所谓"隐士",喜欢穿一种"道服"。道服,为道教之服,其特点是宽大飘逸,朴素无华。据宋无名氏《张协状元》,道服是一种粗糙的袍子,"绦以宽大为美,围率三四寸,长二丈余,重复腰间至五七返,以真茸为之"。范仲淹曾赞美过道服。宋时还流行一种不拘礼数的"野服"。野服或是农民服装的雅化。老人喜欢穿长衫,"村巷冬年见俗情,邻翁讲礼拜柴荆。长衫布缕如霜雪,云是家机自织成"。〔1〕这种长衫颜色雪白,由自家织成,坚固实用。

元代男子服装,用暗花纻丝,丝绸绫罗、毛毡制成服装,式样与款式有上盖、布袍、团衫、唐裙背子、裙腰、裹肚、汗褡等,颜色以深暗色为主。

宋元时女子服饰,城市中妇女多用冠梳,"角冠,两翼抱面,下垂及肩"。〔2〕因长垂及肩,故又称垂肩冠。农村妇女,赤脚较多,在深秋与冬天穿鞋。苏州妇女所穿之鞋,因缠足的缘故,多穿尖头鞋。鞋儿尖小如三角,城市妇女多用丝绸做成。"吴蚕八茧鸳鸯绮,绣拥彩鸾金凤尾。"〔3〕鞋面上绣着各种花纹图案。劳动妇女亦有不缠足的,所穿之鞋有圆头、平头和翘头等式样。自宋代以来,苏州妇女有戴手镯的习惯。

2. 饮食

宋元时苏州饮食,无疑以稻米为主食。苏州是重要稻米产地。延祐四年(1317)秋税,征粮882 150.9石,可见苏州产米之巨。但是也多产麦子,也吃面食。特别南宋后北人大批南下,使苏州食品南北兼具。宋元时吴地的米饭大体分为三种,一是干饭,二是稠粥。稠粥,也叫饘。范仲淹年幼时发愤读书,达到废寝忘食的程度,饥时"划饘而食",把稠粥每天划成四块,早晚各吃两块,生活十分艰苦。三是稀粥。其中有一种与赤豆同煮的糖粥。每奉腊月二十五日,家家"渐米如珠和豆煮",加上姜桂、蔗糖十分可口,"滑甘无比胜黄粱"。江南人还欢喜做一种"盘游饭","鲊脯鲙炙无不有,埋在饭中",故而又称"掘得窖子"。〔4〕宋时大米的加工品有糖团、春茧、米花、粽子、花糕等。春茧,是似茧的米粉团子,目的是预祝蚕桑的丰收。上元时搓粉为丸,称"圆子"。用粉揉成如瓶,用豆沙作馅,下油煎熬,称油馆也叫馆。用肉与野菜作馅,裹以薄的米或面粉皮,叫春饼。二月,用多余的隔年糕,放入油中煎食,称撑腰糕。七月,用面粉和糖作成纻结或飞禽之形,称巧果。九月,吃五色重阳糕,包括栗粽花糕和丰糕。苏州还有

---

〔1〕 范成大:《冬日田园杂兴》,《全宋诗》,北京大学出版社1998年,第26006页。
〔2〕 沈括:《梦溪笔谈》卷十九,浙江古籍出版社1986年,第1页。
〔3〕 李洞:《舞姬脱鞋吟》,《全元诗》第27册,中华书局2003年,第89页。
〔4〕 苏轼:《仇池笔记》卷下《盘游饭谷董羹》,华东师范大学出版社1983年,第249页。

一种"欢喜团儿",是用白糯米洗净,在寒天蒸熟,经冻而松,再炒之,使膨胀,围绕火炉而食。

宋元时苏州的麦食,除普通的面条之外,还有汤饼(面片汤)、笼饼(馒头)与冷淘。冷淘,是一种凉面,以槐叶汁和面粉制成的称槐叶冷淘,吴越在春时常吃,"佳哉冷淘时,槐芽杂豚肩。"[1]宋元时期,苏州烹饪方法逐步丰富与提高,促进了众多名菜的出现。元时平江(苏州)人韩奕作《易牙遗意》,记叙了一般菜肴的做法,介绍了酿造、醢鲊、蔬菜、笼造、炉造、糕饵、斋食、果实、诸汤、诸茶、食药,即菜肴、调料、饮料、糕饼、面点、蜜饯、药食等制作方法,是食品制造经验的总结。

苏州多水又近海,因而鱼及水产成了苏州餐桌上的常品。荻发芽、柳扬花是河豚上市的时候,稍后,菜花开时鲈、塘鳢(土鲛)鱼上市,称菜花鱼。这时也是食鳖(甲鱼)的大好时间。"庖鳖所在有之,而吴中烹治为佳,食市以为奇品。鳖之裙尤肥美。"[2]十月,吴中秔稻既成,蟹食已足,螃蟹膏黄并满,是食蟹的好时间。"十月江南未得霜,高林残水下寒塘。饭香猎户分熊白,酒熟渔家擘蟹黄。"[3]正是江南十月食蟹的写照。吴地常年普遍食鱼羹,且多作鲑鱼之汤。

宋元时苏州人的饮料,无非是酒和茶。苏州稻米,清香软糯,适合于酿酒。五代时,有五酘酒,宋时有木兰堂酒,又有洞庭春、白云泉等名酒。前述皇华堂酒,由在苏州的浙西提举常平司生产,而齐云清露与双瑞酒,则由苏州地方政府生产。范仲淹也曾请名医和酒师研制出一种具有医疗价值的药酒"陈醅酒",它以麻筋糯米为原料,配上陈皮、党参、当归、丹参等滋补药物,采用"淋饭法"制成,一直流传到现在。

宋元时期苏州洞庭山盛产"美茶",即山僧植制的"水月茶",为吴人所贵。虎丘金粟山房,产茶"极佳,烹之色白如玉,香如兰而不耐久,宋人呼为'白云茶'"[4]宋时吴中一些士大夫精于茶事,以饮茶为乐。丁谓作煎茶诗:"轻微缘入麛,猛沸却如蝉。罗细烹还好,铛新味更全。"[5]他还留下茶叶专著《茶录》。叶梦得也是品茶大家,他山居七年,以泉水烹煮新茶,其乐无穷。吴门人家用茶,还有在茶中"点盐"的习惯。[6]

---

[1] 陆游:《春日杂题诗》之四,《全宋诗》,北京大学出版社1998年,第25113页。
[2] 袁景澜:《吴郡岁华纪丽》卷三《三月》,江苏古籍出版社1998年,第119页。
[3] 黄庭坚:《戏咏江南土风》,《宋诗钞》,中华书局1986年,第948页。
[4] 袁景澜:《吴郡岁华纪丽》卷三《三月》,江苏古籍出版社1998年,第126页。
[5] 丁谓:《煎茶》,《全宋诗》,北京大学出版社1998年,第1149页。
[6] 陈鹄:《西塘集耆旧续闻》卷八《煎茶用姜盐》,中华书局2002年,第372页。

3. 住所

宋元时期,苏州居民的住宿条件比前有所提高,但广大农村仍以传统的茅屋居多。为了便于饮用洗涤,房屋多建于水边。孙觌的《吴门道中》描绘了这一景色:"数间茅屋水边村,杨柳依依绿映门。渡口唤船人独立,一蓑烟雨湿黄昏。""一点炊烟竹里村,人家深闭雨中门。数声好鸟不知处,千丈藤萝古木昏。"〔1〕由于竹子的用途广阔以及环境的清幽,村庄周围多栽竹。杨万里描写吴江景色:"柳树行中分港汊,竹林多处聚人家。"根据范成大《冬日田园杂兴诗》,每当冬季霜风扫林之际,要在屋上添茅加厚,密泥墙壁,增加房屋抵抗风雨霜雪的能力。

城中多砖瓦房。从金兵从杭州北撤,焚烧苏州城后,留下众多的瓦砾看,显然城里人家以瓦房居多。陈克在苏州建炎年间浩劫后,在重建谯楼的上梁文中称(苏州)"十万人家烟瓦中,海色澄波春淡荡",〔2〕也证明了这一点。

4. 出行

江南水乡,家家泊航,出行以舟船为主。正如苏舜钦在《吴越大旱》诗中所说:"吴侬水为命,舟楫乃其职。"从官员的上任、巡察到民间的往来,几乎都是用船。随举几例,梅尧臣回忆经过吴江的情景:"念昔西归时,晚泊吴江口","夕鸟独远来,渔舟犹在后"。〔3〕他在《送苏子美》一诗中,称赞子美"勇为江海行,风波曾不惧。但欲寻名山,扁舟无定处"。〔4〕可见苏子美的主要交通工具还是舟船。唐宋时已有载人的夜航之船。有时亦用马。"马穿山径竹初黄,信马悠悠野兴长"。〔5〕这是北宋王禹偁在平江任长洲县令时所写的诗。但骑马者,多为官僚贵族与富商大贾,一般平民无钱养马。

三、婚丧风俗

苏州在自然条件与历史沉淀上,形成了婚丧寿庆风俗。

1. 婚姻

婚姻是繁衍后代的先决条件,也是家族伦理的基础,婚姻习俗,具有社会的约定性。

中国传统婚姻讲究门当户对,除一些特例外,多在同一阶层或相近阶层中通

---

〔1〕 孙觌:《鸿庆集钞·吴门道中》,《宋诗钞》,中华书局 1986 年,第 1451 页。
〔2〕 卢熊:洪武《苏州府志》卷四十八《集文》,广陵书社 2015 年,第 663 页。
〔3〕 梅尧臣:《宛陵诗·忆吴松江夜泊》,《宋诗钞》,中华书局 1986 年,第 259 页。
〔4〕 梅尧臣:《送苏子美》,《宋诗钞》,中华书局 1986 年,第 230 页。
〔5〕 王禹偁:《小畜集·村行》,《宋诗钞》,中华书局 1986 年,第 48 页。

婚。以地区而言,婚姻范围不出数十千米之内。但随着商品经济的发展,交通与贸易的发达,不同城市、不同地区之间的联姻,也时有出现。

嫁娶的过程,依中国传统,依次是:送礼求婚的"纳采",询问女方名字与出生日期的"问名",送礼订婚的"纳吉",送聘礼的"纳征",议定婚期的"请礼",男方到女方迎娶的"亲迎"。六礼以男方交付女方身价为主要特征,往往打上时代的烙印。婚娶要问妆奁的厚薄、聘礼的多少,有人甚至不惜为钱财而娶孀妇,做赘婿。

宋元时,在送礼求婚中男方要开列曾祖至父亲的名字与职业、职务。在男方送聘礼订婚之后,女方由主婚人立下《回定仪状》,要写明从曾祖以下重要亲属的职名并将陪嫁的东西,一一开列。景定三年(1262),昆山人郑元德嫁女庆一与潘家,其妆奁十分丰厚。计"奁租五百亩,奁具一十万贯,十七界("界"为货币"交子"的单位,约合千钱)。缔姻五千贯,十七界"。"开合销金缬一匹,开书利市綵一匹,籍用玉红文虎纱、官绿公服罗一匹,画眉褐织一匹,籍用玉红条纱。转官毯褥掠一副,叠金箧帕女红五事,籍用官绿纱条。叠叠喜掠一副,盛线箧帕女红十事,籍用金褐择丝。劝酒孩儿一合,籍用紫砂,茶花三十枝,籍用红缬,果四色,酒二壶。媒氏生金条纱四匹,官楮二百千省。"[1]亲迎过程,有一些特殊风俗。妇自上轿后,要用内充灰和蛤粉的红纸包,不停地丢在道路上,名叫"护姑粉"。妇到门,要用"酒馔迎祭,使巫祝焚楮钱禳祝",妇下轿,要由妇人的亲族抱上床。喝酒会客,"三爵之后,其子出拜坐。人设席于父傍,饮三杯,乃行合髻等诸礼"。[2]

元时婚姻礼仪参照朱熹《家礼·婚礼》及汉族的习惯,定下议婚、纳采、纳币、亲迎、妇见舅姑、庙见,婿见岳父母等七条。但苏州民间在议婚后还有暗察婿媳的过程。

宋元时期,妇女改嫁者也较普遍,并非从一而终,"饿死事小,失节事大"的教条并不能阻挡生存法则与生理的需要。丈夫死后,亲友往往劝孀妇改嫁,"夫亡不嫁者,绝无有也"。[3]范仲淹母亲,在年轻时丈夫死后,即改嫁长山朱氏。范仲淹改名为朱说。范仲淹在儿子死后,便将自己的寡媳嫁给自己的学生王陶。范仲淹的曾孙女丧夫后,再嫁奉议郎任谓。范仲淹还在所订的义庄规则中,族中

---

[1] 叶盛:《水东日记》卷八《郑氏先世回定仪状》,中华书局1980年,第87页。
[2] 庄绰:《鸡肋编》卷上《近时婚丧礼文无阙》,中华书局1983年,第8页。
[3] 陈垣:《元典章校补》刑部四《劫杀》,励耘书屋丛刊第一集六《元典章校注》卷四十二,第11页。

妇女夫死后再嫁,可获钱二十贯作为嫁资,其费用与男子娶妇所用相同。不过,宋元时规定,出嫁时的妆奁(包括土地财物),不能带出原夫家。宋元时,苏州婚姻制度是一夫妻妾制。男子除正妻之外,可以纳妾。

2. 丧葬

五代宋元时期,苏州"原田腴沃,常获丰穰;泽地沮洳,浸以耕稼。境无剧盗,里无奸凶,可谓天下之乐土也。顾其民,崇栋宇,丰庖厨,嫁娶丧葬,奢厚逾度,捐财无益之地,蹶产不急之务者为多。惟在位长民者,有以化之耳"。[1]当时苏州的丧葬费用甚高,甚至有因丧葬而破产废业者。也有出不起丧葬费而停柩在家,"至顿置百物于棺上,如几案焉"。[2]其丧葬过程有择棺、下殓、守丧、出殡、填土、守制等,棺木多用黑漆,一般实行土葬。但火葬逐步盛行,"贫下之家,送终之具,唯务从简,是以从来率以火化为便,相习成风"。宋绍兴二十七年(1157),鉴于火葬之人太多,高宗根据监登闻鼓院范同的上奏,地方设义冢,使贫民得以安葬。次年户部侍郎荣嶷上言,置义冢虽为善政,但贫人仍丧葬不起,客死他乡者很难使尸体返里,因而建议"除豪富士族申严禁止外,贫下之民并客旅远方之人,若有死亡",是否火葬,"姑从其便"。[3]宋高宗接受了这建议,贫苦人家与远旅之人死亡后是否进行火葬,可以自择。但是苏州地区,一些富人也实行火葬。吴县通济寺内设有用于火化的焚化亭十间,景定二年(1261)被风雨所毁,寺僧要求重修,却遭到吴县尉的反对。他说,该寺"久为焚人空亭约十间",寺僧以火化取利,"合城愚民悉为所诱,亲死即举而付之烈焰,余骸不化,则又举而投之深渊"。"自宋以来,此风日盛,国家虽有漏泽园之设,而地窄人多,不能遍葬,相率焚烧,名曰火葬,习以成俗。"[4]这说明火葬在当时的盛行,从"悉为所诱",可知当时一些富户,也实行火葬。政府所设"义冢"名"漏泽园",但地少人多,丧葬不易,还不如火葬为便。

元时,色目人大量涌进中原,由于色目人有火葬习俗,因而元时火葬比宋时更盛行。

宋元实行传统的五服守丧制。父母亡,要守丧(又称丁忧、丁艰)三年(实为两年余),现任官员要停职奔丧,服侍庐墓。祖父母亡,要守丧一年。依照亲疏,丧服之日逐步递减。守丧制在官僚体制中较严格地执行。在民间,并未严格实

---

[1] 朱长文:《吴郡图经续记》卷七《风俗》,江苏古籍出版社1986年,第11页。
[2] 庄绰:《鸡肋编》卷上《近时婚丧礼文无阙》,中华书局1983年,第8页。
[3] 脱脱:《宋史》卷一二五《礼志》,中华书局1977年,第2919页。
[4] 顾炎武:《日知录》卷十五《火葬》,《日知录集释》,上海古籍出版社1984年,第22—24页。

施。这一制度加强了亲属之间的联系,增强了家族观念,巩固了封建宗法制度的基石。

四、节俗与娱乐

由于经济的繁盛,"人无贵贱,往往皆有常产",因而"竞节物,好遨游"。[1]苏州在宋元时节庆与娱乐呈多姿多彩之态。

1. 节俗

苏州节俗与农业生产存在依存关系,它与春耕、夏耘、秋收、冬藏紧密联系,一般放在农闲时间进行。节日活动往往与祈求稻茧丰收,驱虫除害有关。

立春日,州郡用綵杖击碎土制或纸制的牛,称"打春",目的是劝励农业,祈求丰收。宋晁冲之诗:"自惭白发嘲吾老,不上谯楼看打春。"自隋朝开始,此习一直延续至宋元。

夏历元旦(岁首),市民至佛寺烧香拜佛,叫"岁忏"。这时"士女阗咽,殆无行路"。[2]亲友之间有一年之内不相往来的,多在这天相见,互相庆贺慰问。讨论婚嫁,察访拟择中的婿、媳,亦多放在这个时候。

宋元时元旦开门,要燃放爆竹。苏州此举特盛,不仅在元日,而且要燃放到二十五夜,特别是一至五日,更是必放。由于火力强大,"儿童却立避其锋,当阶击地雷霆吼。一声两声百鬼惊,三声四声鬼巢倾。十声连百神道宁,八方上下皆和平"。[3]目的是驱除鬼邪,求达平宁。宋时,还把爆竹炸过后的焦头,收拾起来,放在床底,说是可凭借爆竹的余威来驱逐疠气,保持家中的安全。

元日,小辈拜长辈,接着互拜。亲友来贺岁,相揖就座后,必定要拿出漆盘,盛果品、糖饵等物来款待客人,称饤盘或食盒儿。其中,胶牙糖一碟,为时所尚。这就是范成大诗所说的"饤盘果饵如蜂房,就中脆饧擅节物"。[4]这一天,主人家的食物,亦大多是除夕夜留下的消夜果饵,如蜜煎珍果、花糖萁豆等,所喝之酒是屠苏酒,洪迈称此俗"相传已久"。除了亲友之间直面相互庆贺之外,也有派人送拜帖而人不到者,称"飞帖"。元旦之日,家人喜欢围绕燃有巨炭墼的火炉,火焰腾腾而上,令满室生春,呈兴旺相暖之象。这种巨炭墼,有相送的习惯。范石湖在《雪中送炭与龚养正》一诗中有"烦君笑领婆欢喜,探借新年五日春"之

---

[1] 范成大:《吴郡志》卷二《风俗》,江苏古籍出版社1986年,第13页。
[2] 范成大:《吴郡志》卷二《风俗》,江苏古籍出版社1986年,第13页。
[3] 范成大:《石湖诗钞·爆竹行》,《宋诗钞》,中华书局1986年,第1813页。
[4] 袁景澜:《吴郡岁华纪丽》卷一《正月》,江苏古籍出版社1998年,第7页。

句,因而这种巨炭被称作"欢喜团",一直流传到民国时期。

吴地正月还有"爆孛娄"的习俗。"爆孛娄"即爆米花,把糯米等谷物放在焦釜中焚烧加热至一定高温,使谷物膨大,以便食用。宋时,把"爆米花"作为预测休咎的年俗。家中不管老幼,每人拣一粒糯谷,放在焦釜中爆胀,以爆出又白又大颗粒者为吉。

新年时,吴地还盛行"状元局"或"选仙图"两种掷骰游戏,根据所掷数骰(一般是六骰)的点数的组合,分高下得失,凡掷得少有的点数(如六个幺点),便称作状元或进仙,算胜。此戏到明清时发展为"状元筹""升官图"等,成为苏州春节最重要的娱乐活动之一。

正月十五元宵节,是宋元时苏州重要节日。前后共用五夜,开始时是十二至十六日,后因"国忌",改为十四至十八日晚上,与全国各地一样要挂各色彩灯,故此夜又称灯节。苏州"上元影灯巧丽,它郡莫及。有万眼罗及琉璃球者,尤妙天下"。[1]此外有莲花灯、犬灯、鹿灯、葡萄灯、月灯、小球灯等。元时还有玉珊琉璃、百花栏、流星红、万点金等名目。彩灯在春前腊后已有出售,人们争买,喧嚣不已,称"灯市"。苏灯"叠玉千丝类鬼工,翦罗万眼人力穷。两品争新最先出,不待三五迎东风"。[2]元宵晚上所设之灯有坊巷设成连灯。有船桅上的桅灯,望之如星。还有设在桥上的桥灯。"酒炉博塞杂呼",竞放烟火,鸣钲击鼓,热闹非凡。

上元还有"茧卜"的风俗。是用米粉做成茧团;在粉团中放置书写吉语的小纸一张,吃时得之,作为一乐。正如宋杨万里《茧卜》诗所说:"儿女炊玉作茧丝,中藏吉语默有祈。小儿祝身取官早,小女只求蚕事好。"[3]此夜,吴中铙鼓歌吹,十分喧闹,有"旱划船",还有"水上傀儡"的表演。

上元日之夜有"迎紫姑"的卜测活动。紫姑,俗称坑三姑娘。相传为寿阳太守李景之妾。由于大妇妒火极旺,竟于正月十五日夜阴杀紫姑于厕所中。上天特别可怜紫姑,被封作厕神,管理人间施肥等事。迎紫姑,由农家主持家务的妇女为主。先是扎一草人,糊上粉脸,算作"紫姑",把她放在厕间或猪栏前,摆上香案。先发引言:"子婿不在,曹姑归去,小姑可出。"[4]子婿指李景,曹姑即大妇,小姑就是紫姑。接着,农妇发出祷词,祈求五谷丰登,牲畜无病。下面,在箕

---

[1] 范成大:《吴郡志》卷二《风俗》,江苏古籍出版社1986年,第14页。
[2] 范成大:《石湖诗钞·灯市行》,《宋诗钞》,中华书局1986年,第1812页。
[3] 杨万里:《茧卜诗》,《吴郡岁华纪丽》,江苏古籍出版社1998年,第30页。
[4] 顾禄:《清嘉录》卷一《接坑三姑娘》,上海古籍出版社1986年,第30页。

口上插上一支银钗,抖动畚箕,银钗在香案米堆上画出各种花纹,再根据这些花纹推断凶吉,故范成大《上元纪吴下节物》诗有"箕诗落笔惊"之句。与"迎紫姑"相联系的还有迎箕姑、帚姑、针姑与苇姑的活动。迎箕姑,是在装满米饭的箕篮上插上筷子,箕篮摇动显出"字画"人们根据这些字画,预测全家命运。迎帚姑,是把一把扫帚系在妇女的裙子上,妇女前行,扫帚在地上留下图形,再据这些图像卜诘灾祥。迎针姑,是将一枚银针抛向空中,看它针尾落在盘中的指向,来问吉凶。请苇姑,是把一支粗壮芦苇,用刀剖开后,看它是否再能合缝,如能完全合拢,那是大吉大利的征兆了。以上请诸姑的活动,似专属于妇女。故范成大说:"俗谓正月百草灵,故帚、苇、针、箕之属皆卜焉,多婢子之辈为之。"[1]从正二月开始,苏人多有游虎丘、灵岩的,往往是乘大船而往,"用六柱船,红幕青盖,载箫鼓以游"。

二月二日为龙抬之日,也是土神诞生之时,乡人要到土谷祠祭社公(俗称田公)、社母(俗称田婆),醵钱聚餐,敲鼓祈祷年谷丰登。此日,并以隔年糕入油煎食,谓之撑腰糕。《长公外纪》载:"东坡于二月一日以后,饥则食干蒸饼,细嚼以致津液。"[2]可见此日食糕之风,产生于宋代。二月十二日,照宋代杨万里《诚斋诗话》的说法,为百花生日。吴俗,妇女组成扑蝶会到野郊游,并剪五色彩缯,系花枝上为彩幡,这叫"赏红"。三月三日,称"上巳",士女至郊外游玩。宋时,因这一天是灵岩寺开山高僧智积的诞辰,一些老妪作"角黍(粽子)会"以作纪念。寒食清明,有杨柳插门的风俗。是用"面造枣䭅飞燕,柳条串之,插于门楣,谓之'子推燕'"。[3]苏州妇女还有戴柳圈、簪杨柳球的习惯。寒食节,提倡冷食,苏州的冷食有稠糖冷粉团、大麦粥、粽子、油馓、青团、焐熟藕等,都是一些地方土产。清明最大的活动是扫墓祭奠先人,上述冷食大多亦是荐先之物。因吴地的坟墓多在东西山,大人家的男女上坟多乘船而往。子女长幼持牲礼、纸钱,祭扫坟墓。扫墓时,吴人亦乘机观赏春景,访胜探幽,称"踏青"。该日,苏州亦有龙舟竞渡的习惯。

四月初八,是佛教浴佛节,传是释迦牟尼诞生日。各寺院设龙华会,以小盆坐铜佛,浸以香水,再用花亭铙鼓,迎往富家。用小勺浇佛,吟唱颂偈,男妇布施钱财,以求发达消灾,这样,"遍走闾里",名曰:"浴佛"。

---

[1] 范成大:《石湖诗钞·上元纪吴下节物排谐体三十二韵》注,《宋诗钞》,中华书局1986年,第1788页。
[2] 袁景澜:《吴郡岁华纪丽》卷二《二月》,江苏古籍出版社1998年,第62页。
[3] 孟元老:《东京梦华录》卷七《清明节》,中华书局1962年,第39页。

四月十四日,是"轧神仙"的节会。宋淳熙(1174—1189)间,陆道坚在此日设"云水斋",据说获仙人吕纯阳授予的神方,治愈了胸山王省幹的"风疾"。相传这一天是神仙吕纯阳的诞生日,仙人化成褴褛的乞丐,在这一天混迹于苏州皋桥东的神仙庙中。患有奇疾的人这一天进香,往往得痊愈。因此,士女骈集进香,游人相挤,十分热闹,称"轧神仙"。观中道士,在这一天设醮会,招引游客。虎丘的花农挑着各色小盆鲜花在廊庑间出售,称神仙花。居民剪"千年蒀"的叶子扔到街衢,为的是扔去厄运,交上好运。或者向庙中买新的千年蒀种在自己的园中,称"交好运"。因"蒀"与"运"字同音。这一天家家户户食五色粉糕,名"神仙糕";戴垂须钣帽,称"神仙帽"。由于游人如织,尽情狂欢,成为苏州重要节日,一直延续至今。[1]

五月五日(端午节),宋时苏州以五色丝挂于手臂,避邪去灾,称"长命缕";挂艾叶菖蒲于门户,并贴天师符与钟馗像,目的是镇妖去邪。当天吃的食物有粽子、黄鱼等。亲友之间,用角黍(粽子)、水团、綵索、艾花、画扇互相赠送。与江南广大地区一样,民间开展龙舟比赛,以纪念伍子胥或屈原。"五月五日岚气开,南门竞船争看来。"[2]

夏至(约公历六月二十一日前后),复作角黍以祭先祖,把束粽的草系在手臂上,称"健粽",可使身体健康。又用李子的核作成袋囊带上,认为这可以治"馇"病。

农历六月,苏州玄妙观(天庆观)多设醮会,城中与乡村的善男善女前来进香。观中道士建立法坛,陈法器,供奉香花,穿上金绣法衣,临坛礼忏,这时笙铃齐响,气氛和谐,成为重要宗教活动。该月,多有到消夏湾观赏荷花的。消夏湾为太湖一角,位于洞庭西山之西南,环境幽僻,纳涧吞湖,周长二十里。传为春秋吴王避暑处。夏末荷花怒放,灿如云锦,弥望数十里不绝。前来观赏者,前后继踵。范成大《消夏湾》诗"蓼矶枫渚故离宫,一曲清涟九里风。纵有暑光无着处,青山环水水浮空",指出这里是消夏的佳处。

七月七日,又称"七夕",是传统的织女节。五代开始,以七月六日晚为"七夕",太平兴国三年(978),重定以七日晚为七夕。当天,要吃由蜜糖做成的巧果,并用蜡制的婴儿放在水中作戏,以为这样可以生子。还以木雕塑孩儿,穿上彩衣,称"摩睺罗",得之便于生育,生子亦聪明。晚上,礼拜双星,妇女进行穿针

---

[1] 袁景澜:《吴郡岁华纪丽》卷四《四月》,江苏古籍出版社1998年,第161页。
[2] 范成大:《夔州竹枝歌九首》,《全宋诗》,北京大学出版社1998年,第25897页。

孔比赛,称"乞巧"。"乞巧"小儿辈都要参加,所以七夕又称"小儿节"。

七夕也是织女庙的重要庙会之日。织女庙亦称黄姑庙,在今太仓半泾湾摆渡口。相传牛郎、织女两星降到这里,织女用金篦划了一条河,河水汹涌,这就是村西的百沸河。乡人觉得奇异,便在这里立祠纪念,这就是黄姑庙。按黄姑当是"河鼓"之讹。河鼓星即牵牛星。祠内原供奉牛郎、织女两神,后来把牛郎请出,另立祠庙,这里独祀织女。据说,"岁七夕,乡人酾集庙下占事,无毫厘差。"[1]因而来拜者十分踊跃,这一庙会,一直延续到今天。

七夕还有染红指甲的习俗。那天一些爱美的女孩用凤仙花加入少许明矾捣碎,染红指甲。元杨维桢有《咏红指甲》诗:"金凤花闻绛色鲜,佳人染得指尖丹。弹筝乱落桃花片,把酒轻浮玳瑁斑。拂镜火星流夜月,画眉红雨过春山。有时倦托香腮想,疑是胭脂点玉颜。"[2]描绘了染指过程与所现美色。

七月半是中元节,苏州与全国各地一样,继承"盂兰盆会"传统,要祭祀祖先,荐拔亡魂。或在沿路焚化冥币,来挽慰那些无家的孤魂。晚上在河上放起河灯,照亮落水的野鬼,灯水相映,成为美景。正如张伯雨《放河灯》诗所说,"共泛兰舟灯火闹,不知风露湿清冥","烂若金莲分夜炬,空于云母隔秋屏"。[3]八月半(中秋)苏州人吃瓜果、圆饼,元末流行吃月饼。全家欢聚,团圆合宴。

九月九日为重阳节,苏人有登高、采茱萸的习惯,登高的山是虎丘与吴山。这一天要"尝新酒,食栗、粽、花糕"。[4]花糕,用五色米粉制成,名重阳糕,一名骆驼蹄,亦名菊花糕。

宋元时,在每年九月三十日,登阳山观日出之奇。阳山,一名秦馀杭山,亦名万安山,高八百五十余丈,广二十余里。九月三十日晨观日出,云海之上,日月同升,景色非凡。元末明初人高启有《登阳山》诗咏之:"我登此山巅,不知此山高。但觉群山总在下,坐抚其顶同儿曹。又见太湖动我前,汹涌三十万顷烟波涛。长风吹人度层嶂,不用仙翁赤城杖。峰回秋碛海鹘飞,日出夜听天鸡唱。""此时望青冥,略脱尘世情。白云冉冉足下起,如欲载我升天行。"[5]极言山之高峻,登顶后视野之广阔,日出之景的奇异。

十月初一,吴人再次扫墓,拜奠先人。这一天也是开炉之日,不问当天天气

---

[1] 范成大:《吴郡志》卷十三《祠庙下》,江苏古籍出版社1986年,第182页。
[2] 袁景澜:《吴郡岁华纪丽》卷七《七夕》,江苏古籍出版社1998年,第239页。
[3] 袁景澜:《吴郡岁华纪丽》卷七《七夕》,江苏古籍出版社1998年,第247页。
[4] 范成大:《吴郡志》卷二《风俗》,江苏古籍出版社1986年,第14页。
[5] 高启:《登阳山》,《阳山文萃》,古吴轩出版社2007年,第57页。

的冷热,都要开炉烧炭,以衬托气氛,因而这天又称"开炉节"。范成大作《十月朔开炉》一诗,诗中描写开炉那天要糊上雪白的窗纸,把炉火烧得红红的,炉火上升为篆烟,氛围十分温暖。

冬至(约公历十二月二十一日左右)为吴人重要节日,花费都在这一天,过年时反而没有钱用,故有"肥冬瘦年"或"冬至大如年"的说法。这因苏州人是"周"的后裔,一直沿用周的历法的缘故。周是以夏历十一月为岁首的,因而重视冬至这个节日。这一天要到尊长处贺节,送冬至盘,吃冬至团。冬至团用豆沙、肉菜为馅,鲜美可口。

吴地过年,从十二月初八吃腊八粥开始。十二月十六日,有些地方进行"迎紫姑"的活动,这时妇女主祭,男子不得参与。二十四日祭灶,由男子主持,与妇女无涉。当日,屋宇进行大扫除,有除旧布新之象。宋人称腊月二十四日为小年夜。祭灶用胶牙糖、糖元宝、米粉裹豆沙馅为饵,名谢灶团,目的是使灶君上天言事时,替屋主说话。正如范成大《祭灶词》所说:"古传腊月二十四,灶君朝天欲言事。云车风马小留连,家有杯盘丰典祀。猪首灶熟双鱼鲜,豆沙甘松粉饼圆。男儿酌献女儿避,酹酒烧钱灶君喜。婢子斗争君莫闻,猫犬触秽君莫嗔,送君醉饱归天门。杓长杓短勿复云,乞取利市归来分。"[1]把祭灶之过程,目的作了生动的描绘,连灶君也要贿赂,反映了封建时代贪渎之风的盛行。《祭灶词》实是一种讽刺。

腊月二十五日,士庶人家用小赤豆、放在米中煮成粥,作为祀神的食物。然后合家长幼,每人一份食之。一些离家外出的人,也要替他留一份。连家中的婢仆、襁包中的小儿、养的猫犬,各有一份。因每人都有,称"口数粥"。吃口数粥,可以避瘟气;如加上豆渣食之,还能免"罪过"。吃口数粥,使"物无疵疠年谷熟","新元协气调玉烛"。

腊月二十五日晚,放爆竹,进行傩事活动。所谓"傩",是驱除疫鬼的仪式。乡人戴假面,手执干戚等武器,表现驱鬼捉鬼的内容,并在田间燃放高炬,可使来年获得丰收,称"照田蚕"。[2]

在过年前五日之夜,苏州还有"烧火盆"的习俗。各家在门前架松柴如井字形,举火焚烧,大户人家用干的薪柴,而小户人家只能用带叶的柴作燃料。这时青烟布满全城,洋溢着暖气。被惊动的栖鸟吃惊飞起,发出"格磔"的声音。儿

---

[1] 范成大:《祭灶词》,《宋诗钞》,中华书局1986年,第1813页。
[2] 范成大:《吴郡志》卷二《风俗》,江苏古籍出版社1986年,第14页。

孙们围坐在火盆边玩耍,以迎接艳阳好春的到来。邻里欢笑,充满温馨的气氛。

腊月底,即一年的除夕,要封井,表示几天休息。门前画弓,射杀妖魔。晚上设果祭祖,合家聚餐。祭毕,"复放爆竹,焚苍术与避瘟丹。家人酌酒,名分岁"。食物必备胶牙糖。置守岁盘,盘中无非是鱼肉果品之类。如果用它送人,便称"馈岁盘"。半夜时分,祭瘟神,换上新的门神、桃符。黎明,则持杖打灰积,祝愿一家平安,吉祥如意,商业兴旺,丝麦丰收,六畜繁衍,称"打灰堆",这一风俗是吴中等一些地方所独传的。[1]

宋时,苏州除夕还有"卖痴呆"的习俗。小儿街上高呼"卖痴呆,千贯卖汝痴,万贯卖汝呆,见卖尽多送,要赊随我来",[2]一些老人假装要买,并问价,"儿云翁买不须钱,奉赊痴呆千百年!"据说,这样可使小儿变得聪明伶俐。

2. 娱乐

娱乐,是人们在劳作之余,为调剂生活,恢复活力,或者以有趣方式加强脑体的锻炼而设。苏州在宋元时的娱乐,体现了水乡稻蚕农业的特色。由于此时吴地已转向"尚文",因而呈现了某些娱乐的高雅色泽。

除了上述在节日活动中所说的娱乐之外,还有下列项目。

在竞斗类娱乐中,有"斗百草"。吴地斗草,放在端午进行。但小儿的斗草多放在社日(二月十二),也可随时随地开赛。主要是两人各持一根草筋相勒,凡断者算输。范成大在《春日田园杂兴》诗中说:"社下烧钱鼓似雷,日斜扶得醉翁回。青枝满地花狼藉,知是儿孙斗草来。"[3]可知小儿斗草,并不像后来那么讲究,而是随便进行,因而弄得花草一片狼藉。

斗鸡、斗鹌鹑,亦是吴地重要的娱乐。在南宋都城临安有个园林蒋苑,小巧玲珑,在里面设了一个斗鸡场,作为一种旅游设施,招徕顾客,结果来玩的络绎不绝,使蒋苑名声大噪。斗鹌鹑,在宋代杭州与苏州都设有这一项目。元时更遍及全国各地,因此流传至今的元曲中有"斗鹌鹑"这一曲牌,估计这一曲子为斗时助兴所用。

斗蟋蟀,自唐天宝(742—756)创设以来,至南宋时江南大盛。从官僚贵族至普通市民,莫不爱好。据周密《武林旧事》的记载,在南宋杭州,已有专卖蟋蟀与蟋蟀盆的小商贩。上至宰相,下至庶民,都热衷于斗蟋蟀。吴地成为斗蟋蟀的中心地区之一。

---

[1] 范成大:《吴郡志》卷二《风俗》,江苏古籍出版社1986年,第14页。
[2] 高德基:《平江纪事》,《吴中小志丛刊》,广陵书社2004年,第26页。
[3] 范成大:《春日田园杂兴》,《全宋诗》,北京大学出版社1998年,第26002页。

在水上娱乐活动中,宋元时苏州人喜弄潮、观潮,地点是夷亭(今工业园区唯亭)。绍兴(1131—1162)中,潮至昆山县郭。淳熙初(约 1174),潮水过夷亭。因民间流传"潮过夷亭出状元"的预言,因而地方官叶自强筑"问潮馆"于水滨,以便人们观赏潮水,并满足企盼出状元的希望。辛丑(1181)苏州人黄由因为巧合,高中榜魁,被称作一大奇事。

击壤,是一种投掷游戏。所谓"壤",是一种木制抛击物,形状像草鞋。游戏时,将一根"壤"斜插地上,在三四十步开外,再用手中之"壤"去打击,打中则赢,否则算输。此戏,相传尧时已发明,而一直流传下来。宋苏州郊野都有这一娱乐活动。范成大在《插秧》诗中说:"种密移疏绿毯平,行间清浅縠纹生。谁知细细青青草,中有丰年击壤声。"〔1〕可见"击壤",可能是祈求丰收的一种娱乐活动。

谜语,是暗示事物或文字,经猜测而后知其底蕴的一种娱乐活动。在吴地一直盛行。早在春秋吴国时期已用谜语表达自己的意愿。北宋范仲淹到泰州西溪盐场任监院,见到一些盐官贪污腐败,剥削惨重,便写了一首谜语式的《蚊虫》诗,讽刺这些盐官像蚊虫一样贪婪:"饱似樱桃重,饥如柳絮轻。但知从此去,不用问前程。"〔2〕宋朝时,谜语发展成灯谜。据《武林旧事》及李开先的记载,杭州等地每逢元宵节一些有钱人家张灯结彩,请主谜一人出谜,让里巷中人喧聚竞猜,猜中有奖。因谜条挂在灯上,便称灯谜。又,因人们在灯下相商猜测,故灯谜又称"商谜"。当时杭州城中著名的制谜高手有胡六郎、魏大林等十余人。周密还特地指出著名谜手中有个叫"东吴秀才"的,应该是苏州人。苏州,是灯谜中心之一。元时,苏州有个达鲁花赤(蒙语地方长官)叫八喇脱的,在一次宴会上出谜叫大家竞猜,可见猜谜是一种普通的、经常性的游戏。

在猜射性游戏中在吴地盛行的还有一种叫"数四"。这是"掷金钱"的演化,"掷金钱"是把一把金钱抛出,猜测钱的多少。"数四"是把金钱、竹筹或颗状物抛出后,用一只碗或其他东西盖上,让人猜测。开摊时四个一数,最后剩下余数,或一,或二,或三,无余数称"四",凡猜中者有奖。这是酒令的演变,在《容斋随笔》中有描述。

猜枚,也叫藏钩、射覆,是猜测所藏物件的色泽与多少。此戏可用于酒令,也可用于平时的游玩。用于酒令,就是行令之人手中紧握瓜子、钱币、莲子一类的东西,让人猜测,凡猜中颜色、数字者为胜,否则为负,负者要罚酒。至晋,吴地已

---

〔1〕 范成大:《插秧》,《宋诗钞》,中华书局 1986 年,第 1731 页。
〔2〕 张师正:《倦游杂录》,上海古籍出版社 1993 年,第 18 页。

形成分队"猜枚"的形式。曾在苏州学习的宜兴人周处,在《风土记》中记载,在乡饮酒礼之后,老者孺子"为藏钩之戏,分为二曹以较胜负",[1]成为定期举行的游戏。宋元时,猜枚仍是一种重要的酒令。元昆山人顾瑛有诗曰"分曹赌酒诗为令,狎坐猜花手作阄",[2]后句指在酒席上手中藏花,让人猜射。这说明这种游戏,在宋元时的苏州仍盛行。

在酒令中,还有一种叫嵌字联句令,在各个联句中必须嵌相同的字。北宋苏州人丁谓,通晓博弈,曾任史官修撰,官至大学士。一天丁谓请文学家杨亿喝酒。席间,杨亿出了一个嵌字联句令:"有酒如线,遇斟则见。"是讲从酒壶中倒出的酒如线一样,而斟与"针"谐音,十分巧妙。而丁谓却立即应对:"有饼如月,因食则缺。"用饼来比喻满月,"食"音与"蚀"相通。这个令使谐音与双关紧密结合,对答得天衣无缝。吴人擅长"嵌字联句"一类的酒令,反映了吴地在宋元时期文化水平的提高。

在棋类活动中,除传统的围棋外,宋元时期,象棋在苏州更为流行。北宋末年,象棋形成九宫三十二枚棋子。其走法、格式已与今天完全一样。当时从宫廷至民间处处风行,苏州自不例外。一些大城市已出现专门制造象棋的作坊与营业的店铺。还从民间选择一批象棋待诏进入皇宫,侍奉下棋,著名的棋手有杜黄、徐彬等十人,甚至还出现了一名女象棋国手沈姑姑。

宣和牌,是在北宋宣和年间形成,由南宋高宗下诏颁行而流传开来。宣和牌用象牙或骨头制成,所以又称牙牌与骨牌。宣和牌共三十二张,每张由两粒骰子的点数组成,点数最多的是天牌(六六),最小的是地牌(一一)。玩时,四人共戏,每人拿八张,看是否按规定成"副",凡成副的算赢。如都不成副,可依次打出一张无用的牌,下家认为有用则"吃"进,再打出一张无用的牌,这样依次打下,直到成副取胜。宣和牌的打法,还有一种叫"游湖",它是在杭州西湖、苏州山塘河等水域,游人在船中游玩时所发明,故而称之。它的打法,可以四人,亦可二三人,用掷骰的方法,选出为首一人,然以次第摸牌,以几张连成一副来互比胜负。后发展成今天的推牌九。

宋元时盛行的棋牌类游戏,还有一种叫"除红谱",俗称"猪窝""猪婆龙"。它是用四骰相掷,根据所掷点数的多少而定胜负。但如果所掷四骰中有一个是"红四",就只计算其余三粒的总点数,所以叫除红。元末松江寓士、经常在苏州

---

[1] 周处:《阳羡风土记》,《中国风土志丛刊》,广陵书社2003年,第6页。
[2] 顾瑛:《秋华亭》,《玉山璞稿》,文渊阁《四库全书》第1220册,上海古籍出版社1987年,第132页。

活动的文学家杨维桢对"除红谱"有深入的研究,以为此戏,是宋人朱河所发明,朱河随南渡把此戏带入江南。"除红谱"应该说南方是其发源地。

在宋元时期的苏州存在大量的儿童娱乐,其中之一就是放风筝。风筝最早为木制,称木鸢,传为鲁班所发明。到汉朝以后,逐步称纸鹞、风鸢。春天晴好之日,苏州小儿竞放风筝,川原远近,摇曳百丝。晚上或系小灯于线,连接成串,于野高放,梨花雪爆,称作"鹞灯";或在纸鹞装上簧舌,因风上升称作"鹞鞭"。清明后,由于风力不上,且容易践踏庄稼,因而在清明那天放鹞剪断线索,任它飞走,故有"清明放断鹞"的说法。

踢毽与打陀螺这两种游戏在宋时已经盛行。宋周密在《武林旧事》中有专卖毽子的商人。周密又说,"若夫儿戏之物,名件甚多,尤不可悉数,如……千千车,轮盘儿"。[1]有人考证"千千车"就是陀螺。说明当时陀螺是重要玩具。踢毽比赛,可比踢的花样,亦可比单位时间内所踢的次数。陀螺除单独游戏之外,亦可比赛,如几个陀螺加足鞭之后,看谁的陀螺先停下来,先停者输。或是玩"对撞",把自己的陀螺加鞭后向对方陀螺撞去,被撞退撞倒者算输。

宋元时苏州的成年人大型活动还有蹴鞠与踢气球。蹴鞠,就是踢足球。鞠是由皮做成球形,里边充塞毛发而成。蹴鞠,是一个全身运动,有调和血脉、运动肢体、强健身体的作用。据说,比华佗的五禽之戏还要胜一筹。在宋代是一个十分普遍的体育娱乐活动,各城都盛行。宋时已出现专门的蹴鞠艺人,还有妇女参加的蹴鞠。其踢法有单球门比赛,即在单位时间里,以踢进球门的次数多少作胜负。有一种是不用球门的散踢,称"白打"。白打有一人场户,即在场上的自踢表演。两人对踢的称二人场户,三人轮踢称三人场户,或以多人共踢为戏。"白打"中以球落地者为输。苏州人丁谓,在上朝后政务之暇,善在后园蹴鞠。他在少年时代就酷爱此戏,技艺特高。他自称在蹴鞠时"鹰鹘腾双眼,龙蛇绕四肢。蹑来行数步,蹺后立多时"。[2]

踢气球,盛行时间是在元代。苏州进士李璋踢球用力过猛,把一妇女的冠梳头饰打落。这位妇女以为是对她的侮辱,而告到官府。太守审问时,对自称举子的李璋作一考试,命以误碎良家妇女冠梳作一诗。李随即吟道:"偶与朋游,闲筑气球,起自卑人之足,忽升娘子之头。方一丈八尺之时,不妨好看;吃八棒十三之后,着甚来由。"[3]由于诗句通俗上口,语句活泼,因而太守释放了李璋。

---

[1] 周密:《武林旧事》卷六《小经纪》,中华书局1962年,第453页。
[2] 司马光:《温公续诗话》,《历代诗话》上册,中华书局1981年,第276页。
[3] 宋林飞:《皇朝类苑》,《江苏通史·宋元卷》,江苏人民出版社2012年,第448页。

宋元时的杂技也有发展。在一些大城市中出现了各种艺人卖艺的场所瓦舍以及百戏杂剧表演的所在勾栏,为杂技表演提供了平台。各种技艺的新兴与分科日益明显。在一百二十多个杂技百戏项目中,擅长于某些项目的艺人结合在一起,形成社火。规模大的称社,小的称火。这种组织的形成与场地的提供,进一步促进了杂技的发展与技艺水平的提高。

宋元时期的杂技,有爬竿、幻术。大型幻术(烟爆神鬼表演),有耍大旗、舞狮豹、耍刀弄蛮牌、水秋千、傀儡、教飞禽、装鬼神、踢弄、倒食冷淘、走索(索上担水)、弄枪、撮米酒、寿果放生、藏人、壁上睡、马戏、驯猴、口技、禽蛇、虫蚁戏、撒钹、倒花钱、击渔鼓等,《武林旧事》列有五十五项。

总之,宋时杂技有较大发展,而元朝由于限制汉人、南人骑射,不许民间聚众作艺,因而杂技受到压迫摧残,地位较低,但衰而未绝,顽强延续。

第七节 宗教与信仰

五代宋元,三教并重。不仅对原有的寺观,加以保护修缮,增庄添丽,而且新建了众多的寺观庙宇,以满足朝野宗教活动的需要。这一时期,苏州还出现了不少高僧高道,有的故事一直流传到今天。苏州的民间信仰与多水的自然条件、丰厚的物质基础与历史的沉淀有关。

一、佛 教

五代,钱氏治吴,对佛教崇仰尤重。"于是,修旧图新,百堵皆作,竭其力以趋之,唯恐不及。郡之内外,胜刹相望,故其流风余俗,久而不衰。民莫不喜蠲财以施僧,华屋邃庑,斋馔丰洁,四方莫能及也。"[1]

1. 佛教寺庙的新增与修建

增设于五代的寺庙,有建于后梁开平二年(908)的崇吴教寺(在吴江充浦村)。有建于开平三年(909)的无碍院,亦称无碍讲寺,位于吴江松江边上,由僧本遂建。建于后梁乾化三年(913)的崇吴禅院,在今古城区内因果巷,由诸葛氏舍宅为寺。有建于后唐清泰二年(935)的明月寺,由僧明智所创。同时建于清泰年间(934—936)的有位于西山的资庆寺。有建于后晋天福二年(937)西山消夏湾的罗汉院。有两年之后建于苏州布德坊的仁王寺。有建于天福五年(940)

---

[1] 朱长文:《吴郡图经续记》卷中《寺院》,江苏古籍出版社1986年,第30页。

的圣寿广福禅寺,是为中吴军节度使钱文奉,奉其父墓而建,地点在吴山。有建于天福九年(944)横山下的明因院,后因祈冥福,改名荐福寺。有建于五代广顺元年(951)的永庆庵,其地在苏州郊区下都浃。有建于今苏州望星桥的妙湛尼寺。五代钱氏还施舍园林,建优婆夷寺。还有建于阳山北竹青塘的甑山教寺等。

建于北宋的著名寺庙,市区有20余所,郊县有10余所。南宋时新建的寺庙有130余所。元时新建80余所,仅元大德年间就建有10余所,至正时更高达20余所。宋元所建著名寺院有:团山寺,始建于北宋开国之初(960),宋太祖赵匡胤亲自命名。有双塔寺,雍熙年间(984—988)郡人王文罕兄弟出资修罗汉院,并于罗汉院东建双塔,称有藏院。两院合称双塔寺。至道元年(995)宋太宗赐经书48卷。天禧初(1017)西方罗汉院与寿宁万岁禅院(有藏院)分开成两寺。有今存于上方山的治平寺,因建于北宋治平元年(1064)而得名。

有位于今昆山周庄镇的全福讲寺。宋元祐元年(1086)里人周迪功郎暨夫人章氏舍宅建寺,原名"泉福",占地20多亩。南宋景定间(1260—1264)敕"赐"今名。吴江殊胜教寺,在吴江平望镇莺脰湖之滨,宋治平四年(1067)僧如信建,元丰七年(1084)重建。政和间(1111—1118)由蔡京题名而敕赐寺额。经建炎兵火,由法昇重建。

有建于南宋的在今相城区黄桥的白马寺,为纪念康王赵构"白马渡江"的故事而设。有今属阳澄湖镇的皇罗禅院,建炎元年(1127),西域僧人德胜所创,当时名"积善庵",今存。有常熟虞山顶上的维摩寺。南宋隆兴元年(1163)僧法运创建,"中有石井,名涌泉"。[1]

有位于今常熟沙家浜镇横泾村的崇福寺。南宋嘉泰初(约1201)里人苏氏舍宅奉佛供僧,以求冥福,故名。宋嘉熙三年(1238),僧宗义重建后由僧宗亮再新。昆山莲池院,在今锦溪镇。宋嘉泰(1201—1204),"孝宗妃陈氏葬此,故建此院。命僧守香火,旁有灵官庙、放生池"。[2]有建于淳祐(1241—1252)年间位于上方山麓的石佛寺(也称潮音寺、妙音禅院),其现存的石观音像,是苏州最古老的一尊观音像。有建于南宋宝祐年间(1253—1258)的圣恩寺,它与建于唐的天寿寺为上下院的关系,合称天寿圣恩寺。

有今吴江区震泽镇的慈云寺,建于南宋度宗咸淳年间(1265—1274)。同时建成的还有苏州报国寺,原址在苏州文庙南,初名"报国禅院"。元至元二十二

---

[1] 郑钟祥、张瀛:《常昭合志稿》卷十六《寺观》,江苏古籍出版社1991年,第231页。
[2] 金吴澜:《昆新两县续修合志》卷十一《寺观》,江苏古籍出版社1991年,第184页。

年(1285)由肃政廉访使捐赠重建,普照住持,一时禅风甚盛。还有苏州桃花坞的潮音寺,亦建于南宋,为今文山寺的初基之一。今闻名海内外的西园寺,建于元代至元年间(1264—1294),初名归元寺。大林庵,在今公园路东侧,原是抗金名将杨存中的住宅。元时,陆志宁居此,他笃信佛教,舍宅建庵。明正德间改名正觉寺。因植竹众多,又称竹堂寺。

在苏州西北宋仙洲巷的西华严寺,其寺由报恩寺僧同觉买下运使章同的旧宅,在至元二十年(1283)所创,二十四年(1287)"徒玄冲嗣,建佛殿法堂"。[1] 淮云教寺,在太仓大北门外。元大德二年(1298),"顾信葬父德,建寺墓前,因先籍淮安,故名"。[2] 建于城东大儒巷的昭庆寺,由宣政院阿咱剌在天历元年(1328)奏建赐额。于至正九年(1349)增建旃檀园,一时称盛。

又如,在阊门外雁宕村的幻住庵,大德四年(1300)由郡人陆德润捐地建成。由中峰院僧明本主持其事。开始时,结草庐于兹,后逐步有所修建,著名文人赵孟頫为之题名。在北园的大宏寺,元大德间僧判荃友兰建。延祐(1314—1320)中,僧余泽别创东斋。斋前有井,因自号"天泉",元末寺毁而东斋独存。

寂鉴庵,在天池山,元至正间(1341—1368)僧人道在建,"内有石殿石佛及五十三参石像",[3] 今存。又如大云庵,又名结草庵,在今沧浪亭,元至正间,僧人善庆建,有放生池,地广十亩。在昆山巴城的崇宁禅寺,由乡人丁道坚舍宅而建。其他如苏州城内海宏寺等亦建于此时。

2. 寺庙的重建与修缮

在这一时期,一些著名的寺院进行重建或再修,扩大规模,增添庄色。苏州一些寺院佛塔大部分也在这一时期修筑。如报恩讲寺,俗称北寺(在今人民路北段),五代周显德年间(954—960)钱氏政权于原开元寺基重建,移支硎山的"报恩寺"额于此。宋崇宁中加号"万岁"。寺建塔十一层,宋元丰间经火复新,著名文人苏轼捐出铜龟以藏舍利。南宋建炎四年(1130)罹遭兵燹,行者大园重修,宝塔为九层。后此寺渐衰,元至元二十九年(1292)重建。至顺初(约1330)募长生田,以盛香火。瑞光禅寺,在盘门内。五代后唐天福二年(937)重修时,宝塔放出五色光芒,敕赐铜牌置塔顶。宋元丰二年(1079),神宗命转运使李复圭延请高僧圆照宗本说法,据说,时天雨昙花,塔现五色舍利光,堂前的池塘生白龟,庭院的合欢竹既枯复荣,寺中的法鼓不敲自鸣,因而改堂名为"四瑞"。宣和中

---

[1] 曹允源、李根源:民国《吴县志》卷三十六上《寺观》,江苏古籍出版社1991年,第546页。
[2] 王祖畲:《太仓州志》卷二《封域下》,江苏古籍出版社1991年,第23页。
[3] 曹允源、李根源:民国《吴县志》卷三十六下《寺观》,江苏古籍出版社1991年,第567页。

朱勔出资重修,"建浮屠十三级"。经靖康兵燹后,淳熙十三年(1186)法琳禅师重新修葺,据传有白牛来助役,工毕乃毙,为此寺中建白牛冢以纪念。寺在至元三年(1266)再次作了修建。同在盘门内的开元禅寺,后唐同光二年(924)钱镠将寺从城的北隅迁到盘门。宋绍兴间(1131—1162)郡守洪迈作戒坛。元至治间(1321—1323)寺毁。重建时,僧人以唐刺史韦应物有"绿荫生昼寂"的句子,佛堂称"绿荫"。

在皋桥东的承天能仁寺,原为唐广德重玄寺,钱氏加以修葺,"殿阁崇丽,前列怪石"。[1] 宋朝改名"承天寺",因宋宣和中禁止用"天、圣、皇、王"等字,又改名"能仁"。元时,寺额称承天能仁寺。铸无量寿佛铜像,高丈余。钟重1.8万斤。[2] 建有万佛阁、经楼、钟楼等。至顺间(1330—1333)毁于火,至元间(1335—1340)复新之。至正十六年(1356)张士诚因其寺宽敞,据为王府。虎丘山云岩寺,经多次重修,北宋真宗时建金匮石室,其屋宇可"与山比崇",[3] 内部贮存"香签宝帙"。至南宋绍隆大师又重修而"栋宇翼如"。在铁瓶巷北的永定讲寺(一名永定普慈天台讲寺),在景福二年(893)重建。五代石晋时钱氏改名"普慈"。元时僧人九皋声筑海印堂,又取韦应物诗句之意,作闲斋,后屡有毁建。著名的寒山寺,在城西十里,梁陈时建,原名妙利普明塔院,宋时或称枫桥寺。太平兴国初(977),节度使孙承祐建七层宝塔一座,"峻峙盘固,人天鬼神所共瞻仰"。至嘉祐(1056—1063)中,改名"普明禅院"。建炎年间,虽幸而脱于兵火,但由于"官军蹂践,寺僧逃匿,颓檐委地,飘瓦中人"。绍兴四年(1134)长老法迁来到寒山寺,与其徒一起,募捐钱财,铢积寸累,用于修寺。于是"扶颠补败,栋宇一新,可支十世"。[4] 该寺的水陆院等一些建筑,严丽靓深,尤为殊胜。特别对宝塔的修缮,花了大工夫,历时三年才成,使寒山寺得以中兴。

在苏州老城区西南三十里的宝华寺,原名智显禅院,吴越钱氏改名宝华,后废。北宋大中祥符(1008—1016)间郡守秦羲重建殿堂与藏经之室,合三百楹,"增卑为高,变陋成丽",[5] 号为胜刹。著名的灵岩寺,旧名秀峰寺。宋太平兴国初(976),平江节度使孙承祐为其姐吴越王妃建成砖塔九层。绍兴(1131—1162)中赐给蕲王韩世忠"荐先福",改称"显亲崇报禅院",重建智积殿。在光福

---

[1] 曹允源、李根源:民国《吴县志》卷三十六上《寺观》,江苏古籍出版社1991年,第545页。
[2] 黄溍:《平江承天能仁寺记》,《吴郡文编》第三册,上海古籍出版社2011年,第363页。
[3] 叶清臣:《御书阁碑》,《吴郡志》卷三十一《郭外寺》,江苏古籍出版社1986年,第481页。
[4] 叶昌炽:《寒山寺志》卷一《志寺》,江苏古籍出版社,1990年,第9页。
[5] 孙觌:《宝华寺新钟记略》,《吴郡文编》第三册,上海古籍出版社2011年,第459页。

镇西街的光福寺,北宋康定元年(1040)居民张惠在庙旁的泥中得一尊铜观音像,可能是唐像的遗存。当时天气干旱成灾,据说百姓"祷之即雨"。以后将铜观音置于寺中,改称"铜观音寺"。在城区西边二十五里的南峰寺,旧名天峰院,是一代名僧支遁的别业,亦称"支山禅院"。北宋熙宁元丰间(1068—1085),僧人德兴"增葺殿阁堂庑"。该寺藏有一条铁杖,传说是支遁的遗物。万寿禅寺在今民治路一带,原称长寿寺。吴越钱氏时,平江节度司从事丁守节,在长寿寺的旧基上,锄荒架宇,重建佛寺,大中祥符中称万寿寺。天圣初年,辟为禅刹,由高僧住持,"相继崇饰,最为宏广"。[1]

位于西山缥缈峰下水月禅院,原名明月,在宋大中祥符(1008—1016)中进行了大修,重建了大殿。当时太湖有"木牌"为风浪打坏,漂巨木百余根涌至水下,罟船钩致之,"每木上刻'水月'二字",当地人以为是"神木",施舍给寺院构筑大殿。寺僧永照,奉诏把创建于南朝梁的"明月禅院"改成"水月"。

常熟慧日寺,自梁开创,原名寿圣,又名晏安。宋大中祥符(1008—1016)奉敕为今名,绍兴十五年(1145)毁。乾道、淳熙间,屡有修缮。至嘉定(1208—1224)始复旧观。听说修寺,"富室至捐百金,其婺人子亦分锥刀。若法堂,若库院,若浴堂,若众寮,若华岩阁,若水陆殿,既次第补葺。复制幡幢二十四首,以严冥阳之仪;创经函六百余枚,以足大藏之数"。[2]

常熟破山兴福寺,在北宋雍熙年间(984—987)僧晤恩增修屋宇,"创宗教院于山门之西偏"。常熟虞山宝严寺,五代时钱氏施金造七级浮屠。宋端拱二年(989),希辩禅师,自京师回寺,大加增葺。明道(1032—1033)中,武陵人顾显与本邑人李仁寿等同建佛殿。宋南渡后,寺益荒废,邑人刘康捐输"饭僧田",以维持寺的生存。在常熟梅李镇的胜法寺,初为禅院,在宋崇宁二年(1103),僧道渊建左轮藏殿,名臣叶梦得为之作记。

位于昆山马鞍山顶的华藏寺,宋时建卧云阁。在元大德三年(1299)僧延福、希范重建凌霄塔。同县赵灵山的福教寺,唐时建,五代时已废,宋太平兴国二年(977)重建三世佛殿与两庑。元照律师还置"饭僧田"八顷,以维传业。荐严资福禅寺在昆山县治的东北。唐天祐三年(906)吴越镇遏使刘璠舍宅建寺,僧匡云开山,后屡有修建,宋元丰元年(1078)建"法堂、寝室凡二十楹"。同县马鞍山下的慧聚寺,自唐重建以来,数次遭焚。宋淳祐七年(1247)中复建大佛殿,名

---

[1] 曹允源、李根源:民国《吴县志》卷三十八《寺观》,江苏古籍出版社1991年,第589页。
[2] 张珽:《慧日寺记》,《常昭合志》卷十六《寺观志》,江苏古籍出版社1991年,第225—226页。

"神运大雄寺殿"。咸淳八年(1272)重建门庑。[1]吴江圣寿禅寺,建于三国时期,在吴江县治西北延寿坊,占地20亩,俗称北寺,建炎(1127—1130)中毁于金兵。淳熙三年(1176)知县赵广重建。绍定三年(1230)僧德顺增建观音殿。无碍讲寺,在县治之西,占地十二亩,俗称西寺。绍兴二年(1132)僧宗印、邑人宋郊重建普贤堂,知府孙觌为之记。宁境华严讲寺,在吴江东门外江南市,占地45亩,梁时卫尉卿陆僧瓒舍宅建。宋元祐四年(1089),里人姚得瑄捐钱40万缗,建浮屠七级,高13丈。由于是方形,故名方塔。绍兴五年(1135)并进宁境院。当时有僧人慧寿者拓宽地界,增建殿堂。建炎中宝塔被毁,后屡有毁建。吴江应天教寺,原名应天禅院,唐时由里人沈揆舍宅建于蠡泽村。周显德二年(955)始建殿宇,塑造神像。宋咸平五年(1002)僧超修"市木召匠,运斤畚土,不历数稔,壮丽宝坊"。[2]大中祥符四年(1011)重建正殿。太仓的海宁禅寺,原是梁天监中所建尼庵,后地为郏侨所得。建炎四年(1130)郏捐地由僧善能建寺,绍兴二年(1132)改名广法教院。元大德改今名,延祐二年(1315),大加重修,赵孟頫撰碑。

宋元以来对一些重要寺庙几乎都进行重修。虽经"建炎"重大劫难,但能迅速重光,并新建众多寺庙,这说明江南经济发达,居民有余力参与宗教活动;也说明民众对佛教的虔诚信仰。

3. 高僧涌现

五代宋元时期,苏州僧人众多,宋时达万人。当时苏州及其附近,出现了一批名满吴门,乃至"义振海内"的高僧。

彦偁(822—920),俗姓龚,苏州常熟人,唐末五代高僧。严于戒律,办事精当,一些纤细尘务都要"勤求师范,唯善是从"。后"扣击继宗记主,得其户牖,乃于本生地讲导"。[3]有虎被猎户射中,彦偁为之拔箭,使猎户受感而罢猎。武肃王钱镠对彦偁十分尊重,每设冥斋,召彦到场持法,传有"鬼神相助"。年九十九岁而终。

僧法齐与德韵,常在中吴军节度使钱文奉之侧,以备顾问。绍宗,吴郡人。本性朴实旷达,不群俗流,南唐国主对他十分礼重,为他建造寺庙,并亲自入山请他就任,"甚加礼重"。

清化师全符,昆山人,曾随父亲到豫章(今南昌)做生意,听闻"禅会"的盛况

---

[1] 陆垕:《重建慧聚寺记》,《吴郡文编》第三册,上海古籍出版社2011年,第534页。
[2] 范成大:《吴郡志》卷三十六《郭外寺》,江苏古籍出版社1986年,第526页。
[3] 妙生:《常熟破山兴福寺志》卷二《志僧》,古吴轩出版社1993年,第63页。

而要求出家;从仰山学成后,佛学日深。吴越国忠献王钱弘佐赐予紫方袍,不受,改号纯一法师。开运(944—946)年间坐而亡化。据说时有大风振林木。

绍明律师,五代慧聚寺僧,被称作"僧中杰出者"。居住于昆山半山的弥勒阁。一天晚上,梦有神人说,在檐前的古桐树下,有石天王像与一口铜钟。第二天发掘,果然获得石像与钟。直至明朝,还存在于寺中壁龛之上。有人咏其事曰:"一旦石像欲发现,先垂景梦鸣高岗。"绍明严于佛律,常熟破山寺高僧曾学于绍明。

宋以后,佛教高僧,更是人才辈出。

晤恩(912—986),字修己,俗姓路,苏州常熟人,年十三,闻诵《弥陀经》,遂求出家,[1]乃投破山兴福寺受训。后唐长兴年间(930—933),受满分戒,登昆山慧聚寺,学南山律。后晋天福初(936),跟从嘉兴皓端法师"听习经论,悬解之性天然,时辈辄难抗敌"。[2]晤恩的见解与天台"三观、六即"之说相符。后人称晤恩是天台宗的山外派。开运(944—946)时造访杭州慈光寺志因法师,弥年通达《法华》《光明》两经与止观之论。晤恩不蓄财宝,立制严峻,不喜交游,不言世俗,戒行兼明,实一代高僧。

遇贤(925—1012),苏州人,俗姓林,出家东禅寺,是著名的狂僧。嗜酒无赖,人称林酒仙,其貌甚怪,躯干高大,嘴巴阔大,可容两拳,手臂修长,过于膝盖。可能是行动举止打破常律,因而关于遇贤有多种传说。一说,他常拿一铁槌,见有瓦甓,就把它击碎,有人问为何如此,他回答说,世路不平,可用碎瓦铺平。可见遇贤对封建社会等级制度有反抗的精神。又说,遇贤喝酒的酒家,往往能获利致富。再一说,当时苏郡虎患严重。遇贤竟骑了一头虎出城而去,于是虎患遂息。有次渡江遇风,舟将颠覆。遇贤脱下袈裟作帆,"风涛遂息"。他还精通中医,发明朱砂圆方。遇贤亦善诗,写诗景中有情:"门前绿柳无啼鸟,庭下苍苔有落花。聊与东风论箇事,十分春色属谁家?"在绿柳无言、苍苔落花中,提出春色属谁的问题,富有启发意义。"心间增道气,忍事敌灾屯。谨言终少祸,节俭胜求人。"指出了生活中的一些真谛。相传东禅寺中的红豆为遇贤手植。[3]

空山,宋兴福寺僧。尝居功德院。被宋太宗赵光义所赏识,要加以官职。空

---

[1] 赞宁:《宋高僧传》卷十《大宋杭州慈光院晤恩》,中华书局1987年,第160页。
[2] 妙生:《常熟破山兴福寺志》卷二《志僧》,古吴轩出版社1993年,第64页。
[3] 钮琇:《觚剩》卷三《吴觚中·白鸽红豆》,《续修四库全书》第1177册,上海古籍出版社2003年,第24页。

山不愿为官,一日遁归山中,"晦迹不出,寺废坏,为力新之"。[1]

仲殊,字师利,俗姓张,名挥。据说是安州进士。出家住苏州承天寺,尝隐常熟破山光明庵。著有《宝月集》。延年有术,至徽宗崇宁(1102—1106)间卒。仲殊精于诗词,与苏东坡多有交往,所作《南柯子·忆归》一词,抒发夏日旅途中的感受,描写"青山远望,潮平沙路,鸟啼声声"的凄凉景色,感叹人生飘零况味,具有感染力。

希辩,常熟宝严院僧人,吴越王钱俶的儿子。太平兴国年间(976—984),随钱俶到中原宋王朝入觐被接见于滋福殿。宋朝赐予紫方袍,号慧明大师。不久,希辩仍回故刹。朝廷赐金,为之造七级浮屠。淳化三年(992),御书《急就章》《逍遥咏》《秘藏铨》《太平圣惠方》共一百三十卷,赐予希辩的寺院,以志表彰。

道元,住苏州永安禅院。大中祥符(1008—1016)中,尝进所编从佛祖到近代的佛语《禅录》30卷,皇帝诏命翰林学士杨亿等刊定,刻板宣行。

清顺尊者,宋高僧。魏庠作苏州知州,至道至咸平初(约995—998)在职时,改虎丘寺(云岩寺)"律"学为"禅"宗,迎尊者至寺住持。清顺尊者为云岩寺禅宗开山第一人,于寺风建设与佛学修养,多有建树。

定慧大师宗秀,"生不茹血,七岁持佛号,住灵岩有年,晚游名公门,未尝及利"。天圣(1023—1032)中由丞相的推荐,赐紫衣师号。其后,道光禅师于熙宁(1068—1077)中主法灵岩寺,"道行卓绝,远近尊礼"。[2]

宋圆照大师宗本(1020—1104),常州管氏之子,年十九师事苏州承天寺永安道昇禅师,日则操臼典炊,夜则入室参道而不言劳。29岁受具足戒,依池州怀禅师。治平间(1064—1067)主持瑞光寺法席,大众云集至500人。由于佛学精深,杭州太守陈襄,敬仰宗本德操,以净慈寺缺住持,言定借师三年,而学者"倍于瑞光"。宗本在杭九年,苏人"欲夺以归,杭守使县尉持卒徒护之,不得夺"。[3] 元丰五年(1082),将道场付与门人善本,居瑞峰庵。待制曾孝序为慰苏人之思,特设计归师于穹窿山福臻院,时年六十三岁。后神宗召宗本主持京师开封慧定寺,召对称旨,赐金襕衣,加圆照师号。元祐六年(1091),以老求归,送者王公贵族,车骑相属,圆照戒之曰:"岁月不可把玩,老病不与人期,唯勤修勿怠是真相为。"晚居灵岩寺,学者常来讨教。圆照法师密修净业,卓有成就。崇宁中,谥法空禅师。其徒有修颙、省聪、崇信等人。修颙的门徒有郑公富弼,省聪的门徒有黄门

---

[1] 丁祖荫:《重修常昭合志》卷四十一《方外》,江苏古籍出版社1991年,第704页。
[2] 张一留:《苏州灵岩山志》卷三《高僧》,灵岩寺1994年,第60页。
[3] 张一留:《苏州灵岩寺志》卷三《高僧》,灵岩寺1994年,第61页。

苏辙,崇信的门徒有慈受禅师。

怀深(1068—1132),号慈受大师,寿州六安(今属安徽)人,俗姓夏,晚自号慈受叟。他是崇信的门徒,圆照的再传弟子。崇宁初(1102)依净照法师于嘉兴的资圣寺。未几,奉旨居焦山。宣和三年(1121)三月,诏住汴京大相国寺慧定禅院。靖康元年(1126)力请回山,而拂袖出都,遍走江浙,"僧俗拥众欢迎瞻礼,焚香夹道,如佛行化"。[1]北宋末,慈受住灵岩三年,后得包山废院,而鼎新之。他对自身的铭言是:"自顾箇形骸,举止凡而陋。只因放得下,触事皆成就。醍醐与毒药,万味同一口,善恶尽销融,是故名慈受。"他"平生所作劝戒偈颂甚多,皆有文法,镂版行于世"。[2]

佛海妙空禅师(1078—1157),名智讷,俗姓夏,秀州(今嘉兴)崇德人。十四岁剃度,读"五蕴皆空",即有所悟。走姑苏瑞光寺,依净照信公。未几,随师至真州(今仪征)。延住天宁寺,大兴土木,使寺院焕然一新。建炎初(1127)住杭州灵隐寺,慈圣皇后驾临,智讷说法得体,赐号"妙空大师"。后治理苏州灵岩寺二十余年,辛勤操劳,五更即起,主持课殿等事务。最后被召至径山寺,赐号佛海。佛海逝时,道俗奔赴,空巷相登,赞叹作礼,如佛灭度。[3]

道川,原是昆山县的弓手(宋时县的武装人员,负责缉捕、巡逻等事,多由富户充任),以勇力闻名。一次被遣差捕,宿于庙中,忽然有所觉悟,竟弃家投奔山西东斋出家,遍游江湖,行踪不定。有次途中遇虎,不为所动,虎亦驯服而去。一天,他大书一偈云:"我有一条铁栟榔,纵横妙用无人识。临行拨转上头关,轰起一声春霹雳。"[4]端坐而化。其徒有法全,昆山陈氏子,参请勤至。一日走进静济殿,触柱而顿悟,从此道价倍增。后法全为湖州道场山住持。

道钦,昆山县圆明村朱氏之子。宋时授业于苏州景德寺,学成之后,游历各大丛林。相传道钦曾碰到一位"道者",见了对他说:汝"乘流而行,逢径即止"。后道钦到临安(今杭州),看到东北有一座山,秀丽出众,问当地的樵子,这是什么山?樵子回答说,这是径山。道钦就选择在这里居住。成为径山寺禅宗开山的第一代。道钦佛学精深,曾被朝廷召见,赐号"国一禅师"。昆山慧聚寺西的罗汉桥,据说也是尊"国一"为罗汉而造,作为纪念。

法远,郑州圃田人,俗姓王,号柴石野人,又号远录公。年十九游并州(今山

---

[1] 张一留:《苏州灵岩山志》卷三《高僧》,灵岩寺1994年,第64页。
[2] 龚明之:《中吴纪闻》卷六《慈受禅师》,上海古籍出版社1986年,第133—134页。
[3] 张一留:《苏州灵岩山志》卷三《高僧》,灵岩寺1994年,第65—66页。
[4] 卢熊:洪武《苏州府志》卷四十一《人物》,广陵书社2015年,第527页。

西),从嵩禅师受具足戒。再游历诸方,来到苏州天平山。模拟班固的《九流》作《九带》,论述佛祖教义与先前高僧的"机语",互相印证,而流传开来。欧阳修有一天与客人下棋,法远在傍。欧阳修请他就棋说法。法远把棋路比作世路,说"从前十九路,迷悟几多人",受到欧阳修的赞扬。从小与达观颖公辈游,多次处于逆境,而法远用智慧脱出。著有《偈语妙密》。

北宋苏州还有名僧净端,"行解通脱,人以为散圣"。[1]把他与圣人并提。章子厚丞相退居苏州,曾热情招待他饭食,食之自如,了无拘束。净端乞食四方,随风而行,生活洒脱,得佛学之精髓,而名行一时。

法云,字普润,长洲县彩云里人。六岁即从师学习《法华经》,熟读经典,多能背诵。后来到南屏寺清辨处学习,得到清辨的要旨。政和七年(1117),徽猷阁直学士应安道推举法云任松江大觉寺住持。没有多久,以母老而归养。法云在家时,如果没有文书的知照从不出门。作有《注解金刚经》《息阴集》《心疏钞》(一作《心经疏》),都能行世。

可观,字宜翁,俗姓戚,华亭(今松江)人。年仅十六,即受具足戒,依杭州南屏寺精微师。听说车溪的名声振动江浙,便负笈相随,忽然有悟。丞相魏杞出镇姑苏,请可观主持北禅寺,并以可观为师。正逢九日上座,可观作一偈:"胸中一寸灰已冷,头上千茎雪未消。老步只宜平地去,不知何事又登高。"[2]魏杞见之特别叹赏,后又得可观的遗书《法语》,谦逊地说,应当拳拳学习师法,不可辜负老师的教诲。可观所作有《圆觉手鉴》《竹庵录》行世。

良玉,字蕴之,昆山慧聚寺僧人。学行品格甚高。除佛学外,兼通文史与琴棋之技。在游京师开封时,梅尧臣见之而喜,把良玉的名字与事迹上之于朝。朝廷赐予紫衣。良玉东归日,梅尧臣作诗相赠:"来衣茶褐袍,归变椹色服。扁舟洞庭去,落日松江宿。水烟晦琴徽,山月上岩屋。野童逢相迎,风景明橡槲。"叙述良玉衣色变紫的经过,并对良玉去踪作了描述与赞颂。良玉回山后,专以讲经为务,名所居曰雨花堂,讲解佛法,喻说圆满。

绍隆(1077—1136),宋虎丘云岩寺僧,为临济宗第十二世祖,扬歧派的创始人之一。由于洞彻法理,深谙经律,而灯传相继。得临济宗的真髓,传播至东南一带。其法嗣有应庵昙华,再传密庵咸杰,使虎丘派大为兴盛。元代此派流传至日本,称虎丘派。日本禅宗46派中,出于绍隆者有36派,其中临济24派中,有

---

[1] 叶梦得:《避暑录话》卷下《佛氏论持律》,文渊阁《四库全书》第863册,上海古籍出版社1987年,第680页。
[2] 张录:《吴中人物志》卷十二《方外》,古吴轩出版社2013年,第160页。

21派属于虎丘一系。[1]绍隆在虎丘居三年,坐化后葬虎丘。在今虎丘万景园有其墓之遗迹。宗杲,号妙喜,虎丘僧。南宋建炎年间(1127—1130)赐号大慧普觉禅师,在生公台东边的东寺翻译佛经,翻至"华严七地品"时,豁然大悟。"阅《法华经》,又见自性多宝佛塔俄尔现前,亦名塔院,张魏公浚题曰'妙喜看经堂'是也。"宗杲的图像藏在东寺,自己替图像作赞。宗杲后住径山寺。他主张坚决抗金,反对和议,具有爱国思想。

子芳,字春谷,法昌寺僧,学成后到处云游,在外四十年不返吴地,后又到天目山挂单十年,乃回到家乡。临终,对他的徒众说:"吾化缘尽矣!"索笔书写一偈说:"负荷犁锄岁,无力强呻吟。一声掣动鼻头索,万水万山何处寻?"[2]表达了一种人生无奈的心情。

破庵禅师(1136—1211),名祖先。四川广安新明王氏子,幼警悟,从罗汉院僧德祥出家。听说有道行的缘老宿者住昭觉寺,"往归之,一见相投",令奉圆悟庵香火。再依澧州德山涓禅师受具足戒,并受德山之命,遍参诸方,谒沩山行和尚,再至平江万寿寺见习,继见虎丘寺瞎堂慧远、净慈寺月堂昌,又见水庵一于双林寺,机语契合。接着随密庵师迁蒋山(今南京钟山),首尾凡五载,回蜀后初住果州青居寺、梓州望川寺。未几,再出四川。至夔门,尚书杨辅留三年。出峡至常州,访华藏、金山、灵隐、径山等寺高僧,"师至,必延居第一座,众辄倍常。历任常州荐福、真州灵岩、平江秀峰等寺住持。后居广寿慧云禅师,为开山住持。三年离去住平江穹窿山。杨和王家庙凤山资福寺缺住持,延请破庵前往,破庵以年高无往意,而学者强之,居无何,即辞。上径山寺。时净慈、甘露等寺相继延聘,均以年高而拒"。破庵生活清苦,虽"藜羹糁饭,而谈道终日。"[3]

月林观禅师(1143—1217),福州人,俗姓黄,名师观,道号月林。十四岁往雪峰山,投忠道者出家。二十四岁受具足戒,径往澧州光孝寺与高僧老纳辩机交往。复归雪峰鼓山,与一些名僧争锋,然自以为不足,再至饶州荐福寺见老纳,老纳见其有悟,即以法衣授之,自是尽得向上机用。东游雪窦、育王等寺,分座说法于苏、常间。"缁素归重,不用晦藏。"住苏州圣因、承天、万寿等寺。李孝友在上柏设报因寺,延为开山祖师。其后乃住平江灵岩。最后主持武康乌回寺。吴人久服其道行"学者问法,户外之屦常满"。

石田法薰(1171—1245),俗姓彭,四川眉山人,十六岁出家,二十二岁受具

---

[1] 安上:《苏州佛教简稿》,苏州西园寺档案室藏。
[2] 张昶:《吴中人物志》卷十二《方外》,古吴轩出版社2013年,第163页。
[3] 张一留:《苏州灵岩山志》卷三《高僧》,灵岩寺1994年,第71页。

足戒。因追慕禅宗前贤,出川取道湖湘,参访诸祖遗迹。后往穹窿山依破庵禅师。破庵属绍隆一派,石田可说是虎丘派的传人。由于禅学造诣的深湛,在嘉定七年(1214)住持平江高峰禅院。次年正月住持枫桥普明寺(寒山寺),前后计有八年时间。以后又住持杭州灵隐寺等名寺。淳祐四年(1244)因疾退归宝寿院,次年正月趺坐而终。石田法薰在寒山寺不忘丛林法事建设,与圆悟、绍隆门下法师共研佛理。石田的"宗门机用",集众家之长,善巧方便,常变常新。他以为参禅必须抓住根本总纲,即对生命本身的洞悉与明彻,坚持以自觉原则去认识真理。只有培育猛利根性,摆脱生死之强烈意志,才能顿断业识葛藤,心地豁然洞明。石田善于说法,常解释古代大德的言行,启发宗门之学,为禅门同道所赞同。石田传法三十余年,其哲嗣有石溪、心月等三十余人。刻有《五会录》,后其学生刻《石田法薰语录》四卷行世。[1]

慧开禅师,杭州良渚人,俗姓梁。礼天龙肱和尚为受业师,参月林禅师于苏州万寿寺。月林令他"看无字话"。慧开刻苦向学,与其师机语相吻合。嘉定十一年(1218),至安吉报国寺,继至隆兴天宁、黄龙翠岩寺,再至苏州开元、灵岩[2]及镇江焦山、金陵保宁等寺。淳祐六年(1246)奉旨开山护国仁王寺。慧开晚年倦于事务,居杭州西湖之上,参学者甚众。理宗召入选德殿说法,敕赐金襕法衣。

元时在苏州活动的名僧还有东屿德海(1246—1327),台州临海人,俗姓陈。十二岁为天台寒岩寺行童,十四岁剃度,随石林行巩,任净慈寺侍者。后随与石林同门的横川行珙,住宁波阿育王寺。元至元二十七年(1290)东屿出山参游,后返天台寒岩寺任住持。再后,由横川推荐,任寒山寺住持。至大二年(1309),迁昆山东禅寺,第三年朝廷赐金襕法衣。后迁天竺、净慈、灵隐等名寺,朝廷赐"明宗慧忍禅师"称号。东屿被称作临济宗重起之人,敏悟机辩,机锋锐利。在各地设场讲法,深得人心。著有《六会语录》。

石湖禅师(1257—1331),名至美,号石湖,俗姓毕,出生于金陵(今南京)。宋咸淳间得度,参访海内佛教之大宗匠,最后见无文传公于净慈寺,深得传公的"源底"。至元丁亥年(1287),主平江双塔寺,再移嘉兴之三塔寺,大兴土木,建养蒙堂,增置庙产,印《续大藏经》,雕补千佛像。后奉旨住持平江的灵岩寺、鄱阳永福寺、四明山育王寺,复至杭州的净慈而终。所至,"孳孳以弘道建立为己

---

[1] 聂士全:《但得本莫愁末:石田法薰禅学思想》,《寒山寺文化论坛论文集2008》,上海古籍出版社2009年,第375—386页。
[2] 张一留:《苏州灵岩山志》卷三《高僧》,灵岩寺1994年,第69页。

任,弗少懈"。[1]

南堂禅师(1298—1367),名清欲,字了庵,俗姓朱,台州临海人。幼年即入径山寺修行,访谒古林茂公。茂公以为清欲"虽是后生,即堪雕琢",具备慧根。出世至中山的开福寺,继而迁本觉寺,至正(1341—1368)主法苏州灵岩寺,[2]作《三会语录》以行世。至正丁未(1367),示寂于嘉兴南堂寺。此时还有大方禅师,初住苏州定慧寺。晚年侨居灵岩华首座寮,欲自焚护法。因与总管周义卿交好,请周证明其事。大方终陷烈焰,以成其志。

高峰原妙禅师,吴江人,善于机辩,著有《语录》。

永珍,字香潜,临川(今属江西)人。十三岁剃发为僧。入径山寺,参学范无准禅师;又入太白,依痴绝冲灭翁。学成辞归,过雪川(在今湖州),所乘之舟覆堕,永珍忽然有所觉悟,便去见高僧石溪,石溪把他留侍左右。永珍曾经到虎丘寺,又住常熟能仁寺。至元间(1276—1294),奉旨住持平江万寿寺。后筑室葑门外,以待参学之人,命名为天隐庵。大德庚子(1300)留偈化去。火化后留有舍利,建塔于吴。永珍"严劲卓立,风采振厉,闻于四方"。

余泽,字天泉,俗姓陆,苏州人。专习佛教天台宗一派的学说。余泽学识渊博,在论说中词锋犀利,吐音如钟。大德十一年(1307)出世于苏州永定寺,迁北禅寺,不久奉召住持杭州的下竺寺。这时正碰上朝廷命人校勘《金书藏经》,余泽被调至京师。他跟翰林院诸老往来唱和,十分融洽。方万里、于吾衍等名人读他的诗,认为风格豪放,由喜爱而摘其奇句编成《长春集序》而归还他。后来余泽的门人编次其平日所作,为《雨花别集》,虞伯生为之作序。

南楚悦禅师,是虎嵒伏公的法嗣。后至元初(1335)自庐山开先寺,到平江(苏州)主持承天寺,仅以衣褋坐具一布囊自随。后承天寺毁,禅师亲任"起废"之责。[3]筹措资金,监管工程,备尝艰辛。功成,而迁径山寺。未几,退据郡中而逝。

自厚,字子原,平江吴县人,是杭州灵隐寺东屿禅师的学生。历任穹窿、秀峰诸名山的住持。道行深厚。其弟子中行,深于禅观之学,曾居住寿岩庵。这时,天气苦旱,山石坚硬,不能穿井,山中缺水。据说,某夜,中行梦有神人来相告,将分七宝泉一脉而来;醒后,视其出处,果有泉水涌出,因号梦泉禅师。

维则,字天如,吉州永新(今属江西)谭氏之子,学道得法于普应国师中峰本

---

[1] 张一留:《苏州灵岩山志》卷三《高僧》,灵岩寺1994年,第72页。
[2] 张一留:《苏州灵岩山志》卷三《高僧》,灵岩寺1994年,第72页。
[3] 张㝬:《吴中人物志》卷十二《方外》,古吴轩出版社2013年,第165页。

公。中峰本公在天目山狮岩修行。惟则退居松江"九峰"十又二年,道价日增。至正二年(1342)惟则门人相率买地筑室,名狮子林,以居其师。为不忘维则学法所自,故以"狮子林"命名。根据帝师的"法旨",加狮子林"菩提正宗寺"额,兼以"佛心普济文慧大辩师"号,赠金襕僧伽梨衣。自中峰禅师以来,临济宗化机局段为之一变,[1]故维则多有佛论建设,著有《楞严会解》《语录别录剩语》,均有若干卷,由狮林寺自刻。

悦可(？—1354),字中庭,嘉定(今属上海)人。受具足戒于了堂禅师。后到西隐寺(在葑门东),筑十六观堂,以修净业,道行日隆。元统(1333—1335)间,赐号"慈光齐照佛日广惠大师"。至正甲午(1354)坐化。

天彰文焕禅师,元人,别号本光,俗姓林,温州人。南堂之徒,曾依南堂于灵岩寺颇久。专精于《楞伽经》的研究,尤爱环师的注释。文焕其貌与东禅寺的"酒仙"贤遇禅师相类或称为酒仙再世。文焕作偈云:"人言我貌是仙翁,况与仙翁姓又同。是汝是吾俱莫论,笊篱捞取西北风。"又曾烧线香作偈:"杂华散香一丝烟,宝网云台悉现前。但把寸心灰得尽,薰闻不在鼻头边。"[2]

善继,半塘寿圣教寺(又称龙寿山房)僧人,笃信佛教,元至正二十五年(1365)书写血经《大方广佛华严经》80卷成,藏于寺中,以报佛恩。此经从十指端刺出鲜血,盛于清净器中,养以温火,澄去血液,取其真纯,蘸以霜毫,立志缮写而成。历代名人,如宋濂、毛晋、归庄、宋荦、曹寅、钱大昕、潘奕隽、石韫玉、黄丕烈、韩崇、翁同龢、康有为等为之题跋,实所罕见。[3]此经今藏西园寺。

宋元时期,苏州多有"异僧"的记载,他们的言行不符常规,而富存佛理,常被神化。除了上述著名高僧遇贤(酒仙)以外,有宋时喜食活虾的虾子和尚,他得钱即买虾,贮之袖中,且行且食。[4]好食活鸡的有承天寺僧人谓三命。承天寺还有饮啖无所择的毛僧,他坐化时一偈:"毛僧毛僧,事事不能,死了烧却,恰似不能。"富有机辩,贯穿禅意。苏州还有"旷达好饮,以醉死"[5]的僧人。元时有驯虎的衣和庵主。庵主为昆山人,一直隐居雪窦寺(其地在浙江奉化)。传说,他畜有二虎,经常骑虎而游。当初雪窦寺妙高峰千丈岩顶,有藤一枝,蜿蜒其上,下临不测深渊,僧人将它蟠结成庵,取名"栖云"。大德丁未(1307)栖云庵毁于盗

---

[1] 欧阳玄:《狮子林菩提正宗寺记》,《苏州园林历代文钞》,上海三联书店2008年,第20页。
[2] 张一留:《苏州灵岩山志》卷三《高僧》,灵岩寺1994年,第73页。
[3] 安上:《苏州佛教简稿》,苏州西园寺档案室藏。
[4] 龚明之:《中吴纪闻》卷五《虾子和尚》,上海古籍出版社1986年,第106页。
[5] 赵令畤:《侯鲭录》卷四《苏州僧自祭文》,中华书局2002年,第101页。

劫。过了二十年,庵还没有恢复。而有老虎在庵的废墟上生崽繁衍,为害一方。大家以为恢复庵堂,定能平息虎患。至元丙子(1336),复建栖云庵,并把衣和庵主的画像挂在庵中。于是二虎前来拜伏,"屈猛从仁",[1]不作患害,相传成为衣和师的坐骑。

苏州是人文荟萃之地,文化气息浓厚,宋元时出现了一些著名的诗画艺僧。宋时除仲殊等大诗僧外,还有众多诗僧。净雪庭(又名元净)以诗自通于郡守,郡守在他的投刺上写道,"诗僧焉敢谒郡守(一作王侯)!"而净雪庭接下写了三句:"大海终须纳细流。昨夜虎丘山上望,一轮明月照苏州。"把郡守比作接纳众流的大海与照亮苏州的明月。郡守见诗,大喜而接纳。[2]诗僧惠诠,平时佯狂而身常污垢,但作诗绝清婉。他曾在西湖边一座山寺壁上题诗:"落日寒蝉鸣,独归林下寺。柴扉夜不掩,片月随行屦。唯闻犬吠声,又入青萝去。"苏东坡见诗而和之曰:"唯闻烟外钟,不见烟中寺。幽人夜未寝,草露湿芒屦。惟应山头月,夜夜照来去。"两诗意境相仿,都描写了僧人独行的幽栖生活。由于受到苏东坡的赏识,惠诠也以诗知名。

道潜(字参寥),苏州著名诗僧,具有文采。曾经从姑苏到西湖,路过临平,有感而作诗:"风蒲猎猎弄轻柔,欲立蜻蜓不自由。五月临平山下路,藕花无数满汀洲。"[3]其诗描写了临平水乡景色,苍蒲在轻风中猎猎作响,藕花连连满洲,一派柔和宁静的风光。"蜻蜓欲立不自由"一句,感叹人生不易把握自己的哲理,苏东坡任官杭州时得到这首诗,大加称赏。苏东坡调职徐州,道潜前往探访,住于逍遥堂,当地士大夫争着来会面。道潜作诗效法陶渊明,诗情逼真。东坡"称道潜新诗如玉屑,出语便清警"。以与道潜诗僧作友为荣。上述承天寺仲殊,多作艳体。苏州僧有规,为人坦率,能诗,七十岁临终中有"睡起不知天早晚,西窗残日已无多"之句,受到左丞叶梦得的赞赏。昆山翠微寺僧冲邈喜欢作诗,有人评价其诗,风格老练,用词清新。由于沉于诗境,望于物外,因而健康长寿,年八十八而终。[4]其诗获姚舜明侍郎与邑宰盖屿的好评。作有《翠微集》。

宋时著名诗僧还有则之彝老,他是嘉定外冈人,俗姓杨。对禅学有精深的研究,著有《十玄谈参同契》。作诗多首,编成《禅外集》。其《早梅诗》与《雪霁观梅》两诗尤脍炙人口。还有法贝、蕴常、法平等诗僧,以绝句著称,都有唐人风致。

---

[1] 叶盛:《水东日记》卷八《衣和庵主》,中华书局1986年,第85页。
[2] 陆肇域、任兆麟:《虎阜志》卷八《名僧》,古吴轩出版社1995年,第429页。
[3] 卢熊:洪武《苏州府志》卷四十一《人物》,广陵书社2015年,第526页。
[4] 龚明之:《中吴纪闻》卷五《翠微集》,上海古籍出版社1986年,第112页。

苏州定慧院僧定钦,与苏东坡交情深厚,苏东坡谪遣广东惠州时将其所作《寒山十颂》,使其徒带往苏处。苏东坡得诗,甚是喜爱,以为定钦的诗,语言通顺,而不像贾岛、无可那样的寒峻。还有清珙,常熟人,跟随及庵和尚学习,得到及庵的指点。居住霞雾山,长达三十年,亲自担任打柴割草的杂务,具有古代"大德"之风,禅余喜欢作诗,有《山居吟》。

元代苏州亦涌现出不少诗僧。今列之如下:圆至,字天隐,十九岁出家,依仰山慧郎大师。善于作文,所著《筠溪牧潜集》,由方回作序,又注《三体唐诗》。晚年留碛砂寺。[1]良琦,字圆璞,号龙门老樵,以诗闻名,与杨铁崖(廉夫)、郑明德等名人唱和。其诗多见于顾瑛所编《玉山草堂雅集》中。衍道,苏州西南郊区石湖人。工于作诗,也善于书法。至正初(1341)主持嘉禾(今建阳)德藏寺。才学辨思,名合人望,倾于一时。作有《碧山集》,太仆危素为之作叙。妙声,字九皋,吴县横金(今横泾)人,出家于郡城景德寺,授业于"天泉",学文于道原。十九岁时以诗谒学士袁伯长。学士对他的诗,"甚见引重"。著《东皋录》,刻于寺中。明朝洪武辛亥(1371),被召至帝宫,对答称旨,赐金回山。椿大年,俗姓沈,是吴中巨族沈家的八世孙。在年轻时就以诗名盛传于丛林中。游钱塘南北峰时,与南屏寺诗僧报上人争胜斗奇。其诗见于《玉山草堂雅集》。善住,字无住,精于作诗,作有《谷响集》,当时的名人仇远、白珽为他作序,仇远称他的诗,"其五言似随州,七言似丁卯,绝句似樊川,古诗出韦陶诸作"。把他比作杜牧、韦应物与陶渊明等著名诗人,评价特高。明无照,虎丘寺诗僧,著有《卧云集》(或称《卧云稿》)。还有一些僧人钻研诗词训释之学。庆闲,字无逸,苏州人,曾《笺注范成大田园杂兴六十首》,方回、郑国为之作前后序。

这一时期,苏州的僧人有以绘画见长。继肇与法能都是吴地僧人而充当画家。继肇与全国闻名的画家巨然是同时代人,工于山水画。而法能根据佛教绘画特点,特工罗汉像。德正,俗姓徐,登科作平江教官,后弃官为僧。能画山水人物,画风"清绝"。他专门学习龙眠、文了,还善于烹茶,调匀搅和,事毕,方始入汤。曾游荆南地方,由高保勉关照李兴,延置于紫云庵。由于精于茶道,高保勉父子把他称作汤神,上奏朝廷,授予宣华定水大师称号。

普明,元时承天寺僧,是径山寺晦机熙公的法嗣,善于画墨兰。当时同样善于画兰的僧人是昆山慧聚寺的柏子庭。柏有戒行,能诗画,名其所居曰"不系舟"。元末平江保安寺僧方奎,善画古木竹石,受到大画家倪瓒与大学者虞集的

---

[1] 以下诗画僧材料,多见于张泶《吴中人物志》,古吴轩出版社2013年。

赞赏。作品有《竹石图》,录于《故宫名画三百种》。

五代宋元还有一些学术之僧,他们钻研自然科学与人文社会知识,善于探求其中奥秘。赞宁,德清人。吴越时为两浙僧统,宋太宗尝召对于滋福殿,诏修《大宋高僧传》,受表扬。[1] 赞宁常在苏州活动,以博物之学盛名于当时,一些大文豪、大学者都知道他的名字。他常与柳如京、徐骑省游,或问以处理难事。他博采经传中物类相感者,作《物类相感志》十卷、《笋谱》二卷。咸平(998—1003),加右御僧录,卒谥圆明大师。

还有医僧。秀州(今嘉兴)宝鉴大师有次过平江,见到一个名张省幹的病人,眼赤气喘,唇口生疮,其势甚危。宝鉴"投以茵陈五苓散、白虎汤而愈"。[2] 众人都佩服他高超的医术。都僧正清立以医药"利施一方",所得不私自储蓄而是捐资建寺。广化寺在南宋初遭到火灾,变成一片废墟。清立捐出医技所得,"建大殿,塑三世佛、大菩萨、斋堂、十方佛殿"。[3] 淳熙二年(1175),他的门徒再以多余的资金创建藏经楼,完全恢复旧观。清立以医术的收入,复建一所寺庙,可见其医术十分高超,收入十分丰厚。

五代宋元以苏州为中心的吴地佛教,善男信女众多,除专职僧侣,还有广大的居士与修行者。佛教寺庙遍及城乡,仅吴江一县寺观"元多至一千八百余所"。寺院所属教派以禅宗为主,尤以临济一派更形强势,史籍多有改律为禅的记载。此时吴地僧侣文化素质较高,有影响到全国的佛学大师,也有具有诗画特长的艺僧。苏州僧才辈出,光耀佛地。

二、道　教

五代宋元时期,由于统治者的提倡,道教在苏州获得重大发展。五代吴越国十分重视道教。钱镠与著名道士闾丘方远、苏州学道之人吴仁璧往还,还替道士呈请封号。开平元年(907)九月,钱镠上奏,要求给予道门威仪郑章"贞一大师"称号,给予道士夏隐言"紫衣"的封赏。宝正三年(928)钱镠亲自投"告龙简文"于太湖。"投龙简",是道教的重要仪式文之一。龙为铜制,简为玉石,投于湖中,为国斋醮,以求风调雨顺。他在《投告太湖龙简文》中说:"自统制山河,主临吴越,民安俗阜,道泰时康,市物平和,仰自苍天降佑,大道垂恩。今则特诣洞府名山,遍投龙简,恭陈醮谢,上答玄恩。"并有"谨诣太湖水府金龙驿传,于吴越国

---

[1] 赞宁:《宋高僧传·自序》附太宗批答,中华书局1987年,第2页。
[2] 赵彦卫:《云麓漫钞》卷五,辽宁教育出版社1998年,第48页。
[3] 范成大:《吴郡志》卷三十一《府郭寺》,江苏古籍出版社1986年,第463页。

苏州府吴县洞庭乡东皋里太湖水府告文"等句。[1]可见吴越统治者对道教的虔诚信仰。又据《江苏通志·金石》记载,此龙简在明崇祯十七年(1644)吴中大旱时湖底得到。简为银质,重二十两。以后宋元统治者,对苏州道教亦很关心,多有"敕建""赐额"之举。

宋朝一直扶持道教的发展,北宋太宗将道士张守真的住宅改成"北帝宫",又于终南山历时三年建成上清太平宫。宋真宗继位,诏天下并建道观,名"天庆"。宋徽宗更是大修各地宫观,培养道教人才。其时,道教首领林灵素等曾多次巡历苏州天庆观(今玄妙观)。南宋时期,逐步恢复与新建道观。元代设道录司,发展道教事业。五代宋元苏州道教有其特色,一是苏州道教从宋理宗开始一直奉龙虎山正一派为正宗。苏州是该派在江南的基地之一。另一特点是道教学术研究在苏州的兴盛,大中祥符五年(1012),著作佐郎张君房收集各地道书编成《大宋天宫宝藏》一书,后称"宋藏",其中就包含有苏州贡献的"道藏"千余卷。苏州这一时期,道者会集,深研学术,在中国道教史上写下浓浓的一笔。

1. 道观的新建

五代宋元时苏州新建了一批道观,据初步统计,著名的不下六十余所。不仅建于热闹的城市,连一些偏僻的乡下,也有道教的雄伟屋宇。其中相当一部分由当地士绅舍宅所建。

苏州新建的宫观有太一宫。太平兴国年间(976—984),方士楚芝兰建言:五福太一,天之尊神也。太一所在之处,人丰乐而无兵役。凡行五宫,四十五年一移,以数推之,"五福太一在吴越分",[2]请就地筑宫以祀之,获得了朝廷的同意。太平兴国六年(981)苏州建太一宫于郡城中,或传在报恩寺之侧,或传即玄妙观旧址。但苏州离都城较远,不便祷祀,楚芝兰于是又说,"都城东南地名苏村,可徙筑宫于此,以应苏台之名,则福集帝都矣"。于是筑太一宫于都城(今开封)之南。苏州的太一宫,逐步废除。

天医药王殿,宋大中祥符五年(1012),建于玄妙观内。上有斗姆阁,前有路头庙。路头,又称五路神、路头菩萨,据说敬之可发财致富;元元贞元年(1295)建。还有五路殿、真官庙,也是在这时期在玄妙观建成。

月华道院在昆山卜山下,熙宁五年(1072)道士陈正真建。南宋咸淳(1265—1274),邑人王礼"撤而新之",[3]奉祀"真武帝",请于礼部,命名为玉

---

[1] 赵良等:《苏州道教史略》,华文出版社1994年,第57页。
[2] 龚明之:《中吴纪闻》卷一《太乙宫》,上海古籍出版社1986年,第11页。
[3] 王学治:道光《昆新两县志》卷十《寺观》,江苏古籍出版社1991年,第151页。

虚道院。院内有礼部郎中陈世昌像,又创建北斗梓潼魁星祠,而总名仍称"月华"。

乾元宫,在常熟辛峰之右。宋元祐(1086—1094),徐神翁弟子申元道创建,初名竹林庵,申氏在庵建成即去,不知所踪。绍兴丁卯(1147),道士喻抱元增葺"三清殿法堂三间,两庑悉备。左祀中天大神,又左像太乙慈尊;右祀玄天上帝,又右祀祠山大帝"。[1] 淳熙(1174—1189)中,邑人请求郡府用致道观旧额,改为乾元宫。元末废,明永乐初重建老君殿。

崇真宫,在承天寺旁,今接驾桥之西、东中市之北。宋政和八年(1118)由郡人黄悟微舍宅建。道士项举之开山。朝廷赐额崇真圣寿宫。项举之,即原东京(今开封)九成宫住持妙通法师,政和间来吴中。宣和(1119—1125)中改称神霄宫。建炎(1127—1130)中改崇真广福宫。"门有青石桥扶栏,雕刻之工,细如丝发,为吴中桥栏之最。"[2] 宫内竖有皇帝御书二碑。明初归并于玄妙观,正统间重建。

玉隆道院,在吴江四都充浦村,宋建炎元年(1127),当地人、料院许某,慕许真君之风,弃官入道,舍宅为院。[3] 明洪武年间,道士吴惟一重建。

希夷观,在灵岩山下,绍兴十三年(1143),咸安郡王韩世忠请求朝廷获准而建,祀陈抟,故以陈的名号希夷为额。韩世忠出私钱建观,"计屋五十余间"。至元时尚存,明初归并玄妙观,后废。

佑圣道院,宋乾道年间(1165—1173)水军都统制冯湛建于常熟浒浦镇北,奉玄武黑帝(后因避讳,改称真武)。此院由于江湖的侵蚀而沦于江中。宋端平元年(1234)都统制吴英重建于浒浦镇东南周泾口碧溪市之间。至顺二年(1331),道士席应珍与里人徐立又迁建于东徐市。

福济观,在今皋桥之东。宋淳熙间(1174—1189)道士陆道坚建。初名严天道院,俗称神仙观,后俗名在苏州市民中通行。传陆道坚与省幹王大猷设云水斋于此,[4] 吕仙翁便降授王大猷神方。大猷子孙相传,用这一方子济救世人。元朝至大间(1308—1311)道士叶竹居奏请朝廷,赐福济额。至正末(1367)由兵火而毁。明正统时重建。后又移石路南濠街。

三茅观,在今中街路仁风坊。宋淳熙(1174—1189)中,由道士倪元素创建开

---

[1] 张宇初:《乾元宫记》,《吴郡文编》第三册,上海古籍出版社2011年,第629页。
[2] 范成大:《吴郡志》卷三十一《宫观》,江苏古籍出版社1986年,第456页。
[3] 倪师孟、沈彤:乾隆《震泽县志》卷九《寺观》,江苏古籍出版社1991年,第90页。
[4] 徐有贞:《福济观新建祠宇记》,《吴郡文编》第三册,上海古籍出版社2011年,第610页。

山,祀三茅真君,应属茅山一系。元天历二年(1329)住持葛仙严重新修建,并请朝廷赐名。至正末(1367),兵毁。明正统间重修。又,著名的城隍山道观,依山势而建,殿宇辉映,松竹常青,也是建于淳熙年间。

灵应普照观,在昆山老城区东北一里。宋嘉定二年(1209)本县进士翁谦在此凿地得到石函中的青圭,因而就地建道院。宋宁宗亲书观额,又书"止堂"之扁,送给主持观务的易如刚。观中有"风云""竹月"二亭。明洪武初并入清真观。

玉清洞真观在吴江同里镇。宋嘉定十三年(1220),当地人叶宣(一作先)赞舍宅建。因奉祀陈抟祖师,淳祐十三年(按,淳祐无十三年,似应作十二年,即公元1252年)用陈抟的号"希夷"作观名。至正七年(1347),赐"玉清洞真观"之名,"道士黄中一增建玉皇殿,里人章思忠塑神像"。[1]明洪武十七年有所增建。

回真道院,在今苏州悬桥巷。宋咸淳二年(1266),一说在至元(1276—1294)间,由沈道祥创建。道院奉侍吕纯阳(洞宾)祖师。因吕祖曾自称为回道人,故以之题观额。

致和观,原名至和道院,在常熟西门观弄内。宋咸淳(1265—1274)中,道士应锡智建。锡智号梅所,平时节约钱财,铢节寸累,买下民屋数间,赤手经营而成。元大德间(1297—1307)锡智的徒弟王大成作了增拓。后废,明永乐间重建。

卫道观,设在苏州老城区东隅。宋代末尾四川绵州道士邓道枢以道教斋法闻名于理宗与度宗两朝。[2]宋朝降元灭亡后,道枢游吴中,得到上官氏的废圃而建。初名会道观,后改今额。明洪武初归并玄妙观,弘治间重建,今存。

衍庆照灵观,在吴江老城区,原县衙的东北、后河之南,本名昭灵侯庙,即旧城隍庙。元至元十二年(1275)建三清殿。大德三年(1299),由"嗣天师"奏改"衍庆昭灵观"。洪武二十六年火毁,道士胡若拙重修。

瑞云观,在吴江二十七都韩墅村。元至元二十九年(1292),吴郡陆志宁开始创设庵堂。大德九年(1305),撤去旧屋,改庵为观。[3]由教主嗣真人署名为瑞云观。直至泰定三年(1326),新建工程才告完毕。由地方政府上奏朝廷,皇帝下玺书加以保护。洪武初归并于衍庆昭灵观,后废。

白鹤观,在西白塔子巷鹤舞桥东。相传其地为宋信安郡王孟忠厚的藏春园

---

[1] 倪师孟、沈彤:乾隆《吴江县志》卷十一《寺观》,江苏古籍出版社1991年,第418页。
[2] 陶宗仪:《南村辍耕录》卷八《邓山房》,中华书局1959年,第97页。
[3] 倪师孟、沈彤:乾隆《吴江县志》卷十一《寺观》,江苏古籍出版社1991年,第418页。

所在地。到元代,为平江路总管张世昌宅园。后张舍宅为道院,名"报恩",不久废。道人张应元复建,时有群鹤从东南飞来,其中有一鹤结巢树上,每晨鹤鸣则往往有檀越前来施舍,因此命名为白鹤观。宫观除常见的殿堂以外,还有张世昌的祀祠,洪武初归并于玄妙观。

其他如河泾侯庙、高真道院、清微道院、朝真观、上圣观、富春道院、全真道院、元和道院、先机道院、灵应观、清真观、佑圣观等都是在这一时期开创建设。

2. 道观的重修与完葺

吴中最负盛名的玄妙观,晋咸宁中创始时号真庆道院,唐开元二年(714)改名开元宫。五代时孙儒之乱,"四面皆为煨烬,惟三门、正殿存焉"。以后逐步进行修复。宋大中祥符(1008—1016)间,更名天庆观。大中祥符五年(1012),除新建天医药王殿外、还修建三茅殿、东岳殿(内有七十二司庙、十王庙)。皇祐(1049—1054)间重建殿堂,"新作三门,尤峻壮"。[1] 宣和七年(1125),朝廷以昆山田50顷充当该观的香火之资。建炎年间,由于金兵入侵,天庆观毁于兵火。绍兴十六年(1146)郡守王唤,重作两廊。为画"灵宝度人经变相",召来画工中专攻山林、人物、楼橹、花木的技艺之人,"分任其事,极其工致"。[2] 淳熙三年(1176),郡守陈岘重建三清殿。同年,左街道箓(一种道职)李若济奉命建蓑衣真人殿。真人姓何,传有异行与灵验。淳熙六年(1179)大殿失火,浙右提刑、摄郡事赵伯骕重建。八年,孝宗皇帝亲书"金阙寥阳宝殿"六字作为殿额。建通神庵,元朝元贞元年(1295)作了大规模的修缮。建真官殿、玄帝殿(前有六亭)、关帝殿、观音殿。元中期玉皇阁一角下陷,计要数千缗方可扶正,一时无法筹钱。皇庆二年(1313),由燕山来的木匠张揆天换上新梁"架拱敲击之",[3] 恢复了原状。雷震殿,为至元(1335—1340)间建,设有五雷坛。在元明间似还建有灵宝祖院,为张微爵、周鹤林所居。天庆观在至元元年(1335),改称玄妙观至今(清朝为避帝讳,改"玄"为"圆")。一直是全国著名的道观。

上真观,在吴中区藏书镇穹窿山三茅峰,相传汉平帝时初建,祀三茅真君,称道院。宋天禧五年(1021)改称"上真观"。天圣八年(1030),叶绍先主持上真观,诛秽以治庐,"封土以崇墉",加强建设。绍先亦为名道。景定二年(1261),朝廷命在平江西郊拓地八百亩,创朝真观。由上真观法师沈道祥为朝真观开山之祖。元末兵火,朝真观废,上真观亦毁。至清顺治年间,由法师施道渊重建上

---

[1] 朱长文:《吴郡图经续记》卷中《宫观》,江苏古籍出版社1986年,第27页。
[2] 范成大:《吴郡志》卷三十一《宫观》,江苏古籍出版社1986年,第454页。
[3] 高德基:《平江记事》,《吴中小志丛刊》,广陵书社2004年,第25页。

真观,成为巨构。

灵祐观在洞庭西山林屋洞旁,原称神景宫。传说是汉朝刘根修炼的地方,有宫廊百间,环绕三殿,故名"百廊三殿堂",前有垂丝桧、偃盖松。元和四年(809)道士周隐遥重修。宋天禧五年(1021),朝廷命令郡守康孝基重建,赐名"灵祐观"。明嘉靖与清雍正时均有修缮。

灵顺宫,在东洞庭山杨家湾,创建于唐贞观二年(628),祀春秋吴相伍子胥。相传宋高宗南渡时,"扈跸官军分道经湖,风涛不可航,祷神(伍子胥)立应"。[1]使官军顺利通过水道至杭州。于是高宗派遣官员携带金钱,进行修葺,并封伍子胥为"忠武英烈显圣安福王"。当地人杨嗣兴捐地若干亩,进行扩建。元末,由于红巾军起义,残毁殆尽。明初里人王万一出资重建。

修和观,在苏州盘门外五里,原是唐毕諴的别业。五代称太和宫,由毕諴嗣孙戴省甄主持。太和宫在五代宋初时作了扩建,由道士吴玄芝主持,"翦蓁芜以树垣墉,浚汙潦而开池沼"。[2]建上清宫、北极堂、三级星坛等,就水治槛,因高创亭,怪石花茂,成为园林式宫观。南宋绍兴间,道士朱至仁又进行复建。

常熟致道观建于梁天监中,后改称乾元宫。宋天圣(1023—1032)间,县令胡晏构筑北极紫微殿。政和七年(1117)改称致道观。在至和治平间,主持观务的道士李则正增修大殿及其他殿宇二十有四间,轩庑十六间,创造山门。嘉祐间(1056—1063)又有郡人曹仲言施钱二百万,塑三清圣像及真人像十五躯。又复建北极殿与道院。英宗治平元年(1064)起山门及东西庑各五间。次年造山门之东轩,又次年造山门之西轩,使"宫宇复完,壮丽轮奂"。[3]元延祐间(1314—1320)知州王英再次修建。这一时期,一些道教院观的修复,多因公私之助,而比较及时,且修缮完美,有所拓扩。

3. 苏州名道事迹

五代至宋元,苏州出现了一些名道,静修炼真,其事可传。

陈希微,字彦真,先名伯雄,吴地人。据说在宋元祐(1086—1094)中,他患病,到茅山刘静一法师处求符水而治愈,因而弃家为道士。筑室于柳汧泉上,清静修炼,名声大著。宋徽宗闻其名屡召不起。朝廷命其所居之所为抱元观,并赐予"洞微法师"之号。

申元道,泰州人。据传修炼多年而术成,请求师傅徐神翁指点去向。神翁指

---

[1] 曹允源、李根源:民国《吴县志》卷三十六下《寺观》,江苏古籍出版社1991年,第558页。
[2] 王禹偁:《新修太和宫记》,《吴郡志》卷三十一《宫观》引,江苏古籍出版社1986年,第457页。
[3]《道家金石略·乾元宫兴造记》,《苏州道教史略》,华文出版社1994年,第63页。

示说:"逢虞则止,无雪则开。"于是过江南来,至虞山即居之,周围多植竹子,"因名竹林庵"。山里缺水,有次下雪,一个倒伏的盛土竹器上没有积雪。申元道就在这里开浚得泉,因名雪井。可见此人似有一定的地质知识。又传,他曾在常熟福山建潜真馆,在梅里(今常熟梅李)建颐真馆,作为炼丹之处。因道术深厚,而名声远扬。

欧法师,嘉定(宋时属苏州,今属上海)人,绍兴(1131—1162)中,云游至黄渡崇真道院,住了数日后离别而去,说:我三日后再来,请为准备酒肴。及期,欧法师果然前来,共同欢饮。就在法师掌中书写符诀,醮祀伏坛用之,很"灵验"。自此法师主持醮事,往往见到他"仿佛升空"。法师临终时,"挺然而化"。[1]欧法师注意养生练体,并具有一定的硬功。

何蓑衣,其先淮阳人,跟从他的祖父朝议大夫何执礼避乱而居吴中。曾考进士不中。一天游妙严寺,临池照影,突然有悟。从此,挂一蓑衣,披发赤脚,往来市中,弄泥掷砖,有类佯狂。据说"言人祸福休咎,多奇验"。[2]淳熙(1174—1189)间已声闻皇宫。当初住无定所,笑傲歌吟,逍遥自适,有时还怒骂发嗔,人们都不敢靠近他。后结庐在天庆观(今玄妙观)一土室中,传经月不食不饥,常昼夜不寐。据说他碰到严冬,还敲冰洗蓑,气腾如蒸。何蓑衣熟悉医理。有病者乞医,"命持一草去,病而愈"。[3]又传,孝宗皇帝梦中见到何蓑衣,何预言准确,于是赐号"通神先生",筑通神庵于天庆观以居之。何蓑衣有料事如神的本领,光宗即位,召之不至。庆元三年(1197)端坐而逝。何蓑衣在苏州道教史上有深远影响,在玄妙观建有蓑衣真人殿,由宋孝宗书额。苏州齐门外的悟真道院,系何蓑衣的退休之处,其墓在院东。一说他的"赐茔"在蠡口。常熟致道观中亦有蓑衣真人祠。

呆道僧,军人之子,不言姓名,与何蓑衣相交。其装束,非道非僧,或亦道亦僧,故名"道僧"。喜欢游荡于市井,见到有钱人必定乞钱,得钱后随即给予贫者。呆道僧善于预测,言必中绳。进宫见皇不拜,皇上宽容之,叫禁卫对呆道的出入不必禁止。绍兴甲寅(1134),曾预言故帝逝世,而名闻朝野。道僧与何真人一样"勇于啖肉,食至十余斤"。[4]可谓异道。

梁亮,家昆山驷马桥,捕鱼为业。曾在一个鼠穴中得书一卷,获致道术。一

---

[1] 张昶:《吴中人物志》卷十一《列仙》,古吴轩出版社2013年,第144页。
[2] 张昶:《吴中人物志》卷十一《宋·蓑衣先生者》,古吴轩出版社2013年,第145页。
[3] 岳珂:《桯史》卷三《苏州二异人》,商务印书馆1936年,第21页。
[4] 丁传靖:《宋人轶事汇编》卷三《孝宗》,中华书局1981年,第88页。

次提刑按察使吴潜的船只停在江上,梁亮不期而至吴舟之中,要求借吴的金银酒器。吴潜给了他,他把酒器敲碎以后分给贫民。吴潜以为梁亮是"妖人",便把他逮至官府。"亮剪纸为鱼,游跃水盆中,复剪一鹭,飞绕庭下,攫其鱼而上。众仰观,遂失亮所在。"[1]梁亮是具有拯穷救人的平均思想,似还有魔幻之术的道士。

宋孝宗时,平江道士有个袁宗善的,据说由于得异人传授的"验状法",而"预言"多中,获得太后与皇帝、皇后的赏识。以预测孝宗之子光宗将犯"心疾"而闻名。宋赐"通真先生"。

易如刚,字仁甫,饶州安仁(今属江西)人,当初入江西龙虎山为道士,庆元初(1195),奉令住三茅观,授"太一宫高士",后为昆山普照观开山住持。宁宗为他亲自书写"普照观"的观额与正堂的匾额。嘉定六年(1213),又赐号通妙先生。十四年(1221)又加"葆真"之号。元延祐三年(1316),加封"通妙葆真文教真人"。易如刚善于导引养气,故而延年益寿至一百余岁。

王惟一,号景阳子,括苍(今属浙江)人。其父作官于华亭(今上海松江),因而随之移家吴地。年轻时以儒任吏事,后弃职而去,与道家游。据说,遇到道术上最高成就的人,授以"还丹九转"之法。王惟一对其要点心领神会,著《景阳明道篇》《金丹枢要》《先天易赞》《道法精微》(一作《道法精妙》),"晚年寓昆山樊泾岳祠"。[2]王惟一深通道家理论与金丹之术。

莫月鼎(1226—1294),名起炎,吴兴(今湖州)人,生于宋宝庆丙戌(1226),从小追慕玄学,到青城山见徐真卿,真卿授予雷术。又听说邹铁壁得到王侍宸的"斩勘法",便像僮隶一样服侍铁壁。再见杨真卿,杨精于持练,出诡秘语,人莫能晓,而莫得其秘。宝祐(1253—1258)某年秋天,越州知州马裕斋请莫求雨得应,雨大澍,理宗亲自写诗赞扬。至元二十六年(1289)朝觐大都,由于祈祷辄有验证,赐宴光禄寺,命典道教事,力辞南归。死葬长洲县陈公乡。他诗画亦佳。其下弟子众多,得其道者吴下有张雷所、王继华、金静隐、马心吾等人。

周文英,字紫华,苏州人。从小读道家经典《参同契》,对仙道十分追慕。至元戊子年(1288),有位道人"幸先生"到他家。据说,幸先生不怕积雪寒冷,仅穿一木棉袭衣,却身热似火。周文英至枫桥见幸先生学习炼金之法,有所得。至甲戌(1334)敛衽"端坐而逝"。[3]

---

[1] 张昊:《吴中人物志》卷十一《列仙》,古吴轩出版社2013年,第146页。
[2] 杨譓:至正《昆山郡志》卷五《释老》,《宋元方志丛刊》第一册,中华书局1990年,第1140页。
[3] 张昊:《吴中人物志》卷十一《列仙》,古吴轩出版社2013年,第147页。

古无极,居葑门道堂,仅筑一室称小蓬居。用白垩涂壁,中间置一榻,"以书一束为枕"。[1]古无极嗜酒,常酿酒一瓮于床头,不让人饮,饮尽复酿,日以为常。室中十分清洁,皎然如雪,暑中开户而眠,"蚊蝇猫狗不敢入内"。他未尝外出募捐,而用钱不乏,有人怀疑他有铸钱之术。一天晚上古无极出走,所有物品不知去向,传他幻成四人,分别从葑、娄、盘、阊四门而出。这一传说,反映某些人摆脱俗务,追求清健仙化的思想。

张善渊,字深父,号癸复道人,苏州西郊华山人。他的伯父张崇一,是华山张氏家族第一代道士,学得易如刚的"灵飞步法",人家称他为张雷师。由尚书包恢的推荐,朝廷命令张崇一为天庆观(今玄妙观)住持。张善渊跟随伯父学习,据说能"捕逐鬼物,呼致雷雨"。由郡守潜说友的举荐,住建德永隆宫,再住平江光孝观。善渊善于学习,"凡四方有一术一法之异,必究极其妙"。[2]道门术祖莫月鼎等都很看重他,而授以秘方。道内荐往大都,据说善渊"有祷辄应",遂命为平江道录。相继住持天庆观,绍兴昭瑞宫。善于养生,寿九十二岁而卒。

金善信,字实之,长洲人。先世业儒,而他十分爱好道家之学。抛却妻孥,师从张雷师与莫洞一,尽得其不传之秘,就构筑仁寿观在苏州城的东北隅,每日与他的门徒研究道教妙旨。善信说:"心神至虚,无所汩没。诸阴销尽,诸阳自集。盖有形者阴,无形者阳。阳益胜阴,气益调精,我得清净,去道无难矣。"[3]他获得嗣天师留国公的信任,起为广德路道录,住仁寿观。金善信之名,闻之于朝,朝廷下玺书为之加护,给予"体仁守正弘道法师"之号。

苏州在这时期还出现了一些技艺之道。

道士所能,有道、法、药、术凡四方,因而道士中懂医药者众多。除上述南宋时的何蓑衣真人外,还有数位。

宋仁宗时有药道李则正在苏州活动。李则正,嘉禾(今建阳)人,七岁学道于崇福宫。年十二试始经业,后三年学习医术,救人之疾苦。二十五岁,游历名山大川。庆历间(1041—1048),则正过姑苏,卜居常熟虞山,以医药济众。病者以金帛施之,加上设醮募金,以及田园收入,修复了已荒芜的乾元宫,增修大殿及其他殿宇二十四间,轩庑十有六楹。李则正对苏州道教的贡献,功不可没。

张八叔,润州(今镇江)范公桥人,医术高明。一次,居苏州金狮巷的边公式之母汪氏久病。张八叔奉前巷袁二十五秀全之命前来看病。一见,已知汪氏病

---

[1] 张昶:《吴中人物志》卷十一《列仙》,古吴轩出版社2013年,第147页。
[2] 卢熊:洪武《苏州府志》卷四十一《人物》,广陵书社2015年,第528页。
[3] 张昶:《吴中人物志》卷十一《列仙》,古吴轩出版社2013年,第150页。

状,留一方曰"乌金散",饮之遂瘥。张八叔逐步被神化,传为吕纯阳之后学,成为"异人"仙道。

王可交,吴淞江南赵屯人,以耕钓为业。一次操舟出江口,遇彩舫中"仙道",食"仙栗"而悟觉。可交后归乡,曾与乡人到白鹤江口,指认遇"仙"处。再后,携妻子入四明山。二十余年复至明州(今宁波),卖药沽酒而饮,多余的钱就施与穷人。他说:药方是壶公所授,制酒方式则是余杭阿母所传。由于治病有疗效,称这种酒叫"王仙人药酒"。[1]一时间民间多挂王可交的画像,表明对王医术的崇敬。可交遇"仙"学医之事,当有虚夸。但可交医术之精,不容置疑。

黄孤山,钱塘(今杭州)人。曾经遇郢(今武汉及附近地区)人卫淡丘,授以修真要法、医药知识与诊断技术。南游武夷山时,师事名道金华潘雷鉴。后来到了吴中。吴人严某生病,便购地建道坛,求"玄帝"治愈斯疾。适逢孤山来此,"投之以药饵,不数服遂愈",严某迅速恢复健康。于是严家坛宇归孤山。孤山"医者多著灵验",[2]收入颇丰。他捐资对坛宇大肆扩建,并请潘雷鉴为开山广微天师。元皇庆初(1312),其事闻于朝,赐"清真观"额。

一些道士还重视药草的培育。周静清是常熟双凤里(今属太仓)普福宫道士。至元(1276—1294)间,朝廷名其号为"清宁抱一凝妙真人",提点平江路道录。他在普福宫中培育灵芝一棵,"芝生四十二茎,长二尺许,敷舒间金缘而生"。[3]为灵芝中精品。天师张与材便把普福宫改作"玉芝祠",并为之作记。

道教十分重视自然科学,所谓致雨之术,呼风唤雷,实质是对气象的观察,得出某些经验与规律,作出预测。道教炼丹,作为一种重要基本的技艺而传授。避寇至吴下、在白莲泾畔建佑圣道院的元代倪真人,就是以炼丹闻名。炼合丹方,以医济人;锻炼身体,育养"丹田",以求长生,是道家本色。

这一时期,与佛教一样,出现了不少善于吟诗作画的"艺道"。

邓道枢,字应叔,号山房,绵州(今绵阳)人,斋科精严。宋端平甲午(1234)跟随魏了翁出蜀居吴,郡守让他主持文昌宫。宋亡后,居会道观。他工于写诗,善于鼓琴,有《东游集》行于世。

殷震亨(?—1332),字元震,号在山,崇明(今属上海)人。初居苏城。大德初(1297)到昆山任岳宫开山。在岳宫之右筑室(广微天师题匾曰"在山今墅"),

---

[1] 张泉:《吴中人物志》卷十一《列仙》,古吴轩出版社2013年,第149页。
[2] 俞贞木:《重修清真观记》,《吴郡文编》第三册,上海古籍出版社2011年,第604页。
[3] 张泉:《吴中人物志》卷十一《列仙》,古吴轩出版社2013年,第150页。

以便宴息,并在此地树花木,治园圃,日与骚人墨客觞咏于其间。[1]作有《在山吟稿》(也称《左山集》)。欧震亨还沉研经史,熟悉岐黄之术,有《检验方传释》。

天庆观道孔应期善作散文,作有《重修醋坊桥记》。

苏州还出现了一些画家道士。宋程若筠,"善画,尝召至京师,写花竹翎毛,煊染颇工"。[2]宋李怀仁,喜酒不羁,据说曾呼"龙"于松江之上"狎而观之",遂画龙入神品。有次过毗陵天庆观,"大醉,索墨浆数斗,曳苕帚,裂巾袂濡墨,号呼奋掷,斯须龙成,观者失声辟易,惧将搏也"。[3]李怀仁在画作上自题"姑苏羽士醉笔",后不知所终。

侯颐轩,南宋后期随父来吴而留苏。颐轩学道于洞庭山的仙坛观。宝祐(1253—1258)游天台,来往都是一些名士,史称"颐轩善画"。

富恕,宋丞相富弼裔孙,字子微,自号林屋山人。幼习举业,元末乱世,弃家为昭灵观道士。擅画善诗,有名于搢绅之间。曾筑亭于雪滩之滨,名"挂蓑亭"。同时"绘《仙山访隐图》一卷,寄兴云海之上,遂昌郑元祐为之记"。[4]

静顺道人,宋公主(一说县主),适驸马戴氏。戴死后,归军官张聿然。后两人隐居平江。静顺结茅西荷池畔,削发为尼,能画兰竹。

纵观五代宋元时期的道教,是在朝廷的直接掌控之下发展的,道观多获"敕建""赐扁"之誉。一些住持由朝廷直接任命,北宋末林灵素、元初张宗演等道教领袖都巡视过苏州道院。道教流派众多,苏州道教由宋至元逐步有向天师道靠拢的迹象。苏州道教人文底蕴深厚,诗文绘画,多有人才,藏书丰富。宋徽宗时编"政和万寿道藏",也是以苏州旧藏作重要参考书,刻印而成。

苏州道教具有魅力,一些教外高士,亦崇尚道教。宋"吴下先生"方惟深,除钻研儒学外,爱读老、庄之书,深谙长寿之道。宋常熟县尉陈於具有一定的道学修养,他在《上真宫记》中说:"冲虚以生白,体静以生明,而杳焉其太无者,道之真也;以心君神,以神王气而休焉,其无情者,道之用也。"[5]阐明了阴阳心神之关系,具有积极意义。

五代宋元时期是苏州宗教大发展时期,佛道兼容,诸说并存。在宋时,摩尼教一度影响到苏州地区,它崇尚光明,反对黑暗,提倡平等,在下层人民中受到欢

---

[1] 杨譓:至正《昆山郡志》卷五《释老》,《宋元方志丛刊》第1册,中华书局1990年,第1140页。
[2] 曹允源、李根源:民国《吴县志》卷七十七下《释道》,江苏古籍出版社1991年,第584页。
[3] 费衮:《梁溪漫志》卷七《毗陵二画》,上海古籍出版社1985年,第84页。
[4] 石韫玉:道光《苏州府志》卷一〇三《隐逸上》,苏州方志馆藏,第16页。
[5] 陈於:《上真宫记》,《吴郡文编》第三册,上海古籍出版社2011年,第621页。

迎,方腊利用该教发动起义。苏州是起义地区之一,无疑信奉者较多。摩尼教,由于被视为反抗性的宗教,统治者称其为"吃菜事魔"的魔教而遭镇压。自宋之后,摩尼教在苏州逐步消失。其他如伊斯兰教已有零星的活动。

三、民间信仰

人民群众在长期生活中形成对一些历史上甚至神话传说中人与物的尊重、膜拜,以为这些人与物具有超凡力量,可作祈求、依恃的对象,形成了民间信仰。根植于水乡,在特殊文化演进中的苏州民间信仰有其特定的传统。

1. 历史或传说人物崇拜

五代宋元时期,对历史作出杰出贡献的人物,特别是一些人文初祖,忠诚为国,品德高尚,建功立业、为苏州人民带来利益的人物,尤为尊重,逐步被神化。

三皇,说法不一,有说天、地、人三皇;或谓天、地、泰三皇,泰皇最贵;或说庖牺、神农、黄帝为三皇。大部分是传说中的上古人物,黄帝或实有其人。苏州民间力主最后一说。庖牺主畜牧,神农尝百草,黄帝制器尚象,因而"道贯三极,德及四海,而功施万代"。[1]苏州三皇庙始建简陋。大德六年(1302),由郡侯岳烈的主张,在废弃的吴县县衙旧地(今洙泗巷)新建三皇庙,建有大殿、凌霄门、大门、两庑、讲堂、斋舍、教授厅。三皇庙常作为医药界奉礼祈福之场所。平江府属各县均有三皇庙。

黄帝,传为中华民族的共同祖先,以农业水利为盛。其妻嫘祖为蚕桑开业圣母。黄帝之庙,因与织机有关称机圣庙,亦称轩辕宫。[2]宋元丰初(1078)建于祥符寺巷。"祀黄帝,并祀先蚕圣母西陵氏,东后方累氏,西后彤鱼氏。"附以作机杼的伯余、制衣的胡曹,还有蚕花娘娘、发茧仙姑等。另一崇祀黄帝及其妻的场所,是吴郡机业公所,元元贞元年(1295)建于玄妙观内。

泰伯,三让诸侯之位于弟季历、侄姬昌,号"至德",称"三让王",是吴人的始祖之一。东汉永兴二年(154),郡守糜豹建太伯庙于阊门外。在庙的东边又建一宅,奉祀传说中太伯的长子三郎。五代吴越武肃王钱镠移于阊门内(今西中市),并祀与太伯共同南来的大弟仲雍。宋乾道元年(1165),郡守沈度重建。淳祐十二年(1252),潘凯再修,以仲雍、季札配祀,并增五十九亩"祊田",作为守庙者生活与修庙之用。仲雍亦有庙,在干将坊,宋绍兴初建。

---

[1] 牟巘:《平江路新建三皇庙记》,《吴郡文编》第三册,上海古籍出版社2011年,第30页。
[2] 顾震涛:《吴门表隐》卷五《机圣庙》,江苏古籍出版社1986年,第62页。

伍子胥(？—前480)，是吴国大夫吴王阖闾的重要将领，佐助吴王西破强楚，南服越人，又是苏州城的缔造者。最后忠谏而死。苏州祭祀伍子胥的祠庙有多处。一处在胥口胥山之上。春秋时已立庙，《史记》有记，俗称胥王庙。南宋乾道间(1165—1173)修复，但较简陋。一在盘门里，建中靖国年间(1101—1106)太守吴伯举重修，此时伍子胥已封"英烈王"。又一庙叫灵顺宫，在东山杨湾。宋高宗南渡后大修。历代胥门城楼亦立有伍子胥石像；至明，太守况钟改为坐像。

夫差，吴国末代国王，虽有错杀忠臣伍子胥之过。但一生武功显赫，南服越人，北败齐鲁，有与晋争霸之盛。且行为爽直，为勾践阴谋所构。因而，吴人立庙祭祀。直至南宋，其庙"今村落间有之"，[1]以姑苏山东北的夫差庙最为著名。其次，是香山之南的夫差庙，旁有两爱妃侍，故又名爱姬祠，宋范成大有诗咏之。相传夫差庙的木材，来之于姑苏台被拆之木。

范蠡，字少伯。春秋末政治家。楚国宛(今南阳)人，越国大夫。曾从越王勾践入质于吴三年。回越后助勾践刻苦图强，终于灭吴。范蠡弃官游齐，称鸱夷子皮。至陶(今定陶西北)称陶朱公，以经商致富，但发财后将钱财散给亲朋。苏州人因范蠡曾来苏三年，对范蠡不贪权财，隐在江湖的品格与经商致富的本领特别推崇，把他列入三高祠所祀三位人物之首，另两位是张翰与陆龟蒙。三高祠原建在吴江垂虹桥南。绍兴癸丑(1133)，由郡守杨同等重修，但很是偏仄。南宋乾道三年(1167)吴江县令赵伯虚徙之雪滩。雪滩之地，由告老还乡之士王份贡献。其地"左具区，右笠泽，号称胜绝"。[2]

春申君，即黄歇(？—前238)，战国时楚国贵族，先任顷襄王左徒，后任考烈王令尹，喜才好客，门下士达三千。先封淮北地，考烈王十五年(前248)改封吴。后在内讧中死去。春申君在吴开发水利，发展生产，因而苏州人把他推为苏州城隍的保护神。城隍庙，"在子城内西南隅"，唐天宝年间曾大修，由朱英及黄歇子配享。明初，城隍庙移今王洗马巷。春申君庙还有三处：一在铁瓶巷，一在娄门外太平桥，一在六(用)直镇。

关羽，是三国蜀汉帝刘备义弟，以忠义著称，人们把他作为保卫人民生命财产的英雄，附会为"武财神"。关帝像，宋淳熙初(1174)用大树连根雕成。[3]由于它树于卧龙街上，清乾隆三十三年(1768)，巡抚土国宝欲改建，因像不可移而

---

[1] 范成大：《吴郡志》卷十二《祠庙》，江苏古籍出版社1986年，第165页。
[2] 周密：《齐东野语》卷十六《三高亭记改本》，中华书局1983年，第288页。
[3] 顾震涛：《吴门表隐》卷二《卧龙街关帝像》，江苏古籍出版社1986年，第13页。

止。苏州还设有多处关帝庙,宋淳熙初在道义街设五圣阁,祀药师五神人,其中就有关羽。玄妙观中有关帝殿,元朝元贞(1295—1297)中建。关庙几乎遍及各处,东西山就有沙岭、衙湾六处。

张翰,西晋文学家,字季鹰,苏州吴江人。具有政治与文学才能。时齐王司马冏执政,任张翰为大司马东曹掾。张知司马冏必败,且秋风起,思念家乡菰菜(今称茭白)、莼羹、鲈鱼脍的美味,而弃职归吴。吴人对于张翰知机而退,放弃禄位的高尚风格,很是赞赏。程俱说:"翰进退无必,随时而保身,则出处之际,得托菰鲈以示好,又何深哉!"[1]苏州人把他列入三高祠之中,作为对"隐者"的褒扬。

任昉(460—508),南朝文学家,字彦昇。原籍乐安博昌(今寿光),仕宋、齐、梁三代。入梁,历任吏部郎中掌著作、义兴太守、御史中丞、秘书监等职,位终新安太守。善作公文与诗歌。由于长期在吴地活动,被苏州人奉为"道义乡土谷神",设堂祭祀,俗称"任老爷堂"(在今园林路)。宋朝时堂内有紫荆树,因树之枝叶能医目疾而闻名乡里。清初,军士多目患,"折枝煎服者尽愈",[2]因此名"眼目司庙"。此庙,南宋嘉泰三年(1203)由任昉二十八世孙、浙西提举任清叟建。至清康熙二十年(1681)韩焱等重建,香火特盛。

陆龟蒙(?—约881),字鲁望,长洲人,曾任苏湖二郡从事,后隐居于甫里(今苏州甪直),自号江湖散人,又号天随子。常与另一著名诗人皮日休相往还唱和,世称皮陆。吴人对于陆的"隐身自放,扁舟蓬席,翛然笠泽甫里间","优游自终,竟全乱世"的智慧与品性,表示敬佩,而列入三高祠。乡人又在甪直设甫里庙祀陆龟蒙。对于这些隐居式人物的尊崇神化,表明了苏人对高风洁行的追求,也是淡泊名利的思想的反映。

范仲淹,其家乡在苏州,治苏取得政绩,又为家族举办义庄,因而在苏人心目中有很大威望,崇祀范仲淹的祠庙有多处。一称忠烈庙,在天平山南麓。范仲淹祀庙,本在宣和五年(1123),由宇文虚中建于邠庆间。宋高宗南渡,改在天平山祖茔之地。至元乙酉(1285)大修。前塑范仲淹像,内设其三代祖先的神像。"庙凡十楹,勲垩丹漆,备极庄丽。"[3]一在府学边,由其二子陪侍。至元丙子(1336)文学掾蒋伯昇修,"抡材木陶,甓瓦易撤,故朽完补……栋宇隆敞"。[4]一

---

[1] 程俱:《三高祠寺序》,《吴郡文编》第三册,上海古籍出版社2011年,第295页。
[2] 顾震涛:《吴门表隐》卷三《眼目司庙》,江苏古籍出版社1986年,第33页。
[3] 牟巘:《忠烈庙记》,《吴郡文编》第三册,上海古籍出版社2011年,第69页。
[4] 汪泽民:《范文正公祠堂记》,《吴郡文编》第三册,上海古籍出版社2011年,第69页。

在范氏义庄岁寒堂之左,由知平江府潜友说在咸淳(1265—1274)间所建。元时在这里建书院。此外,苏州崇祀的历史人物还有勾践、顾野王、李曹王、皮日休、张士诚等人。

2. 水神崇拜

吴地多水,家家舟航。水利是吴人的命脉所在,它关系到粮食收成的丰歉与经济文化的交流。因而吴地人民所崇祀的水神众多。其中还有一些女性水神,这在其他地方较为罕见。

大禹,是夏朝实际的奠基者,古代治水人物。他为了治水,公而忘私,三过家门而不入,成为胼手胝足,为民服务的典范,而获得人民的爱戴。大禹曾到太湖治水,使"三江既入,震泽底定"。[1]太湖中东、西、南、北四峃都有禹王庙,湖人年年奉祀。宋末,湖州徐雪庐避难居于西山,曾作诗题禹庙石柱,中有"洞庭之阴小山幽,百灵拥卫来高邱"[2]之句,对禹王集众"疏水决排"之功,作了表扬。大禹勤劳勇敢精神,对中国人民是一种鼓舞。

龙,是传说的一种动物,形体多有变化,是司水之神。平时祈祷可使风调雨顺,旱时祈祷,可及时降雨。

苏州龙的祀庙有多处。一是阳山灵济庙,是白龙的母庙。父老传说,小白龙的母亲是缪氏的女儿,在龙塘之侧遇一老人而妊。父母恶之,逐出,丐食邻里。第二年三月十八日,在今所谓龙冢之上,产一肉块。"居民怪之,惊弃水中。倏焉,块破化而为龙。夭矫母前,若有所告,其母惊绝于地。即有风雨雷电,飞沙折木,咫尺不辨人物之异,既开霁,但见白龙升腾而去。"后祀龙母于山顶,"而雨旸失候,祈祷必应"。[3]太平兴国间(976—984)建庙于阳山之南的曹巷,称"灵济"。熙宁九年(1076)迁于澄照寺的东隅。建炎间(1127—1130),主持庙务的僧人觉明,重新修整。

另一祀龙的是灵济庙,在平江府治的东南,原称"五龙堂"。相传阖闾造,刻有石龙。淳熙十年(1183)秋,平江大旱,郡守耿秉,在五龙堂的厅中设求雨道场,把行雨龙王位置于东西序。"秉以杯珓祈之,若有灵异,已而大雨三日。"[4]耿秉等"具以事闻,诏赐灵济庙"为额。常熟亦有"龙庙"的设置。虞山顶山之上,唐建有龙庙,祀大白龙之神,祀之"无水旱之灾",政和二年(1112),赐号焕灵

---

[1] 蔡沉:《书经集注·夏书·禹贡》卷二,上海鸿文书局1937年,第5—6页。
[2] 顾震涛:《吴门表隐》卷三,江苏古籍出版社1986年,第27页。
[3] 范成大:《吴郡志》卷十三《祠庙下》,江苏古籍出版社1986年,第181页。
[4] 范成大:《吴郡志》卷十三《祠庙下》,江苏古籍出版社1986年,第182页。

庙。在吴江利往桥与城南第四桥也分别设有顺济龙王庙、甘泉龙神祠,据说"岁时水旱,祷之灵应"。白龙庙,宋元时,设于乐智乡娄江北岸。苏州龙庙大多置于山水之间,表明了苏州地形中水的突出地位与水利的重要。

水平王,相传是后稷的庶子,佐助大禹治水,到了江南,教人浚渠疏河,成绩巨大。死后,太湖居民祀之。水平王之庙,一在马山分水岭,一在太湖中南嵎。水平王的崇祀,古已有之,至宋犹盛,编写于宋时的《毗陵志》已有明确的记载,说他"诲人浚导,后祀之"。[1]水平王,后作为香山郁舍的土地神。

二郎神,是秦水利大家李冰的次子,协助李冰治水,开发水利有功,因而相传为神。或说神姓赵名昱,灌州人,从小从李珏隐青城山,隋炀帝爱其才,起为嘉州牧,有斩蛟治水的异绩。唐初封赤城王,宋真宗时封清源妙道真君。开禧二年(1206)再封。苏州的二郎神庙,设于葑门内西营,南宋绍兴初(1131)建于水中一个土墩上,名"溪山第一祠"。二郎不仅能治水,而且能治痛疡。

郁使君,吴人,王鏊所编《震泽编》说,汉惠帝(前194—前188在位)"徵之,拜雍州牧,为政得体,因立祠祀为神。"[2]后唐同光二年(924),吴越王钱镠追封郁使君为王,并其二子为左右将军,筑祠于太湖之中的冲山。景德四年(1007),其裔孙郁耸重修。民间把他作为水神来看待,一直认作治水之神。

圣姑(一作昇姑),说是晋王彪的女儿;一说姓李氏,"有道术,能履水行"。[3]相传她自死到唐中叶七百年,"颜貌如生,俨然侧卧"。圣姑是个水神,其庙建于洞庭山。前去祈祷者凡是诚心的,便能到庙;否则,风阻其船不得前进。又一说,圣姑系观音大士化身,名慧感夫人,相传祝安上守吴郡时"每有水旱,唯安上祷祈立验"。其事与灵姑相混。

灵姑一作灵祐,梁卫尉卿陆僧瓒之女。陆僧瓒舍宅建重玄寺,其女不嫁,就居住在寺内,死后,寺僧祀女为伽蓝,神号圣姑。北宋元符元年(1098),苏州大旱,苏州通判祝安上代理州事时,据说祝向圣姑求雨而应验。于是祝安上奏朝廷,封圣姑为"慧感夫人"。[4]于是"郡人奔凑,致祷相与,社而稷之。阖境祠庙,莫能尚也"。苏州人对灵姑十分尊信。

天妃,是沿海城乡共祀的海神,宋元祐福建莆田人,姓林氏,生而神异,"运糟

---

[1] 史能之:咸淳《毗陵志》十四《祠庙》,《宋元笔志丛刊》第三册,中华书局1990年,第3075页。
[2] 王鏊:《震泽编》,《四库全书存目丛书》史部第228册,齐鲁书社1997年,第709页。
[3] 范成大:《吴郡志》卷十三《祠庙下》,江苏古籍出版社1986年,第169页。
[4] 范成大:《吴郡志》卷十三《祠庙下》,江苏古籍出版社1986年,第170页。

著灵"。[1]苏州在海港城镇刘家港周泾桥北,于元至元二十九年(1292),海道万户朱旭在此创建灵慈宫,以祀天妃。所属道院有佑圣、奉真等六院。每年正月十五日、三月二十三日遣官致祭。天妃能保佑海事活动的平安,获人们虔敬膜拜。天妃崇拜扩大至内河,苏州枫江以下的芙蓉塘,宽阔里许,多有风涛,宋元时"行舟过此,必祀天妃",[2]以"保证"航行的平安。

石塘涛神,神无名,泛以"涛神"称之。位于吴江的吴淞江石塘,西连太湖,"舟楫往来,多风涛之虞,或致覆溺",[3]造成船沉人亡的灾害。乾道三年(1167),吴江知县赵伯虚,请道士设"九幽醮",来祭祀太湖涛神,拔解溺水的冤魂。

3. 财神崇拜

吴地经济发达,商品经济开发较早,居民有强烈的求财欲望,因而财神众多,除全国性的文武财神如比干、关羽、利市仙官、善财童子、赵公元帅等外,苏州还有一些财神是以"文"起家,肯定文化在经济发展中的重大作用。也有抵抗外侮的英雄,体现了"以武卫民"的思想,只有依靠军队的卫护,才能保障社会稳定与民生的发展。

江东财神石固,秦人。相传其部下有王、陈二元帅,钟、张、刘、邓四给事,康、黄二押衙。据说,诚心前去求签,往往有所报应。江东财神庙设于教场之西,今乐桥南。三国吴赤乌二年(239)建,是苏州最古的财神庙。宋时香火犹盛。宝庆(1225—1227)间,赣尉傅烨曾为此庙撰记。明永乐初,分建于调丰巷。

任瑰,又名璨,唐封忠襄公,南朝梁著名文学家吴人任昉八世孙。任瑰是以文兴家,具有文学才能。后转化为"财神"而绵传至清。康熙二十六年(1687)在歌薰桥北,建布政财帛司庙,就以任瑰作为财神供奉。每逢七月二十二日任瑰诞生之日,官府与民众要设奠致祭。

金和,开封人,南宋初,随高宗南渡居吴,其子金细官太尉,封灵祐侯;其孙金昌,封洪济侯;曾孙金元封利济侯、应龙封宁济侯。由于世代为侯,传为财神,金和封随粮王。金和祀庙,称总管堂,也称粮巡道城隍庙,在草桥北,元元统(1333—1335)时建。每逢七月七日神诞生日致祭。金和,可能是名字吉利,其祀庙还有在苏台乡真丰里、葑门外匠门塘、白莲桥、齐门外平门塘、娄门外永安桥、阊门外聚龙桥等多处。

---

[1] 张志华:崇祯《太仓州志》卷十五《寺观》,广陵书社2015年,第28页。
[2] 顾公燮:《丹午笔记》一一三《芙蓉塘》,江苏古籍出版社1999年,第104页。
[3] 洪迈:《夷坚志·丙志》卷九《吴江九幽醮》,中州古籍出版社1994年,第949页。

五路财神,有多说。一说为顾野王五子。顾野王(519—581)南朝梁陈之间的训诂学家,官至光禄卿,著有字典《玉篇》三十卷。其长子顾盛南,天嘉(560—566)中官南安刺史,讨平陈宝之乱有功,历左卫将军。二子鸿南,太建九年(577),以侍御史出镇临淮,卫国有方。三子周南,官吴兴(今湖州)太守。在隋军南下时与四子夏南坚守城池,不屈而死。还有一子允南。宋建炎间(1127—1130)均追封为侯,并立庙祀之,逐步演变为财神。

另一说,财神的姓名叫杜平,是唐朝初年人,其兄弟五人,"掌天下财源",[1]相传农历正月初一是他们的诞生日。再一说,财神叫"杜定",元时人。其属下有财帛、财库、寒山、拾得、催扛诸神;左右有招财乔有明,利市姚从益二神。又说,财神为元末何五路,其人"御寇死",被传为神。五路财神殿,设于玄妙观内。元元贞元年(1295),又建于胭脂桥。明朝在阊门河田,齐门北马路桥,娄门永宁庵右褚泾口东禅寺桥,大帝庙外北濠,打索场北等地均设财神庙。

4. 农杂神崇拜

农业是古代经济中最重要的部门,中国历代统治者十分重视农业发展。最高统治者要亲自"藉田",主持春耕仪式。"殖农桑",也是考察地方官员的重要依据。人民希望护农的神灵来消灾除害,因而,苏州出现了"猛将"一类的多位农杂之神,帮助人民祛病去疠,常保丰收,求得吉祥幸福。

蜴虺大王张森,汉时汤阴人,为皮场镇吏。张森曾在镇上替民杀蝎除害,民众很感动,立"惠应庙"祀之。这座庙"宋初创建于吴",[2]面向汴京,与贡院相邻。传说参加礼部考试的都要去祈祷。咸淳年间(1265—1274),加封张森为"显祐王"。据说用白雄鸡祀张森,可除虺虫。这反映了人们对卫生的企望。

温琼(温天君),字永清,温州平阳士人,温民望之子,武周长安二年(702)生,殁后传说成神。宋时累封至正祐显应威烈忠靖王。据说,郡中疫疠起,"有司虔请神象出巡驱瘟,历者灵应"。[3]苏州温天君庙,设在通和坊,南宋淳祐初(1241)建。明洪武初道士韩靖虚重建。

吕洞宾,在中国传说的八仙中,苏州人特别崇拜他。洞宾,是其字,名岩,号纯阳子。相传为唐宗室,避武后杀唐宗室之祸而改从母姓,后到终南山得道成"仙"。相传吕纯阳能医善药,会治病救人,苏人为之建福济观(俗称神仙庙)于阊门,作为祀祠。每逢农历四月十四日,吕纯阳会混迹于群众中,替人去邪除病,

---

[1] 顾震涛:《吴门表隐》卷十,江苏古籍出版社1986年,第151页。
[2] 顾震涛:《吴门表隐》卷三,江苏古籍出版社1986年,第30页。
[3] 顾震涛:《吴门表隐》卷三,江苏古籍出版社1986年,第36页。

因而游人众多。此风至今尚存,福济观已移至南浩街。

猛将,是除虫消厉之神。苏州历史上相传的猛将式人物众多。一说是刘锐,宋时知文州,端平三年(1236)"死元兵难"。有说是抗金名将刘锜,有说是刘信叔、刘翰,或南唐刘仁瞻。其主要祀祠在苏州城内宋仙洲巷吉祥庵,亦称大猛将堂。其封神敕命碑,宋景定四年(1263)立于灵岩山丰盈庄。

苏州人对"猛将"十分崇拜,他们多数是保疆卫国的勇士,死后能驱邪消灾,除虫灭蝗,因而祠庙甚多,除吉祥庵外,清朝时有多处,一在江村桥西,一在六直西美桥北,一在盘门营内,一在横塘,一在石匠巷北,一在卢师桥南,一在三条桥堍,一在穹窿山坞。在东山的还有三处。甚至闾巷之内咸塑像祀之。每逢腊日及正月十三,官民都要到猛将堂致祭。"夏秋之交,村民赛祀,名曰'青苗会'。"[1] 把猛将抬出巡游,以祈求庄稼丰收,生活幸福。

盘沟大王,民间俗传土神,身长只尺许,附于承天能仁寺普贤院内。盘沟是一地名,其地以盛出塑捏泥孩的工匠而闻名。因此盘沟大王是对手工艺人的神化。传说盘沟大王很是灵验,每年人们要至能仁寺处烧香纪念,以求得子嗣。盘沟大王是群体性人物,反映苏州手工业发达,手工艺人物受到尊重的事实。另一说,是渔业之神。相传盘沟村中有一捕鱼为业者,高僧教之,用千钱在泗州寺像中"各置一钱","渔者如所教,竞求买之,果获千缗"。[2]

织女,是神话传说人物。苏州祭祀织女的庙宇,在昆山东三十里的黄姑。原祀牵牛、织女两神,后去牛郎,专祀织女。相传,乡人至此占事"无毫厘差"。反映了苏州对纺织的重视。苏州民间信仰,与经济生活紧密联系,体现了吴地特色,反映了人们求财祷安的强烈意愿。

---

[1] 顾震涛:《吴门表隐》卷一,江苏古籍出版社1986年,第5页。
[2] 龚明之:《中吴纪闻》卷五《盘沟大圣》,上海古籍出版社1986年,第116页。

第六章 五代宋元时期苏州的文化

第六章　五代宋元时期苏州的文化

五代战乱,文化衰废。但由于苏州社会相对稳定,一些文化能得以保持与发展。宋代苏州物质文明与精神文明都达到了相当发达的高度,由于经济发展,交通便利,靠近行都临安,故文化之盛超越前代。范成大言:"吴郡自古为衣冠之薮。"[1]著名理学家朱熹也说:"今全吴,通为畿辅,文物之盛,绝异曩时。"[2]元代苏州人文荟萃,成绩斐然,儒学、文学均盛一时。

第一节　教育与科举

两宋时期,是中国教育取得较大发展时期。原因是经济发展水平的提高,提出了新的要求;加上科举的大力推动,促进了教育事业进一步发达。宋代比较公正地贯彻"学而优则仕"的原则,较前少受出身限制,经过严格的考试可登科入仕,因而办学积极性大为提高。

一、州县学的建立

苏州州学始建立于唐宝应年间(762—763),时苏州节镇李栖筠在苏创建学庐,但规模狭小。苏州大规模的兴学,自北宋范仲淹始。景祐三年(1036)范仲淹回乡担任苏州知州,应当地士绅的要求,在今三元坊文庙的所在地创办州学,聘请名师胡瑗主讲。苏州带动全国,掀起办学的高潮。

范仲淹对教育十分关注。他年轻时读书于长白山醴泉寺与南都学舍,日夜苦学,饘粥不充。三十九岁时寓居南京应天府,丞相晏殊请他掌管府学。范仲淹"常宿学中",训督学生,皆有法度,勤劳恭谨,以身先之,具有学校管理实践经

---

[1] 范成大:《吴郡志》卷四《县学记》,江苏古籍出版社1986年,第37页。
[2] 范成大:《吴郡志》卷四《县学记》,江苏古籍出版社1986年,第41页。

验。范仲淹所到之处,提倡文教。早在他二十七岁中进士那年,任广德司理参军时,就聘请名士三人为广德青年作师,使广德人精心向学,"擢进士第者相继于时"[1]。他在饶州、湖州上任都有办学之举。范仲淹十分重视教育的作用,认为这是用儒家学说培养统治人才的根本措施。他说欲治天下,办学为先,"庠序者,俊义所由出焉。三代有天下各数百年,并用此道以长养人才,才不乏而天下治,天下治而王室安,斯明著之效矣"[2]。他以为要达到培养在朝能兴礼作乐,在外能移风易俗的高质量人才的目的,只有使学生进校,学礼乐之文、精治之术。这样,才可使王道兴,天下治。

范仲淹十分重视师资的培养与聘用,他在推行庆历新政时指出,"今诸道学校,如得明师,尚可教人六经,传治国治人之道",因此他以为"诸路州郡有学校处,奏举通经有道之士,专于教授,务在兴行"[3]。他延请胡瑗、孙复、李觏等著名学者到太学或州学任教而取得巨大的教学成果,培养了大量人才。

范仲淹力主改革教学与科考内容。他反对华而不实的词赋声律,主张以经义取人。他说:"劝学之道,莫尚宗经。宗经则道大,道大则才大,才大则功大。"又说:"俊哲之人,入乎六经,则能服法度之言,察安危之几,陈得失之鉴,析是非之辨,明天下之制,尽万物之情。使斯人之徒,辅成王道,复何求哉!"[4]范仲淹崇尚名节,主张以立德为上,"不以物喜,不以己悲",培养"读天下书,穷天下事,以为天下之用"而通经达理、关心民生的治国人才。

在他亲自教育培养下,一大批人才茁壮成长。他们不计个人安危,心忧天下,最终获得非凡的成就。富弼三十岁时在泰州初识范仲淹,范仲淹慧眼独具,以为富弼有王佐之才而推荐给时任宰相的晏殊。富弼笃学大度,出使契丹,坚拒割地;后富弼亦出任宰相,临事周悉,直言敢谏,成一代名相。孙复,更是得到范仲淹直接资助而学成。孙复原是一介穷儒,无钱养母,范仲淹时掌睢阳之学,不时周济,并为孙复补一学职,使这位孙秀才获得学习所需的经济支撑。范仲淹亲自教以《春秋》;孙复笃学弥紧,"行复修谨,公甚爱之"。后数十年间孙复讲学于泰山,以《春秋》教授学者,道德高超,成为有宋一代之大儒。张载亦可说是范仲淹门下之士。张载年轻时上书范仲淹,欲设策取西夏洮州之地,范仲淹以为张

---

[1] 苏州市政协文史资料委员会:《范仲淹史料新编》三,沈阳出版社1989年,第164页。
[2] 范仲淹:《范文正公集》卷七《邠州建学记》,《苏州府学志》,苏州大学出版社2013年,第174页。
[3] 苏州市政协文史资料委员会:《范仲淹史料新编》二,沈阳出版社1989年,第87页。
[4] 范仲淹:《范文正公集》卷九《上时相议制举书》,苏州市政协文史资料委员会:《范仲淹史料新编》二,沈阳出版社1989年,第77页。

载具有关心天下的胸怀,更具有儒家灵性,因而规劝张载学名教,不必言兵,而授予《中庸》,劝其安心专研学问。张载深受感动,奋发钻研,与程颢、程颐兄弟切磋相砺,终于成为关中学派的创始人,成为一代宗师。

由于范仲淹的大力提倡,在北宋庆历年间掀起了办学高潮。苏州府学就是在范仲淹指导并一手创办的。以后,在范家的关心下,取得进一步的发展,北宋嘉祐(1056—1063)增建了六经阁,收藏经典并诸子百家著作,供师生研习。元祐四年(1089)范仲淹子纯礼"持节过家,又请于朝,复得南园隙地以广其垣"[1],房屋达150楹,扩大了规模。期间,户部郎中刘瑾、直龙图阁王觌进行大修,并用度牒十纸作办学经费。主持府学的都是一些硕学之士,自胡瑗后,有王会之、张圣民、张公达、朱长文等主校,均称一时之选。宋时学校之长称教授,至元时增设训导以助。当时州学环境优美,有十个题字的景物景点,分别是辛夷、百干黄杨、公堂槐、鼎足松、双桐、石楠、龙头桧、蘸水桧、泮池、玲珑石。

南宋初,经金兵火毁后,知府梁汝嘉修大成殿。在绍兴十四年(1144),知平江府王唤重修府学,于是"辟而葺之,讲诵有堂,休息有斋,以至庖湢莫不有所。经始于四月,落成于九月,吏不告劳,民不知役,而显敞宏大,首出诸郡"[2]。乾道四年(1168)疏泮池,立采芹亭。九年,丘崇建直庐。淳熙二年(1175)作仰高亭。十四年赵彦操建御书阁、五贤堂,祀陆贽、范仲淹、范纯礼、胡瑗、朱长文。宝庆三年(1227)七月,"大风雨,殿阁、堂馆、直舍、门庑、斋亭皆摧圮欲压"。绍定二年(1229)复学田租,重新修饰房屋750楹。于是吴学兴盛,甲于东南。淳祐六年(1246)平江府当局捐钱五万缗重修府学,使梁栋榱桷之腐黑挠折者,盖瓦级砖之漏坏者,窗牖之朽蠹者,墙壁之漫漶不治者,"复壮如新,盖侈旧观,为屋二百一十三间"[3]。宝祐三年(1255)赵与𥲤拓地凿池,作桥门,并设立九斋,其中敏行、育德、中立、就正、隆本五斋教宗室子弟;立武斋教武举士;养正一斋教童子;兴贤、登俊二斋教"士之俊秀"者。阁后建成德、传道两堂。堂后建咏涯书堂、立雪亭。在右边建道山亭。道山为府学中之小丘,朱长文题名"泮山"。道山及其亭,一直延续至今,为今苏州高级中学的一个重要景点。

元初,置各种祭礼之器于学。元大德二年(1298)两浙都转运盐使朱虎用其私财修文庙大成殿。延祐五年(1318),尊经阁被飓风吹而折碎。至治元年(1321)平江路总管师克恭,重修府学,换下朽木,修缮墙壁,增饰塑像,新其藻

---

[1] 范成大:《吴郡志》卷四《学校》,江苏古籍出版社1986年,第28页。
[2] 郑亿年:《重修平江府学记》,《吴郡文编》第二册,上海古籍出版社2011年,第393页。
[3] 李起:《淳祐修学记》,《吴郡文编》第二册,上海古籍出版社2011年,第395页。

绘。次年,继任者钱光弼用五千缗修缮礼殿伦堂、门庑斋馆,尊经阁、先贤祠与灵星门。至正五年(1345)再修。十五年(1355)监郡六十(人名)筑庙垣五百七十七丈。至正二十六年(1366)平江总管王椿重作大成殿轩,"其制三间,中广二丈,左右各杀三尺四寸,栋隆二丈七尺六寸,深杀隆一丈一尺。藻井中帘,八瓠齐致;金鳞锦羽,蛟拏鸾鸷,文版夹覆,五彩辉绚,退睇山立,仰瞻云升"[1]。平江(苏州)府学在地方政府与主管官吏的关心下,毁而复建,不断修缮、扩充,较他郡为完备,而冠于东南。

苏州府学的办学经费主要来源"学田"的地租收入。办学初,政府赐以学田五顷。嘉定(1208—1224)间任"判郡"的待制赵彦棣,把官府的闲田3 000亩作为助学的经费。绍定间,教授江泰亨收冒没田6顷,又归余羡4顷,后逐步再增至1 600亩,作为师生的给养与膏火之资。

苏州州学(后改名平江府学),自宋以来一直是东南学术重心之一,培养了众多人才,范仲淹创办之初,"英才杂逻自远而至,凡历五十余年,登科者前后殆逾百人,其后来者益众"[2]。以后,所出人才更不计其数。苏州州学为苏州经济文化的发展起了重要作用。

在苏州各县学中,以昆山县学办得最早。唐大历九年(774)在文庙之西兴县学,中辍;宋雍熙四年(987)由县主官边傲捐出俸禄以建殿堂、门阙,始复旧观。庆历(1041—1048)中"更崇其制",绍兴二十八年(1158)昆山知县程沂重修县学,"辟其门墙,广袤十余丈,又以东隅建学,外门周植槐柳,增崇殿门,营治斋宇,气象宏伟,殿堂斋庑,鼎鼎一新"[3]。以后,宋乾道年间(1165—1173)曾修缮。嘉定辛巳(1221)昆山知县巫似修"撤而新之,阅丽雄深,十倍畴昔"。元延祐元年(1314)昆山州学随州治迁往太仓。元末,州学再回迁至昆山。至正二十年(1360),"大修孔子庙殿之址,拓其旧三之一。礼殿伦堂,重门广庑,斋庐直舍,库庾庖湢,无不毕具"[4]。又筑堂以祀先贤,凿池明伦堂前,备齐祭器礼器。

昆山县学之经费,亦来自学田,但初时学田数少,不敷供给。宋绍定四年(1231),县宰邹某以二百万钱购得积善等乡土地六十九亩余,岁租八十九石九斗有奇,解决师生给养问题。

常熟县学约办于北宋仁宗至和(1054—1056)年间。南宋淳熙十年(1183)

---

[1] 周伯琦:《平江路建大成殿轩记》,《吴郡文编》第二册,上海古籍出版社2011年,第423页。
[2] 杨循吉:《吴邑志》卷五附《界内府学》,广陵书社2006年,第45页。
[3] 张九成:《重修昆山县学记》,《吴郡文编》第二册,上海古籍出版社2011年,第544页。
[4] 杨维桢:《昆山修学碑》,《吴郡文编》第二册,上海古籍出版社2011年,第550页。

知县曾桀增建讲堂,名"进学"。绍熙五年(1194)立"崇德""时习"等九斋。庆元三年(1197)县令孙应时,因言子是本邑人,始祀言子于学。端平二年(1235)县令王爚见礼堂阙坏,无以崇化导俗,便节约浮费,命邑士胡洽、胡淳董其役,全面修缮县学。"以孔庙居左,庙之南为大门,北为言游之祠。又东北为本朝周子、张子、二程子、朱文公、张宣公之祠。以明伦居右,东西为斋,庐四以馆士。为塾二,东以储书,凡祭器、祭服藏焉,西以居言氏之裔。通为屋有一百二十楹,而为垣以宫之。且增田四百亩有奇,岁助公养之费。凡言氏之裔,官为衣食。而延师以教之,别为田五百亩,以给其费。"[1]

元时常熟升州,皇庆延祐(1312—1320)间,州人杨麟、杨凤,曹南金等人"再力新之"。至正二十年(1360)州学教授陈聚力缩众费,修葺朽坏的学宫建筑。过了两年,常熟知州卢某捐出己俸,修缮礼殿伦堂,两庑斋舍、棂星戟门等。

吴江县学,旧在县治西南。北宋大中祥符五年(1012)县令李恭、县尉聂复始作新学,"规制轩伟",庙貌厥严,"俊语明章,相为发挥。"绍兴年间(1131—1162)县令石砌改建于东门外开江营旧基,邑人王份献地以广之"。淳熙五年(1178)学校荒芜,鞠为蔬园,知县赵广"夷荒剔蠹,周以重阶,垩以两庑,中奠庙室"[2]。嘉定七八年间(1214—1215)县令孙仁荣,在前令的创议下,用"圭租"修建县大成殿,使"檐楹飞敞,像设一新,承平气象,宛然如在"。[3]嘉定八年(1215)、嘉定十年(1217)、景定三年(1262)再作修缮,增敞加饰。

至元三十年(1293)都元帅宁玉与校尉杜福修吴江县学,重建正殿,葺而新之。第二年,吴江县令王柔勇于任事,舍旧图新,"讲堂、廊庑、斋庐下逮仓宇庖湢之室具备"。这次修缮,号称儒林伟士的俞处仁作为前学录,不仅捐献自己的钱粮,而且积极营作,"赖其力为多"。元贞二年(1296)立四斋。大德二年(1298)知州李珲建棂星门。延祐四年(1317),吴江知州高仁命州吏沈惫、前直学沈廷玉主持,新饰棂星门,增义门二,学校全部建筑作了修缮。至治三年(1323)知州孔文相重修。至正庚寅(1350)知州邵子敬"大辟旧规,庙貌神象,华奂庄好,高其闬闳,加仓庾"[4]。使学观一新,江山之胜,若有增伟。至正十二年(1352)吴江州达鲁花赤扎牙进修理文庙,重制庙乐。至正十九年(1359)知州赵某,"下车

---

[1] 魏了翁:《常熟县学记》,《吴郡文编》第二册,上海古籍出版社2011年,第565页。
[2] 陈从古:《吴江县修学记》,《吴郡文编》第二册,上海古籍出版社2011年,第588页。
[3] 黄由:《重建大成殿记》,《吴郡文编》第二册,上海古籍出版社2011年,第587页。
[4] 陈居仁:《兴修儒学记》,《吴郡文编》第二册,上海古籍出版社2011年,第593页。

庶事毕举,修饰庙学,轮奂一新。别于城中创新学","旁设日新、时习二斋,为大小学以居学者"[1]。此新学以宁氏故宅改造而成,宁氏并捐出自己在二十八都的土地25顷为廪给之资。

吴县县学,由范仲淹奏建。最初在县治的东南,今三皇庙基。绍定元年(1228),吴县令赵善瀚以原址面积窄小而移居于宾兴坊。地处贡闱的右边,馆驿的左边,面朝东,建房40余楹。嘉熙四年(1240)县令魏廷玉、主学孔烨重修。淳祐七年(1247),县令赵汝澄对吴县县学进行全面的修缮,共花缗钱一万七千有奇。县学经费来之于学田之租。元至顺间(1330—1333),庙学学田租钱为中统钞30两。元至正七年(1347)吴县达鲁花赤马祖宪重新修缮。至正十九年(1359)知县成克昶、县丞文买闾、平江路学录侯如晦合议,再修吴县学宫。塑孔子与从祀诸贤像于两庑之间,修理沟渠,完善办公用房。同年县尹张经作棂星门。至正二十四年(1364)县尹杨彝重修。

长洲建县后而未即建学,北宋初附于州(府)学丽泽斋学习。后在郡东城建孔庙,县令王禹俛请郡守柴成文作记,但此事湮没无闻。南宋景定三年(1262),一说咸淳元年(1265),由主学宋楚材奏准,以广化寺扩建县学,建有礼堂,由周必大作记。元初,由边景元"劝说郡之巨家,度材庀工而大兴建"[2]。大德六年(1302)迁至县署旧址兴造学宫。至元三年(1337)始告完备。至正(1341—1368)中,在长洲驿舍建孔庙甚隘,后世再作改建。

太仓此时属昆山所辖,延祐元年(1314)昆山州治移太仓,曾在州署北建庙学。延祐三年(1316),由学道书院山长、儒学教授杜熙以及陶公甫、陶正甫等在县北"创大成殿,旁翼两庑,前辟重门"[3],所费甚多。至元元年(1335)奉议大夫八资剌作昆山监州,对州学"改建门垣,广甃庭砌,植李有坛,采芹有亭",于是"济济衿珮,来游来歌"。[4]

元政府还有"小学"的设立,元世祖在至元二十八年(1291)下诏:"令江南诸路学及各县学内设立小学,选老成之士教之;或自愿招师,或自受家学于父兄者,亦从其便。"[5]于是各地普遍设立小学,招适龄儿童入学。"小学",不仅指入学儿童的年龄有所限制,而且在教学内容上着重于文字启蒙教育。进入"小

---

[1] 苏大年:《吴江州学记》,《吴郡文编》第二册,上海古籍出版社2011年,第595页。
[2] 卢熊:洪武《苏州府志》卷三十七《人物》,广陵书社2015年,第480页。
[3] 龚璛:《昆山州新学记》,《吴郡文编》第二册,上海古籍出版社2011年,第545页。
[4] 上官震:《昆山州重修庙学记》,《吴郡文编》第二册,上海古籍出版社2011年,第546页。
[5] 宋濂:《元史》卷八十一《选举志一·学校》,中华书局1976年,第2032页。

学"的,多为儒户子弟,也有"世之俊秀"者。小学的设立是儒学教育的完善,也促进苏州教育的恢复与发展。

苏州在范仲淹影响下,各县掀起办学高潮。州县学一般与孔庙合而为一,故有"庙学"之称。它合祭祀、学习于一体。元代学校规定每逢朔望日都要集中于学校,进行谒孔祀典,听教官对经书的讲解。15 至 30 岁的生员,每天要坐斋读书,研读经文,习作诗文等。每月有考,年末按次排名。第二年正月,经本路官员复试,取第一名上报,称岁贡。凡 30 岁以上 50 岁以下的生员,不必天天到校,但要向学校定期交规定的作业。政府把州县学作为一个部门加强管理。路设教授、学正、学录各一员,散府、上中州设教授一员,下州设学正一员,县设教谕一员。人才从州县选拔,凡在州县学学习的,守令荐举之,台宪考核之,或用为教官,或取为吏属,往往人才辈出。[1]

二、苏湖教学法

苏湖教学法是宋朝教育家胡瑗所创。胡瑗(993—1059),字翼之,泰州海陵人。因祖籍在陕西安定堡,人称安定先生。从小刻苦攻读,聪明早慧,7 岁即能作文,13 岁通晓五经,被乡里认作奇才。年轻时长期隐居于泰山栖真观,求学深造,十年不归。甚至家书到来,只要看到"平安"二字,便弃于山涧,以避干扰。今泰山仍有此事的遗迹"投书涧"。胡瑗熟读儒家经典与诸子百家之作,打下深厚的学术基础,成为通儒。

胡瑗先在泰州当了一名塾师。景祐元年(1034)到苏州讲授经学,卓有成效。第二年,苏州知州范仲淹聘胡瑗为州学教授,主持校务。他一开始便制订了严格的学规,可能是一些学生不相适应,就学者少。范仲淹之子纯祐带头入学,奉行学规。因此从学之士渐众,且能严格遵守学校规章制度,各地英才俊彦闻之纷纷来学。

景祐三年(1036)二月,由范仲淹推荐,胡瑗赴北宋朝廷,改定雅乐,被授予秘书省校书郎。康定元年(1040)八月,范仲淹任陕西经略安抚副使,兼知延州(今延安)。由范仲淹的推荐,胡瑗任陕西丹州(今宜川)军事推官,参与幕府谋划,并作《武学规矩》,建议大兴武学,振兴民族。庆历元年(1041),胡瑗丁父忧回乡。次年出任保宁州(今金华)推官。同年应湖州知州滕宗谅之邀,主持湖州州学,用"明体达用"之学教育学生,并根据学生的意愿与能力所向,设"经义"与

---

[1] 宋濂:《元史》卷八十一《选举志一·学校》,中华书局 1976 年,第 2033 页。

"治事"两斋,实行分科教学。

皇祐二年(1050)十一月,朝廷再定雅乐,请胡瑗参与其事,三年间,终成其事。与阮逸合作,撰就《皇祐新乐图记》三卷,对音乐进行了整理与确定。同时,胡瑗被任命为光禄寺丞、国子监直讲,主持最高学府的讲坛。嘉祐元年(1056)已六十四岁的胡瑗晋升为太子中允、天章阁侍学,并任管理太学之职。嘉祐四年(1059),以六十七岁的高龄主持太学,兼国子监直讲。由于年事已高,积劳成疾,难以上朝,要求退休。经仁宗皇帝批准,以太常博士衔回乡东归,送行的队伍百里不绝,"时以为荣"。胡瑗赴长子胡康任所养病,不久逝世。葬于湖州南郊的道场乡,赐谥"文昭"。

胡瑗的教育思想在苏州、湖州任教时形成,朝廷办太学曾至苏湖取法,故称"苏湖教学法"。胡瑗首先明确了教育的重要意义。他说:"致天下之治者在人才,成天下之才者在教化……教化之所本在学校。"[1]把教育作为培育人才,达到巩固统治的根本。胡瑗又认为,教育的目的在于使学生达到"明体而达用"。所谓"体",指经义的根本,弄清其思想原理的要求;所谓"用",则指实用价值。因此,他改变了原来的浮华词章之学,反对过分看重训诂音注之学,重视经学的义理与治事能力的培养。他根据学生的专长分斋设学。经义斋,主要研究基本理论;治事斋,主要是学习治兵、水利、算学、讲武的实用知识与技能,"如治民以安其生,讲武以御其寇,堰水以利田,算历以明数是也"[2]。胡瑗主张学以致用,培养具有实际才干,兼识并收,博古通今的人才。如"刘彝以论治水见称,后治郡,率能兴水利"[3],以治绝赣州水患而著名。在教学内容上能抓住重点讲解经文;并提倡直观教学,讲"三礼"时,将礼仪之物"图之讲堂",以感性形象加强学习中的认知。同时倡导实地考察,在接触自然与社会中,了解各地人情物志,民间风俗与山川之气象,"以广见闻,则为有益于学者矣"[4]。胡瑗强调教师的主导性与模范性作用,身体力行,做出表率。在教学中,"以身先之",为诸生垂范,而获得诸生的崇敬。胡瑗治校,"严"字当头,他"严师弟子之礼,视诸生如其子弟",严加教育,勿稍松懈。他遵守儒家规范,"治家甚严,尤谨内外之分"。胡瑗重视音乐体育教育,每次考试之后,"合雅乐歌诗。至夜乃散。诸斋亦自歌诗奏乐,琴瑟之声彻于外",使学生在放松心身,解除疲劳中,提高艺术修养。他还

---

[1] 胡瑗:《松滋儒学记》,《苏州府学志》,苏州大学出版社2013年,第306页。
[2] 黄宗羲:《宋元学案》卷一《安定学案》,中华书局1986年,第24页。
[3] 曾敏行:《独醒杂志》卷三,上海古籍出版社1986年,第25页。
[4] 王铚:《默记》卷下《胡翼之谓滕公》,中华书局1981年,第51页。

谆谆告诫学生必须加强体育锻炼与劳逸结合,说:"食饱未可据案久坐,皆于血气有伤,当习射、投壶、游息焉。"适当休息,进行习射等体育活动,提高武艺水平,增强体质。

胡瑗全面发展的教育理论,得到了范仲淹等有识大臣推崇,奏请将胡瑗的教育方法著为"太学令"而全面推广。

胡瑗亲身在苏湖等地举办官学,主张积极推广州县学的兴办。他认为培养合格的致治之才,必须建立"敦尚行实"的学校,鉴于当时地方官学几近阙如的现状,而大声疾呼,"弘教化而致之民者在郡邑之任",要求"广设庠序之教",大兴地方之学。这样,不仅使人才继踵而出,还可以正以民心,培育良风,以巩固统治秩序,达到太平盛世的目的。在胡瑗思想的影响下,宋朝最高统治者接受了范仲淹的建议,于庆历四年(1044)下诏各州县兴办学校,使官学地方化、普遍化。

胡瑗无论在中央或地方任学官,均勤勤恳恳,任劳自重,培养了众多的人才。胡瑗主掌太学,各地学生不远千里来求学。其弟子在礼部贡举考试中,考中者常居十分之四五。胡瑗声名远播,"其学称先生,不闻可知为胡公也"。王安石称他"文章事业望孔孟","高冠大带满天下"[1]。出身胡瑗门下的著名人士,有器局可任政事的范纯仁、钱公辅等,长于经义、心性疏通的有孙觉、朱临、倪天隐等,长于文艺、擅于辞章的有钱藻、滕元发等,还有长于军事的苗授、卢秉等。胡瑗是宋代教育的代表人物。他对于教学宗旨,培养目标、教学内容与教学方法的确立,对分科设斋,因材施教等,都提供了宝贵的经验,至今仍有启发意义。

三、书院、社学、义塾的兴盛及技术教育

五代宋元时期还设书院、社学、义塾等多种教育机构,后两者以基础教学为主。

1. 书院的兴建

书院是封建时代的教学单位之一,起自唐代。它集讲学、授徒、刊行经集、探讨学术于一体。一般采取个人钻研,相互问答,集众讲解的教学方法。书院可由官办,也可私办或由取得政府支持的私人所办。苏州在北宋时只有一些学者的讲学之所,至南宋出现多家书院。元代各路府州县皆设书院,成为书院的大发展时期。政府任命书院山长,隶属行省教育行政管理体系。宋元时期,书院兴盛的

---

[1] 王安石:《寄赠胡先生并序》,《宋诗钞》,中华书局1986年,第588页。

原因是多方面的。

首先是政府的大力提倡。为了繁荣文化,替科举准备人才。政府倡导教育但财力不赡,州县学无法满足求学的要求,只能依靠私人办学作为补充,因而支持书院的发展。当时朝野都以建立书院为荣,纷纷以各种理由如祭祀先贤、纪念有名学者,为有功官吏歌功颂德,甚至纪念战争胜利、表旌义门、致仕乞恩等,均可创建书院。苏州书院之建多为前两项。

其次,应该说是科举的推动。科举,是封建时代选拔官僚的重要途径,吸引了广大士子竞相奔走,因而求学者增多。书院的发展正是满足了这一需求。

再次,是理学的推波助澜。两宋以来,道学流派纷呈,形成濂、洛、关、闽之说,一大批理学名师登上讲坛,"格物致知""一本万殊"等理论充斥学界。由于统治集团的内部斗争,一些取得既得利益的统治集团,对理学有所限制。为了突破这一限制,便于理学各派的争鸣,只能利用私立书院作为传播自己思想的场所。

最后,雕版印刷在南宋的普及与活字印刷的发明,使私人刻书业有很大发展,书籍流通的渠道顺畅,也为书院发展创造了条件。下面列举苏州书院概况。

(1)和靖书院

这是苏州最早的书院,创建于南宋端平(1234—1236)之间。和靖为北宋理学家尹焞的赐号。尹焞(1071—1142),程颐弟子,曾在苏州虎丘西庵读书,以《诛元祐诸臣议》闻名,自布衣任崇政殿说书,绍兴八年(1138)任秘书少监,历大理少卿,权礼部侍郎,绍兴十二年(1142)卒于会稽(今绍兴)。

尹焞在虎丘读书时,留有三畏斋、通幽轩等遗迹。"嘉定初,丁焴通守吴郡,乃建祠堂于其处。"[1]一说是南宋嘉定七年(1214)平江知府陈芾在这里建祠纪念。

端平年间(1234—1236)提举曹豳经奏请朝廷,将此祠改成书院,以"和靖"命名,并增建三省、务本、朋来、时习四斋,作研习之所,后书院有所修缮与扩建。元初,书院被云岩寺僧所据。元延祐元年(1314)迁至乌鹊桥东常平提举司旧址,后一度废除。明嘉靖二年(1523)在龙兴寺废基上重建。今虎丘尚留和靖书院最早遗址。元时有龚璛,曾任和靖书院山长,以后升职至江浙儒学副提举。[2]

---

[1] 顾禄:《桐桥倚棹录》卷一《名胜》,《苏州文献丛钞初编》,古吴轩出版社2005年,第553页。
[2] 陆肇域、任兆麟:《虎阜志》卷七《名贤》,古吴轩出版社1995年,第405页。

(2) 学道书院

学道书院为平江知府赵顺孙所创。赵顺孙守吴,因为言子(子游)是学道于孔夫子的唯一吴人弟子,是东南道学之宗,因而咸淳五年(1269)在文正坊之南(今锦帆路边)辟地建立书院。但工程才开始,赵顺孙解职归去。接任者黄镛,继续修建言子的专祠,举办书院。"鸠工度材,命元僚陈宗亮董其事,三阅月而堂成。"[1]由于子游传扬孔子"君子学道则爱人,小人学道则易思"的学说,而提请朝廷,赐匾为"学道书院"。元初书院被"豪僧"所占。至元(1335—1340)年间,山长祖宗震等对书院作了改创。元末又被僧侣所夺。明嘉靖二年(1523)知府胡缵宗以景德寺改建。

(3) 鹤山书院

鹤山书院是为纪念南宋参知政事魏了翁而设。魏了翁(1178—1237),四川浦江人,少年时代聪明好学,15岁即作《韩愈论》,号称才子。庆元五年(1199)魏了翁登进士第,任剑南西川节度判官厅公事,后召任国子正、国子监博士,升秘书省校书郎。开禧三年(1207),回故里侍奉双亲。嘉定元年(1208)魏了翁丁父忧,遂于邛州西白鹤岗下建鹤山书院,讲述经典,宣扬理学。以后,魏了翁起复为四川汉州(今广汉)、眉州(今眉山)等地知州。曾为北宋著名道学家周敦颐、二程与张载请"谥",获朝廷允准。魏了翁不为奸相史弥远所用,被贬靖州(今属湖南),再建鹤山书院。史弥远死后,宋理宗亲政,魏了翁任安抚使等职,一再要求致仕。至魏了翁死后十日,致仕诏书才颁下,谥文靖,世称鹤山先生。

魏了翁卒于苏州,葬在高景山。朝廷赐魏家宅第于苏郡南宫坊(今书院弄),并书"鹤山书院"四字赐之。元至顺元年(1330),魏了翁曾孙魏起奏请以在苏故居设学奉侍,获元文宗图帖睦尔的准许,并命学士虞集题"鹤山书院"额以赐。明宣德元年(1426)迁至苏城东南隅。清康熙二十四年(1685)曾修建,基址一直传至今天。

(4) 甫里书院

元至顺年间(1330—1333)钱光弼创建。先是甫里先生(陆龟蒙)的裔孙陆德原在陆龟蒙祠所在筑宫以修先圣先师之祀,获得平江路总管赵凤仪的赞同,通过朝廷命名为甫里书院。后任总管钱光弼对此事亦大力支持,使书院"会讲有堂,游息有斋,翼有门序,宿有次舍,虽庖廪圊湢之微,莫不完饬"[2]。至正二十

---

[1] 陈宜中:《学道书院记》,《吴郡文编》第二册,上海古籍出版社2011年,第455页。
[2] 柳贯:《甫里书院记》,《吴郡文编》第二册,上海古籍出版社2011年,第534页。

五年(1365)在郡守朱姓的主持下,修建书院南门及房屋三十余间,修缮了夫子殿、甫里先生祠、明伦堂、求志轩、明道与正义两斋、东西廊庑、仪门、泮池、泮池桥、棂星门、外门。"甃南出之路而崇其墉垣;浚北达之河,而通其舟楫。藻绘髹彤,照映辉煌。"[1]在元末战乱之时竟有此举,实属不易。直至清乾隆四十九年(1784),陆龟蒙裔孙陆肇域迁甫里书院于虎丘下塘,后似废。光绪十五年(1889)甪直士绅沈国琛等捐出巨款,在陆鲁望祠重建书院。

(5)文正书院

文正书院,为奉祀范文正公(仲淹)而设。范氏品德高尚,政声卓著,普熏黎民。范氏在苏州成立义庄,周济族人。宋咸淳十年(1274),平江知府(一说知县)潜说友奏请为范公立专祠于吴县东北兴禅寺桥西。元至正五年(1345)范氏后人范文英提出建书院以纪念先人。至正六年(1346)吴秉义奏改专祠为书院,时赵承僖巡行吴中,对吴秉义之举表示赞同,上书中书,而获批准。

文正书院的特点是家祠与书院合而为一,既具有祭祀家族前贤的功能,又有教育家族子弟与乡里少年的作用。书院山长"慎选族人之贤者主奉",而不行官派。文正书院具有家族祠堂的特点,但又获官方的承认,显现范氏家族的文化地位,增强家族的凝合力。明宣德九年(1434),进一步修建扩大。

(6)文学书院

元至顺二年(1331),常熟人曹善诚在城内醋库桥东行春坊内(今书院弄13号),为纪念言偃(子游)"买地作祠宇,而辟讲堂于其后,列斋庐于其旁",成立书院。为解决师生的给养,赡田1 600亩有奇,继而增至2 600亩。曹善诚被称作"善士",并说"专任乐育英才之责,亦古所无有也"。[2]

此外,还有玉峰书院。南宋时文节公卫泾创于昆山马鞍山南麓,元赵孟頫题书院额,元后废。

书院的兴建,促进了学术的提高、文化的繁荣,推动了科举的发展。除书院以外,还有寺庙讲学之风。如北宋时任侍御史、转运使、秘书监等职的谢涛(字济之),幼年即奇敏,草宋平定汾晋的贺表,获郡将的好评。他年轻时在苏州阳山澄照寺西庑讲学,声名鹊起,吴县令罗处约、长洲县令王禹偁都与他交游,盛赞其才学之优[3]。谢涛在淳化三年(992)登进士第。

---

[1] 戴良:《重修甫里书院记》,《吴郡文编》第二册,上海古籍出版社2011年,第535页。
[2] 黄溍:《重建文学书院记》,《吴郡文编》第二册,上海古籍出版社2011年,第578页。
[3] 范成大:《吴郡志》卷二十五《人物》,江苏古籍出版社1986年,第361页。

2. 社学

宋元时期,苏州还出现了众多的社学,具有识字与文化普及性质。

社学,是古代的地方学校之一,应从宋时始有。宋罗大经《鹤林玉露》乙编第一卷《本政书》中就提到当时农村中有"社学"的存在。元时以五十户为一社,每社立一社学,社学达到全盛。至正七年(1347)吴县达鲁花赤马祖宪有志于建学。至第三年,捐出自己俸禄,修缮学舍,选"吏之练历愿勤者董其工役",使"门庑殿堂,斋舍庖庾悉新之"。可见地方官员重学之一斑。"吴为东南望邑,地大物众,素号剧繁。侯优为之,而能留情学校如此,可谓知所先后矣。不宁惟是,立社学一百三十余区,积常平谷二千石。"[1]可见仅吴县一地,社学众多,已遍及各乡。百里之内,弦歌相闻。这是地方官员的重要政绩之一。

3. 私塾与义塾

此时也有私人所办的私塾。北宋侍其沔,字国纪,精通四书五经,善作诗文,他在自己的住所灵芝坊,开馆授徒,传授经义,品德高尚。治平三年(1066)殁后,门人私谥为"夷晦先生",后人改灵芝坊为侍其巷。元代末年常熟顾麒先在家乡,后到苏州天赐庄教课授徒,以精通经学,声闻乡里,学生私谥曰"文庄"。[2]

还有一种教学是并无私塾的形式,而是在家指点教授。北宋徽宗时常熟人陆徽之,高才博学,出其门者"如陈起宗徽猷、张柟朝议、钱观复郎中,皆为时显人"[3]。又如,有个姓糜的老儒,"记问该洽,《九经》注疏,悉能成诵"[4],曾教其子侄。蒋堂,泰定三年(1326)乡试列江浙行省第三名,声誉日显,隐居于吴门,"他方之士执经受业者,不远千里而至,多有成立"。[5]

由家族所办,家族子弟入学可免费的私塾称义学或义塾。范仲淹在宋时在家乡设"义庄",同时附设有"义塾"。这是中国最早设立的义学之一。元时虞堪(字胜伯)在笠泽设"义塾",使虞氏子弟识字断文,提高文化水平,进而"明先王之道",使教化行其乡。至正二十年(1360)姜渐特为笠泽义塾作《序》,加以赞扬。

从州县学、书院至家塾、私塾的教学内容,大多来自儒家经典或根据儒家精

---

[1] 干文传:《重修学记》,《吴郡文编》第二册,上海古籍出版社2011年,第402页。
[2] 顾震涛:《吴门表隐》卷十五《人物》,江苏古籍出版社1986年,第205页。
[3] 龚明之:《中吴纪闻》卷五《陆彦猷》,上海古籍出版社1986年,第111页。
[4] 周密:《齐东野语》卷六《诗用事》,中华书局1983年,第105页。
[5] 卢熊:洪武《苏州府志》卷三十七《人物》,广陵书社2015年,第481页。

神所编订的初级教材,也有一些是纯为学字所用的课本。社学与学塾中常用教材是《百家姓》,相传为宋时吴越地区的老儒所作,故把当时的国姓"赵",作为首字,接下去便是吴越王的"钱姓"。这是一本纯为学字的"字"书。还有《三字经》与《千字文》,前者为南宋王应麟(或区适子)所作;后者为南朝梁周兴嗣作。在这两种启蒙读物中,介绍了中国历史地理、方名事类、经书诸子、人生哲理。相较而言,《三字经》比起《千字文》,正如章太炎在《重订三字经题辞》所说"虽字有重复,辞无藻采,其启人知识过之"。两书都有一些知识普及的意义。社学与塾学,在较高年级亦学一些四书之类,为科举打下基础。

州县学与书院所学,至元时逐步完善,将《四书》《五经》以及周敦颐、二程、张载、朱熹等理学家的著作,"以其先后本末节目,分之以年,程之以日,悉著于编",曰"进学规程"。还有书法与作文,以及天文、地理、音韵、制度等内容。学校的教学方法,也日趋丰富与完备。元时江东书院山长程端礼与大儒许衡等坚持朱熹的"读书法六条",即居敬持志、循序渐进、熟读精思、虚心涵泳、切己体察、着紧用力,为了按部就班地读书,特编"读书分年日程",以求逐步提高。在读书中强调培养真正领悟和传播程朱理学的人才,要多读儒家经典与理学原著,要求掌握其精粹。其后,才是学习时文以应科举。

4. 技术教育

宋元时把技术性的医学作为官学的一部分,元朝对医学比较重视。平江人葛应雷由于元朝早期不开科取士遂绝意仕途之进取,因精通医学,便被任命为平江路医学教授。葛应雷潜心教导,细述药理与方剂之验,使其弟子多为良医。由于医学教学的业绩突出,葛应雷被提拔为江浙等处官医副提举,进而为正提举。[1]元名医张元善亦主张发展医学教育。

其他的一些技艺,则以私人授受者较多。

四、科举的渐兴

苏州经济富庶,社会相对稳定,加上自南北朝以后由尚武转向尚文,重视教育因而促进了科举发达,五代宋元时代,苏州科举属渐兴时代。

(1)宋元时代苏州科举成绩

宋元时苏州共中进士473人,其中宋嘉泰二年(1202)一次就考中14人,较

---

[1] 黄溍:《黄文献公集》卷九《江浙官宦医举葛公墓志铭》,《吴郡文编》第五册,上海古籍出版社2011年,第604页。

唐时有较大的进步。元初并不重视文化教育，科举制度几遭废弛，至皇庆二年（1313）才制订科试条例，恢复科举。在这种困难的情况之下，苏州还有十人考中进士，占全国较大比重。以县邑而言，吴县籍最多，次为昆山；后为长洲、常熟、吴江。通过科举考试，苏州为国家输送了众多人才。

宋时考试途径有多种。州县学考试称"堂试"，考试合格，升入上庠。未经堂试，可以补试。每年春二三月之交，学子进行"公试"，两日三场，第一日考本经一场，第二日策论各一道。州府根据名额多少，考试取人，荐名于朝廷，称"解试"（也叫"发解试"）。所录取之人称贡士，再经中央由尚书省主持的"省试"与殿试，及第者入仕。在太学、宗学学习者可由外舍起，考试合格后入内舍，再至上舍。在上舍考试优等者，亦可入仕做官。另外，一路的转运使司，在本路内现任官员的随侍子弟及五服内亲族考试合格，可解送全国性考试，称"漕试"。在学校考试及格可免解，直接参加殿试。此外，还有"恩科""贤良"等名目，以选拔人才。"恩科"是对多次参加省试年龄较大未中者而特开，其魁首视同进士出身，其次等的可获"文学"之名。贤良，是指熟读《九经》、名望很高的人，经推荐，考试合格，便可中选[1]。苏州考中者以"解试"居多。由于苏州人才济济，因而解额逐年有所增加。

宋朝大中祥符（1008—1016）年间，苏州科举解额是四人，跟其他州郡比较，人数最少。至熙宁、元丰间，因应举的人多，增加至六人。王安石实行"舍法"，罢科举，岁贡4人。舍法罢，科举之数三年为十二人。绍兴丙子（1156），又增"流寓"一人。而参加考试的有两千人，上举人数如凤毛麟角。但由于经济发展，文教日盛，考中者多。苏州城区北宋时考中进士205人，南宋进士237人。两宋还有无科分可考者21人。在淳熙八年（1181）与淳熙十一年（1184），黄由、卫泾连续共两次分别在国家考试中，夺得状元。元时长期废科举还中进士10人（一说5人）。[2]

（2）学校科举与苏州突出人才

苏州学校与科举得才众多，在中国政治、军事、经济中发挥了重要作用。除范仲淹、叶梦得等人另有介绍外，今再举一些实例。

丁谓（966—1037），字谓之，长洲人，登淳化三年（992）进士科。少年时拿自己的文章给县令王禹偁（也是著名诗人）审阅，王见了丁的文章，"大惊重

---

[1] 以上见李升：《朝野类要·举业》，中华书局2007年，第50—60页。
[2] 曹允源、李根源：民国《吴县志》卷十一《选举表》，江苏古籍出版社1991年，第139—148页。

之"。咸平二年(999)因"蛮民""不服王化",丁谓用安抚的方法,平息了事态。次年,益州(今成都)王均造反被雷有终镇压讨平后,兵多不听指挥,有反叛迹象。朝廷派丁谓前去处理。丁谓认为,蛮兵并非反叛而是不愿为政府卖命,于是召集蛮兵的首领,宣称有旨赦免,蛮兵得旨,都表示愿意归顺。由于丁谓对少数民族实行安抚政策,使"蛮"感泣,"作誓刻石立境上"。大中祥符五年(1012)任参知政事。九年(1016)为平江军节度使,知昇州。天禧初(1017),复任参政,改枢密使。再接替寇准,任中书门下平章事(宰相),是宋朝苏州人任宰相第一人。仁宗即位,进司徒侍中,分司西京。贬崖州司户参军,后徙光州,授秘书监致仕。丁谓机敏强识,千百言之文字经览辄记,善于在谈笑中作诗,至于图画、博弈、音律,无不精通。但丁谓又是有名的奸相,谀上而进,构陷正人,众称狡猾。

丁谓善于计算,具有经济头脑。他发现边疆多粟而缺盐,黔南民家多良马,便建议朝廷做物资调节工作,加强交流,活跃了边疆经济,安排了人民生活。丁谓改革了赋税制度,宋朝有一种人口税"丁钱",由于苏州人口逐年增加,大中祥符四年(1011)苏州人口达 66 000 多户,比宋初人口增长了近一倍,因而"丁钱"年年增长。丁谓提出人丁以景德四年(1007)的户口作为标准,粮赋以咸平六年(1003)的定额作为标准,抑制了"丁钱"逐年加重的情况。因而苏州人民特别感谢丁谓,在万寿寺内替他建造祠堂[1]。真宗时大修皇宫与道观,丁谓负责总的策划,他先让民工开挖皇宫前的大路,变成河道,运来建筑材料。建筑工程完工后,又将建筑垃圾填入河道,恢复成大路。可以说一举三得,筹划精密,减轻了劳动强度,节省了开支。丁谓世居苏州大郎桥,归葬苏郊华山。

郑戬(985—1049)字天休,苏州皋桥人,九岁成孤儿。天圣二年(1024)进士第三。历龙图阁直学士,知开封府。听讼敏明,善于决断。保护百姓,依法处置"豪宗大姓",惩治奸吏。康定元年(1040),同知枢密院事,出任杭州知州。征集壮劳力数万人,开挖西湖,从此"民赖其利"[2]。历陕西四路都总管,经略安抚招讨使,为加强防护,坚持作水洛城。由于"气质英豪",仁宗数次要任用他为宰相而未果。最后任检校太保、奉国军节度使,卒官,归柩于苏。赠太尉,谥文肃。相传他所造之桥,众起名郑使桥。原天库前有郑使桥弄的地名。

元绛(1009—1084),字厚之,居苏州带城桥。天圣八年(1030)进士,以文章

---

[1] 范成大:《吴郡志》卷二十五《人物》,江苏古籍出版社 1986 年,第 363 页。
[2] 脱脱:《宋史》卷二九二《郑戬传》,中华书局 1977 年,第 9767 页。

政事盛名一时。由王安石推荐为翰林学士。未几,任参知政事。元绛长于作四六骈文。其所作,士大夫多有传诵。后以太子少保致仕,退居吴中,参加九老之会。元绛任职时善于治狱,昭雪冤案。苏州知州为他在其住处立"衮绣坊",加以褒扬。

程师孟(1009—1086),字公辟,一作君辟,世居南园昼锦坊。景祐元年(1034)举进士。累迁三班院给事中,将作都水监,历知楚(今淮安)、洪(今南昌)、福、广、越(今绍兴)、青等州,累官至光禄大夫。与王安石多有交往,属改革派。为政简而严,敏善听决,保护细民,绳治豪宗大姓。在河东路时"劝民出钱开渠筑堰,淤良田万八千顷"[1]。在广州知州任上,因广州未筑城墙而经常被抢掠,当地官员认为广州土质较松,杂有螺蚌,不能用以筑城,唯独程师孟经调查后认为可以。于是上表宋神宗筑广州城。十个月后,城墙修缮一新,程师孟等因此受到神宗表彰和赏赐。

崇大年,字静之,庆历六年(1046)进士。知青田县时县民贫困,没有办法交纳"和买"。所谓"和买"是政府春季贷款给农民,至夏秋以绢偿还的一种赋税。大年深知年凶民苦,下令等到谷物冬熟以后再交。州里下文督催,大年追杖胥吏来应付,以宽一邑之民。至冬,农民果有能力捐纳"和买"。转知浦城县。浦城原设有"两栈",老百姓凡追捕、拘留的,不管犯罪的轻重一律置于"栈"中,处以刑罚。大年至任,知道此事说"此以牛马吾民也",悉命撤去。[2]

滕甫(1020—1096),字元发,苏州郡学培养的人才。皇祐五年(1053)进士。从小敏捷过人,历知开封府、御史中丞;出知秦州,救地震之灾。出知定州,"虏人畏服",其治"宽严有体,边人安焉"[3]。知郓州时,储米20万石,救饥民5万人。功勋卓著,死后葬于苏州阳山。

郭附,字明仲,苏州人。嘉祐八年(1063)进士,入仕后,派赴地方任职,知新建县。这个地方的风俗,喜欢争讼,并喜欢抓住官吏的过失与缺点,作为把柄进行攻击。郭附至县后,探问民间疾苦,都说鸷鸟猛兽为害。郭附就与旁县并力,厚赏壮士,捕获鸷鸟猛兽数十具,消除了危害。郭附还用预警式的方法维持安定,于是,到郭附离任,"无一人敢犯令",维持了稳定。熙宁中,知昆山县,以朝奉大夫致仕。

孙载,字积中,昆山人。治平二年(1065)进士,任考城(今兰考)知县。富于

---

[1] 脱脱:《宋史》卷四二六《循吏》,中华书局1977年,第12704页。
[2] 张昶:《吴中人物志》卷五《宦绩》,古吴轩出版社2013年,第44页。
[3] 龚明之:《中吴纪闻》卷二《滕庄敏公》,上海古籍出版社1986年,第33页。

智谋,治安有方。一天巡尉向孙载报告,"盗集境上",将在元宵节掠夺近郊。孙载暗中布置了警戒,而自己与百姓"张灯乐饮,许民嬉游不禁,夜如故事"[1]。强盗不知实情,难于测料,就遁迹而去。由于治安工作做得出色,一直到离任,全县没有一个狗偷鼠窃的。后知海、沂、婺、亳等州。政事符合体要,在宋朝号称"循吏"。

郑景平,字晞尹。熙宁三年(1070)与父亲郑伸同中进士。他曾任职大理寺,每次碰到疑狱,从不草率从事,而是经过多方侦讯,一定要得到实况,才判决处理。郑景平年老归家,朝廷认定他有能力,"复召起,知饶州(今鄱阳)",但上任没有几个月就辞官回家,人问其故。他说:作为一郡长官要安抚百姓,使人安居乐业。但是现在政府,向百姓征求不已,"今日须金若干,明日须粟若干,民已枯骨矣!捶考之亦何所取?景平安得不归?"[2]充分反映了他儒家民本思想。辞官是消极的做法,但在封建时代已是难能可贵了。

孙冲,字子和,熙宁六年(1073)进士。年轻时负有才名,曾作王安石的幕客,作《乡党》《傅悦》二论,为王安石所赏识。后知和州含山县(今属安徽),十分清廉,律己甚严,一无妄取。当任满离含山,整理归装时见到一砘非来时物,即命还之。

黄策,字子虚,元祐间进士。据传,九岁即能作文,受到苏轼赏识。初选杭州司理参军,折狱精明,使吏员不敢弄事。秩满授雍丘主簿。敢于直言,元符末(1100),上言纠正昭慈圣献皇后典册中未尽之处,"上书甚切"。崇宁初(1102),名入党籍,编管登州。会赦回乡,闭户读书,赋诗自娱。建炎中改宣教郎,通判严州,直秘阁。罢归后筑室太湖之畔,悠游以终。著有《随缘居士集》。

李弥大,字似矩,崇宁五年(1106)进士。建炎初(1127)知淮宁府(今陈州)。时杜用等叛乱,李弥大机动避退,等待叛军败散,后果如所料。不久升户部尚书,兼侍读。吕颐浩用兵北向,弥大根据形势判断,上奏"不宜轻动"。后知静江府(今桂林),调工部尚书,未几罢。李弥大隐居西山林屋洞旁,所居名赤松堂[3]。李弥大能审时度势,根据客观形态,决定政事,具有谨慎细心的特点。

王棠,字子思。大观三年(1109)进士,绍兴五年(1135)知江阴军,设立学官,给田以养士,聘请范云为教授。王棠又刻《春秋三传》于学,"笃意训率",风俗一变。治理地方,多有良政。江阴临近前线,而库无储金,廪无余粟,都是内地

---

[1] 张泉:《吴中人物志》卷五《宦迹》,古吴轩出版社2013年,第45页。
[2] 卢熊:洪武《苏州府志》卷三十四《人物》,广陵书社2015年,第434页。
[3] 卢熊:洪武《苏州府志》卷三十四《人物》,广陵书社2015年,第441页。

供给。一钱一粟的支拨都要到漕司领取,远途运输,民力益困。因此,王棠要求留截秋税一二万石,准备紧急支用,以备不时之费,从而减轻了民力的消耗。

徐林,字稚山,宣和三年(1121)进士,从小居住在吴县砚石山(即灵岩山)下。徐林操行卓特,时从母的丈夫王黼掌握国柄,拥有大权,徐林却不愿依附王黼,去找什么门路,宁愿当一个小吏。绍兴初(1131)上书言事,召对。累迁至太府少卿,出为江西转运副使,敢于弹劾秦桧的亲党。后任户部侍郎,多次批评国家用钱的地方太广,提出政府应该节省开支,保障供给。晚年以八十余岁高龄力辞官职。由于他长期在皇帝身边,而被称作"贤侍从"。[1]

郑作肃,字恭老。宣和三年(1121)进士。绍兴五年(1135),知常州时作凝露堂,并自作记。从吉州知州任上回朝,向高宗上奏说,现在民间要输纳"黄河竹索钱",黄河早已陷于敌方,这钱用在哪儿呢?因而要求免去这一杂税,并要求将其他因袭的这一类的税项尽行免除。高宗采纳了郑作肃的意见,称奖再三,但遭到奸相秦桧的妒忌,称郑作肃"在任不法",关进狱中。隆兴二年(1164),郑作肃知湖州,由于庄稼歉收,百姓贫困,生子不养,弃于道旁。"作肃令属官收取,令乳母为之养,月给米赡之。"[2]体现了人本思想与人道主义精神。

王葆,字彦光,昆山人,逸野堂主王僖之侄。宣和六年(1124)进士。初任丽水主簿,上疏陈述当时政治之弊十事,都是一些人所不敢或不能讲的事。绍兴年间(1131—1162)历司封郎,官监察御史、崇政殿说书,终江东提刑按察使。王葆善于教育与识才。他奖掖后进,乐育英才,人称"乡先生"。侍御史李衡未入仕时流落在外,王葆知道他是人才,加以培养,并把妹妹嫁给他。左丞相周必大刚考中进士时,王葆便知他是"国家之器",作了重点培育。他"教诱后进,终日论文不倦"。[3]

边知白,字公式,自曾祖起,即为吴人。宣和六年(1124)进士。绍兴(1131—1162)中历户部郎官,将作监,户部、吏部侍郎。孝顺亲族,友谊醇诚,循规蹈矩,严格遵守法令,特别能做到清新寡欲,生活俭淡,号称"吉人"。晚年筑室于南金狮巷以终老。

钱佃,字仲耕,绍兴十五年(1145)进士,历官临安尹,升吏部郎中,累迁至吏、工、兵三部侍郎,出为江西路转运副使。继而任福建转运使,再使江西。在所任之地,上奏蠲免当地积欠的赋税。淳熙八年(1181),婺州(今金华)发生饥荒,

---

[1] 范成大:《吴郡志》卷二十七《人物》,江苏古籍出版社1986年,第391页。
[2] 张昶:《吴中人物志》卷五《宦绩》,古吴轩出版社2013年,第46页。
[3] 龚明之:《中吴纪闻》卷六《王彦光》,上海古籍出版社1986年,第138页。

皇上特派钱佃担任婺州知州。钱佃到州,一面祈雨,一面劝勉富户出粮,或移民至外,被救活的人口有七十余万。在一路中政绩获得第一。在做江西漕司时,奏免赣、吉两州"麻税"两千四百五十九斛,两州人民载歌载舞以庆祝。钱氏也曾捐钱买田,办义庄,惠济乡里。

胡元质,字长文,长洲人,从小聪明颖悟,年未冠就到太学入学。绍兴十八年(1148)举进士第。胡元质具有恻隐之心,一次免去亲友对他家的债款数万。有次住在行都(杭州)的旅馆,听到邻居有人夜哭,元质前去询问,知哭者为了还债卖了自己的女孩,即将分别,便倾囊而出,替哭者还债。以荐为太学正,历秘书省正字、校书郎、参掌内外制、给事黄门,知贡举。在朝中作招才之论,所言精当。出守建业、成都皆有政绩。心情慈淡,从不疾言厉色、言人长短。"好善乐施。"[1]晚年退归苏州南园,建"招隐堂",优游以终。

徐藏,字子礼。徐林之子。乾道初(1165)知江阴军,特别关注文教与水利的建设。他一到任,就重新修建庙学,用以培养人才。并至民间调查水之弊患。江阴北临大江地势低洼,一些港渎,往往被淤。夏秋淫雨之时,浙西数郡众多来水,都集中到澼港七乡,十年之间淹没的土地有160余万亩,政府蠲免的秋税以一二万计,公私两失。因而徐藏请准,修建蔡泾废闸。闸的旧基"距河差远,两翼迫蹙,波流悍急,易于溃坏"。[2]于是打实闸基,扩大水闸的规模,把木闸改成石砌,进一步浚疏漕渠,直通黄田港,杜绝了壅滞,给江阴农民带来了利益。又上奏说,江阴军"地狭民贫,有续添认纳临安府䌷绢四千余匹兼累遭大水,百姓憔悴",[3]不堪负担这一重敛。皇上特为此免除八分之五的赋税。当国家发出蠲免命令时,民众欢声动阡陌,表示对徐藏的拥护。

颜度,字鲁子。唐鲁公颜真卿的侄子颜顗在唐时任常熟令,从此颜氏占籍常熟。颜度就是颜顗的后代。绍兴二十七年(1157)进士。以文章政事,名噪一时,历通判海门簿、临海县令,都有惠政,人们不想他离去。乾道五年(1169)知长兴县,遇事慈恕,常用说服教育的方法。在审判中,时出智计,审得实情,闻者称他为神明。某王入朝,路过长兴,长兴由妇女执役,某王感到奇怪,妇女回答说:颜公爱惜民力,让男女在野耕种,一时很难集中,我们怕累及颜公,所以自愿来充役。召拜监察御史,孝宗说:"度每出言,不动如山。"人们因此称颜度的号为"如山"。

---

[1] 卢熊:洪武《苏州府志》卷三十五《人物》,广陵书社2015年,第455页。
[2] 张昶:《吴中人物志》卷五《宦绩》,古吴轩出版社2013年,第45页。
[3] 张昶:《吴中人物志》卷五《宦绩》,古吴轩出版社2013年,第46页。

黄由,字子由,自号盘野居士。住苏州醋库巷。从小好学,幼即聪颖,年方十二三岁,便能教群童读书。南宋淳熙八年(1181)进士第一,这是苏州宋朝历史上的第一名状元。他对于朝政有一些独到的看法,在试卷中提出"天下未尝无难成之事,人主不可无坚忍之心"[1],而获赏识。黄由仕途风顺,任南安军签判,通判绍兴府等职,嘉定三年(1210),入为刑部尚书兼直学士院。关于黄由考中状元,还有一个传说。自隋唐设进士科以来,苏州无一人大魁天下,先是历年相传两个谶言:一曰"穹窿石移,状元来归",一曰"潮过夷亭出状元"。后这两个谶言相继兑现。史志载:"淳熙初,穹窿山中一夕闻风雨声。诘朝,视山半有大石,自东徙西,屹立如植,所过草犹偃。辛丑科吴县人黄由子由遂状元及第。"[2]同样,由于潮水过夷亭,下一科由苏州昆山人卫泾中状元。这类传说仅是巧合,不足为信。但也说明,宋时苏州教育已经逐步发展,文化积累已有一定程度,因而产生了对科考强烈期盼,这些传说是这一信念的反映。

卫泾(1160—1226),字清叔,号拙斋居士。昆山石浦人。淳熙十一年(1184)状元。他在考试的对策中,力陈任官"添差赘员之弊"[3]。考中后,故意违反惯例,不通书宰相为谢。任职后公正执法,并疏谏"围湖造田"之害,一生多次谏争,奋发图强,以强国威,史称他是"体国重民"之臣。卫泾曾办书院一所,著有《后乐集》。

陈宇,字伯受。陈古灵先生诸孙之一,自宜兴徙住常熟。任莆田尉时捕获凶盗,上级给予升官等奖赏,陈宇却恳辞。调绍兴府司法,改知富阳县,徙知房州,退休回家。陈宇居官廉洁无瑕,抚爱诸弟,食必一席。办事为公,"俸禄不入私室,家无金银之器"[4]。他经常说,并不是我不能求富,而是我不愿意非法致富。此言至今仍有借鉴意义。

干文传,元平江人。他的祖父干宗显,仕宋为承信郎。延祐初(1314)进士。干文传从小嗜好文学,十岁就能撰写文章。同知昌国州,后知吴江[5]。用"柔之以恩信"作为执政理念,保护盐民。行政廉洁公平,为各州的表率。召至朝廷,任集贤院待制,参修《宋史》。干文传还喜接引后进,考试江浙、江西乡闱,所取士后多知名。作文务必做到"雅正",而反对浮躁之风。

---

[1] 丁传靖:《宋人轶事汇编》卷十八《黄由》,中华书局1981年,第970页。
[2] 范成大:《吴郡志》卷四十四《奇事》,江苏古籍出版社1986年,第592页。
[3] 叶绍翁:《四朝闻见录》甲集《卫魁廷尉》,中华书局1989年,第9页。
[4] 卢熊:洪武《苏州府志》卷三十五《人物》,广陵书社2015年,第459页。
[5] 杨循吉:《吴邑志》卷九《人物》,广陵书社2006年,第73页。

以上这些人物,大多能奉行儒家学说,坚持当时的道德规范,具有行政能力,成为循吏贤臣而被人颂扬。这不能不说是苏州教育与科举的成果。

忠于国家,忠于朝廷,是当时官僚与士人的共识。儒家认为"忠"是人的本性与奉天之道,不能逾违。苏州在宋元时期出现了众多的爱国敢死之士。有的战死于战场,有的作为外交官不辱使命,甚至为维护国家尊严与立场贡献了生命。他们大多经各级学府的教育而成为一代英烈的楷模。

滕茂实(？—1128),初名祼,字秀颖。《敬乡录》定为姑苏人,亦有称其为杭州临安人的。政和八年(1118)进士。靖康元年(1126)以假工部侍郎的名义,副路允迪出使金国。由于坚强不屈,金廷在放正使回宋时而独留茂实,目的是使茂实为己所用。后将他安置于其兄长在金任地方官的代州(今山西代县),用软化手段促使滕茂实投降。宋钦宗被俘押往北方经代州时,滕茂实服宋朝衣冠恭候道旁迎接,并提出愿随旧主北行,未获金人的允许。滕茂实为这一举动作了充分准备,自写"宋工部侍郎滕茂实墓"的墓碑与哀词,表示甘愿牺牲的决心,见之者无不流泪。茂实后郁愤而终。

边知章,字公望,律学博士出身,任永静军(今东光)通判。靖康初(1126)金兵南犯,永静军正是通道。第二年春天,边知章的任期已满,替代的人看到形势紧张,故意避祸不来。有人劝边知章逃遁而去。而边知章却写信给苏州的弟弟们说,假如逃脱,不是愧对国命吗？我即使死,到地下看到祖宗也没有愧色了。那年冬天,金兵进攻永静军。城内宋军溃败,边知章英勇战死。

朱良,字良伯,苏州人。他的祖上多次以进士登第,他自己亦曾在州县学学习。建炎年间(1127—1130)朱良担任海盐(今属浙江)县尉。金兵南下,游骑已到县境。朱良召集同僚说:"今日乃忠臣义士,死国难之时也!"[1]乃披甲执戈,召集所部百余人,奋厉而进。朱良身先士卒,出入敌阵,杀死数名敌酋,金兵为之败退,但终因寡不敌众,在阵前战死。

孙察,孙临之子,朝议大夫孙载的从子。孙察以朝散郎的资格奉使金国。至则直问被虏宋徽、钦二帝的起居,守节不屈。金人野蛮地把他裹上油絮焚烧,孙察骂声不绝而死,表现了一种爱国的正气。

郭元迈,字英远,应募作赴金的使者。当时魏行可以"河北金人军前通问"的名义出使金国,郭元迈作为副手同行。走到河朔地方,他用尺纸写了封家书:

---

[1] 范成大:《吴郡志》卷二十七《人物》,江苏古籍出版社1986年,第392页。

"去疆当艰棘时,难保全生,此身已许国矣!"[1]表示赴死的决心。到了金国朝廷,上书金朝当政者粘罕,强烈要求归还徽、钦二帝。金不但不许,反将郭远迈扣留,并强迫他剃发改服。郭远迈坚决抵制,不穿金人服饰。后来,竟死于金国。

李弥逊,字似之。累官至起居郎,因剀切直言被贬,任庐山知县,宣和末(1125)知冀州(今衡水)。金人侵犯河北,李弥逊捐出金帛,召集勇士,修建城堞,疏通护城河,引来河水,加强防卫。邀击其游骑,斩首甚众。"兀尤北还,戒师毋犯其城。"[2]后因事被谪将近二十年,复职论事,耿直恳切如当初一样。秦桧再任宰相后,要用称臣的屈辱礼节与金人议和,李弥逊坚决反对,拒绝秦桧所允"和议后给予两地"的利诱,辞职回乡,宋人赞美他的忠义节气。

王玠,字介玉,风流倜傥,崇尚气节。孔彦舟任舒蕲镇抚使时,用厚礼聘请王玠作为僚属。孔彦舟在东平的时候,是知州权邦彦的部下,后背权而去。这时权邦彦担任"签书枢密"的官职,协助管理军事,孔彦舟心中已不自安。韩世忠在湖南打败刘忠、马友后顺流而下,要经过孔彦舟的驻地。孔彦舟怕韩世忠并吞自己的军队,就产生向金投降的想法,问计于王玠。王玠正色回答说:您被命镇抚二州,官优禄厚,岂可负朝廷,自陷不义?并反复说明降金的危害,孔彦舟把他囚禁起来。过了数日,又向王玠问起此事,王玠劝孔彦舟为国立功,以报君主,并说:"君诚欲反,幸先杀我,孰谓王玠而从贼耶!"[3]孔彦舟竟把王玠及其妻子沉杀于龙眼矶。

周虎,字叔子。靖康(1126—1127)中其先徙居常熟,故称常熟人。庆元二年(1196)举武进士第一。为人倜傥,轻财尚气。任殿前步军同正将、武学谕、阁门舍人,充当金国贺生辰接伴副使。开禧二年(1206)知和州。当时金兵长驱入寇,围和州甚急。周虎部署将士防守,作坚决的抵抗。他对当地父老说:我作为国家守臣,如果弃城而去,就成为流亡之人,失节败名,处在生不如死的境地。"效死弗去,虽殁犹生,吾计决矣!"[4]表示决心抵抗到底。他的母亲已九十高龄,带着孙辈,表示要与儿子共存亡,并亲自为将士送饭,于是士气大振。周虎出战三十四次,杀金将以十数,最后射死其右帅,金兵退走,于是宋金和议成而江淮安定。周虎推功给母亲,其母进封永国太夫人。和州人士十分感谢周虎,为他母子立生祠。

---

[1] 张昶:《吴中人物志》卷二《忠义》,古吴轩出版社2013年,第12页。
[2] 卢熊:洪武《苏州府志》卷三十四《人物》,广陵书社2015年,第439页。
[3] 张昶:《吴中人物志》卷五《忠义》,古吴轩出版社2013年,第13页。
[4] 卢熊:洪武《苏州府志》卷三十六《人物》,广陵书社2015年,第465页。

姚舜元,字景瑞。从小练习拳术,勇敢善战。因武功作"保义郎"、平江府东南副将,镇守吴淞。德祐二年(1276)冬,元朝元帅打下平江。姚舜元坚持抗元到底,他对兄弟舜宾以及舜宾的儿子应龙说:"国家德泽在人,大本未去,收合散亡,以应内援外,事可图也。"[1]元朝元帅偏将东徇,攻打吴淞。十二月十六日,黄雾四塞,元兵突然袭击姚军。舜元无备,与弟舜宾、次子兴龙与侄应龙都激战而死。

苏州这一时期的忠烈死节人士,大多受到良好的教育,造就了一副铮铮铁骨,为国家民族贡献了一切,甚至生命,这是值得怀念的。

第二节 经学、兵学与史学

五代宋元时期,由于佛学的渗透,苏州学者对儒家经典多有发挥,特别从伦理学上进行解读,谈性论命,推动了理学的发展。经史相联,当时苏州史学,尤其是方志编纂也取得了长足的进步。苏州史家除参加全国性史书的编写外,尤重地方史志的撰著,翔实记载了本地的政治、经济、风俗人情、沿革物产、名胜古迹,扩大了史料内容,为苏州的历史记述与研究作出了奉献。

一、经学研究领域的扩大

五代宋元苏州儒家经学,主流是崇尚阐释义理,探求伦常,寻溯规律的啖助与程朱之学,但由于观点的不同,众多学派在苏州流传与推行。他们研究的内容十分丰富,几乎遍及儒家的各个领域。

1. 苏州宋元经学综述

除了范仲淹等重要学派之外,先介绍涉及各门类的经学家。

治《诗》的有李撰(1047—1109),字子约。唐宗室,延脉于吴。熙宁六年(1073)进士。著有《毛诗训解》二十卷,较深刻地对《诗经》作了训诂与解读。吴简,字仲廉,吴江桃墩人。由于认真读书钻研,获荐任郡学训导,升绍兴学录,著有《诗义》,对《诗经》内涵的分析,多有发明。其他如钱鼎以《诗经》发解而名声显扬,陈深作《读诗编》,颇有心得。

苏州人对《尚书》有深入的研究。翟汝文,字公巽,后徙居常熟,绍兴初(1131)曾任参知政事,对《尚书》体会甚深,"所作制造,皆用《尚书》体,天下至

---

[1] 张泉:《吴中人物志》卷二《忠义》,古吴轩出版社2013年,第14页。

今称之"[1]。元代丘迪,字彦启,其先朐山(今连云港)人。五世祖通议大夫丘松来吴,遂为吴人。六岁而孤,童年时代跟从舅孟潼读书于庐山白鹿洞,得熊天慵先生义理之学,著有《尚书辨疑》若干卷。[2]

俞元夒,字邦亮。其先建宁人,曾祖父通判常州,复徙长洲,故为长洲人。元夒从小贫困,而读书不辍,精通《尚书》蔡氏所传学说,著有《集传》十卷。他主张求义理之实,而不追求文饰之美。余日强,字彦庄,其父与可,为武夷山书院山长,始来吴,居昆山。他的学问很有根底,解释六经,不作异端怪论,著有《尚书补解》若干卷。邵光祖,博学好古,精研经传,早晚讲习,将近三十年,通《诗》《书》与《周礼》,著《尚书集义》六卷,对《尚书》之传尤多贡献。

苏州习《易》者众多。林虙,字德祖,其父与伯父来吴,住带城桥,因成吴人。绍圣四年(1097)进士,历开封府左司录,因府尹不以"礼"待人而辞职还吴,住大云坊,称大云翁。著有《易说书义》,对《易经》义理作了阐发,又有《大云集》百卷。钱俣,字廷硕,一字惟大。登绍兴二十一年(1151)进士乙科,任太学正、袁州知州,尤精于《易》,著《易说》三卷。其弟钱佃亦作《易解》三十卷。孟文龙作有《易解大全》三十卷。吴仁杰,字斗南,昆山人,登淳熙五年(1178)进士第,对《易》学亦有精深研究。作《古易》《周易图说》,阐释《易经》原义与《周易》象数之说,并著《集古义尚书洪范辨图》一卷。吴仁杰又"以诗文名一时"[3]。苏州研习《周易》最著名的学者,应是宋末元初的俞琰。他对《易经》作了全面的补充注释,会通各家学说,并做了一些易经的普及工作。

陈谦,字子平,曾向处士林宽学习,向诸生讲说周孔修齐之道,所著有《易解诂》二卷,别为《河图说》一卷。元后期,郭翼对《周易》,亦作深入的研究。郭翼,字义仲,昆山人。少年力学,年四十开门授徒,其授业之室称"迁善"。

研究礼学,钻研礼法,是吴地的传统。陈长方,就是一个习礼的学者。长方,字齐之。其母为林旦之女。其父从游定夫,学得治身养心、行己接物之要。因其外家在吴中步里,遂为吴人。陈长方,绍兴八年(1138)进士,终江阴军教授,著有《礼记传》。黄士毅,字子洪,曾受学于朱仲晦,作《类注仪礼》[4],是宋时较少研究仪礼的学者之一。卫湜,字正叔,状元卫泾的弟弟。卫湜"亦屡中锁厅",曾作《礼记集说》一百六十卷,宝庆二年(1226)上之朝廷,获得好评。此时的阮登

---

[1] 龚明之:《中吴纪闻》卷五《翟忠惠》,上海古籍出版社1986年,第119页。
[2] 卢熊:洪武《苏州府志》卷三十七《人物》,广陵书社2015年,第480页。
[3] 卢熊:洪武《苏州府志》卷三十七《人物》,广陵书社2015年,第476页。
[4] 卢熊:洪武《苏州府志》卷三十七《人物》,广陵书社2015年,第476页。

炳亦以"世习《礼记》"闻名。汤弥昌,字师言。其父名晖老。咸淳丁卯(1267)进士。弥昌与其父都以精通《周礼》发解。[1] 汤弥昌作有《周礼解义》。顾谅,吴江越溪人。生于元末,隐居不仕,曾注释《仪礼》行于世。

这一时期,研习《春秋》的人数也较多。陆绾,字叔权,初名绛,见前史有同名者,遂更名绾,常熟人。宝元元年(1038)进士,仕至朝奉郎、尚书职方郎中,作《春秋新解》三十卷。王葆,宣和六年(1124)进士,官终浙东提刑。他所学最长于《春秋》,有《春秋集传》十五卷、《春秋备论》两卷。两宋之交著名学者叶梦得亦精于《春秋》,作《春秋传》二十卷、《春秋考》十六卷、《春秋谳》二十二卷。宋代以来,孙复研究《春秋》主张废传以从经,苏辙《春秋集解》主张立《左氏》而废弃《公羊》《穀梁》。而叶梦得认为上说均有弊端,其《春秋传》一书,"参考三传以求经,不得于事则考于义,不得于义则考于事,更相发明,颇为精核。"《春秋考》《春秋谳》两书与《春秋传》一样同时刻于南剑州(今南平),后多有佚失,赖明《永乐大典》存之十有八九,今本即从《永乐大典》辑出。《春秋考》的大旨,说明攻击排斥《三传》的人,是根据周朝的法度制作,作为判断是非的标准,并非主观的臆测。叶梦得《春秋考》一书,"其文辨博纵横而语有本原,率皆典核"[2]。陈振孙《书录解题》也认为这本书辨定考究无不精详,《春秋谳》抉摘《三传》之是非,多有考辨。

许洞,太子洗马许仲容之子。从小练习击刺之技,长大后折节好学,钻研《左传》卓有成就。上述陆长方亦著有《春秋》一书。章宪,字叔度,居吴县黄村。乐道好德,操行高洁,乡中人称他为隐居君子。师事王苹,游于杨时、朱子发等人。宣和(1119—1125)中,谪监汉阳军酒税,死于战乱。人称章宪"邃于《春秋》",对春秋的经史作过深切的研究。王谊,字正仲,一字汉臣,著作郎、学术家王苹之子,杨邦弼的学生。因讽刺秦桧,被贬象州(今属广西)十年,不复仕,著有《春秋类书》。边景元,字长卿,以《春秋》经学世传其家。王元杰,字子英,吴江陈思村人。元至正四年(1344)以熟悉《春秋》获得乡荐。这时正值兵乱,遂隐居教授。著有《春秋谳语》,曾刻梓行于世。

也有人深入研讨《论语》《孟子》之学。李撰著有《孟子广义》与《孟子讲义》两种。研究《论语》《孟子》的还有王绚,字唐公,以资政殿学士、权太子少保,参知政事,出知越州。他"禄不及亲,孝养终身,自奉甚薄"[3]。著有《论语解》二十

---

[1] 卢熊:洪武《苏州府志》卷三十七《人物》,广陵书社2015年,第476页。
[2] 永瑢等:《四库全书总目》,中华书局1965年,第219页。
[3] 张昶:《吴中人物志》卷六《儒林》,古吴轩出版社2013年,第59页。

卷,《孝经解》五卷。边昌,边景元之子,在元末曾著《四书节义》。吴简曾作《论语提要》,概括了《论语》的精神实质。也有专门传承朱熹学说的。黄士毅除研究《仪礼》外,曾入闽向朱熹求学,作《朱子书说》七卷,以弘扬朱子学说为己任,使朱学得以发扬与推广。

当然,很多学者并不是专注一经。张仅与同乡人顾棠都是王安石的门下士,都参加《三经新义》的编写,所谓"三经"即《诗经》《尚书》与《周礼》。王安石在《三经》的许多新说中,也包含其门人的观点。当时苏州更有一些贯通五经的。顾愚,字原鲁,生长于元代末年,由于元朝儒学湮没久长,因而抗节不仕,隐居于海边,探讨濂(周敦颐)、洛(二程)学说的精微,刻苦钻研,曾凭靠一张木几读书,由于久坐,"两股迹深入几寸许,笃志不怠"[1]。作《五经说》,全面研讨五经要旨。顾愚是一位综合性的学者。

苏州的经学研究,遍及五经的各个领域,取得了相应的成就。

2. 训诂学成就

与经学密切相联系的是训诂学。南宋平江人颜直之,继承唐陆德明传统,不仅娴熟书法,工于小篆,而且也是训诂音韵学家,著有《集古篆韵》二十卷。

李世英,字伯英,长洲人。亦精于书法,兼精训诂,作《韵类》三十卷,其书"以字为本,以音为干,以义训为枝叶"[2],井井有序,花费十年时间而成书。他的侄子李文仲,根据《说文解字》作《字鉴》五篇,反复考辨,多方引证,作出评断,删除错误之处,自成一家之言。

二、流行学派

在这一时期,吴地经学流派纷呈,多姿多彩,或重义理的阐释,或重实际的践履,或重训诂的探析。

1. 范仲淹学派

一称高平学派,范仲淹与其师戚同文共同创立。早在天圣五年(1027),范仲淹曾在南京(今商丘)亲自讲学,他领导孙复、石介等进行"疑经",开"义理"之学的先河。这时各地从学的人从四方辐辏而来。范仲淹一生重视儒学的修养,对《易经》有精深的研究,著有《易义》一篇,以及《乾为金赋》《易兼三材赋》《天益谦赋》《穷人知化赋》等,论证了《易经》是论述自然规律与社会思想的著作,具有

---

[1] 张昳:《吴中人物志》卷六《儒林》,古吴轩出版社2013年,第60页。
[2] 张昳:《吴中人物志》卷十三《艺术》,古吴轩出版社2013年,第181页。

唯物主义倾向。他对《中庸》亦花了大量功夫,曾亲自为理学家张载指点过《中庸》。他对先儒学说的大胆怀疑精神,为宋朝义理之学开创了道路。

2. 胡瑗学派

胡瑗,人称安定先生,故此派人又称安定学派。胡瑗管勾太学,"四方之士归之,至庠序不能容,旁拓军居以广之"[1]。胡瑗对《论语》《春秋》都有新说,他升堂讲《易》,音声高朗,旨意明白,众皆大服。胡瑗提倡直道,敦尚本实,还隆古之淳风。治家甚严,尤谨内外之分。所著《周易口义》,号称"精粹博通"。所阐《周易》义理,撮要精当,讲究实用,有利邦国。以阴阳二气,阐发易学真诠。他反对王弼对《周易》虚无的解释,既开宋代《周易》义理学派的先河,而又不完全排斥象数之学。胡瑗有关《周易》的思想,被清朝权威《易》学名著《周易折中》所采纳。胡瑗对于其他经典亦有议论,说理透彻,被众人所服膺。宋神宗题赞胡瑗之象曰:"先生之道,得孔孟之宗;先生之教,行苏、湖之中。师任而尊,如泰山屹峙于诸峰;法严而信,如四时迭运于无穷。"[2]由于胡瑗学说新颖,讲解得法,学生不远千里,纷纷翕从。他讲《易经》就有上千人前去听讲。

胡瑗培养了众多人才,苏州籍的士人除范纯祐、范纯仁外,还有滕甫。滕字元发,后以字为名,改字达道。他是范仲淹之甥,由东阳迁吴。廷试两为第三,累迁御史中丞、翰林学士,历知开封、真定府以及郓、许等州,终龙图阁学士。滕元发所论,言无文饰,洞见肝膈,正直无私而获好评。钱藻,字醇老,吴越王钱元瓘的曾孙,钱顺之的儿子,居苏州。举说书进士,又举贤良方正,熙宁间(1068—1077)迁枢密直学士,知开封府。钱藻"以慈恕简静为体",不求智名以希世宠。刻励为学,于书无不极究。所作文词闳放隽伟,名动一时,为人清谨寡过,拘守绳墨,淡泊名利。

胡安定学生中最有学术名望的当推程颐,他与弟兄程颢,合称二程,是伊川学派的创始人。还有孙觉,字莘老,曾受胡瑗委托讲授《孟子》,历合肥主簿、右正言、知谏院,著有《易传》《文集》《奏议》《春秋传》等。徐积,扬州司户参军,有文集三十一卷。钱君倚,武进人,历知制诰,知谏院。无锡陈伯修,举进士。扬州潘宪臣,补学职,庆历中登第。崇安翁仲通,长于《春秋》。举进士,历任山阴尉,武平、黄岩县令,在任上发展水利,兴筑陂湖;兴办文教,建设学校。在黄岩时,听民输钱代米,民免流殍。会稽人顾临,通经学训诂,举说书科,为国子监直讲,

---

[1] 黄宗羲:《宋元学案》卷一《安定学案》,中华书局1986年,第25页。
[2] 黄宗羲:《宋元学案》卷一《安定学案》,中华书局1986年,第29页。

同知礼院。

3. 王安石学派

北宋著名改革家王安石也是一个经学家,他将儒释道诸家学说融为一体,给传统儒学补注了新鲜血液,人称"介甫之学"(介甫,王安石的字)、"荆公之学"(荆公,王安石封号)、金陵学派(王安石晚年常住金陵)。他有关性命道德之学,融会贯通,自成"新学"体系。在年轻时所著的《淮南杂说》与《洪范传》等书一出,被目为当今"孟子"。在守孝期间,他收徒讲学,从学者众多。王安石为了配合自己的新政改革,经精心研究,颁布《三经新义》,对儒家三部经典《诗》《书》《礼》抛弃先儒传注,加以新的注释,并利用宰相权力,将《三经新义》作为各级学校的必读教材与考试的重要内容,并作评卷的标准。他著有《字说》一书,从训诂方面阐发经义,多所发明。直至北宋末年,为学校经义应策采用,但多有臆测之处,为后人所诟病。

王安石的苏州学生有张仅与顾棠二人,人称"张顾"。张仅,字幾道,居苏州万寿寺桥,官著作佐郎。顾棠,字叔思,撰有《周易义类》三卷。他俩都参与了《三经新义》的编著,因此《三经新义》中存在张、顾的一些思想。方子通作张仅的挽诗有"吴郡声名顾与张,龙门当日共升堂"〔1〕之句。王安石另一个学生是吴江震泽人王伯起,少年时入京师受经于王安石,学文于曾巩,"举进士不第遂归隐"。王安石著名学生还有侯叔献(1023—1076),庆历进士。熙宁九年(1076)至江南治水,因积劳成疾而卒于光上寺。其他如陆佃,熙宁三年(1070)进士,元祐七年(1092)知江宁府。孙冲,曾受王安石指点。

龚原,宋嘉祐八年(1063)进士,哲宗时由两浙转运判官出知润州,除刊印王安石父子的著作以外,还著有《易讲义》《续解易义》《周易图》《春秋解》《论语解》《孟子解》等。郑侨,昆山人,著名水利学家。李璋住苏州盘门,负有"不羁之才","王安石尤爱其人,屡见于诗"〔2〕。后以屡次推荐而补官。

4. 伊洛与震泽学派

伊洛学派的首创者是程颢与程颐兄弟。程颢(1032—1085),北宋哲学家、教育家,字伯淳,洛阳(今属河南)人,人称明道先生。曾任鄠县、上元县主簿,宋神宗时为太子中允、权监察御史里行,周敦颐门人。他在当时提出了政治改革的主

---

〔1〕 龚明之:《中吴纪闻》卷四《张幾道挽诗》,上海古籍出版社1986年,第88页。
〔2〕 王鏊:《姑苏志》卷四十九《人物七》,文渊阁《四库全书》第493册,上海古籍出版社1987年,第920页。

张,与王安石相异,要求制止"富者跨州郡县""贫者流离饿殍"[1]的境况。强调"尽地力,勤人工",促进农业生产。程颢强调人心与外物之不可分,认为天与我皆浑然一体。提出"以仁为本",以为仁者与物同体,义礼智信,皆仁也。他强调自我内省,传圣人之道。

程颐(1033—1107),程颢之弟,字正叔,人称伊川先生。官至崇政殿说书。他以精神性的"理"为宇宙之本体,以为"天下只有一个理","万物皆只是一个天理"[2]。又以为先天的"气禀"决定人的智愚,主张通过修养方法,获得天理,获得知识。又认为,事物变化有普遍性,"随时变易,乃常道也",事物的矛盾是生生之本,为变化之根源。但又认为矛盾不能转化,封建名教纲常不能改变。著有《易传》《颜子所好何学论》等。其著作,后人将他与其兄程颐的合在一起称《二程遗书》。

二程学说流传至苏州,形成震泽学派,该派为王苹所创。王苹,两宋之际学者,字信伯,以父徙平江(苏州),遂为平江人。他是伯父王伯起嗣子,少事程颢弟子杨时,曾在震泽讲学,学者甚众,而被称作"震泽学派",王苹是明道学派程颢的再传弟子、伊川学派程颐的学生。为人清纯简易,达于治政。绍兴初(约1131),"以布衣赐进士出身"。补迪功郎,任正字,兼史馆校勘,迁著作佐郎,通判常州,官至左朝奉郎。王苹分析当时政治形势,向高宗上奏治本三策:"(曰)正心诚意,曰辨君子小人,曰消朋党。"[3]他把学问分为世儒之学与帝王之学。世儒之学系经世大法,不是一下子可以领会的,必须经过钻研才能获得。而帝王之学在措置事业,即做好具体的事务。在哲学上有显著的主观唯心色彩,以为"万物皆备于我",提倡"尽心知性以知天"。王苹及其学派,还将佛禅思想引进儒学,以为鬼神"是阴阳之功用,非世俗所谓的鬼神"。著有《易传》。

王苹弟子众多,除上述陈长方、章宪之外,还有陈长方之弟陈少方,字同之,孝宗朝任东宫讲官,端慧不群。兄弟俩合称"二陈"。杨邦弼,系杨亿裔孙,从福建浦城来吴,从王苹学习,遂定居震泽,绍兴十三年(1143)中进士,太学选为博士。迁礼部郎,以起居舍人出使金国,卒。他"探极理学",识见高远。震泽乡校祀王苹、陈长方、杨邦弼,被称作"三贤"。

章恝,章宪之弟,字季明,学习甚勤,操履高洁。周宪,字可则,永丰人,从吕

---

[1] 程颢、程颐《二程文集》,文渊阁《四库全书》第1345册,上海古籍出版社1987年,第602页。
[2] 朱熹:《二程遗书》卷二上,文渊阁《四库全书》第698册,上海古籍出版社1987年,第30页。
[3] 王鏊:《姑苏志》卷五十四《人物十三》,文渊阁《四库全书》第493册,上海古籍出版社1987年,第1015页。

紫微游。因朴茂可喜,有志于儒道,由吕推荐,入王苹之门,辑《震泽记善录》一书。

曾幾(1085—1166),字吉甫,洛阳人,祖籍赣州。赐上舍出身,迁校书郎,应天少尹。高宗即位,历湖北提举、广西运判、江西提刑、广西转运使。秦桧死,起为浙西提刑,知台州。召对,授秘书少监,权礼部侍郎。曾幾重视理论的应用,提出道的存在在于日用之处。"忠恕"是一个心所贯穿。"在己为忠,推己及物为恕。合彼己为一,便是一以贯之。通天下是一个心。"[1]曾逮,字仲躬,曾幾次子,累官至户部侍郎,曾从王苹受业,信奉王苹身教胜于言教之说:"师不专在传授,友不专在讲习。精神气貌之间,自有相激发处,是为善亲师友者。"[2]强调教育气氛的感染。学者称习庵先生,有《习庵集》十二卷。

方翥,字次云。方元寀之孙,福建莆田人,由施庭先介绍,从学于王苹。以进士任闽清尉,到官三日而去,召除秘书省正字。凡九月,以风闻论事罢。方氏主张读书领会其精神实质。方翥述而不作,留下文字较少,他亦能诗,有所啸咏,出于偶然,浑然自放,具有孟浩然的风格。

陆九渊(1139—1193),字子静,自号存斋,抚州金溪(今属江西)人,祖籍吴县。《宋元学案》列在王苹弟子中。陆九渊在金溪象山聚徒讲学,历任靖安、崇安主簿,国子正,出知荆门军。他是心学创始人,以为心即理,"宇宙便是吾心,吾心便是宇宙"。又说:"君子役物……权皆在我。"[3]人皆有是心,心皆有是理,心即理也。强调一切知识与真理都在方寸之间,悟得本性便可心明知理。在政治上肯定王安石变法,要求改革弊政,减轻租税,缓和社会矛盾。在王苹的诸多弟子中,卓然成家,自成重大的一派。

5. 和靖学派

该派为尹焞(1074—1142)所创。尹焞,字彦明,一字德充,河南洛阳人。为理学家程颐的学生,著有《论语解》《孟子解》。靖康元年(1126),由种师道荐,召至京师赐号"和靖处士"。绍兴五年(1135),以崇政殿说书召,加秘书郎。绍兴八年(1138),除秘书少监。因反对秦桧而辞官。绍兴十二年(1142)卒于会稽。在金兵南侵之时,他辗转至平江,在虎丘后山找一僻静处,认真读书。后人称之为"和靖读书台",并立祠纪念。端平二年(1235),其地辟为书院。尹焞在平江

---

[1] 黄宗羲:《宋儒学案》卷三十四《武夷学案》,中华书局1986年,第1184页。
[2] 黄宗羲:《宋儒学案》卷二十九《震泽学案》,中华书局1986年,第1058页。
[3] 陆九渊:《象山集》《象山语录》,文渊阁《四库全书》第1156册,上海古籍出版社1987年,第594页。

累年,严整有常,端行举步,遇饮酒听乐,但拱手安足处,终日未尝动。平江有僧见之,以为尹焞所为,周礼"恐亦如此也"。又说:"夫儒者威仪扫地,遂使明道先生(程颢)亦赞叹佛氏。赖有庄严尹和靖先生,始得向波罗门吐气,乃知吾曹不必以言胜佛,要以躬行胜之耳。"[1]

尹焞在程门中"天资最鲁,而用志最专"。尹焞不主张泛观众书,专重内心涵养,以为"持守涵养处,分外亲切"。他以"敬"和"诚"作为进德的要领。所谓"学道紧要处,只要闭邪存诚而已"。又说:"看曾子三省,诚而已矣。"提倡修养功夫说,强调"敬以直内",以为"若用此理,则百事不敢轻为,不敢妄为……习之既久,自然有所得也"[2]。他强调学者不可以追求富贵,"富贵倘来之物,才役心于此,则不可为学矣"。

与尹焞同时切磋学问的讲友有博士苏炳、张绎、冯理、王苹诸人。苏炳,字季明,后师二程,主张"治经为传道居业之实",反对无益的空洞理论。张绎,字思叔,读《孟子》"志士不忘在沟壑,勇士不忘丧其元",以为"人能如此,则无不可为之事"[3]。主张坚定心性,无忿无惧,无乐无忧,不断自省,日趋完善。

尹焞在苏州的学生有陆景端,字子正。陆景端之父陆韶之,以风流文采为时所宗。陆景端学问精深,行履清白。任税监时,在贪渎的风气下,能操守自持孤立其间,而获得赞扬。陆景端以和靖之学传林艾轩。艾轩为林光朝(1114—1178)之号。光朝字谦之,莆田人。"自少闻吴中陆子正学于尹和靖,因往从之,由是专心圣贤践履之学。"隆兴元年(1163)进士及第,调袁州司户参军,累官国子司业,出为广东提点刑狱,召拜国子祭酒,晚年出知婺州(今金华)。艾轩精通六经,学贯百氏,动必以礼,四方来学者不下数百人。艾轩口授学者,使他们"心通理解"。以为道的本体,全在于"太虚"(一种无形的气或精神体),因此要专精六经原文:"六经既发明之,后世注解已涉支离,若复增加,道愈远矣。"[4]他又提倡道的应用,以为日用是道的根株,是道的一种实际表现,与根本不能分离。他主张加强道德修养,应做到"如寒蝉孤洁,不入俗调"。南渡之后,提倡伊洛之学是从艾轩开始的。

尹焞住于苏州虎丘,其读书之西庵给后人留下深刻的印象。嘉定七年(1214)士人黄士毅请于知府筑祠于山的西北,绘像祀之,黄榦为此专门作《记》。

---

[1]《笔记小说大观》五编四册,台湾新兴书局1974年,第2460页。
[2] 黄宗羲:《宋元学案》卷二十七《和靖学案·附录》,中华书局1986年,第1007页。
[3] 黄宗羲:《宋元学案》卷三十《刘李诸儒学案》,中华书局1986年,第1071页。
[4] 黄宗羲:《宋元学案》卷四十七《艾轩学案》,中华书局1986年,第1471页。

九年(1216)郡人孟猷把和靖祠移建在上方的通幽轩南。胡淳请示吏部并获准,在祠中开讲学术,提举吴格划出公田40亩,作为每年的束脩之费。端平二年(1235),改为书院。明嘉靖十七年(1538),吴县汪旦仍建祠于故址,左有读书台。乾隆五十六年(1791),苏州士绅许森、叶文焯要求在白莲泾养正书堂设祀纪念。由于"虎丘名流不乏,而理学先贤唯和靖一人而已"[1]。因此,前来虎丘探胜访幽之人,多至和靖读书台寻访,有的还留下宝贵诗篇。如清代诗人任思谦作有《和靖先生读书台》:"欲问台何处?何人更读书?松风虚夕响,云月暝山居。不少探幽客,谁寻三畏庐。清修邈无及,惆怅意如何?"[2]表达对尹焞的敬仰之情。

6. 晦庵学派

朱熹(1130—1200),南宋哲学家、教育家。字元晦,一字仲晦,号晦庵,别号考亭、紫阳。原籍婺源(今属江西),因长期生长在福建建阳,故而晦庵学派又称闽派。朱熹是哲学家李侗的学生,二程的四传弟子。绍兴十八年(1148)中进士。曾任福建同安主簿、枢密院编修、知南康军,提举江西常平茶盐等职。从小博闻强记,凡诸子、佛老、天文、地理之学无不涉猎而讲究,可以说是集学者与官吏于一身的全才。朱熹反对议和,主张抗金,认为"议和百害而无一利"[3],但要做好充分的准备,不要盲目用兵。

朱熹全面继承二程关于理气关系的学说,建立了完整的理学体系,可说是理学的集大成者。朱熹认为理是宇宙的根本,理在气先。但"论万物之一原,则理同而气异;观万物之异体,则气犹相近而理绝不同也",似乎又肯定"一物两体"的说法。指出"凡事无不相反而相成",强调统一体中的阴阳对立,强调事物的变化。他强调"知"在行先,但又认为知行相须,在"行"中加深知。朱熹主张通过"居敬穷理"的修养,达到去人欲、明天理的目的。朱熹强调客观的"理"主宰自然与人类的法则,但其博览与精密分析的学风,给当代与后世遗下了宝贵的精神财富,也成为宋元到明清统治阶级的思想工具。

朱熹在苏州的学生当推黄士毅。士毅不怕重山险水,入闽拜谒朱熹,朱熹亲自授予《大学章句》以归。而这正是庆元(1196—1200)年间诋排朱熹道学的时候,这是十分可贵的。黄士毅著书甚多,曾撰写《朱子书说》七卷,《语类》一百三

---

[1] 顾禄:《桐桥倚棹录》卷四《祠宇》,《苏州文献丛钞初编》,古吴轩出版社2005年,第576页。
[2] 陆肇域、任兆麟:《虎阜志》卷二中《名迹》,古吴轩出版社1995年,第139页。
[3] 朱熹:《壬午应诏封事》,《朱子全书》第20册,上海古籍出版社、安徽教育出版社2002年,第573页。

十八卷,《文集》一百五十卷,并作《自类注仪礼》,为弘扬朱子学说作出贡献。郡守王遂为他买宅于吴下,称他为考亭名士。朱子的苏州学生还有李杞与李雄。李杞,字良仲,号木川。朱子去国,寓西湖灵芝寺,送者渐少,唯李杞独从,得而穷理。吴中章康也曾问学于朱熹,继承朱学,"默有所契"。章康,字季思,隐居于苏州城西,四方之士慕名而来者甚众,著有《雪崖集》。

方暹,字明甫,平江人,朱熹弟子黄榦的学生。黄榦认为方暹"志气甚笃",学问不偏,尤切于义利取舍之辨。淳祐(1241—1252)中,湖南安抚使董槐称方暹"冰清玉洁,妙性命道德之原"。荆南帅孟珙说方暹"脱去尘滓,游心高明之域"[1]。学者称连云先生,在黄榦诸多学生中,未有出其右者。

朱熹之学,在宋元明清都是显学,研习者众。清康熙年间,江苏巡抚张伯行在苏州创办书院,即以"紫阳"命名,可见朱熹在苏州的重要影响。

7. 水心学派

学派为叶适(1150—1223)所创。叶适,字正刚,温州永嘉人。因而此派又称永嘉学派。晚年,讲学于永嘉水心村,人称"水心先生"。淳熙五年(1178)进士,曾任平江节度推官。历官太学正、太常博士、尚书左选郎、权兵部侍郎等职。开禧三年(1207),调知建康府兼沿江制置使,击退来犯之金兵。次年因"附韩侂胄用兵"而夺职,回归乡里,以讲学著作而终。

叶水心在义利之辩中强调功利的作用,说:"既无功利,则道义者乃无用之虚语尔。"[2]主张通商惠工,流通货币。叶适以为,有了天地与人类之后,才有道的作用,"物之所在,道则存焉"。物由五行、八卦等物质所组成,物由对立的两面互相依存、转化而发展。叶水心以客观认识为依据,重视亲身的直接经验。人们的思想言论必须符合客观实际,不可"论高而违实",主张有的放矢,理论联系实际。

水心在吴中的传人当首推周南。周南,字南仲,吴县人。十五六岁时看到苏州人士把"学问"作为科举的阶梯,心中很鄙视,他更换了五次老师,最后才登上叶水心之门,折节读书。绍熙元年(1190)中进士。历池州教授、常州推官,主管吏部架阁文字、秘书省正字。周南对于先生之道顿悟而捷得,主张"道"与"学"的结合。他说:"仁义礼乐是为道,问辩讲习是为学,人不知学,学不闻道,皆弃材也。"[3]周南反对朋党之结,朝廷应依重中立不倚之士,提出"阒茸适尊异,凡

---

[1] 黄宗羲:《宋元学案》卷六十三《勉斋学案》,中华书局1986年,第2043页。
[2] 叶适:《习学记言》卷二十三,文渊阁《四库全书》第849册,上海古籍出版社1987年,第528页。
[3] 黄宗羲:《宋元学案》卷五十五《水心学案》,中华书局1986年,第1809页。

庸当奋兴,天下之大祸"[1]。周南反对迷信卜测之术。当时有个苏州道人何蓑衣,据说"颇能道人祸福",光宗对他很信任。而周南却称何蓑衣为闾阎乞丐之夫,劝光宗不要信赖何某,遭到光宗的嫉恨。周南一身端行拱立,尺寸程准,坚持原则,廉节整饰,以世道举废为己任。著有《山房集》。周南在叶适的吴下弟子中,被推为第一。

叶水心的另一苏州门人叫滕宬,字季度,知枢密滕康之孙。"沉敏好学,坤阖乾辟,无不洞达。"[2]举"直言极谏"科,在召试中由于考官嫉妒而罢。其后经多次推荐,当政的韩侂胄对他有所猜疑,因而不起。由叶适上奏,赐以"廉靖处士"之号。晚年居住在苏州齐门的隐僻处。一些在吴任官的,知道滕的贤明,往往去拜访。滕宬与他们终日交谈,讲的都是伦理纲长,从来不涉及私事。

8. 鹤山学派

此派以魏了翁为首。魏了翁(1178—1237),字华父,号鹤山。邛州蒲江(今属四川)人。庆元五年(1199)进士。知嘉定府,权工部侍郎,官至端明殿学士、同签书枢密院事。魏了翁死于苏州,朝廷在苏州赐有宅第,故苏州人把魏了翁认作乡贤,列于苏州五百名贤祠。魏了翁从学朱熹甚久,与辅广等为友。他主张细读经书原著,认为"读书虽不可无注,然有不可尽从者",力求"上下贯通"。反对佛老的无欲之说,认为"圣贤言寡欲矣,未尝言无欲也"。魏了翁推崇朱熹理学,但也强调心的作用。他说:"心者人之太极,而人心又为天地之太极",如"常使此心明白洞达,观感而无所惑"[3]。这似与陆九渊之心学相接近。

魏了翁苏州弟子有叶元老。魏了翁称叶"识度器藻,夐出侪类"。在聚友读书时"元老从容出一词,率中要会。谈古今治忽,人物优劣,山川险易,下至甲兵良窳,米粟多少之数,皆探源索委,盖有志之士也"[4]。叶元老是讲求实际的学者。

9. 双峰学派

双峰学派为饶鲁所创。饶鲁,字伯舆,一字仲元。余干(今属江西)人,从小有志于学,稍长学于黄榦、李燔。多次征召不起。他以为学习必须联系实际,"绎

---

[1] 黄宗羲:《宋元学案》卷五十五《水心学案》,中华书局1986年,第1810页。
[2] 卢熊:洪武《苏州府志》卷三十八《人物》,广陵书社2015年,第497页。
[3] 魏了翁:《乙酉上殿札子三》,《鹤山集》卷十六,文渊阁《四库全书》第1172册,上海古籍出版社1987年,第210页。
[4] 黄宗羲:《宋元学案》卷八十《鹤山学案》,中华书局1986年,第2687页。

之以思虑,熟之以践履"[1]。要求学生"读书而能求其意,则由辞以通理",不要沉溺于章句训诂之中,主张学问之贯通。著有《五经讲义》《语孟纪闻》《春秋节传》《学庸纂述》《太极三图》《近思录注》等。门人私谥曰"文元"。

饶鲁著名的学生有万镇、汤伯阳、鲁士能等人,其私淑弟子有苏州袁易。袁易(1262—1306),字通甫,宋京西提刑袁珣五世孙。袁家自汴(今开封)迁吴,成为吴人。袁易不求仕进,屡荐不起。曾任徽州石洞书院山长,邃于经学。

10. 俞琰的《易》学研究

俞琰(1253—1314),又名琬,宋元之际著名的《周易》学者。字玉吾,自号全阳子、林屋山人、石涧道人,隐居于苏州洞庭山。后移居城内南园。宋亡后,他收集百家有关《周易》的学说,重视丹道,并渗进以理学思想。著《大易会要》一百三十卷。后集中其精华作《周易集说》四十卷,对《上下经》与《十翼》作了注释。其书从至元二十一年(1284)到至大辛亥(1311)四易其稿而成。其初主程朱之说,后乃于程朱之外,自出新义,如对《坤·六二》"德直方"的解说颇异于常。俞琰"覃精研思,积三四十年,实有冥心独造,发前人所未发者,固不可废也"[2]。又作《读易举要》,清乾隆时外间传本已稀,后从明《永乐大典》中采集编辑而成,定为四卷。论述《周易》体例,其说以朱子(熹)为宗,然较朱子卦变之说,更近自然。其《易图》之说,多根据邵雍的学说,但又不完全苟同。

俞琰的其他著作还有《易外别传》《读易须知》《易图古占法》《卦爻象占分类》《易图合璧连珠说》《周易参同契发挥》《释疑》《阴符经注》等。俞琰对于《周易》苦思力索,积平生之力为之,寒暑不辍,若一字有疑,则日夜静思,究其本实。俞琰对易学,作了总结与发挥。俞琰《易》学,具有新意,以为《易》之义理与象数,不可分离;辞本于象,象本于画。研《易》之道在于象数与卦爻辞的结合。又认为《易》的大要在先天图,探究先天图中的秘密,他试图以《参同契》《阴符经》结合程颐、张载的学说,进行解释。

五代宋元时代,苏州儒学研究的成就以《易经》的研究最为突出。范仲淹"泛通六经,长于《易》。学者多从质问,为执经讲解,亡所倦"[3]。范仲淹把易学原理应用于实际之中,证实《易经》的卦爻辞体现自然规律与一些社会思想经验。胡瑗也可算是易学大家,他继承了汉晋之易学,但自出新义,不用道家玄学之说,多用封建时代的纲常名教、伦理关系来解经。他以为道者,自然之谓也。

---

[1] 黄宗羲:《宋元学案》卷八十三《双峰学案》,中华书局1986年,第2812页。
[2] 永瑢等:《四库全书总目》卷二《经部·易类三》,中华书局1965年,第20页。
[3] 脱脱:《宋史》卷三一四《范仲淹传》,中华书局1977年,第10267页。

三才四象"以尽天下之用"[1],太极是一种元气,开宋代中气学派的先河。魏了翁继承象数义理,指出辞、变、象、占为易道之根本。他坚持"理先气后",象数由气而出的原理,吸收汉儒解《易》的传统方法,又重视王弼的义理发挥。魏了翁考察了河图、洛书的成因,叙述易学源流,得出图书相通的论断。元至元初,俞琰集易学研究之大成,在朱熹、邵雍等学说的基础上,形成了自己的体系。总之,宋元时代,苏州的经学研究,重视《易》学原理的探讨,反映了抽象思维的活跃。

当时,苏州人对《春秋》的研究亦比较重视。原因在于宋元时长期处于战争状态,《春秋》中储存的军事、政治、外交斗争的经验教训有启发作用。中国的一些军事家与军事理论家,研习《春秋》者不在少数,就是这个道理。

此时,苏州人还坚持《礼》的探讨,这是因为自三国以来,在苏居住的世家大族众多,他们主张以血缘关系的亲疏,维持宗法统治,达到从根本上巩固封建秩序的目的。因此苏州对《礼》的研究代不乏人。

苏州儒学研究流派汇聚,既有二程、朱熹的理学,也有陆氏心学。或主张把"理"作为事物的法则与规律,也作为伦理道德与封建纲常的主宰;或主张"人皆有是心,心皆有是理,心即理也"。可谓各说其是,异彩纷呈。众多学说的交流与争论,促进了苏州儒学的发展。

三、兵　学

苏州,是孙子著作兵法的地方,也是孙子功成名就之地与归隐终老之地,苏州具有兵学传统。宋元时期的苏州兵学,以许洞作为代表。

许洞,字洞天,一说字渊天。苏州吴县人。不仅精通《左传》,而且深究兵学奥秘,卓有成就。咸平三年(1000)中进士。为雄武军推官,曾到军府议事,有卒倨坐不起,许洞杖之,并移书知州处理。姓马的知州,借口许洞动用"公钱",上奏除名。许洞回到苏州,在居所植竹一竿,表示自己的性品。吴人对他如竹的清操,极表赞赏。许洞在苏州,每日以酣饮为事。有一天在酒店中赊酒吃喝后,于酒店的墙壁上作酒歌几百字,人们纷纷争往观看,酒的销量增加数倍。景德二年(1005),献所作兵书《虎钤经》二十卷。该年许任均州(今丹江口)参军。大中祥符四年(1011)朝廷祀汾阴,许洞献《三盛礼赋》。召试中书,改乌江县(今和县)主簿。许洞狂放不羁,与潘阆、钱易做朋友。欧阳修称他是俊逸之士。作有文集百卷。

---

[1] 胡瑗:《周易口义·发题》,文渊阁《四库全书》第8册,上海古籍出版社1987年,第171页。

兵书《虎钤经》，许洞积四年之时间用力而成，共两百一十篇，分二十卷。许洞以为，孙子兵法深奥而精短，学习的人难以通晓应用。李筌的《太白阴符经》，讲心理战术，秘而不言，讲阴阳变化，又分散而不完备。因此许洞推演孙、李的要旨，讲军事上"天时人事之变"，凡是六壬遁甲、星辰日月、风云气候、风角鸟情以及宣文设奠、医药之用、人马相法，无不具载。《虎钤经》大都汇辑前人的说法，而"参以己意"。只是第九卷所载的飞鹗长虹重覆八卦四阵以及飞辕寨诸图为许洞所自创。许洞所作的《四阵通论》，自己以为远胜李筌所纂，其间亦多迂阔诞渺之说，没有见到实行。"考《汉书·艺文志》，兵家者流，有兵权、谋兵、形势、阴阳诸类，凡七百余篇。盖古来有此专门之学，今《汉志》所录者久已亡佚，而洞独能掇拾遗文，撰次成帙，不可谓非一家之言。录而存之，亦足以备一说也。"[1]

元秦辅之，曾作《武事要览》一书，对军事历史与兵法、军事知识作了大概的介绍。

四、方志与地方文献编纂的成就

中国的文化传统是经史不分，有"六经皆史"之说，一些经学家亦从事史书的写作。

宋元苏州学者取得的史学成就是多方面的，他们参加了全国性史书的编纂，也重视地方文献的整理撰写。既有综合性的史书，也有专门性、断代的著作；既有资料收集，也有历史评论与史料的考证。

1. 宋元苏州史志人才及成就

一些学者参与了全国性史集的编写。苏州人（一说宣城人）舒雅，在宋初太宗朝任国子监丞。太平兴国二年（977）舒雅与翰林学士李昉等，奉诏修《太平总类》一书。这是一部辑录各个门类的资料，按事物的分类（如天文类、地理类）等编排，便于寻检、引证的资料性工具书，实质是宋以前一些史料的集成。这部书经八年而编成。太宗按日阅览，改名《太平御览》。该书一千卷，共分五十五门，引书浩博，据统计有一千六百九十种，其中汉人传记一百余种，旧地志两百余种的一些史料赖此书而流传下来。舒雅披览，用力尤勤。天禧（1017—1021）中，以职方员外郎、秘书校理知舒州。任期结束，主管灵仙观。后因"恬于荣利，除直

---

[1] 永瑢等：《四库全书总目》卷九十九《子部·兵家类》，中华书局1965年，第838页。

史馆"〔1〕,负责国家史事的编写。

郑时,字是翁,枢密副使郑戬的孙子。宣和六年(1124)进士,知太平州当涂县(今属安徽)。在安抚百姓中,先进行教育,然后实施刑罚,因而人民受到教化。秩满,迁建康府通判,终朝奉大夫。一生喜爱历史著述与史籍整理,从《左传》《史记》《汉书》到《三国志》以及六朝各家与韩柳诸名家文章,都进行纂辑编排,受到学者的称赞。

孙纬,字彦文,擢进士第,熟悉典故与史事,作《宋朝人物志》,敢作敢为,替当朝人作史。又作《集谥总录》,对历代谥法与谥名作了汇总。孙纬又是一个文学家,喜欢用俗语入诗,几近叙事。南宋初王绚,除经学研究之外,还作有《群史编》八十卷。其后,陈长方居苏州步里所作《汉唐论》,应是一种史论性著作。长方"终日闭户研究经史,号唯室先生"〔2〕。

龚敦颐,字养正,兵部侍郎龚原的曾孙。考虑到元祐诸臣与建中靖国上书的人,经靖康流离后材料缺失,慨然以编写其时三百余位臣僚的历史为己任,求访遗阙,写成《列传》《谱述》一百卷。淳熙七年(1180)"周益公必大修国史,荐之,得旨给札缮写以进"〔3〕。后七年洪景卢以翰林学士领史事,再次作了推荐,龚敦颐任州文学之职。

南宋崔敦诗寄寓常熟,作《通鉴要览》六十卷,是司马光《资治通鉴》的摘要本。其后,游学于苏州葑门的叶适弟子、薛子长作《续通鉴论》,带有史论性质。叶适见了十分惊异,认为薛子长似数百骏马中的佼佼者。周才,苏州吴塘里人,作有《宋史略》。

元干文传参加了辽、金、宋三史的修撰,以集贤待制、朝请大夫的名义,"居《宋史》前局",用功良多。〔4〕史成,进礼部尚书,嘉议大夫。

与苏州有缘的历史学家还有黄震(1213—1281),字东发,浙江慈溪人,东发学派的创始者。宋宝祐进士。宝祐六年(1258)任吴县县尉,摄理吴县、华亭及长洲各县事务,政绩卓著,而擢升于馆阁,成史官检阅。咸淳六年、七年间(1270—1271)参加了宁宗、理宗两朝国史、实录的修纂工作,其著作有《黄氏日钞》,其中对古书的辨析用力尤深。还著有《古今纪要》十九卷,《古今纪要逸编》《戊辰修史传》等。

---

〔1〕 卢熊:洪武《苏州府志》卷三十八《人物》,广陵书社2015年,第490页。
〔2〕 陆友仁:《吴中旧事》,《吴中小志丛刊》本,广陵书社2004年,第9页。
〔3〕 陆友仁:《吴中旧事》,《吴中小志丛刊》本,广陵书社2004年,第12页。
〔4〕 杨循吉:《吴邑志》卷九《人物》,广陵书社2006年,第73页。

宋亡后,移居吴下的龚开为宋丞相文天祥、陆秀夫作传,人称其才不减司马迁与班固。周才,字仲美。元初入征南府幕,维护生民,排难解纷,不遗余力,人多称之,作《宋史略》[1]。元朝时,朱德润曾任国史院编修官,参与历史的编写。又有吴简作《史学提纲》一书,似是一种历史简读本。

五代宋元时代的苏州史学,尤须注意地方志书编纂的兴起。据统计,在这一时期共作方志26种,但如《苏州记》《吴郡续志》《吴郡录》等均已散佚,只留下《吴地记》等数种。《吴地记》旧题晚唐陆广微撰,实际上从北魏郦道元《水经注》之前至南宋淳熙(1174—1189)间,约六七百年时间,经多人撰修补充而成,陆广微应是主要作者之一。其中,不可避免地夹杂着一些五代至宋的史料。

《吴地记后集》今存一卷,为北宋人续北宋初《吴地记》而作,根据"目录"与《图经》(当为祥符图经)作了不少增补。记叙了五代至北宋平江(苏州)城内的仓场、税务机关、驻军所在、牢房等情况,以及吴县、长洲、昆山、常熟、吴江五县的面积,所属的乡都。《吴地记后集》还记叙了洞庭、社下、木渎三镇的位置,神景宫、天庆观、华严寺、林屋洞等道观、佛寺与洞天的起源与沿革。记载了重要桥梁,对《吴地记》作了重要补充,留下了宝贵的资料。

此外,由于苏州经济发达,手工艺品产多质高,因此产生了一些研究手工艺品的专史。元代陆友,博雅好古,精于书法,泛览群书,对于文房四宝与古印有深入研究,作《砚史》《墨史》与《印史》。

2. 宋元时期留下的史志

这一时期,苏州流传至今的著名地方志书,有下列诸部。

(1)朱长文《吴郡图经续记》

《吴郡图经续记》三卷,是北宋元丰七年(1084)朱长文所撰。既是"续记",当有图经与记,但惜皆亡佚。朱长文(1041—1098),字伯原,苏州人。年龄未至二十,举嘉祐四年(1059)乙科进士,任许州司户参军,由于坠马伤足而不仕。在苏州城内西偏的钱氏金谷园遗地筑园居住。知州章岵表为"乐圃",人称"乐圃先生"。朱长文安贫乐道,无意仕进,家居达二十年。由于文名日盛,"士大夫过者,必之乐圃"[2]。元祐年间(1086—1094),由苏轼等人推荐,任本州州学教授。绍圣年间(1094—1098),召为太常博士,迁秘书省正字。元符元年(1098)

---

[1] 石韫玉:道光《苏州府志》卷一〇三《隐逸上》,第9页,苏州市图书馆藏。
[2] 张昶:《吴中人物志》卷六《儒林》,古吴轩出版社2013年,第58页。

二月卒,葬吴县支硎山南峰西。朱长文藏书二万卷,熟读精虑,博闻强记,名动京师,颇有时望。

朱长文《吴郡图经续记》的写作开始于元丰初年(约 1078),当时知州晏知止"好古博学,世济其美"[1]。晏知止认为"吴中遗事与古今文章湮落不收,今欲缀缉",非好学者不可,因而邀请朱长文担任撰写之责。于是朱长文参考载籍,探摭旧文,作《吴郡图经续记》三卷。后任苏州知州章岵到朱长文处索观,于是稍加润色,缮写以献,作为章岵备阅查询之用。原稿后保留于朱长文长子朱耜处。元符元年(1098)苏州通判祝安上得稿,在公库镂版刊行,称元符"公使库本"。绍兴四年(1134)苏州假守孙佑得元符库本,经校勘后刊印,称绍兴"公使库本",这就是如今传世的宋本。此本一直在吴地流转秘藏,直至民国十三年(1924)乌程(今湖州)蒋汝藻"传书堂"影印,才显出宋本的真实面目。

《吴郡图经续记》征引广博,内容丰富,如"封域"一小节,叙苏州先秦之沿革,即引证《尚书》《春秋》《国语》《吴越春秋》等诸多著作。北宋大中祥符年间(1008—1016)诏修、由李宗谔主修《图经》的今已不传,部分内容赖朱长文《吴郡图经续记》才得以保持下来。朱长文史识卓超,判断准确,本着实事求是的精神写史,不以无知为强知。如苏州坊市之名,有因人因事而立名者,一般都有"义训",但也有一些坊名,如"渴乌"等已不能知其由,也不能知其处了。又如俗传吴国的故都在灵岩馆娃宫侧。朱长文经考证认为,这些地方是吴国"离宫别馆"所在,而非都城遗址。朱长文《吴郡图经续记》的编排体例亦较确当。全《记》分三卷,卷上有"封域""城邑""户口""坊市""物产""风俗""门名""学校""州宅""南园""仓务""亭观""海道""牧守""人物"。卷中有"桥梁""祠庙""宫观""寺院""山""水"共七门。卷下有"治水""杂录",亦为七门。《吴郡图经续记》反映了水乡特色,吴地多水,在介绍了各条名川大河、大江巨湖之后,特地安排"治水"一节,介绍了范仲淹、叶清臣、李复圭、韩正彦、郏亶等治水经验与水利理论,并介绍了一些重要桥梁。又吴郡近海,朱长文专门安排"海道"一节,指出海道的军事作用与介绍沿海的防御建筑及其历史,并指出苏州在海洋通商中扮演了重要角色,自宋朝"总一海内,闽粤之贾,乘风航海,不以为险,故珍货远物毕集于吴之市"。由于苏州园林众多且富特色,因此专设了"园第"一门,介绍了一些名人宅第与著名园林。至于以较大篇幅介绍祠庙、宫观与寺院,这也反映了唐宋时代儒、道、佛三教并举的局面。朱长文重视"实地考查"的史学方法,也值得

---

[1] 朱长文:《吴郡图经续记·序》,江苏古籍出版社 1986 年,第 1 页。

后人学习。如姑苏台在何处，宋时已莫知其处，因此朱长文想"披草莱"而访之，但不知何种原因，朱长文未能亲自勘踏采访。又如太伯墓所在的梅里有二处，朱长文说："今吴县、无锡界，俱有梅里之名，未知孰是，要当访之耳。"[1]说明朱长文治史具有考实的精神。

(2) 范成大《吴郡志》与其他史录

范成大(1126—1193)，字致能，号石湖居士，吴县人。其父范雩，字伯达，在太学时以论说文见长，后任秘书省正字，终秘书郎。母亲为著名书法家蔡襄的孙女。范成大出生的靖康元年(1126)，金军进军宋汴京城下，逼宋以屈辱的条件议和而撤军。次年，金军又攻克汴京，掳徽钦二帝北去，北宋亡。范成大随父母南渡，从小就感受到战争的风霜。南宋朝廷偏安于一隅，政局较稳定。范成大幼年在这一环境中受到良好教育，遍阅经史，擅于作文。绍兴十二三年(1142—1143)父母相继去世。曾借昆山东禅寺读书。"早孤废业"，其师王彦光对他关怀备至，"勉喻切至"，而不弃学业。因两个妹妹年纪尚小，为了承担照顾两妹的责任，因而不急于出仕，到各地求职谋生。直至两妹出嫁后，范成大才重操学业，属意科举，绍兴二十四年(1154)中进士。任徽州司户参军，后经推荐，被召入杭，监杭州惠民和剂局。隆兴元年(1163)迁秘书省正字，累迁至著作佐郎。孝宗乾道二年(1166)升吏部员外郎，因有人说他"超级提升"而被解职。乾道四年(1168)，范成大又被起用知处州。在与皇帝的对策中，提出反对虚文之消耗，增强实力，受到宋孝宗的嘉纳。在处州任上创义役，修水堰，民食其利。次年(1169)被召入朝，任吏部员外郎兼崇政殿说书。年底，升起居舍人。接着，以假资政殿大学士的名义出使金国。投递国书，词气慷慨，要求以公正的态度，改变投书仪式，处理两国关系。由于范成大的坚持，竟得"全节而归"[2]。"上甚嘉其不辱命，由是超擢。"[3]回国后即升任中书舍人。以后出知静江府(今桂林)，进奏获准，抑制漕司强取盐利之数，以宽郡县。再转任敷文阁待制、四川制置使，加强边防，重用人才。所用之人往往显于朝。淳熙五年(1178)召对，任"权吏部尚书"、参知政事(副相)，为言者所论而离职奉祠。再起知明州(今宁波)，再任建康(今南京)安抚使。正碰上旱灾，上奏用军队储米二十万赈饥民，减租五万。淳熙十年(1183)，因病辞归，时年58岁。以后隐居于石湖十年，卒谥文穆。其坟墓在今天平山仰天坞。有《石湖诗集》《吴郡志》《揽辔录》《骖鸾录》《吴船录》等

---

[1] 朱长文：《吴郡图经续记》卷下《冢墓》，江苏古籍出版社1986年，第65页。
[2] 脱脱：《宋史》卷三十八《范成大传》，中华书局1977年，第11868页。
[3] 罗大经：《鹤林玉露》卷之一甲编《范石湖使北》，中华书局1983年，第9页。

著作。范成大重视史志的编写与当代史事、地理的记录。

《揽辔录》是乾道六年(1170)所作,逐日记载了从泗州进入金国,直至金国统治中心燕山(中都)的行程,以及在中都(今北京)的一些情景。《揽辔录》记述了所过府、县、镇、山、河的名称及其相互间的距离。范成大还考察了一些名胜古迹以及旧京开封残景、金中都宫殿布局。范成大还留心金国各种人事,记叙了文武官员一些活动与性格特征。范成大还反映了金政权统治区内民间父老怀念故国、迫切希望恢复的心情,但也反映青年一代"久习胡俗,态度嗜好与之俱化"的现实。以上这些都是研究金国历史、地理的重要资料。李心传作《建炎以来系年要录》就收入《揽辔录》中的不少材料。但流传至今的只是一个残本,其亡佚时间在明中叶略前。

《骖鸾录》作于乾道八年至九年(1172—1173),是范成大从家乡苏州出发,赴广南西路桂林知静江府的日记式的笔记。沿途经今江苏、浙江、江西、湖南、广西五省区。文中记叙了当时一些著名人物的活动,如叶梦得、汪应辰、向子諲、周必大、张浚、张孝祥等。而这些人物活动在其他书中很难找到。范成大还游览考察了沿途众多的名胜古迹,如石林、钓台、琵琶洲、滕王阁、清江台、南岳寺庙、回雁峰、灵渠等。范成大关心当时的一些经济活动,如歙县众多的杉木排滞留于新安的浮桥,几月不能过的原因,在于严州地方政府的重税所造成。又如,在南岳,考察附近的繁荣景象,对市场管理的不善表示忧虑。这些记载表示了范成大作为朝廷要员对经济活动的关心。《骖鸾录》是研究南宋时江南一些地方的重要史料。

《吴船录》是范成大于淳熙四年(1177)自四川制置使任上召回,取道水程赴临安(今杭州)的记录,随日记其阅历,而成此书,自五月戊辰(公历6月26日)始至十月己巳(公历10月27日)止。对一些名胜古迹有所考证,为历史研究提供重要资料。例如,宋乾德二年(964)至开宝九年(976),僧人继业奉命到天竺(印度)求舍利及贝多叶书,继业记下了这些年间所经路程,一些地方彼此的距离,此事诸书均未载,范成大把它转录下来,收入本书,对于我国宗教史、交通史的研究具有十分重要的意义。又如,范成大记下了青城山长生观云飞烟动的孙太古壁画、大峨山牛心寺笔势超妙的唐画罗汉以及酆都县平都仙都观中隋殿后壁十仙像,也是中国绘画史的重要材料。范成大还考察了各地的出产、名胜、古迹以及青城山"圣灯"、大峨山"光相"等自然奇观。对于今天的作物培养、名胜风俗考察、科学研究都有启发意义。范成大十分重视当时当地的实况记录,因其对当代史事的用心,使《吴船录》成为当时不可多得的第一手宝贵资料。

范成大最大的史学成就是编写《吴郡志》。《吴郡志》共五十卷,于光宗绍熙时(1190—1194)成书。是时范成大已是晚年,襄助编写的有郡人龚颐正、滕宬、周南等人,书成第二年即卒。当时有求附某事于籍而弗得者,因起谤谓《吴郡志》非范成大作,郡守不敢印行,遂寝其事。过了三十多年,继任平江府知府李寿明因其父原为范成大幕僚,知范修志事,又从范家求得原稿,两相对照,"无少异"。且赵汝谈亦言:周必大所撰范成大的墓碑中所列范成大所著的目录中有《吴郡志》一种,证明《吴郡志》确为范成大所作,并申明龚颐正等三人,常为范成大搜访,其论乃定。于是付之枣梓。《吴郡志》从成稿到付梓相距三十余年,期间一些大的建置,如百万仓的建设、嘉定新邑的划定、浒浦水军建置及顾泾移屯等事均未及载。《吴郡志》的会校官汪泰亨等以褚少孙补《史记》例,作了一些增补。

《吴郡志》凡三十九门,共五十卷,编排根据内容与字数而定,有一卷而数门者,如卷一就含"沿革""分野""户口税租""土贡",而"人物"一门却占有八卷。

《吴郡志》"徵引浩博,而叙述简核,为地志中之善本"[1]。清著名史学专家章学诚将《吴郡志》与罗愿《新安志》列为宋代方志之首,评价很高。全书所引各类著作150种和各类诗文约170人之作。所用引文都注明书名、篇名与作者姓名,注中又有夹注,这在著书上是个创体。引文中内容,有些原著已经散佚或失传,而赖《吴郡志》保留了下来。《吴郡志·异闻》"吴王夫差小女曰玉"条注文中,在引《录异传》后,又引《搜神记》:"又一说,此女名紫玉,魂出冢旁,见(韩)重流涕,遂邀重入冢三日三夜,重请还,紫玉以径寸珠并玉壶赠之。重赍二物诣夫差,夫差大怒。紫玉梦见于父,以明重之事。夫差异之,悲咽流涕,因赦重,以子婿之礼待之。"[2]此则文字今本《搜神记》无,为研究《搜神记》留下了宝贵的材料。

在内容的编排上亦有其特色,在"山"一门之下,另辟"虎丘"一门。章学诚指责《吴郡志》混淆了统属关系,以为山是总名,虎丘是小名,不该并列。范成大这样安排,强调了"虎丘"这座山的特殊性,它是吴地"山之镇",有吴王阖闾墓、剑池、云岩寺等著名的名胜古迹,突出了"虎丘"在群山中的特殊地位。又如,"川"下再列"水利"一门,亦是因为水利对苏州有命运所关的重要性。苏州号称水乡,容易发生水涝灾害,历来的统治者十分注意水利的建设与开发。《吴郡

---

[1] 永瑢等:《四库全书总目》卷六十八《史部·地理类》,中华书局1965年,第598页。
[2] 范成大:《吴郡志》卷四十七《异闻》,江苏古籍出版社1986年,第610页。

志》不仅记载了水利建设的过程,还记录了水利管理的经验以及历代治水官员、水利专家的有关文章与意见。

当然,《吴郡志》还是宝贵的历史资料。志中对苏州城规制、城门、坊市等记载,与《吴越春秋》《越绝书》《平江图》等对照,可证苏州城自建城以来基址未变。其他如对苏州园林、学校、寺庙、土物的记载,对于我们今天研究相关课题提供了重要资料。《吴郡志》中一些人物的传记可以补充正史之不足,唐代著名诗人韦应物在新旧《唐书》中无传,而《吴郡志》不仅《牧守》门中有介绍,而在《考证》门又对其行事进行专门的考证。《吴郡志》记载了一些异闻佚事,也颇具史料价值。如嘉祐(1056—1063)中,高丽所属屯罗岛民船由于风大桅折而飘至昆山海岸,昆山县令韩正彦不仅犒以酒食,还派人替他们修理桅杆,教其起倒之法。高丽民也赠予"如莲大"的麻籽。这是中韩关系史上的一段佳话。

《吴郡志》也存在一些缺点,人物记载有一些差错,所引诗文有缺题缺名等现象,有些重要门类如"海道"等未列入。但瑕不掩瑜,《吴郡志》在苏州方志编纂史上具有里程碑式的意义。它不仅在内容与体例上胜出《吴郡图经续记》,而且对以后的修志产生了重大影响。明成化十年(1474)知府丘霁修《苏州府志》,刘昌作序说:"(该志)乃法范文穆公成大所撰志,参以百家,裨以群史。"王鏊纂正德《姑苏志》,在《序》中说,这部书是"合范(范成大)、卢(卢熊)二志,参以诸家,裨以近事"[1]而成。崇祯四年(1631),王志坚纂修成《苏州府志》,在《序》中也说:"合旧三志(指范、卢、王三志),综其义例而损益之,附以近事。"这都说明范成大《吴郡志》对后世产生了重大影响。

(3)龚明之《中吴纪闻》

《中吴纪闻》是一部记载苏州、昆山一带历史人文的笔记,对于研究苏州地区的历史有一定价值,可以视作宋代的史志来读。作者为龚明之。

龚明之(1090—?),字希仲,苏州昆山人。生于哲宗元祐五年(1090),卒年有二说,一说为孝宗淳熙九年(1182),见南宋洪迈《夷坚志补》卷一《龚明之孝感》条。另一说,是在淳熙十三年(1186),见其九世孙龚弘所撰《中吴纪闻跋》。以主后说者为多。《吴中人物志》卷之一《孝友》称龚明之"卒年九十六",可证后说之准确。

龚明之一生绝大部分时间以教书授徒为生,生活可称清贫,省吃俭用,号"五休居士"。自幼以孝行节义,著于乡里,关护祖母之病痛;曾到数千里外护母、弟

---

[1] 王鏊:正德《姑苏志·序》,《北京图书馆古籍珍本丛刊》第26册,北京图书馆1988年,第2页。

丧归乡埋葬,不以贫穷而不去。龚明之不求仕进,品格诚笃。绍兴二十年(1151)六十一岁时才应"乡贡",有人劝他隐瞒岁数"为异日计",而龚明之答以"吾平生未尝妄语,且不敢自欺!"卒书其实。晚年,特恩廷试,授高州文学,但已年逾八十,法不应仕。一些在朝的吴地官吏纷纷以龚明之义行推荐出仕,乡人又请求赐官。经朝廷特准,龚明之监潭州南岳庙,升为宣教郎。淳熙五年(1178)致仕。

龚明之考新旧图经及地志所不载者,撰辑《中吴纪闻》一书,命次子龚昱整理为六卷。成书于淳熙九年(1182),时龚明之已属晚年。

《中吴纪闻》内容十分丰富,不仅有郡守吏目的政事逸闻、文人名士的诗文酬唱,还有吴中一带的名胜古迹、风土人情、僧道行踪等。记述了范仲淹、元绛、叶清臣等名臣的言行,也揭露了朱勔等奸佞的丑态。《中吴纪闻》记载了文人名士的唱和题赠,其中有些作品为本人的文集所失载,依靠此书而保留下来。如元绛的《玉堂集》、张九成的《横浦集》、方惟深的《方秘校集》、张景修《张祠部集》等均已不传,而他们的一些诗作在《中吴纪闻》却能找到其踪迹。有些诗还保存得比较完好。这是研究苏州文学史乃至中国文学史的重要材料。

《中吴纪闻》的史料翔实可靠,可以验证国史的缺遗讹谬,考证郡邑的废置沿革。对于古今之胜迹、士大夫出处、贤才之经济、闺房之贞秀事迹作了汇总与述评,准精而公允。这是由于作者亲身亲历所致。有些素材是"逮事王父母"而来,是从祖父母那儿听闻"乡之先进所以化当世者"的一些事迹。另一些是"从父党游",跟随父亲或从父亲处听说"名人魁士"的一些见闻。三是亲身的受教与交游。可以说《中吴纪闻》的材料,大多是作者的耳闻目睹,很是翔实,可作为一代信史的基础。

《中吴纪闻》六卷共225条,明弘治刊本卷六"吴江词"条以下,"石湖""丁令威宅""周朝宗""苏之繁雄冠浙右""朱光禄""翟超""正讹""叔父记馆中语"等八条有目无文。后来明末毛扆用叶盛箓竹堂藏本相校,增"翟超"一条。清道光三十年(1850),南海伍崇曜复以旧藏袁绶皆校本覆勘,增加"丁令威宅""正讹"二条。又,明毛晋汲古阁本在卷四末增"著作王先生"一条,成为现在的本子。《中吴纪闻》刻本到宋末已罕传。元至正(1341—1368)中,卢熊编《苏州府志》,访求而校定之。卢熊所依当是元刻本。《中吴纪闻》对于苏州地方史志的编写都起着重要作用。

(4)《玉峰志》等昆山三志

玉峰,是昆山的别称。《玉峰志》为宋凌万顷、边实同撰。万顷,字叔度,号松臞,景定三年(1262)进士。原籍阳羡(今宜兴),因其父招赘于昆山颜氏,因而成昆山人。边实,原陈留人,是边惇德的曾孙。其高祖始迁昆山,因而落籍。志中所载"沿革、风俗以及人物古迹甚悉"[1]。编就后,于淳祐十二年(1252)刊于县学,因此称淳祐《玉峰志》,共设31门。由于南宋多战,重视地形,因此特设山岗墩墟一门。宋元时昆山志世不多得,是书足备一方之文献。

《玉峰续志》,由谢公应、边实同撰。因编纂于咸淳八年(1272),故称"咸淳志"。此志目的是对"淳祐志"的补充厘误,即"将以厘前误而纪新闻"。编写者认为前志多有缺失,"若派买之公田拨隶,若学校之创主学、建直舍,若或述前辈之诗而日载之杂咏者,为不见全璧之叹"[2]。因而增入30余条,改定20余条,充实纠正了前志之失误。

至正《昆山志》,杨譓纂。杨譓,字履祥,称东溪老人,元顺帝至正四年(1344)进士。该志分16门,无"沿革"等传统项目,而以风俗为首。该书所记事物博而不杂,简而有要。将土贡、土产分为二门,并详加考辨。

(5)《琴川志》

琴川为常熟的别称。《琴川志》由南宋庆元二年(1196)常熟知县孙应时纂修,鲍廉增补,参与增补者还有钟秀实与胡淳。常熟为"吴郡之大县",过去缺乏县志,孙应时为此感叹。于是"旁搜博采,考古访旧"[3]而编成《琴川志》。全书分十五卷,栏目有69门之多,分目较细,除传统的沿革等栏目之外,有两大特点:一是重视水军的介绍。由于常熟靠江海,因此特设"浒浦水军"与"顾泾水军",突出常熟在水战之中的重要地位。同时,栏目中设有"酒坊""酒课""拍店""醋息"等目,表明了当时常熟课税之广与商业气息的浓厚,这在其他方志中甚为少见。

《琴川志》编成后,由卢镇续修,增补宋宝祐(1253—1258)至元朝时事。阮元评价这部方志说:"其于城池之形势,山水之崇深,与夫兵赋之多寡,文献之昭垂,罔不记载详明,了无余蕴。是可与舒宿《嘉泰会稽志》、梁克家《淳熙三山志》抗衡,非明人全用已说者可比。"可见具有真实的史料价值。

(6)陆友仁《吴中旧事》

陆友仁,自号研北生,平江(今苏州)人,长于五言诗,受学人虞集的赏识。一说陆友仁,字辅之,一说宅之,松江人。又说,陆友仁名友,字友仁,著《墨史》与

---

[1] 永瑢等:《四库全书总目》附录《四库未收书目提要》,中华书局1965年,第1865页。
[2] 边实:《玉峰续志·谢公应跋》,中华书局1990年,第1097页。
[3] 孙应时:《琴川志》前言,《宋元方志丛刊》,中华书局1990年,第1148页。

《研北杂志》。陆友仁当为元人,有志于史者。所作《吴中旧事》,记宋元轶闻旧事、遗风余俗九十余事,所记有关陆贽墓、张籍宅、和令坊、高彪碑、朱勔用事之类可资考证,以补史地之缺。"槐树巷""吴令坊"等详探苏州街巷的起源。而"划旱船""吴俗好花"等反映苏州民俗与市民心理,可作宋元史书来读。

(7)高德基《平江记事》

高德基,元平江(今苏州)人,曾任建德路总管。所著《平江记事》四十则,多记平江(苏州)史迹与风俗民情。如所记"丁身钱"事与苏州一些城门名字的来历,以及牛大眼海上起事,可作史料以引证。《平江记事》涉及一些神仙鬼怪、诙谐谣谚之事,荒谬不经。史事亦有失考之处,但"其序次详赡,条理秩然,足供采撷者甚多"[1]。其体虽杂小说成分,但基本属于地方史志之作,至今仍具有参考之意义。

综上所述,宋元是苏州地方志史编纂的重要时期。

第三节 文 学

五代宋元时期,苏州文学艺术,表现出承上启下的作用,可说是苏州文学的成长期。首先是体裁多样。宋代散文确立了平易自然的文风,在行文中往往渗透着人生的哲理。诗歌在唐诗基础上也有发展,而词在宋达到全盛,成为时代具有代表性、常用性的体裁。元代的曲,无论是小令与套曲,苏州都有不俗的表现。此时戏曲也在江南地区流传,百戏之祖的昆曲已经萌芽,昆剧渐在民间演唱。

苏州宋元时期,生活丰足,工商繁盛,涌现了大量作家,他们多具综合性的特色,往往是论述兼具,诗文并作。作品数量巨大,出现了范仲淹、苏舜钦、贺铸、范成大、刘过、郑思肖等具有全国影响的作家。张先、晏殊、梅尧臣、欧阳修、王安石、苏轼、苏辙、黄庭坚、陆游、杨万里、姜白石、张孝祥、马致远、乔吉、张可久、杨维桢等著名外地作家都留下众多吟咏苏州的篇什。

其次,在这一时期来苏的作者队伍中,不仅有汉族作家,还有如贯云石(回族人)、阿里西瑛(回回人)、萨都剌(蒙古人)、奥敦周卿(女真人)等少数民族的作家。他们与汉族文人一起唱和、交流,促进了各民族文化的融合与提高。

由于宋以"文"治国的理念指导与浓郁文化的熏染,以及元时妇女处境略为宽松,苏州宋元时期还出现了一批妇女作家如徐氏安人、沈清友、郑允端、薛兰英

---

[1] 永瑢等:《四库全书总目》卷七十《史部·地理类》,中华书局1965年,第626页。

姐妹等,她们出色的文学才干,体现了苏州女性的光彩。

再次是艺术风格的多样化。苏州诗词散文作品,有以清丽柔美为主,但也不乏雄放骏驰之作。苏舜钦"轩昂不羁",李弥逊"轻巧清新",范仲淹、范石湖的作品更是两者兼具。元时的诸多散曲,多数写得质朴自然、淋漓酣畅,具有强力之美。

最后是文学理论、文学批评的显现。叶梦得《石林诗话》主张艺术创新,反对因陈用旧、刻意求工,对严羽《沧浪诗话》"以禅入诗"的理论,是一个有力的推动。沈义父《乐府指迷》指出,作词要符合音律,用字以古雅为上,主张文学的含蓄。敖陶孙《臞翁诗评》,鉴裁精当,提出象征性批评,亦受人推崇。

五代宋时苏州文坛,形成繁荣景象,应该说是江南地区性文学中心之一。可惜,随着岁月的流逝,一些人的文集已经不存,诗文大量散佚,这是一大遗憾。苏州文学,风格各异,既有反映现实的民间生活、边塞气氛、田园风光诗词,也有吟咏风景、抒发心情的作品。由于民族矛盾的激化,爱国主义成了一种基调。艺术上追求平淡自然之美,一些作品一直传颂至今。

元代,由于实行民族歧视政策,汉族文人失去进身之阶,只得寄情创作,苏州的作家以文言志,以文抒情,促进了文学的兴盛。

一、本地作家创作的诗词

五代,继唐诗之绪,苏州诗词反映了知识分子的情趣、意向,也反映了底层人民的生活,时有托诗寓意、针敝讽时之作。五代诗词作者有蒋贻恭。他极有诗才,而性格特别耿直,流落到蜀地(今四川与重庆),正值后蜀的晚期,一些大臣与僚属都奢侈骄傲,没有节度,因而蒋贻恭作诗"率多讽刺"。蜀主欣赏他刚直不逊的性格,任命他为雅州名山县令,还赐以"银绯"的荣誉。

宋以后,苏州文学人才,在时代的发展中,作者辈出,数量加速增加。其主题首先是表现了爱国爱乡之情。

1. 表现爱国之情的诗词

由于历史原因,中国在这时期不断受到外族入侵,因而出现了不少具有爱国、爱乡的诗词。

杨备,字修之。原建平(今郎溪)人,因爱吴中风物置家于吴。天圣(1023—1032)中,初任长溪(今霞浦县南)令,梦中忽然作诗曰:"月俸蚨钱数甚微,不知从宦几时归。东吴一片烟波在,欲问何人买钓矶?"[1]表现了一种思乡的情结。后掌华亭(今松江)县政,而沉浸于苏州风俗之美,仿效白居易的体裁,作《姑苏好》十章。又以"姑苏"为题,每题下笺释其事,至今行于世。范成大作《吴郡志》多有采录。其《游太湖作》:"渔舸载酒日相随,一笛芦花深处吹。湖面风收云影散,水天光照碧琉璃。"[2]这首诗反映了太湖风光与渔家生活。在湖平如镜,水天一色中,芦花深处短笛声吹,而渔家饮酒自乐,生活怡然。又如《长桥》一诗:"渔市花村夹酒楼,山光沉碧水光浮。松陵雨过船中望,一道青虹两岸头。"描绘了长桥一带景色:在山光水色的映衬下,渔市热闹,乡村花繁,酒楼熏暖,雨后的长桥似一道彩虹联结两岸。处身于这一环境,犹处图画之中,美不胜收。

杨备也具有爱国主义情怀,常利用古人古事,抒发内心之情。他在《新亭》诗中写道:"满目江山异洛阳,北人怀土泪千行。不如亡国中书令,归老新亭是故乡。"[3]这首诗根据东晋时士大夫"新亭对泣"的故事而敷成。据《世说新语·言语篇》记载,西晋末,君臣南渡,重建政权,"过江诸人,每至美日,辄相邀新亭,藉卉饮宴。周侯中坐而叹曰:'风景不殊,正自有山河之异!'皆相视流泪。唯王丞相愀然变色曰:当共戮力王室,克服神州,何至作楚囚相对!"诗中批判了北方一些贵族官僚,悲泣怀土的低沉情绪,赞扬了丞相王导奋发图强,力图恢复的昂扬气概,这实际是对北宋一些避战贪安官员的斥责。

李育(一作李有),字仲蒙,吴县人。冯当世榜进士第四人,性格高洁简约,能作诗。作《合肥飞骑桥》赋而脍炙人口。其赋曰:"魏人野战如鹰扬,吴人水战如龙骧。气吞魏王惟吴王,建旗敢到新城傍。伯主心当万夫敌,麾下仓皇无羽翼。途穷事变接短兵,生死之间不容息。马奔津桥桥半撤,汹汹有声如地裂。蛟怒横飞秋水空,鹗惊径度秋云缺。奋讯金羁汗沾臆,济主艰难大借力。艰难始是扶主时,平生主君须爱惜。"[4]这首七言诗,描述了三国魏吴在合肥的激战场面。三国时合肥为魏所有。209年,曹操亲率水军屯营合肥。232年魏扬州都督满宠在合肥与寿州之间的鸡鸣山另作新城,奇险可依,使孙权水军无法发挥作用。233年孙权围攻合肥新城,不敢下船。234年,孙权亲率主力围攻新城,因魏军的抵抗而不果。这首诗反映了战争的惨烈,战场的肃杀,指出君臣相洽是得胜的关键。这首诗在当时形势下对军民有鼓舞作用。李育由于这首诗而名扬海内,号

---

[1] 龚明之:《中吴纪闻》卷五《姑苏百题诗》,上海古籍出版社1986年,第104页。
[2] 范成大:《吴郡志》卷十八《川》,江苏古籍出版社1986年,第249页。
[3] 杨备:《新亭》,《全宋诗》,北京大学出版社1998年,第1430页。
[4] 陆友仁:《吴中旧事》,《吴中小志丛刊》,广陵书社2004年,第3页。

"李飞桥"。

李无悔,名行中,从湖州徙居苏州淞江之滨,具有高尚的情操。晚年修筑园林,名"醉眠",以诗酒自娱。无悔曾与东坡先生游,东坡有诗赠之。李无悔崇尚爱国精神与民族正气,作《读颜鲁公碑》:"平生肝胆卫长城,至死图回色不惊。世俗不知忠义大,百年空有好书名!"[1]颂扬为国牺牲的忠义精神,以及读经致用、敢于实践的勇气。又赋《佳人嗅梅图》:"蚕眉鸦鬓缕金衣,折得梅花第几枝?嗅尽余香不回面,思量何事立多时。"描绘了佳女折梅惆怅情景,意味深远。

李弥逊(1089—1153),号筠溪居士,李弥大之兄。知冀州(今衡水)时击退金兵的进攻。靖康元年(1126)出知瑞州,曾平定了建康府将领的叛乱。绍兴七年(1137)复任起居郎。多次反对议和,终而乞休落职,至福建连江休养。他著有《筠溪集》二十四卷,已散佚,后人辑有《竹溪先生文集》。李弥逊的诗关心人民生活,充满爱国热情。避乱南奔连江,作诗纪之。[2]诗中描写了高宗统治集团南逃"衣冠困陵暴"的狼狈与百姓"褰裳犯深险,颠仆妻与孥"的悲惨状况,反映了历史的真实。李弥逊的诗,多反映田园风光与人民疾苦,但更重要的是,表达了自己一生奔波不定、报国无门的郁愤之情。《仪真道中》:"长天漠漠水连空,云淡风微两两鸿。南北不知缘底事,一生半落往来中。"仪真,在当时已比较接近前方,诗人在这里以雁自喻,表达了来往于南北而成事不足、报国无门的心迹,发出了深长的感叹与寄托。李弥逊的这种爱国之心,至老未衰。他在《南楼晚望用叶硕夫韵》中反映了自己晚年"眼病昏花"的残景,抱怨闲适生活,感叹"君恩未报惊华发,目断飞鸿水四涯"而壮志不酬的情怀,其爱国之心,耿耿可鉴。李弥逊的诗以清新朴实见长,具有独创精神。

《吴江词》亦是一首爱国诗歌。建炎四年(1130),金兵南下,北返时掳掠吴江,生民涂炭。有人题《水调歌头》一词,以咏其事。其词曰:"平生太湖上,短棹几经过。如今重到,何事愁与水云多?拟把匣中长剑,换取扁舟一叶,归去老渔蓑。银艾非吾事,丘壑已蹉跎。 脍新鲈,斟美酒,起悲歌。太平生长,岂谓今日识兵戈!欲泻三江雪浪,洗净胡尘千里,不用挽天河。回首望霄汉,双泪堕清波。"[3]银,指银制的兔形兵符。艾通"乂",军事警戒一类的事。银艾,指军事。

---

[1] 李无悔:《读颜鲁公碑》,《中吴纪闻》卷四《李无悔》,上海古籍出版社1986年,第95页。
[2] 李弥逊:《自毗陵与兄弟避地南来,约为连江之归,中途各以事留,遂成独往,念兹乱离易于隔绝,作诗以寄之》,《全宋诗》,北京大学出版社1998年,第19229页。
[3] 龚明之:《中吴纪闻》卷六《吴江词》,上海古籍出版社1986年,第141页。

这是一首南宋之初无名氏所作之词,应是太湖人。元徐大焯《烬余录》称作者为"顾淡云",唐圭璋考定属于依托,不可信。这是一首充满着爱国主义精神的诗作。上片言吴江受金兵之蹂躏,国事多愁,如水云之多。表示愿扁舟一叶归隐而去。但是在脍新鲈、斟美酒之时,却不由自主地唱起悲歌一曲,在太平中生长,不识兵戈的书生,只能奋起抗金,要"三江雪浪,净洗胡尘千里,不用挽天河",表示了投笔从戎,打败金兵,取得全面胜利的宏愿。但现实是,北方仍处于金的统治之下,因而以"回首望霄汉,双泪堕清波"作结。全词充满感情,先抑后扬,表达了作者的崇高思想。后来,此词传入禁中,高宗命人"询访其人甚力"[1],但终未获。

耿时举,字德基,久居太学,未仕。曾与范成大以诗唱和。绍兴年间,郡守王晚建西楼,时举赋诗咏之,见称于时。其诗曰:"西楼一曲旧笙歌,千古当楼面翠峨。花发花残香径雨,月生月落洞庭波。地雄鼓角秋声壮,天迥栏干夕照多。四百年来无妙手,要看风物似元和。"[2]道出了西楼的雄姿与历史渊源,西楼在雄郡之中,楼下花香满径,楼上富含夕照,是唐时元和风物的延续,具有怀古的情调,而透露出奋发强国的一丝感怀。

长期寓苏州嘉定白鹤村的吴惟信,字仲孚,学识渊博,九经注疏悉能成诵,所作绝句,连一些老儒多"屈膝拜之"。曾作《伤春诗》一首:"白发伤春又一年,闲将心事卜金钱。梨华瘦尽东风软,商略平生到杜鹃。"这首诗是吴惟信的晚年之作,表达了作者对国运衰微而无可奈何的哀叹和对国家深厚感情。

2. 表达志向与心情的诗词

诗言志,宋时苏州的一些诗词表达了诗人宏大清远的志向。

郑宣,字正夫,太仓人,起于农家,登嘉祐二年(1057)进士第。儿童时即立志不凡,作《失鹤诗》:"久锁冲天鹤,金笼忽自开。无心恋池沼,有意出尘埃。鼓翼离幽砌,凌云上紫台。应陪鸾凤侣,仙岛任徘徊。"表示自己要冲天而起直上紫台的愿望。曾谒当时住在建康(今南京)钟山的王安石。他的拜见诗是:"十里松阴蒋子山,暮烟收尽梵宫宽。夜深更向紫微宿,坐久始知凡骨寒。一派石泉流沆瀣,数庭霜竹颤琅玕。大鹏泛有搏风便,还许鹖鹦附羽翰。"[3]这是一首希求干进的诗,但设警引语,隐然表达了对王安石的敬仰与自己附羽以升的愿望,具有一定的文学价值。

---

[1] 曾敏行:《独醒杂志》卷六,上海古籍出版社1986年,第56—57页。
[2] 龚明之:《中吴纪闻》卷六《西楼诗》,上海古籍出版社1986年,第128页。
[3] 龚明之:《中吴纪闻》卷三《郑正夫》,上海古籍出版社1986年,第58页。

丁偓，嘉祐四年（1059）登进士，与朱长文同榜。初试迩英，延讲艺。丁偓作诗云："白虎前芳掩，金华旧事轻。天心非不寤，垂意在苍生。"[1]按：白虎，原是汉宫殿名，此处指代武事；金华，汉未央宫殿，专指文事。这首诗具有规谏讽谕之意，表现了自己"文济苍生"的志向与对皇上的期盼。当年，奏名甚高，但在殿试时下第。

张景修，字敏叔，登治平四年（1067）进士第，性情潇洒，文章雅正。虽然两次官至一路的提刑使与转运使，五次知州郡，但是其家极其贫穷，在苏州租屋居住。其诗具有现实的正义感，如讽刺重税困民的绝句："茅檐月有千金税，稻饭年无一粒租。生事萧条人问我，水芭蕉与石菖蒲。"[2]反映了宋朝重税到屋，过年无粮的农民生活，对农民表示深切的同情。其最著名的一诗是古风《送朱天锡童子》："黄金满籝富有余，一经教子金不如。君家有儿不肯娱，口诵七经随卷舒。渥洼从来产龙驹，鸑鷟乃是真凤雏。一朝过我父子俱，自称穷苦世为儒。雪窗夜映孙康书，春陇画荷儿宽锄。翻然西入天子都，出门慷慨曳长裾。神童之科今有无，谈经射策皆壮夫。古来取士凡数涂，但愿一一令吹竽。甘罗相秦理不诬，世人看取掌中珠。折腰未便赋归欤，待君释褐回乡闾。"[3]对童子朱天锡的勤学与才能表示赞赏，表示了对朱天锡成为龙驹、凤雏的一种期许，希望朝廷再行童子之科，使朱天锡释褐还乡。这首诗，可作为励志诗来读。张景修作诗好用俗语，清淡诙谐，如《得五品服》诗："白快近来逢素鬓，赤穷今日得紫袍。"又有《谢人惠油衣》诗："何妨包裹如风药，且免淋漓似水鸡。"带有一定喜剧性而传之四方。

龚况，字浚之，龚明之叔父，崇宁五年（1106）进士。在朝廷馆阁任职，在馆八年，与苏元老齐名，时称"龚苏"。他还与叶梦得有文字的交往，其他与之酬唱的有洪玉父、朱新仲、王丰父、张敏叔等，都号称一时名士。终祠部员外郎、朝议大夫。自号"起隐子"，有文集《起隐集》三十卷。其诗号称"清古"，淡泊名利。如《咏刘伶》："逃名以酒转名高，醉里张髯骂二豪。日月已为吾户牖，何妨东海作醇醪？"以竹林七贤之一的刘伶醉酒求生求名的故事，表现了世事如醉，挣脱名利世界的宽阔心怀。又如《游天峰寺》："杖藜高踏半山云，不见此山知几春。异时人物凋零尽，只有青山似故人。"[4]大有"风流总被雨打风

---

[1] 张杲：《吴中人物志》卷七《文苑》，古吴轩出版社2013年，第78页。
[2] 龚明之：《中吴纪闻》卷三《张敏叔》，上海古籍出版社1986年，第65页。
[3] 龚明之：《中吴纪闻》卷三《张敏叔》，上海古籍出版社1986年，第65页。
[4] 龚明之：《中吴纪闻》卷五《起隐子》，上海古籍出版社1986年，第107页。

吹去"的感觉,表达了历史过客的无谓与物是人非的哲理。《送唐大监》云:"东门相别又相逢,转觉衰颓一老翁。子约重来我方去,满庭黄叶正秋风。"反映了光阴荏苒,迅即变衰的事实,但人生似秋中黄花,仍预示一种生机。龚况的代表作,是拟古代乐府的作品:"妖娆破瓜女,争上秋千架。香飘石榴裙,影落蔷薇下。墙外见鸳鸯,双双春水塘。归来情脉脉,无绪理残妆。"破瓜,指女子十六岁。这首诗描绘了少女春日荡秋千的情景,用对比手法,反映了少女追求爱情的思春情绪。

方惟深,字子通,北宋人。其父方龟年官至屯田郎中,卒葬长洲,遂为苏州人。方惟深早年就通晓经学,中"乡贡"第一,但到礼部考试不中,乃放弃科举。家中有田上百亩,亲自与弟弟一起耕种。惟深在日常生活中视吟诗作文为"雅事",自娱自乐。他"尤工于诗作","遇有诗思,即又闭其室,步行其中,引手瞑目,若与人语,或空中搏拏跳跃"[1],想象如狂。每有一篇诗作写出,人们争相传诵。当时王安石住江宁钟山,得到方惟深所作的诗,十分赞赏,曾经将方惟深的诗句写在自己的扇子上。方惟深具有清介之风,是著声东南的著名隐士。他的文章优美,操行仁义,与朱长文同样为乡人所推重。崇宁(1102—1106)中,郡中以"遗逸"推荐他出仕,竟不赴。以年龄与资格,得兴化军助教的官职。年八十三卒,有诗集三十卷。

惟深之诗,富有思想与哲理,过黯淡滩题一绝云:"溪流怪石碍通津,一一操舟若有神。自是世间无妙手,古来何事不由人?"表现了能动性的发挥,在于掌握自然规律,从而取得行动的自由,因而被改革家王安石所青睐。后来方惟深以诗集呈安石,并作诗一首:"年来身计欲何为?跌宕无成一轴诗。懒把行藏问詹尹,愿作生死系秦医。丹青效虎留心拙,斤匠良工入手迟。此日知音堪属意,枯桐正在半焦时。"[2]表现了抱贫守拙,不愿出仕,而愿隐居作诗的超达思想。又如,另一诗"春江渺渺抱墙流,烟草茸茸一片愁。吹尽柳花人不见,春旗催日下城头"[3],描绘了江南春天流水烟草、柳花满天的景色。王安石称赞其诗,"精淳警绝,虽元、白、皮、陆,有不可及",对他评价甚高。惟深的《红梅诗》亦脍炙人口:"清香皓质世称奇,谩作轻红也自宜。紫府与丹来换骨,春风吹酒上凝脂。直教腊雪无藏处,只恐朝云有散时。溪上野桃何足种?秦人应独未相知。"高度赞扬了红梅清香皓质,表达了诗人的某些期许。

---

[1] 陆友仁:《吴中旧事》,《吴中小志丛刊》,广陵书社2004年,第8页。
[2] 龚明之:《中吴纪闻》卷三《方子通》,上海古籍出版社1986年,第71页。
[3] 龚明之:《中吴纪闻》卷四《方子通诗误入荆公集》,上海古籍出版社1986年,第89—90页。

苏舜钦（1008—1048），以散文著称，其详情在本书散文一题作介绍。他亦能作诗词，所作《水调歌头》（"潇洒太湖岸"），发泄了遭受打击的郁闷心情，排遣其盛年隐居、景盛疏闲的牢骚。一日登苏州阊门，题诗云："时光苒苒都如梦，风物萧萧又变秋。家在凤凰城阙下，江山安用苦相留？"[1]描写了从京师被逐的悲凉，表明了对旧时江山的苦恋，发出了人生如梦的感叹与无奈的心情。

郭章，字仲达，世居昆山，自幼工于文学。在京师太学学习，甚有声誉。归省作诗别同舍云："菽水年来属未涯，羞骑款段出京华。涨尘回旋风头紧，绮照支离日脚斜。掠过短莎惊脱兔，踏翻红叶闹归鸦。不堪回首孤云外，望断淮山始是家。"[2]菽水，菽与水，形容生活清苦。款段，指慢行的马。反映了郭章的生活与回乡喜悦的心情。俄顷，又赋一首云："也知随俗调归策，却忆当年重出关。岂是长居户限上，可能无意马蹄间。中原百甓知谁运，今日分阴敢自闲！倘有寸功裨社稷，归来恰好试衣斑。"户限，门槛。斑，斑衣，汉虎贲骑士之衣，此处指官服。这里借陶侃"惜分阴"的故事，激励同人，为国立功，有功国家的意志。

郑侨，字子高，郑亶之子，负才挺特，与范无外相友善，为忘形之交，他不仅是个水利专家，也是一位诗人，晚岁自号"凝和子"。昆山的上方有所高屋，名叫"翠微"。郑侨常到这里游玩，曾赋诗咏之："行客倦奔驰，寻师到翠微。相看无俗语，一笑任天机。曲沼淡寒玉，横山锁落晖。情根枯未得，爱此几忘归。"写昆山横峦锁晖与池沼如玉的景色，表现了作者超凡脱俗，寻师于山，爱及山河的思想境界。又为简公约"素琴堂"赋诗道："素琴之堂虚且清，素琴之韵沦杳冥。神闲意定默自鸣，宫商不动谁与听。堂中道人骨不俗，貌庞形端颜莹玉。我尝见之醒心目，宁必丝桐弦断续。於乎！靖节已死不复闻，成亏相半疑昭文。阮手锺耳相吐吞，素琴之道讵可论。道人道人听我语，纷纷世俗谁师古。金徽玉轸方步武，虚堂榜名无自苦。"[3]此诗多用典故，清韵雅音，不同凡响，高洁脱俗。

朱寝炎，字明叔，朱长文五世孙，以祖荫授将仕郎，作《銮江唱和集》。寝炎性格豪放，善于"持论为词章"，所作语言优美。他羡慕朱希真，其文集亦名《樵唱集》，有放逸之志。

杨则之，字彝老，外冈人。曾经学诗于西湖顺老，学禅于大觉琏禅师。著有诗集《禅外集》、禅学著作《十玄谈参同契》，都在世上通行。其代表作有《早梅》

---

[1] 委心子：《新编分门古今类事》卷十四《子美蝉脱》，中华书局1987年，第213页。
[2] 龚明之：《中吴纪闻》卷六《郭仲达》，上海古籍出版社1986年，第129页。
[3] 龚明之：《中吴纪闻》卷五《郑子高》，上海古籍出版社1986年，第113页。

诗:"数萼初含雪,孤清画本难。有香终是别,虽瘦亦胜寒。横笛和愁听,斜枝倚病看。朔风如解意,容易莫吹残。"这首诗赞颂了梅的孤清精神,梅虽瘦犹香,战胜寒冷,这是它的特色。希望朔风能了解人意,轻易不要摧残。但是诗中还有悲观情绪,把赏梅与愁病相连,缺乏傲雪斗霜的梅的固有精神。另有一首《雪霁观梅》诗:"荒园晚景敛寒烟,数朵清新破雪边。幽艳有谁能画得,冷香无主赖诗传。看来最畏前村笛,折去难逢野渡船。向晚十分终更好,静兼江月淡娟娟。"[1]诗赞扬了梅破寒胜雪的清新幽香,梅的精神赖诗画而传,作者希望在笛声野渡中淡泊地生活。

范霖,原缙云(今属浙江)人,苏州范氏族人。学识精湛,道德高尚,元世祖忽必烈曾召见,授江浙儒学提举,转礼部侍郎。立朝议论爽直,气节凌人。因游于吴,把家置于苏州。作诗结集成《岁寒小稿》一卷,刻印行世,多直抒胸臆之作。

3. 描写苏州景物的诗词

苏州风光美丽,人文资源丰厚,反映苏州美景的诗不少。大至太湖山水,小至园林的一树一轩都有描写。

刘少逸,年11岁,文词已称老成。曾跟随其师潘阆拜谒长洲县令王元之、吴县令罗思纯。刘少逸带着自己的作品给二令过目。二令怀疑这些作品有人代写,不信刘少逸有这等水平。二令试着让他联句,作一测试。罗思纯提出上联:"无风灯焰直。"少逸随即说:"有月竹影寒。"王元之出:"一回酒渴思吞海。"少逸答:"几度诗狂欲上天。"凡数十联,都做到敏捷巧妙回答。两位县令感到十分惊异,"闻于朝"。[2]端拱二年(989),刘进士及第,官至尚书员外郎。其诗以反映吴中风物为上。

马云,宋人,皇祐五年(1053),任节度推官,三游踞湖山,作诗以咏之:"山临太湖上,寺隐青萝间。五坞洞壑邃,众峰屏障环。浓岚面光彩,惊波背潺湲。云归定僧寂,月伴樵夫还。林墅掩蒙密,级蹬容跻攀。钱氏建圭社,此地为家山。"又有《芳桂坞》:"森森芳桂树,团团削青玉。春花飞涧户,秋实坠岩曲。霜条封翠紫,风叶摇香绿。"[3]踞湖山在太湖东北,又名横山、七子山。踞湖山有五坞,曰芳桂坞、飞泉坞、修竹坞、丹霞坞、白云坞等,都是马云命名。钱氏,指吴越王钱家。吴越开国之王钱镠之子钱元璙、元璙子钱文奉长期任平江节度使,治苏州。死后葬于踞湖山下。圭,祭祀用的礼器。社,土地神的祠堂或坛台;这两首五言

---

[1] 龚明之:《中吴纪闻》卷六《之彝老》,上海古籍出版社1986年,第144页。
[2] 陈其弟点校:隆庆《长洲县志》卷十四《人物》,广陵书社2006年,第150页。
[3] 马云:《踞湖山》,《吴郡志》卷十五《山》,江苏古籍出版社1986年,第216页。

诗,写出了踞湖山青萝蒙翳、坞洞深邃、众峰并列的胜景,因其幽静,正是禅定、渔樵的好地方。用对偶、衬托等手法表现了踞湖山的幽深,也是对煊赫一时的钱氏进行讽谕。

龚程,字信民,龚明之的叔祖,自幼读书于南峰山先祖的墓庐,攻苦食淡,手不释卷,经传子史,无不贯通,人称"有脚书厨"。登熙宁六年(1073)进士第,历西安丞、桐庐令。曾经题诗一首于壁间:"月度疏棂起更慵,坐听澄照五更钟。却思潮上西兴急,风绕山前万个松。"〔1〕澄照,为南峰山寺名。西兴,在萧山县钱塘江南,潮兴之地。这首诗写出了南峰山寺早课时"月疏闻钟"的情景。

李弥大,字似矩,号无碍居士。绍兴二年(1132)任平江知府时游东山翠峰寺,作吟翠峰寺诗:"山浮群玉碧空沉,万顷光涵几许深?梵刹楼台嘘海蜃,洞天日月浴丹金。秋林结绿留连赏,春坞藏红次第吟。拟泛一舟追范蠡,从来世味不关心。"〔2〕翠峰,即翠峰坞,在东山莫厘峰南麓。翠峰寺即在坞中。这首诗描绘了翠峰所在的太湖万顷波光,群玉浮水的图画与梵刹海蜃、洞天日月的神境,并以现实的笔触,点出春秋两季一绿一红的美丽景色,尾句连接到范蠡隐居故事,表现"超脱"的内心。

乐备,字功成。昆山人(由淮海迁来),绍兴二十四年(1154)进士。文名卓著,尤工于诗。与范成大、马先觉唱和,结成诗社。成大每称"乐先生"而不名。官至军器监簿。马先觉,字少伊,号得闲居士,绍兴三十年(1160)进士,曾任海门主簿,常州教授、兵部架阁等。他们的诗,有反映吴中风物之作,如乐备《次马得闲幽居客至韵》中就赞颂了"小雨汀洲松浦霁,斜阳花草玉峰春"的昆山景色。

范周,字无外,范纯古之子。从小负不羁之才,工于诗词,不求闻达,士林很是推崇。盛季文作平江知府时,对士人颇傲慢。范周于元宵节作《宝鼎词》投之,极蒙盛季文的嘉奖,赠酒五百壶,其词播于天下。曾乘舟访问郑侨于昆山,题诗于昆山之绝顶:"万叠青峦压巨鲲,四垂空阔水天分。夜光寒带三江月,春色阴连百里云。桂子鹤惊空半落,天香僧出定中闻。不将此境凭张益,三百年来属老文。"〔3〕描绘了万叠青峦、四垂空阔的昆山雄浑景色,气派宏大豪放。

胡清,昆山人,家境清贫而能诗。在昆山翠微的上方,有一亭名"压云轩"。胡清曾赋诗其上:"谁建危亭压翠微,画檐直与莫云齐。有时一片岩隈起,带与

---

〔1〕 龚明之:《中吴纪闻》卷三《有脚书厨》,上海古籍出版社1986年,第73页。
〔2〕 李弥大:《游洞庭山》,《全宋诗》,北京大学出版社1998年,第16654页。
〔3〕 龚明之:《中吴纪闻》卷五《范无外》,上海古籍出版社1986年,第110页。

老僧山下归。"点出了压云轩处于制高点上,屋檐与暮云相齐,仙云重起,老僧沾化而扩至山下,全诗充满玄机。轩旁又有小柏数棵,胡清见之,又赋诗云:"栽傍岩隈未足看,谓言斤斧莫无端。它时直入抡材手,不独青青保岁寒。"[1]这首诗对轩下岩傍"未足看"的小柏,充满着期望。如逢识才的"抡材手",不仅能保持岁寒时的青色,或许能成为建设国家的栋梁。

陈深,字子微,号宁极,平江人。宋亡,弃举子业,闭门著书,读《易》《诗》《春秋》等编。天历时有荐者,潜匿不出。作有《雪后游石湖》诗:"众芳带雪玉崔嵬,风定湖光镜面开。山色可堪西子笑,溪声曾送越兵来。天寒野水摇孤艇,日落浮图对古台。回首风尘翳城阙,愁来谁伴倒清罍?"[2]这首诗写出了雪后石湖的风光,玉树雪砌,湖面如镜,遥想古时山色可餐,赢得西施的欢笑,但好景不长,越兵突来终于灭吴。反映了宋亡后诗人孤独的情景。

袁易。亦能诗,他从小聪明,有很强的接受能力,归隐于吴淞江之滨,所居名"静春堂",其诗集亦以《静春堂集》命名。虞伯生、杨仲弘等数人替其诗集作序。鲜于伯机称他的诗"闲远清丽",如果再精密一些可达到杜甫的水平,与郡人龚璛、郭麟被时人称"吴中三君子。"吴兴(今湖州)赵子昂又曾经采汉司徒卧雪事,画了一张图送他。卒年四十五,葬苏州南赭墩。其子仲长,亦有文学之才。

汤仲友,原名益,字端夫,一字损工,号西楼。宋元之际吴县人,学诗于汶阳周弼。浪迹江湖,晚复归吴,诗有《壮游集》。他与陈泷、顾逢、高常,名扬于宋理宗端平淳祐(1235—1252)间,号"苏台四妙"。陈泷,字伯雨,著有《澹泊集》,凡四百余首。汤仲友游太湖,作《过东洞庭山》:"寒色满空山,翛然一径闲。鸟啼黄叶外,人度翠峰间。古殿藏云气,唐碑带鲜斑。未穷幽绝处,兴尽忽思还。"[3]这一首五律,描写了"黄叶"秋季中的东山,在寒凉的空山中树着翠峰,表露出一抹生机,并描写古殿的神秘与碑石的古老。融自然与人文景观为一体。未至尽处,已经满足欣赏的欲望,而尽处当有无限风光,引人深思。

袁华(1316—?),字子英,昆山人,曾作苏州府学训导。少年颖悟,工于诗作,尤长于乐府的制作,与顾瑛相交,作《耕学斋诗集》。其家近阳澄湖,作《阳城湖》一诗:"海虞之南姑苏东,阳城湖水清浮空。弥漫巨浸二百里,势与江汉同朝宗。波涛掀簸月惨淡,鱼龙起伏天晦蒙。雨昏阴渊火夜烛,下有物怪潜幽宫。雉城巴城水相接,以城名湖何不同?想当黄池会盟后,夫差虎视中原雄。东征诸夷

---

[1] 龚明之:《中吴纪闻》卷三《压云轩诗》,上海古籍出版社1986年,第119页。
[2] 陈深:《雪后游石湖》,《苏州名胜诗词选》,苏州市文联1985年,第127页。
[3] 汤仲友:《过东洞庭山》,《吴中诗旅》,南海出版公司1996年,第48页。

耀威武,湖阴阁战观成功。陵迁谷变天地老,按阅何地追遗踪?我来吊古重太息,空亭落日多悲风。虎头结楼傍湖住,窗开几席罗诸峰。鸡鸣犬吠境幽闲,嘉禾良田青郁葱。渔郎莫是问津者,仙源或与人间通。时当端阳天气好,故人久别欣相逢。玻璃万顷泛舟入,俯览一碧磨青铜。莼丝鲈鲙雪楼碎,菱叶荷花云锦重。恩赐终渐鉴曲客,水嬉不数樊川翁。酒酣狂吟逸兴发,白鸥惊起菰蒲中。相国井湮烽火暗,郎官水涸旌旗红。此中乐土可避世,一舸便逐陶朱公。更呼列缺鞭乘龙,前驱飞廉后丰隆。尽将湖水化霖雨,净洗甲兵祷岁丰。"[1]这首七言长篇古风,用稍带夸张与浪漫的手法,描绘了阳城湖的全貌。海虞,即今常熟。阳城,今作阳澄。雉城,巴城,在阳澄湖边,与阳城一样传为春秋时军事工程。黄池会,公元前482年,吴王夫差与晋定公会盟于黄池,争得盟主。空亭,应是夷亭,今作唯亭,吴征东夷得胜之处。樊川,指唐杜牧。相国井,传为战国时黄歇所开之井。陶朱公,越国将军范蠡,后变名陶朱公,从商而去。列缺,闪电。丰隆,雷神,作雷的代称。《淮南子·天文训》:"春三月,丰隆乃出,以将其雨。"这首诗点明了阳城湖的地点、来历、风物景色与历史、传说、人文故事。阳城湖,在姑苏之东,为一巨浸,相传鱼龙起伏,怪物潜幽,平静时水清浮空,一碧如镜,玻璃万顷。这里是吴国征伐东夷的争战之地,也是吴国北上争霸的出发地。同时还是莼鲈菰蒲的出产地与菱叶荷花的风景点。诗的最后寄寓了作者企盼风调雨顺、天下太平、岁丰民乐的愿望。

虞堪(约1354年前后在世),字克用,一字胜伯,号青城山樵。长洲人。明洪武初,曾为云南府学教授。有《希澹园诗》。其代表作有《吴王郊台》诗:"吴王城外拜郊台,山色湖光共绕回。终古翠华随水去,何年玉牒为天开?斜阳一笛牛羊下,细雨千帆云鸟来。忠死伍存堕霸业,登临不尽客兴哀。"[2]吴王拜郊台在上方山楞伽寺北、茶磨屿南。翠华,原是天子的仪仗中以翠羽为饰的旗帜或车盖。此处指吴王的统治。这首诗写吴王祭天郊台的变化,昔日翠华已去,今日帆影点点,牛羊下山,变化巨大。悲叹杀害忠臣伍子胥,使霸业堕毁之哀。颈联两句十分传神,可谓神来之笔。

张简(约1367年在世),字仲简,号云丘道人。吴县人,曾隐居鸿山。明初被召修《元史》,有《云丘道人集》。张简有《游石湖治平寺》诗:"湖上春云杖雨来,

---

[1] 袁华:《阳城湖》,《吴中诗旅》,南海出版公司1996年,第275页。
[2] 虞堪:《拜郊台》,《希澹园诗集》卷三,文渊阁《四库全书》第1233册,上海古籍出版社1987年,第604页。

楞伽山木尽低摧。吴王废冢花如雪,犹自摧香上舞台。"[1]治平寺,在上方山北,建于南朝梁,宋治平年间改今名。楞伽山,即上方山,在石湖西岸。吴王冢,指五代吴越广陵王钱元璙及其子孙四世的坟墓,这首诗描写了春雨之猛,叹息兴亡无常,命运多变,思古之情,付之景中。其诗学习韦柳,具有盛唐气象。

周南老(1301—1383),字正道,吴县人,元末曾作吴县主簿。明初征赴太常,议礼乐制度。多作诗以表本地风光,有《香水溪》一诗:"吴宫香水溪,俗传脂粉塘。暖波浮涨腻,晴渚泛红芳。美人曾此浴,魂销水犹香。可怜清冷泉,照此始冶妆。不濯郎衣尘,孰比华清汤?只今开宝林,曹溪源更长。"[2]香水溪,在灵岩山南,至斜桥口入胥江,相传吴王宫人洗妆于此,称脂粉塘。华清,指华清池,唐杨贵妃沐浴处。宝林,西方极乐世界七宝树林的简称,也指宝林寺。曹溪,佛教禅宗的别称,以六世祖慧能在曹溪宝林寺演法而得名。诗人追忆吴宫旧事,描写了暖波涨腻、晴渚红芳的风光,点明昔日吴宫演变成禅林僧寺的现实,使人感慨万端。

4. 反映社会生活的诗词

苏州诗人善于体察社会,一些反映社会生活的诗,表达了对劳动人民的同情,也有一些诗是个人生活深切体验。

龚宗元,字会之,自幼聪明颖悟,超绝于世,范仲淹学生。读书于虎丘寺,昼夜不断。举进士时,为乡里首选,登天圣五年(1027)进士第,任仁和(今杭州)主簿。其父抱疾患病,宗元为就近服侍,改为吴县主簿。居忧服阕,调建安尉。政绩斐然,保任者众多。皇上召见,改大理寺丞,知句容县;治奸揭隐,号为神明。尝判衢、越二州,终都官员外郎。善于作诗,有文集十卷,名《武丘居士遗稿》。

龚宗元有《六月吟》诗:"曦轮猎野枯杉松,火焚泰华云如峰。天地炉中赤烟起,江湖煦沫烹鱼龙。生狞渴兽唇焦断,峻翮无声落晴汉。饥民逃生不逃热,血迸背皮流若汗。玉宇清宫彻罗绮,渴嚼冰壶森贝齿。炎风隔断真珠帘,池口金龙吐寒水。象床珍簟凝流波,琼楼待月微酣歌。王孙尽夜纵娱乐,不知苦热还如何!"[3]这首颇有现实感的诗,反映了人民的痛苦与王孙的逍遥自适。在"曦轮(红日)猎野""火焚泰华"之山,"赤烟四起"的旱热中,饥民唇焦舌断,"血迸背皮",在暑热中苦熬。而王孙公子处在玉宇清宫,渴嚼冰物,炎风隔断,在池龙吐寒、象床珍簟、琼楼皓月里,昼夜纵乐,不知苦热为何物!这首诗以强烈对比的手

---

[1] 卢熊:洪武《苏州府志》卷五十《集文》,广陵书社2015年,第695页。
[2] 周南老:《香水溪》,《姑苏志》第3册,上海书店1990年,第121页。
[3] 龚明之:《中吴纪闻》卷二《曾大父》,上海古籍出版社1986年,第31页。

法,反映了人间的不平生活,也是对当时社会矛盾的揭露。

又如《捣砧词》:"星河耿耿寒烟浮,白龙衔月临霜楼。谁家砧弄细腰杵,一声捣破江城秋。双桐老翠堕金井,高低冷逐西风紧,静如秋籁暗穿云,天半惊鸿断斜影。哀音散落愁人耳,何处离情先唤起?长信宫中叶满阶,洞庭湖上波平水。万里征夫眠未成,摇风捣月何丁丁。楚关秦岭有归客,一枕夜长无限情。"[1]这是一首征妇怨诗,在一片星河耿耿、寒烟凝霜、西风肃杀的氛围下,"征妇弄起细腰杵,一声捣破江城秋",哀音散落,唤起凄凉的离情。杵起杵落,摇风捣月,在丁丁的捣衣声中,寄托着对边地归客,一枕夜长无限情的希冀,全诗以气氛描写入手,由近及远,次第递进,表现出了征妇的怨恨与希望,具有一定的人情味。范仲淹评价龚宗元的诗文"温厚和平而不乏正气",这是较公允的评价。

程师孟(1009—1086),名宦兼诗人。自幼敏悟,年五六岁即能诗,曾在灶下写执炊诗:"吹火莺唇敛,投柴玉腕斜。回看烟里面,恰似雾中花。"把投柴烧锅的情景描绘得惟妙惟肖。其《入涌泉道中》之一:"寒林已见早梅芳,尽日临流野兴长。门外牛羊人自得,篱边鸡犬盗谁防?三江夜色沧浪白,千里秋香秠稏黄。借问船中何所有,橙荠鲈鲙酒先尝。"[2]此诗在太湖中横山岛入涌泉道中所作,写出了西山一带初冬早梅初放,牛羊成群,鸡犬相闻,江静稻香的农村景象。诗人载酒烹鱼泛舟湖中,表现了一种安宁富足的生活。他亦能词,惜仅留《渔家傲》"折柳赠君君且信"一句。

孙纬,字彦文,能诗,仕至尚书郎。为人淳朴,喜欢用俗语入诗,通俗易懂,富含深理。秦师垣生于腊月二十五日,孙纬作诗以祝:"面脸丹如朱顶鹤,髭髯长似绿毛龟。欲知相府生辰日,此是人间祭灶时。"[3]全诗明白如话,以传统的龟、鹤来比喻秦师垣的长寿。用"祭灶日"婉喻其生日,看了使人一目了然,富有生活情趣,反映了苏州之民风。

姚申之,吴县用直人,隆兴元年(1163)进士。其诗多描写本地风光,作《家西小亭名水云千顷》绝句:"云影翻随宿鸟回,斜晖犹对晚潮来。小桥低处通船过,一队鹅儿两道开。"[4]水云千顷亭在用直镇东。在云影翻飞、宿雁回归之际,诗人独立亭边,看晚潮涨起,小船过桥,鹅儿归家,勾勒出一幅生动明晰,富有生活气息的民间风俗画卷。诗人对"水云千顷亭"与自己相邻,情有独钟,故而

---

[1] 龚明之:《中吴纪闻》卷二《曾大父》,上海古籍出版社1986年,第31—32页。
[2] 程师孟:《入涌泉道中》,《全宋诗》,北京大学出版社1998年,第4387页。
[3] 龚明之:《中吴纪闻》卷六《孙郎中》,上海古籍出版社1986年,第135页。
[4] 姚申之:《家西小亭名水云千顷》,《全宋诗》,北京大学出版社1998年,第28605页。

用作自己文集的名称。全诗反映了现实生活。

5. 反映情爱的诗词

与历代的文学作品一样,这一时期也出现了上一些反映情感,尤其是爱情的作品。

吴感,字应之。天圣二年(1024),在尚书省礼部举行的考试中获第一。又中天圣九年(1031)书判拔萃科,授江州军事推官,官至殿中丞。居苏州小市桥。吴感善写文章,精于词。有《折红梅》词一阕:"喜冰澌初泮,微和渐入,东郊时节。春消息,夜来顿觉,红梅数枝争发。玉溪仙馆,不是个、寻常标格。化工别与,一种风情,似匀点胭脂,染成香雪。 重吟细阅。比繁杏夭桃,品格真别。只愁共、彩云易散,冷落谢池风月。凭谁向说,三弄处、龙吟休咽。大家留取,时倚栏干,闻有花堪折,劝君须折。"[1] 谢池,原指南朝宋谢灵运家池塘,后泛指园林之池。这首词据说为了侍姬红梅而作。写红梅初绽的早春时节景象。描绘了红梅的风情标格,如"匀点胭脂""染成香雪",比杏桃更胜一筹,但彩云易散,劝君须折。词意绸缪,情深意真,堪称佳作。由于此词脍炙人口,在春日郡里宴会时,一定要叫"倡人"歌之。

6. 妇女的诗词

宋元时苏州涌现了一批女性诗人、词人,成为苏州文学的特色。雍熙寺有妇人作词一首。相传在南宋绍兴间,苏州雍熙寺每月夜向半,常有妇人往来廊庑间,歌吟小词,且笑且叹,闻者靠近她,人忽不见。其词云:"满目江山忆旧游,汀洲花草弄春柔,长亭舣住木兰舟。好梦易随流水去,芳心空逐晓云愁,行人莫上望京楼。"[2] 有好事者录藏之,士子綦容岩卿见之,惊为自己亡妻之作。这当然是怪诞不经之说。但从笔调看,应是吴中女士所作。全词表达女人的柔肠,对美好生活的回忆与对远人的留恋,反映了一种真挚的感情,属于上乘的佳作。

徐氏安人,徐稚山侍郎之妹,不像一般妇人的作为。她善于作诗,笔墨畦径,多出于杜子美,而清平冲淡,"萧然出俗,自成一家"。[3] 平生擅长作赋,工致臻美。有一文士曾经评说:"近世陈去非、吕居仁皆以诗自名,未能远过也。"[4] 曾任平江知府的孙觌等,认为她的诗"不类妇人",对她评价甚高。有《闺秀集》二卷传于世。状元黄由夫人胡惠斋是尚书胡元功之女,自号惠斋居士,"善笔札,时

---

[1] 吴感:《折红梅》,《全宋词》,中州古籍出版社1996年,第84页。
[2] 洪迈:《夷坚志·丙志》卷十《雍熙妇人词》,中州古籍出版社1994年,第973页。
[3] 陆友仁:《吴中旧事》,《吴中小志丛刊》,广陵书社2004年,第10页。
[4] 龚明之:《中吴纪闻》卷六《徐氏安人诗》,上海古籍出版社1986年,第150—151页。

作诗文,亦可观"。现存《百字令》《满江红》等词作。李处道妻龚氏,为都官龚宗元之女,具有文学修养,诗作、书法都很工整。一生淡泊,喜诵佛典。李处道年高而仕宦不达,龚氏能平淡以度,"安之如丰足者",从无怨言。

沈清友,南宋时姑苏女子,能诗,有《垂虹亭》一诗:"晚天移棹泊垂虹,闲倚篷窗问钓翁。为底鲈鱼低价卖?年来朝市怕秋风。"[1]这首诗反映了秋末鲈鱼涌市而降价,物贱伤渔的事实,颇得讽人之体。她咏渔父云,"起家红蓼岸,传世绿蓑衣",咏牧童云"自便牛背稳,却笑马蹄忙"。观察细致,描刻入微,得用字之工。宋时苏州一些妓女也能诗,蔡京过苏命官妓苏琼作词,苏琼即填《西江月》以呈,表现了颖敏的才思。

元朝平江有女诗人陈允端,字正淑。出身于书香门第,适同郡施伯仁,作有《肃雍集》。她的诗,感情入微,观察细致。其《红指甲》一诗叙述了女性指甲染红的过程,写出玉指纤纤、红云飞鬓的美态。陈允端的诗,具有规谏性,她看女儿嫁到达官贵人之家,而多不得偕老,而作《吴人嫁女辞》云:"种花莫种官路旁,嫁女莫嫁诸侯王。种花官路人取将,嫁女王侯不久长。花落色衰人变更,离鸾破镜终分张。不如嫁与田舍郎,白首相看不下堂。"[2]以比兴手法揭露了当权者喜新厌旧的丑恶,歌颂了劳动人民纯洁的爱情,具有现实意义。此诗从民歌中吸收营养,感情真挚,格调清新。

二、苏州著名诗词作家

下面介绍几位声播全国,在文学史上留下丰硕成果的大家。

1. 范仲淹(989—1052)

范仲淹不仅是政治家、军事家,而且也是一个文学家,其所作诗词,意境辽阔,充满豪放浩大之气。他在苏州谒伍相庙时,写过一首五言律诗,对伍子胥"生能酬楚怨,死可报吴恩"的节义大加赞赏,说他"直气海涛在,片心江月存"。又传范所作《卓笔峰》诗:"笠泽砚池小,穹窿架石峨。仰凭天作纸,写出太平歌。"[3]反映了范仲淹涵溶天地而小湖山的胸怀与追求天下太平的愿望。他作《苏州十咏》,描绘了苏州风物,不时发出历史的感慨。

范仲淹词大气磅礴,势态非凡。如《苏幕遮》:"碧云天,黄叶地,秋色连波,波上寒烟翠。山映斜阳天接水,芳草无情,更在斜阳外。　　黯乡魂,追旅思,夜

---

[1] 卢熊:洪武《苏州府志》卷四十六《杂志》,广陵书社2015年,第599页。
[2] 范培松、金学智:《苏州文学通史》第三编第一章,江苏教育出版社2004年,第391页。
[3] 叶盛:《水东日记》卷六《卓笔峰两诗》,中华书局1980年,第70页。

夜除非,好梦留人睡。明月楼高休独倚。酒入愁肠,化作相思泪。"[1]这首词作于远离故乡之处。上片写了容易引起乡愁的秋景,长天碧清,黄叶满地,充满金色的希望。再从蓝天广野写到连波的秋水与笼罩的寒烟,形成了广阔的境界。斜阳映照山峦,天色连接绿波。芳草芊芊,隐没于清空的天边,更在斜阳之外,似与故园相接。上片没有悲秋之思而透出了思乡之绪。下片直接点出了乡魂与旅思,用"黯""追"两字反映了作者乡思之强烈,只有思乡之梦的圆幻,才能入睡。可不要独倚明月之下的高楼,否则只能增重乡愁。喝酒也解不开思乡之结,酒入愁肠,只能化作相思之泪。前片写景,秋风肃杀,空旷悠远,暗透愁绪,后片抒情,尽情抒发乡愁之切,情景交融,做到清丽之景与浓郁之情的统一。

范仲淹另一首代表性的词作是《渔家傲》:"塞下秋来风景异,衡阳雁去无留意。四面边塞连角起。千嶂里,长烟落日孤城闭。　浊酒一杯家万里,燕然未勒归无计。羌管悠悠霜满地。人不寐,将军白发征夫泪。"[2]这首词应创作于范仲淹防边之时。仁宗康定元年(1040)八月范任陕西经略安抚副使兼知延州(今延安),庆历元年(1041)四月调知耀州(今属陕西),后又兼知庆州以抗击西夏。范仲淹在边数年,熟知边塞形势。《渔家傲》上阕,点明了延州一带的"塞下",与其他地方风景的相异之处,在于秋来寒冷早侵,连南飞的大雁,都毫无停留之意。衡阳,在今湖南南部,传说避寒的大雁至衡阳的回雁峰而止,故称衡阳雁。"无留意"三字道出了边疆的荒凉与秋气的肃杀。接着写在秋气笼罩下的战地景象,在千山万壑中,号角之声与胡笳相杂,军马嘶叫,悲鸣四野。在长河落日之中,紧闭孤城之门,呈现了一股凄凉的杀气,显示形势的严重。也为下阕的抒情作了铺垫。由于闭于孤城,远离家乡,防守日久,必将产生思乡之情,而一杯浊酒,根本解决不了愁思。因为"燕然未勒归无计"。燕然,山名,在今蒙古人民共和国境内。东汉和帝永元元年(89)大将军窦宪大破北匈奴军,穷追匈奴单于于此山,"刻石勒功而还"。[3]"燕然未勒",指西夏扰边不休,宋朝却无力征讨,犁庭扫穴,只能消极防守,因而还乡之事,不着边际。此时,充满异域情调的羌管之声伴随秋霜,悠悠送来,充满凄凉之感。作者听之,夜不成寐,将军战功不成,头发愁白,征夫见国土被侵,人民受辱,而无可奈何,只得泪流不止。这首词把爱国激情与思乡浓绪结合在一起。作者通过景物描写、气氛渲染,表达了这一思绪,情调苍凉、悲壮,在豪放风格中加了一些委婉细致的表达。其他如《御街行》写出了

---

[1] 范仲淹:《苏幕遮·怀旧》,《全宋词》上册,中州古籍出版社1996年,第8页。
[2] 范仲淹:《渔家傲·秋思》,《全宋词》上册,中州古籍出版社1996年,第8页。
[3] 范晔:《后汉书》卷四《和帝纪》,上海蜚英馆1888年。

怀人的一片柔情,《剔银灯》则表达了对追求名利的嘲讽。范仲淹诗词慷慨激昂,是豪放词的开拓者之一。加上散文创作的辉煌,他在中国文学史上占有重要地位。

2. 叶清臣(1003—1049)

字道清,苏州长洲人,敏异善文。授太常寺奉礼郎、集贤校理。历官翰林学士,权三司使,罢为侍读学士,知河阳。《宋史》有传。

其留下的词作仅两首。《贺圣朝》一词,最为著名。其词曰:"满斟绿醑留君住。莫匆匆归去,三分春色二分愁,更一分风雨。　花开花谢,都来几许。且高歌休诉,不知来岁牡丹时,再相逢何处?"[1]这首词的标题为"留别",充满着对分别时的留恋。在三分春色中,二分是愁情,一分是风雨;风雨也暗喻"愁"。在愁的气氛中,满斟翠绿色的美酒劝友人多喝几杯,不要匆匆归去,但也留不住友人的离开。花开花落,容光短暂,那么,还是放声高歌,不要诉说什么离情别绪吧!不知来年牡丹再开时,还能在何处相逢!全词以排解宽慰的语气,解释离愁,透露出一些开朗的情态。

3. 贺铸(1063—1120)

字方回,晚年定居苏州升平桥,在横塘建有别墅。元祐(1086—1094)任通直郎,后通判泗州,又任太平州副。面铁色,面目耸拔,人称"贺鬼头"。喜谈当世事,讽谕直言,虽权贵少不当意,便极言批之。由于任酒使气,不得美官。藏书数万卷,亲自校雠。工于诗词,与著名文人结交,有《庆湖遗老集》《东山乐府》等。

其最有名的为《青玉案》一词:"凌波不过横塘路。但目送、芳尘去。锦瑟华年谁与度。月桥花院,琐窗朱户。只有春知处。　飞云冉冉蘅皋暮,彩笔新题断肠句。若问闲情都几许,一川烟草,满城风絮,梅子黄时雨。"[2]这首词是贺铸落户苏州,住横塘别业时所作。锦瑟,漆有织锦纹的瑟。锦瑟华年,喻青春时代。唐李商隐《锦瑟》诗:"锦瑟无端五十弦,一弦一柱思华年。"琐窗,刻有连锁图案的窗棂。蘅皋,长有香草的沼泽。这是一首极负盛名的爱情诗词。他把漂亮的少女比喻作凌波的仙子,只是目送芳尘而去,而没有到横塘来。叹自己的青春年华虚度。在月桥花院、琐窗朱户中,却只有春知道其中的意味。乌云慢慢升起,种满香草的沼泽已经傍晚。用彩笔写下了断肠的诗句,其忧愁之情如一川的烟草,满城的风絮与绵绵不断的梅雨。其中"梅子黄时雨"一句特佳,"人谓之何

---

[1] 叶清臣:《贺圣朝·留别》,《全宋词》上册,中州古籍出版社1996年,第83页。
[2] 贺铸:《青玉案·横塘路》,《全宋词》上册,中州古籍出版社1996年,第360页。

梅子"。贺铸善于用地方风物来描写自己的心情,把自己的愁绪与苏州特有的景色结合起来,情真意奇,被广泛传颂,受黄庭坚等著名诗人的赏识,并与之唱和。

贺铸咏苏州风情的诗有《吴门秋怀》,词有《渔家傲·吴门柳》:"窈窕盘门西转路。残阳映带青山暮。最是长杨攀折苦。堪怜许,清霜翦断和烟缕。春水归期端不负。依依照映临南浦。留取木兰舟少住。无风雨,黄昏月上潮平去。"[1]这是一首咏柳之作,却饱含作者的情丝。窈窕,指苏州盘门下狭长之路,似亦可指苗条的淑女。词的开头,表现了分离的悲伤气氛,在曲折的路上,在残阳映山的暮景中,攀折长杨与恋人送别,如凌厉的霜剪割断了条条柳丝一样,十分可怜与悲凉。下阕再借柳色写出了思念的心情。南浦,南方的水边,送别之地。屈原《九歌·河伯》:"子交手兮东行,送美人于南浦。"木兰舟,用木兰树造的船,后常作船的美称。春水随汛期按时归来,没有失却诺言,仍然依依照映在送别的南浦。但离人能否在木兰舟上无风无雨地住一些时候呢,像黄昏月上潮水平静地退走呢!以物喻情,借景抒情,这首含有苏州风物的词,乃是一首佳作。贺铸既有慷慨豪纵之作,又有深婉丽密之词,风格多样,善从唐诗中吸收故实与藻彩。

4. 叶梦得(1077—1148)

字少蕴,号石林居士。叶清臣曾孙,绍圣四年(1097)进士,累官中书舍人、翰林学士、吏部尚书等职。绍兴时任江东安抚制置大使,兼知建康府、行宫留守,十分重视防务与军饷供应。后移知福州,提举洞霄宫,晚年居湖州石林谷。其学问博洽,熟悉掌故,著有《石林燕语》《避暑录话》等。能作诗词,有《石林词》,其词受苏东坡影响,具有豪放之风,颇有感怀时事之作。今分析下列数首。

《贺新郎》:"睡起啼莺语。掩苍苔、房栊向晚,乱红无数。吹尽残花无人见,惟有垂杨自舞。渐暖霭、初回轻暑。宝扇重寻明月影,暗尘侵,上有乘鸾女。惊旧恨,遽如许。　　江南梦断横江渚。浪粘天,葡萄涨绿,半空烟雨。无限楼前沧波意,谁采蘋花寄取。但怅望,兰舟容与。万里云帆何时到,送孤鸿、目断千山阻。谁为我,唱金缕。"[2]上片写作者午睡长沉,醒来已是傍晚时分,忽闻细啭的流莺之声,突出了环境的幽寂。乱红无数,残花点点,说明春光将歇,只有柳条还在飞舞,反映了空寂的气氛与孤独的心情。接着写到云气呈暖,初夏轻暑,便联想到夏令时节常用之物的扇子。在明月影中暗尘侵的宝扇,上面隐约画有乘

---

[1] 贺铸:《渔家傲》,《全宋词》上册,中州古籍出版社1996年,第373页。
[2] 叶梦得:《贺新郎》,《全宋词》上册,中州古籍出版社1996年,第534页。

鸾女,却使作者陷入沉思之中。乘鸾女,指月中仙女。传说唐明皇游月宫"见素娥千余人,皆皓衣乘白鸾"(《龙城录》),诗人见到这扇面引起了爱情的"旧恨",而不自觉涌上心头,竟如此之深。下片应是追忆或想象,是说梦见江南景色,洲渚横江,江水涨绿,浪接云天,连空烟雨,乘鸾仙女已经逝去,而思念不止,如沧波之无限。有谁能寄我萍花呢,能否寄到呢,我只能怅然地想望着她泛着兰舟,闲暇自得吧。我与你相隔万里,云帆遥挂,舟船难通,只能目送孤鸿,征羽断于千山之阻而暗自神伤。有谁为我唱一曲深悔少年光阴虚过的《金缕曲》呢?这首词静中有动,由近及远,抒发了词人深沉的感情。

又如《水调歌头》:"霜降碧天静,秋事促西风。寒声隐地,初听中夜入梧桐。起瞰高城回望,寥落关河千里,一醉与君同。叠鼓闹清晓,飞骑引雕弓。　岁将晚,客争笑,问衰翁:平生豪气安在,沈领为谁雄?何似当筵虎士,挥手弦声响处,双雁落遥空。老矣真堪愧,回首望云中。"[1]这首词,据曾慥《乐府雅词》的题序是:"九月望日,与客习射西园,余偶病不能射。客较胜相先。将领岳德,弓强二石五斗,连发三中的,观者尽惊。因作此词示坐客。前一夕大风,是日始寒。"这是一首叹息衰病之作,但不是悲伤的吟咏,而在衰颓中透露出高远。上片写与客夜之"醉",但醉而不沉,醉中清醒。在肃杀的霜降深秋中,听到寒声进入梧桐之林,而词人登高遥望,关心的却是沦于异国的北方领土与频催清晓的战鼓、奔骑雕弓的飞射。下片写习射的情景:由于年岁已老,衰病而不能射,被客所笑问,"平生豪气安在?沈领为谁雄?"在当筵虎士岳德"挥手弦声响,双雁落遥空"的射技描写之后,发出"老矣真堪愧"的慨叹。"回首望云中"一句,表达词人对国家统一的追求与希望。云中,指云中郡,汉时李广在此抗击匈奴而闻名。作者把爱国情绪与环境、气氛融合成一个统一整体,烘托出勇士赴敌的气势,赞颂了当筵虎士的武勇形象,表现作者虽衰老而壮志犹存的心情。

又如《八声甘州·寿阳楼八公山作》:"故都迷岸草,望长淮,依然绕孤城。想乌衣年少,芝兰秀发,戈戟云横,坐看骄兵南渡,沸浪骇奔鲸,转盼东流水,一顾功成。　千载八公山下,尚断崖草木,遥拥峥嵘。漫云涛吞吐,无处问豪英。信劳生、空成今古,笑我来、何事怆遗情?东山老,可堪岁晚,独听桓筝。"[2]这首词约写于绍兴三年(1133)前后,叶梦得任江东安抚大使兼知建康府并寿春等六州宣抚使,在登临寿阳八公山所作。八公山,传为汉淮南王刘安有八个宾客住

―――――――
[1] 叶梦得:《水调歌头》,《全宋词》上册,中州古籍出版社1996年,第534页。
[2] 叶梦得:《八声甘州》,《全宋词》上册,中州古籍出版社1996年,第535页。

此而命名,而八公山之出名是因为它是东晋与苻秦淝水之战的所在地。公元383年,东晋谢石等奉谢安之命在此以八万兵力击败苻秦号称百万的大军,是一个以少胜多成功的战例,引起不少文人墨客的不断吟咏。梦得到此,自不例外。这首词的上阕,主要是对淝水之战的追想。故都,指寿春城,战国后期楚国都城。长淮,指淝水,因是淮河支流故亦可称淮。前三句,通过迷岸的野草,感受到历史的相似。在社会呈"迷"的混浊战乱世态,水依然长流,而繁华的故都却成了孤城,说明这里已面临最前线,负有保障国家安全的责任。下面七句是追忆淝水之战的来龙去脉与激战场面。乌衣年少,指谢氏家族的青年谢石、谢玄等。谢氏住建康(今南京)乌衣巷。芝兰秀发,比喻年轻有为的子弟。谢玄:"譬如芝兰玉树,欲使其生于阶庭耳"〔1〕。戈戟云横,指东晋的军队使用的武器像阵云一样,横列开去,表现了东晋军队军容之盛。骄兵,指苻秦的军队。奔鲸,亦指苻军。谢朓《和王著作融八公山诗》:"长蛇固能弊,奔鲸自此曝。"〔2〕李善注:"奔鲸,喻坚也。"作者运用对比的手法,形象化地表现了东晋的胜利。骄傲的苻秦军为沸浪所骇,而败退。在转盼之间,晋军如流水之顺,一战成功。下阕,是作者对淝水之战的评论与感情抒发。八公山在千载之后,尚存断崖与茂盛的草木,露着峥嵘的峰颜,但是山河依旧,古人不再,今日的抗金事业,无从做起。"漫云涛吞吐,无处问豪英",是说今日无论朝廷与前线,抗金无积极主动行动,任凭云涛漫天吞吐,"豪英"却无处可问。不过话又要说回,即使是谢氏子弟劳碌为国,也不空成过去,因此,我也不必为往事悲怆,表达了作者对朝廷排斥主战派的强烈不满。最后三句:东山老,指谢安,他曾隐居东山。桓筝指桓伊弹筝事。谢安晚年,被晋孝武帝疏远。一次谢安陪孝武帝饮酒,桓伊弹筝助兴,并唱曹植《怨歌行》中"为君既不易,为臣良独难。忠信事不显,乃有见疑患"等句,使孝武帝显出愧色。这实际是指责朝廷抗金不力而功臣受疑的国家颓势。这首词叙史抒情紧密结合,以对比等手法,表达了作者复杂的心思与爱国的情操。

叶梦得的词,还有《水调歌头·秋色渐将晚》《念奴娇·云峰横起》等,表现了一定的思想与艺术水平。早年之作婉丽多情,中年贬官与归隐后,寄情于江山风月与田园逸兴,多直抒胸臆之作。南渡之后表现了救亡图存、匡复故国的决心。主题重大,气魄高远,多用典故,淡而雄杰,在南宋的词坛上有一定的地位。

---

〔1〕 徐震堮:《世说新语校笺》卷上《言语第二》,中华书局1984年,第82页。
〔2〕 逯钦立:《先秦汉魏晋南北朝诗·齐诗》卷四,中华书局1983年,第1440页。

5. 范成大(1126—1193)

范成大是南宋著名诗人。当时的四大诗人之一。这四大诗人是尤袤、杨万里、范成大、陆游。也有把"杨万里"置换成萧千岩的。但范成大始终名列其中,完全可以与杨、陆等颉颃。

范成大的诗,大致可以分成两类,一类是渗透爱国思想的诗作,一类是反映人民生活的作品。他长期为生活而奔波,与社会底层尤其是农民有较多的接触,晚年更是隐居于石湖,与农民保持着一定联系。范成大从儒家思想出发,对当时社会生活有所理解,关心人民的疾苦,具有爱国爱民的思想,写出具有现实意义的作品。他继承了白居易、张籍、王建等现实主义精神与新乐府传统,能直接深入现实之境,以平实浅显的语言创造了"清新妩媚"的风格。范成大具有价值的优秀作品是集中表现在《四时田园杂兴》六十首等反映劳动人民生活的作品,还揭露了封建剥削制度的残酷性,这在《催租行》等作品中,作了有力的刻画。《催租行》:"输租得钞官更催,踉跄里正敲门来。手持文书杂嗔喜,我亦来营醉归耳。床头悭囊大如拳,扑破正有三百钱。不堪与君成一醉,聊复偿君草鞋费。"[1]《后催租行》:"老父田荒秋雨里,旧时高岸今江水。佣耕犹自抱长饥,的知无力输租米。自从乡官新上来,黄纸放尽白纸催。卖衣得钱都纳却,病骨虽寒聊免缚。去年衣尽到家口,大女临歧两分首。今年次女已行媒,亦复驱将换升斗。室中更有第三女,明年不怕催租苦。"[2]两首诗反映了农民"输租"的沉重负担,简直压得喘不过气来。不管水旱灾害,都得捐税,"黄纸放尽白纸催"。常抱饥饿的农民,只得卖衣换钱交租,甚至变相地卖女完租,这样才能暂且免去"被缚"的命运。地方政权最基层的"里正"乘机勒索,农民只得扑破悭囊(储钱器),买酒招待,揭露了统治阶级对农民的惨重剥削。像这一类的诗歌还有《乐神曲》《缫丝行》及《田园杂兴》诗中若干首。反映农民"解衣折租""卖丝还租",甚至种菱的水面亦收租,迫使农民陷入只得用"糠核饱儿郎"的惨坑。范成大的诗词,体现了农民忧乐伤喜的情感。

范成大的诗描写了农村的自然景色,与农民质朴勤劳的生活,充满泥土气息。除上述引用"新筑场泥"与"昼出耘稻"之外,典型的还有下列几首:"梅子金黄杏子肥,麦花雪白菜花稀。日长篱落无人过,唯有蜻蜓蛱蝶飞。""土膏欲动雨频催,万草千花一饷开,舍后荒畦犹绿秀,邻家鞭笋过墙来。""黄尘行客汗如

---

[1] 范成大:《催租行》,《宋诗钞》,中华书局1986年,第1717页。
[2] 范成大:《后催租行》,《宋诗钞》,中华书局1986年,第1724页。

浆,少住侬家漱井香。借与门前盘石坐,柳阴亭午正风凉。""三旬蚕忌闭门中,邻曲都无步往踪。犹是晓晴风露下,采桑时节暂相逢。"[1]这些诗,是诗人在淳熙丙午(1186)到石湖隐居,观察农事所得,写出了美丽的田园风光与生产习惯。末一首的"蚕忌"两字,是指农妇开养春蚕后不得外出,拒绝一切庆吊往来的农习。其他如《劳畲耕》《夔州竹枝歌九首》等,亦描写了劳动人民的生活,包括应时果蔬的变化、农村的贸易、节日的活动甚至村妇的妆饰等,写得生动活泼。

范成大的诗还描写了苏州特有的景色,如《过平望》就摹绘了"鸡犬各村落,莼鲈近江乡"的景象,与"孤屿乍举网,苍烟忽鸣榔"的捕鱼生活。又如《木渎道中》《光福塘上》《枫桥》等诗对苏州的景点作了生动的描写。而其中尤为突出的是《横塘》诗:"南浦春来绿一川,石桥朱塔两依然。年年送客横塘路,细雨垂杨系画船。"[2]南浦,常指分别之地,这里应指横塘码头。朱塔,指上方山楞伽寺塔。这首诗写出了送别的场景,大有物是人非之感,桥塔依旧,浦青川绿,在垂阳细雨中送别,更具特别情怀。范成大的诗还反映了不少苏州民间习俗。这主要有《元夕二首》《重午》《腊月村田乐府十首》等。一些过年的习俗,如"口数粥""照田蚕""卖痴呆""打灰堆"等今天都已失传,赖范成大诗,仍可见其大概,为传统民俗的复兴提供参考。

再一类是爱国主义精神的诗作,这在范成大为国使北上金廷所作中,体现得更加明显。如《宜春苑》:"狐冢獾蹊满路隅,行人犹作御园呼。连昌尚有花临砌,肠断宜春寸草无。"[3]宜春苑,在开封旧宋门之内,俗名东御园。连昌,唐朝宫名,曾被安禄山所占,这里指北宋宫苑。这首诗反映了被侵土地的惨状,昔日花草似锦的宜春苑,今日成为狐獾坟径的地方,见之无不断肠。又如《州桥》一首:"州桥南北是天街,父老年年等驾回。忍泪失声询使者,几时真有六军来?"[4]州桥,原开封城内一桥,南望朱雀门,北望宣德楼,桥旁是十分繁华的街区。天街,开封城内的大街,是交通之枢纽。六军,天子之军,这里指宋军。这首诗反映了在金统治下的人民对南宋政权的真挚感情,要求恢复的渴望,也是对南宋最高统治集团一味"乞和"的讽刺。

范成大的诗,丰富多彩,既展示了吴地特有的水乡风光,记述了农民劳动过程的艰辛与命运的悲苦,也表现出了强烈的爱国主义精神。在清新的笔调中,不

---

[1] 范成大:《春日田园杂兴》等,《宋诗钞》,中华书局1986年,第1799—1802页。
[2] 范成大:《横塘》,《宋诗钞》,中华书局1986年,第1719页。
[3] 范成大:《宜春苑》,《宋诗钞》,中华书局1986年,第1740页。
[4] 范成大:《州桥》,《宋诗钞》,中华书局1986年,第1740页。

失豪迈爽直的强烈感情。他的诗,在清淳温润中,还含有孤直峭拔、浓郁指实的风格。婉峭结合,刚柔得宜,是范成大诗的特色。

6. 刘过(1154—1206)

字改之,号龙洲道人,原吉州太和(今属江西)人。尝伏阙上书,请光宗过宫,复以书抵时宰,陈恢复方略,不报。故人潘文友宰昆山,延致寓昆,终老于此。有《龙洲集》。

刘过力主北伐,曾与辛弃疾交游。其词气魄宏阔,风格豪放。他赞扬岳飞的抗金壮举,在拜谒岳飞庙时,写《六州歌头》一阕:"中兴诸将,谁是万人英。身草莽,人虽死,气填膺。尚如生。年少起河朔,弓两石,剑三尺,定襄汉,开虢洛,洗洞庭。北望帝京。狡兔依然在,良犬先烹。过旧时营垒,荆鄂有遗民。忆故将军,泪如倾。　说当年事,知恨苦,不奉诏,伪耶真。臣有罪,陛下圣,可鉴临。一片心。万古分茅土,终不到,旧奸臣。人世夜,白日照,忽开明。衮佩冕圭百拜,九泉下,荣感君恩。看年年三月,满地野花春。卤簿迎神。"〔1〕这首词叙述了岳飞英勇抗金巨大功绩,从少年在河朔起家,凭弓箭定襄汉,洗洞庭,收复帝京已经在望,可谓中兴名将,万人之英。但是遭奸臣昏君之害,敌人还未消灭,"狡兔依然在,良犬先烹"。因此,看到旧时营垒与荆鄂遗民,有泪如倾。下阕主要是对岳飞平反昭雪的宽慰,说冤狱之解如白日之照,开豁明亮。人们忘不掉忠魂之存,"看年年三月,满地野花春"。岳飞在人民心目中已成为神,故以卤簿相迎。这首词充满对岳飞的赞颂,对奸邪的愤慨之情。

又《六州歌头》:"镇长淮,一都会,古扬州。升平日,珠帘十里春风、小红楼。谁知艰难去,边尘暗,胡马扰,笙歌散,衣冠渡,使人愁。屈指细思,血战成何事,万户封侯。但琼花无恙,开落几轻秋。故垒荒丘。似含羞。　怅望金陵宅,丹阳郡,山不断绸缪。兴亡梦,荣枯泪,水东流。甚时休。野灶炊烟里,依然是,宿貔貅。叹灯火,今萧索,尚淹留。莫上醉翁亭,看蒙蒙雨、杨柳丝柔。笑书生无用,富贵拙身谋。骑鹤东游。"〔2〕珠帘十里,指昔日扬州的繁华。杜牧诗:"春风十里扬州路,卷上珠帘总不如。"琼花,扬州名花,传隋炀帝下江都是为观看此花。金陵,今南京。丹阳郡,西汉置,在今苏浙皖三省交界地区,原治所在宣城(今属安徽),三国吴移治建业(今南京),后辖境渐小,隋大业中又改蒋州为丹阳郡。醉翁亭,在滁州。这首词,抒发了对故国之思。上阕写到了扬州的繁华与南渡后

---

〔1〕 刘过:《六州歌头》,《全宋词》下册,中州古籍出版社1996年,第1462页。
〔2〕 刘过:《六州歌头》,《全宋词》下册,中州古籍出版社1996年,第1462页。

"故垒荒丘"的凄凉。下阕写恢复山河的强烈愿望,虽然野灶炊烟里,依然宿着猛兽,但兴复国家之梦似水流之不休。尽管作为书生,拙于谋身,对于恢复几乎无用,但此心仍念念不忘。

刘过的《糖多令》一阕,写得较为清丽伤感:"芦叶满汀洲,寒沙带浅流,二十年、重过南楼。柳下系舟犹未稳,能几日,又中秋。　黄鹤断矶头,故人今不在。旧江山、浑是新愁。欲买桂花同载酒,终不是,少年游。"[1] 南楼,指安远楼。据《彊村丛书》本,在词牌下有小题,说明创作此词的背景:"安远楼小集,侑觞歌板之姬黄其姓者,乞词于龙洲道人,为赋此《糖多令》。同柳阜之、刘去非、石民瞻、周嘉仲、陈孟参、孟容,时八月五日。"这首词为应黄姓歌姬而作。上片写秋色景物,芦叶满州,已带寒意,二十年重到南楼,光阴易过,时序易变,过几天,又是一个中秋。下片言黄鹤已去,故人不在,与少年之游不能相比,点染了对故国山河之恋,引起旧时江山陷于敌国的些许仇恨。

刘过的词"出语豪纵",无疑受到辛弃疾豪放派的巨大影响,体现了强烈的恋国之思与爱国情怀。但在一些情词中也写得比较缠绵伤感,"赡逸有思致",自饶俊致,清新秀美。应该说在豪放词派中是具有特色的作家。

7. 郑思肖(1241—1318)

字忆翁,号所南。南宋连江(今属福建)人。十四岁迁居吴门,住乐桥条坊巷(今调丰巷)。他曾为太学上舍生,但未入仕,落苏以终。诗画均有巨大成就,著有《心史》《一百二十图诗集》《郑所南先生文集》等。所作《心史》,郑思肖在宋亡后四年(1283),把它置于铁函之中,沉入承天寺井底。至明崇祯十一年(1638)浚井时重新发现,故《心史》又称《铁函心史》或《井中心史》。有人疑《心史》是后人伪托,但未举出充分证据。

《心史》诗文并收。所收诗歌有《咸淳集》《大义集》《中兴集》三本诗集,共二百五十首诗歌。郑思肖具有强烈的爱国主义情感。有人指出,其名思肖,即"思赵"之意,"所南"为心所向于南宋,宋亡从来"不与北人交接"。他在咏镇江多景楼的两首五律中,对元蒙大军压摧下岌岌可危的南宋政权,十分忧虑。他比喻宋政权已如斜阳,感叹"谁宽西顾忧?"发出了"无力可为用,登楼欲断魂"的呼叫,但是似没有完全失去信心,希望南宋政权加以整顿,达到"一统正乾坤"的宏志。

他在《大义集》中反映了元军占领苏州的惨状,"德祐初年腊月二,逆臣叛我

---

[1] 刘过:《糖多令》,《全宋词》下册,中州古籍出版社1996年,第1457页。

苏城地。城外荡荡为丘墟,积骸飘血弥田里。城中生灵气如蛰,与贼为徒廿六日"。[1]苏州被元军蹂躏,"积骸飘血";繁华都市变成废墟,一派荒凉,"草泣荒宫雨,花羞哨地春"。以"草泣""花羞",表达了诗人的痛苦、悲伤、愧怍与愤慨!他对坚持民族气节、宁死不屈的忠臣义士,作了高度的评价。他在《五忠咏》中歌颂坚守潭州(今长沙),最终城破而全家自殉的李芾:"举家自杀尽忠臣,面仰青天哭断声。听得北人歌里唱,潭州城是铁州城。"[2]充分表现了李芾的英声浩气。对众所周知的民族英雄文天祥,更是推崇至极,其《和文丞相六歌》之五:"我所思兮文丞相,英风凛凛照穹壤。失身匍匐草莽间,屡迫以死弥忠壮。虚空可变心不变,吐语铿然金石响。想公骨朽化为土,生树开花亦南向。"[3]以歌行的形式,一唱三叹,赞扬了文天祥的经历与忠壮不屈之情。此诗作于至元十七年(1280),文天祥被囚于大都,郑思肖料其必死,想象将来埋骨的坟上,生树开花,枝叶花朵都是"南向",借以表明自己"所南"(以南为所)的朗然心迹。

郑思肖的诗,还反映了异族统治下,平江人民的痛苦生活:"一变太平业,民生若失巢。乏牛耕瘠土,多马坏荒郊。花圃半栽菜,谷田今长茅……"[4]又说:"日没虎狼出,城荒荆棘生。"抨击统治者摧残生产,土地荒芜。在《江南丝》中更反映了在鞭挞之下的丝绸工匠,强忍悲痛,含苦劳动,把绫罗绸缎给了统治者,而自己却只能"草纫檞叶当衣裳",作了鲜明的对比。

郑思肖,诗画兼美,作了一些题画诗,以表明心迹。在《墨兰》诗中,以墨兰比喻遗民,"抱香怀古意,恋国忆前身"。又在《寒菊》诗中说:"宁可枝头抱香死,不曾吹落北风中。"[5]表明了不屈于"北风"(指元蒙统治者)的高洁品质。郑思肖还写了不少有关苏州风物的作品。其《宿半塘寺》诗:"一襟清气足,此夜岂人寰?醉影松杉下,吟身风露间。秋悬当殿月,云宿近城山。明发骑鲸去,飘然不可攀。"半塘寺在苏州山塘街半塘彩云里。骑鲸,指隐遁或游仙。汉扬雄《羽猎赋》:"乘巨鳞,骑京(鲸)鱼。"这首诗把半塘寺比作富含清气的人间仙境,秋殿悬月,云宿近山。诗人在此,醉眠松杉影下,吟诗于风露之间,表达了要乘鲸仙游的愿望。这些写景的诗往往与他的心情表达融化一体。郑思肖的诗文,对顾炎

---

[1] 郑思肖:《陷虏歌》,《四库禁毁丛刊》集部第30册《心史》,北京出版社1998年,第23页。
[2] 郑思肖:《五忠咏》,《四库禁毁丛刊》集部第30册《心史》,北京出版社1998年,第21页。
[3] 郑思肖:《和文丞相六歌》,《四库禁毁丛刊》集部第30册《心史》,北京出版社1998年,第33页。
[4] 郑思肖:《郊行即事四首》,《四库禁毁丛刊》集部第30册《心史》,北京出版社1998年,第25页。
[5] 卢熊:洪武《苏州府志》卷四十《人物》,广陵书社2015年,第516页。

武、梁启超等大学者产生了影响。

8. 顾瑛(1310—1369)

又名顾德辉、顾阿英,字仲瑛,晚号金粟道人。苏州昆山人,出身于富于资财的巨族。曾祖顾宗恺在宋作武翼郎,祖仕元任卫辉怀孟路总管。父亲顾伯寿终生未仕,经营田业,隐逸以终,号玉山处士。顾瑛继承父志,治理产业,经过十几年的打拼,成为吴中巨富。自"而立"之年后,顾瑛折节读书,出资购买古书名画,鼎彝珍玩,学养大进,诗才奋发,足以与当时的名士相唱和匹敌。顾瑛虽曾二次佐治军务,但喜文酒之乐,本质上是一文士。他在文坛上的成就,首功在于玉山雅集的建立。顾瑛喜交结文士,倪云林、杨维桢、柯九思、张翥等著名江南文人,都是他的座上客。为了招聚这些文士,特地筑设了被称作玉山佳处(也称玉山草堂)的园林以处之。至正八年(1348)始,在界溪旧宅之西,陆续建设亭台等景点,到至正十年,已落成26个。顾瑛还在这里为一些常客,设置了专用的客房"行窝"。顾瑛广招文人墨客到这里饮酒赋诗,称玉山雅集,前后有一百多次。玉山,乃昆山之别名。至正十二年(1352)江南掀起反元浪潮,群雄并起,玉山雅集仍坚持进行,时断时续,得到了占领苏州的张士诚政权的庇护。玉山雅集,为文士的聚会、创作提供了一个良好的平台。当时在吴中活动的文人,几乎都到过玉山草堂,人数达百人以上。除了苏州,还有常州、松江等江南文人;也有流寓、游学、仕宦、路经昆山的骚人墨客、艺术之士;甚至还包括有基督教背景的也里可温,有伊斯兰背景的答失蛮等人。"日夜与高人俊流置酒赋诗",[1]来者都有宾至如归之感。顾瑛将自己的诗章结辑为《玉山璞稿》二十卷,还编集有《玉山名胜集》《玉山名胜外集》,有以玉山雅集为主题的《玉山唱和》,有顾瑛与同仁的作品集《草堂雅集》。此外,还有袁华编辑的《玉山纪游》与未署编者的《玉山遗什》。收录有关玉山雅集的诗词5 000余首。尽管玉山草堂在元明易代战乱之际片瓦无存,但玉山雅集留下的诗篇仍闪耀着一定时代的光华,也使顾瑛作为元末文坛东道主的地位不可动摇。

顾瑛之学儒道佛相杂,可谓杂家,他所作自赞诗说:"儒衣僧帽道人鞋,到处青山骨可埋。还忆少年豪侠兴,五陵裘马洛阳街。"[2]五陵,汉时贵族聚居区。洛阳街,洛阳是九朝都会,洛阳街指繁华的街区。顾瑛三教兼具,说明他兼收并

---

[1] 钱谦益:《列朝诗集小传》甲集前编卷八,《续修四库全书》第1633册,上海古籍出版社2003年,第398页。

[2] 顾瑛:《自赞》,《列朝诗集小传》甲集前编卷八,《续修四库全书》第1633册,上海古籍出版社2003年,第400页。

蓄的治学态度。顾瑛的诗"清丽芊绵,出入于温岐李贺间"。[1]他的诗表达自己隐居闲适的心情。如《虎丘十咏》之一,咏"小吴轩"云:"雪没群山尽,天垂落日悬。凭虚俯城郭,隐见一丝烟。"[2]抒发了人间如烟云的感叹。但也有人认为他的诗堪比杜甫。卢熊以《大雅》之作相期许,说:"大雅复谁继,斯人良独工。时时志忧国,仿佛仁陵翁。"顾瑛的诗揭露了元末兵荒马乱的事实,他在《金粟冢中秋日燕集》中说:"十载苦国难,豪杰纷戈矛。鸿门碎玉斗,桃园宰乌牛。战血溅野草,饿殍填荒沟。"鸿门,指刘、项在鸿门宴上的斗争。桃园,指东汉末刘备等在桃园杀牛结义起事。这首诗反映了在军阀的混战中,百姓陷入水深火热中的痛苦生活。

顾瑛的诗,颇有现实主义风格,揭露了元朝政府的腐败。今看下列两首,其一:"带号新军识未真,拦街作队动生嗔。官支烂钞难行使,强买盐粮更打人。"[3]这首诗是顾瑛以吴下时事,答张仲举待制的诗。在统治者面前直接揭露了元军作战无能,而滥发纸币,强行买粮的恶行。又如:"和籴粮船去若飞,兼春带夏未曾归。用钱赠米该加七,纳户身具百结衣。"顾瑛在这两首诗中,揭露统治集团征发无数,深至骨髓,农村饿殍遍地的事实。这两首诗,是元朝末年的时代哀卷,富有现实讽谕意义。顾瑛的诗清丽与朴实兼长,在苏州文学史上占有一定地位。

三、外地作家咏苏诗词

五代宋元时期,一些外地的杰出诗人,或在苏任官从政,或在苏州寓居暂住,或到此赏景漫游,在苏州这块富饶的土地上,由苏州风物名胜启示灵感,抒发心情,他们还或多或少地吸收了苏州艺术养分。因此,他们的有关作品亦可视作苏州文学的一部分。

王禹偁(954—1001),字元之,山东巨野人。太平兴国八年(983)进士,官至右拾遗、翰林学士。雍熙元年(984)任长洲县令。一生直言敢说,有《小畜集》。他主张文学革新,作文简雅古淡;他在苏州留下不少诗篇。今举两首,《洞庭山》:"吴山无此秀,乘暇一游之。万顷湖光里,千家橘熟时。平看月上早,远觉鸟归迟。近古谁真赏,白云应得知。"[4]这首诗赞美洞庭东西山美丽秀色,湖光

---

[1] 永瑢等:《四库全书总目》卷一六八《集部·别集类二》,中华书局1965年,第1460页。
[2] 顾瑛:《玉山璞稿》,文渊阁《四库全书》第1220册,上海古籍出版社1987年,第144页。
[3] 顾瑛:《玉山璞稿》,文渊阁《四库全书》,第1220册,上海古籍出版社1987年,第142页。
[4] 范成大:《吴郡志》卷十五《山》,江苏古籍出版社1986年,第214页。

一片,橘熟千家,表达了对早月、迟鸟的特有感知与闲适的心情。《响屧廊》:"廊坏空留响屧名,为因西子绕廊行。可怜伍相终尸谏,谁记当时曳履声?"[1]响屧廊,在春秋吴国时离宫馆娃宫内,今灵岩寺佛塔旁,尚存遗迹。传吴王夫差用梗梓建廊,西施穿木屐在上行走,发出声响,故名,这就是诗中上两句的来源。后两句有感于时过境迁,物坏名留,表达了对伍子胥忠勇尸谏的同情,对吴王夫差迷恋女色的讽刺。王禹偁所作江南小词意境远大,自然通达,所描写水乡之风貌,十分真切,见之犹如亲历。

罗处约(960—992,或说958—990),字思纯,益州华阳(今成都)人。宋太宗时登第,曾作吴县令。常与同郡的长洲县令王禹偁互相酬唱,有《东观集》。作《题太湖》:"三万六千顷,湖浸海内田。逢山方得地,见月始知天。南国吞将尽,东溟势欲连。何当洒为雨,无处不丰年。"[2]此诗言太湖之阔大,包孕南国,势连东溟,吞吐日月,波撼群山,具有阳刚之美。末二句更表现了作者关心民生、祈求丰年的胸怀。

柳永(987?—1053?),北宋著名词人,原名三变,字耆卿。因排名第七,人称柳七,崇安(今属福建)人。官屯田员外郎。柳词多有咏山水之作。他在《瑞鹧鸪》词中,把苏州描绘成"瑶台绛阙、依约蓬丘"的仙境之地。柳永词因境联史,因史生情,其《双声子》词:"晚天萧索,断蓬踪迹,乘兴兰棹东游。三吴风景,姑苏台榭,牢落暮霭初收。夫差旧国,香径没、徒有荒丘。繁华处,悄无睹,惟闻麋鹿呦呦。　想当年、空运筹决战,图王取霸无休。江山如画,云涛烟浪,翻输范蠡扁舟。验前经旧史,嗟漫载、当日风流。斜阳暮草茫茫,尽成万古遗愁。"[3]柳永这首大气磅礴的词,描绘了暮色中繁华的姑苏台榭,经历史舟航的驶行,已成香径掩没,只闻鹿呦的荒丘,而引发词人的悲愁之情。这首词一反柳永缠绵悱恻的风格,而充满雄浑悲壮之气。这可能是苏州壮丽如画的江山给他予启迪吧。有人以为,这首词还影响了苏轼《念奴娇·大江东去》一词的创作,可谓里程碑式作品。

梅尧臣(1002—1060),字圣俞,宣城(今属安徽)人,世称宛陵先生。宋仁宗召试,赐进士出身,累迁至尚书都官员外郎,仕途并不得意。但在诗坛享有盛名,作有《宛陵集》。相传他晚年谢事,作室于沧浪亭旁,与苏子美相邻。他在苏州留下《咏太湖》一诗:"东吴临海若,看月上青冥。河汉微分练,星辰淡布萤。细

---

[1] 范成大:《吴郡志》卷八《古迹》,江苏古籍出版社1986年,第105页。
[2] 罗处约:《题太湖》,《全宋诗》,北京大学出版社1998年,第847页。
[3] 柳永:《双声子》,《全宋词》上册,中州古籍出版社1996年,第19—20页。

烟沉远水,重露裹空庭。孤坐饶清兴,惟将影对形。"[1]这首诗以"平淡"的风格,道出了自己对太湖景物的观察,月上星移,沉烟浮去,河汉照鉴如练,星辰如萤之布,流露出一种超然物外的清高意趣。

方仲荀,宋大中祥符九年(1016)以尚书屯田员外郎知苏州,作有《虎丘山》一诗:"海涌起平田,禅扉古木间。出城先见塔,入寺始登山。堂静参徒散,巢喧乳鹤还。祖龙求宝剑,曾此凿屑颜。"[2]海涌,虎丘山的另一名称。相传山为海中涌出。塔,宋建隆二年(961)落成。参徒,参禅之徒。祖龙,秦始皇。屑颜,险峻貌。这首诗描写了虎丘山的状貌与云岩寺的景色,描绘揭示虎丘自然与人文景观,阐述了鹤涧、剑池的来历。相传秦始皇在此掘阖闾藏剑,开挖而成池,称剑池。全诗感叹历史变化的奥妙无穷。

张先(990—1078),字子野,乌程(今湖州)人,天圣进士,曾知吴江县,历都官郎中。其人以词闻名,其作语言工巧,喜作慢词,亦能作诗。在吴江时作七律曰:"春后银鱼霜下鲈,远人曾到合思吴。欲图江色不上笔,静觅鸟声深在芦。落日未昏闻市散,青天都净见山孤。桥南水涨虹垂影,清夜澄光合太湖。"[3]这首诗写出了芦浓、天净、远山近水的景色与银鲈美鱼的特产。此处之"虹"应是双指,一指天边之虹,一指垂虹桥之影。这首诗表达了作者对"吴江"与太湖的喜爱之情,"为当时之绝唱"。

欧阳修(1007—1072),字永叔,号醉翁、六一居士。吉水(今属江西)人,天圣八年(1030)进士。官到枢密副使,参知政事。直言敢谏,善作古文,为唐宋八大家之一。有《欧阳文忠公集》。为苏州作《沧浪亭》诗。沧浪亭,现为中国著名园林之一,宋苏舜钦(子美)筑于苏州南园。亭成,苏舜钦吟诗以寄。欧阳修作诗还赠:"子美寄我沧浪吟,邀我共作沧浪篇。沧浪有景不可到,使我东望心悠然。荒湾野水气象古,高林翠阜相回环。新篁抽笋添夏影,老枿乱发争春妍。水禽闲暇事高格,山鸟日夕相啾喧。不知此地几兴废,仰视乔木皆苍烟。堪嗟人迹到不远,虽有来路曾无缘。穷奇极怪谁似子,搜索幽隐探神仙。初寻一径入蒙密,豁目异境无穷边。风高月白最宜夜,一片莹净铺琼田。清光不辨水与月,但见空碧涵漪涟。清风明月本无价,可惜只卖四万钱。又疑此境天乞与,壮士憔悴天应怜。鸱夷古亦有独往,江湖波涛渺翻天。崎岖世路欲脱去,反以身试蛟龙渊。岂如扁舟任飘兀,红蕖绿浪摇醉眠。丈夫身在岂长弃,新诗美酒聊穷年。虽

---

[1] 梅尧臣:《咏太湖》,《吴郡志》卷十八《川》,江苏古籍出版社1986年,第249页。
[2] 方仲荀:《虎丘山》,《吴郡志》卷十六《虎丘》,江苏古籍出版社1986年,第231页。
[3] 龚明之:《中吴纪闻》卷一《张子野吴江诗》,上海古籍出版社1986年,第18—19页。

然不许俗客到,莫惜佳句人间传。"[1]这首长达二百五十二字的诗篇,并不是亲历,而是经苏舜钦的书介而创作,但写得十分逼真,尤为难得。全诗介绍了沧浪亭荒湾野水、高林翠阜、篁蕟争春、禽鸟鸣喧的景色。对苏舜钦的遭遇表示深切的同情,赞美了苏舜钦摆脱世事,作诗饮酒以度年的洒脱神态。全诗描绘生动真实,其"清风明月本无价",尤脍炙人口。

王仲甫,字明之,王岐公的侄子,寓居苏州。风流翰墨,名著一时。在苏州有所爱恋。后至京师,被岐公强留,逾时不能返回,于是仿效古乐府"膏砧今何在"体,作诗云:"黄金零落大刀头,玉箸归期划到秋。红锦寄鱼风逆浪,碧箫吹凤月当楼。伯劳知我经春别,香蜡窥人一夜愁。好去渡江千里梦,满天梅雨是苏州。"[2]表现了诗人逾时不归的愁绪与对情人的怀念。以江淮特有的"梅雨"表示忧愁之浓,体现了一种地方风物情结。

宋代名臣、学者司马光曾有咏吴淞江之作:"吴山黯黯江水清,欲雨未雨伤交情。扁舟荡漾泊何处?红蓼白苹相映生。"[3]司马光(1019—1086),字君实,陕西夏县(今属山西)人,仕至枢密副使、宰相,著名文学家、史学家。在他笔下的吴淞江景色十分清美,吴山黛黛,江水清清,"红蓼白苹",互相映衬。以自然的手法,表现了对这片土地的赞颂。

王安石(1021—1086)曾游苏州而作诗,他在《吴门》(亦称《泊舟姑苏》)一诗中说:"朝游盘门东,暮出阊门西。四顾茫无人,但见白日低。荒林带昏烟,上有归鸟啼。物皆得所托,而我无安栖。"[4]王安石,字介甫,晚号半山,临川(今属江西)人。官至宰相,是著名的改革家。他变法失败后退居金陵时,来苏漫游,从盘门到阊门,而四顾茫然无人,白日低迷,林荒烟昏,表达了变法失败无人相助的窘况,发出了"物皆有所托,而我无安栖"的感叹,流露出孤独寂寞的心态。王安石结合自己的心情,没有表现苏州城门的雄姿,而涂上一层灰暗的色彩。

郑獬(1022—1072),字毅夫,安陆(今属湖北)人。皇祐(1049—1054)中进士第一。善于描写景物,曾作《吴江桥》一诗寄时任吴江尉的刘叔懋。其诗云:"三百阑干锁画桥,行人波上踏灵鳌。插天蟏蛸玉腰阔,跨海鲸鲵金背高。路直

---

[1] 欧阳修:《沧浪亭》,《文忠集》卷三《古诗》,文渊阁《四库全书》第1102册,上海古籍出版社1987年,第40页。
[2] 龚明之:《中吴纪闻》卷四《王主簿》,上海古籍出版社1986年,第100页。
[3] 司马光:《松江》,《全宋诗》,北京大学出版社1998年,第6076页。
[4] 王安石:《泊舟姑苏》,《全宋诗》,北京大学出版社1998年,第6568页。

凿开元气白,影寒压破大江豪。此中自与银河接,不必仙槎八月涛。"〔1〕把吴江垂虹桥描绘成波上灵鳌,插天蟛蜞,鲸鲵金背,与上天相接的仙桥,活现了该桥的雄伟与曳长。

苏东坡(1037—1101),名轼,字子瞻,号东坡居士,嘉祐进士,曾任祠部员外郎,密州、徐州、杭州等地方主官。北宋著名文豪,也是书画大家。东坡热爱江南山水,常至苏州闾丘家访问。闾丘名孝终,任黄州太守时与贬在黄州的苏东坡交好,苏又与定慧寺住持僧守钦往来甚密。守钦在寺内专辟一室名"啸轩",供东坡住宿。苏有时还住城西姚淳家。相传,苏轼高度赞扬虎丘风景,有到苏州不到虎丘,是人生之憾事之语,成为虎丘景区的最好广告。他曾多次颂虎丘之景,作《虎丘寺》诗:"入门无平田,石路穿细岭。阴风生涧壑,古木翳潭井。湛卢谁复见,秋水光耿耿。铁花秀岩壁,杀气噤蛙黾。幽幽生公堂,左右立顽矿。当年或未信,异类服精猛。胡为百岁后,仙鬼互驰骋。窈然留清诗,读者为悲哽。东轩有佳致,云水丽千顷。熙熙览生物,春意破凄冷。我来属无事,暖日相与永。喜鹊翻初旦,愁鸢蹲落景。坐见渔樵还,新月溪上影。悟彼良自哈,归田行可请。"〔2〕这首诗全面反映了虎丘的景貌与史事。虎丘寺,即云岩禅寺,相传东晋贵族王珣、王珉兄弟舍宅而筑。湛卢,宝剑名。欧冶子所造五剑之一,献于吴王。铁花,虎丘剑池一带石壁色赪如铁,其纹如花。生公,即竺道生,主张万物皆有佛性。生公堂,在千人石北。顽矿,传说生公讲道连顽石都点头。仙指清远道士,唐人,曾作《同沈公子游虎丘》。鬼,指唐幽独君曾在虎丘石壁题诗一首,其旁有一首无名氏"鬼"答诗。唐著名人士颜真卿、李德裕等均作诗追和。东轩,虎丘一轩,在致爽阁附近。这首诗描写了虎丘的景物:细岭石径,风生涧壑,古木翳潭,铁花绣壁。挖掘虎丘的人文历史,从宝剑藏池、生公说法,到"仙鬼"题诗,一一道来。然后再回到虎丘一些建筑物的刻画,衬托这一带的风光气氛:云水多丽,春意暖融,喜鹊翻飞,渔樵晚归,新月升溪。最后表达了自己"归田"的愿望。全诗不事雕琢,几近直叙,运用衬托对比的手法,立体性、流动式地介绍了虎丘之景,抒发了个人的情怀。此外,苏东坡过垂虹桥,也曾作诗咏之。

黄庭坚(1045—1105),字鲁直,号山谷道人。分宁(今修水)人,苏轼门人,称苏黄,是江西诗派的创始人。他作《梅福隐居相传在吴门西市》,牵涉到有关苏州史事:"吴门不作南昌尉,上疏归来朝市空。笑拂岩花问尘世,故人子是国

---

〔1〕 龚明之:《中吴纪闻》卷四《郑毅夫吴江桥诗》,上海古籍出版社1986年,第87页。
〔2〕 苏东坡:《虎丘寺》,《吴郡志》卷十六《虎丘》,江苏古籍出版社1986年,第228—229页。

师公。"[1]南昌尉,指西汉梅福,后弃官归里,数上疏言事。国师公,指王莽。王莽号"安国公",后作帝自立。梅福见王莽专权,便抛却妻子,至吴门任市卒。黄庭坚对梅福笑傲王侯的高洁之质,表示赞赏。

米芾(1051—1107),字元章,号襄阳漫士,海云外史。北宋的大画家,画山水自成一家;善于用点笔表现自然山水烟云变幻之境,人称"米点山水"。又与其子米友仁创"米家云山"。米芾亦能诗,游吴江垂虹桥作《垂虹亭》诗一首:"断云一片洞庭帆,玉破鲈鱼金破柑。好作新诗寄桑苎,垂虹秋色满江南。"[2]他善于观察事物特点,将画意融入诗中,勾勒了一幅太湖秋之美景,孤帆断云,鲈鱼如玉,柑橘呈金。表示愿将新作寄与桑苎翁共同探讨,期望更美的愿景,对"秋色美"有更高追求。

张耒(1054—1114),字文潜,号柯山。楚州淮阴(今淮安)人,其诗文得苏轼兄弟的赏识,为苏门四学士之一,有《柯山集》。作《太湖上绝句》:"风荡云容不成雪,柳偷春色故冲寒。湖边艇子冲烟去,天畔青山隔雨看。"[3]这是一幅太湖早春的画卷,风荡云飘,柳榆冒芽,艇船冲雾而去,隔着雨丝欣赏那天边的黛山。全诗平中有奇,静中有动,表现出一种坦淡的风格。

孙觌(1081—1169),字仲益,号鸿庆居士。南北宋之交的晋陵(今常州)人。大观三年(1109)进士。官至吏部、户部尚书。曾在建炎二、三年(即1128—1129),两次任平江知府。给苏州留下了多篇诗作。晚年隐居于太湖马山。著有《鸿庆集》。孙觌在苏州与文人诗僧交往频繁,作诗多首。其《吴门道中》一诗写出了宋时苏州的景色:"数间茅屋水边村,杨柳依依绿映门。渡口唤船人独立,一蓑烟雨湿黄昏。"又:"一点炊烟竹里村,人家深闭雨中门。数声好鸟不知处,千丈藤萝古木昏。"[4]两诗写出了江南水乡的特色,茅屋炊烟,杨柳依依,绿竹猗猗,藤萝茂密,一派古色平和的淡景,充分展现了江南的秀美。又如《过枫桥寺示迁老》之一:"白首重来一梦中,青山不改旧时容。乌啼月落桥边寺,欹枕犹闻夜半钟。"反映了青山依旧,寺貌不变,而人物已非,因而发出一些忧郁的叹息。

寇国宝,徐州人,从陈无已学,任吴县主簿。在吴时,曾在苏州阊门外小寺题七绝一首:"黄叶西陂水漫流,籧篨风急送扁舟。夕阳暝色来千里,人语鸡声共

---

[1] 黄庭坚:《隐梅福处》,《全宋诗》,北京大学出版社1998年,第11514页。
[2] 米芾:《垂虹亭》,《全宋诗》,北京大学出版社1998年,第12253页。
[3] 张耒:《太湖上绝句》,《宋诗钞》,中华书局1986年,第1040页。
[4] 孙觌:《吴门道中二首》,《孙觌研究文集》,上海古籍出版社2006年,第489页。

一丘。"籧篨,是竹席,此地喻指粗帆。这首七绝,写出秋天水乡夕境:在西风黄叶中,扁舟乘帆急行,夕阳之暝色来自千里之外,而这里人语鸡声共奏人间的喧闹。在远近景的位移中,透出一缕生活的气息。这首题诗,被来寺游玩的尚书左丞叶梦得所见,大为赏识,因而流传下来。

林外,南宋绍兴间福州人,相传曾在吴江垂虹桥,题《洞仙歌》一词:"飞梁压水,虹影澄清晓。橘里渔村半烟草。(叹)今来古往,物是人非,天地里,惟有江山不老。 雨巾风帽,四海谁知我?一剑横空几番过。按玉龙,嘶未断,月冷波寒,归去也、林屋洞天无锁。认云屏烟障、是吾庐,任满地苍苔,年年不扫。"〔1〕上阕,写了垂虹桥"压水"而卧,桥影澄晓的雄姿及橘红草烟的江南景色,道出物是人非,而江山不老的真理。下阕写出了作者归去物外,投入仙人洞天,以云烟为庐的志向与自然的洒脱精神。相传,号中兴野人的苏州临顿里人吴云公,见林外之词,而生诗情,用《念奴娇》词,批判了当时"委靡都无英物"的现状,描写宋廷树起抗金大旗,使河岳英灵归顺,预测"狂贼会须灰灭"的前景,表达自己"怒发冲冠,孤忠耿,剑锋冷浸秋月"〔2〕的忠诚,对林外词作了映衬与补充。

曾作吴江县主簿的陈了翁也为吴江鲈乡留下了著名诗篇。其诗云:"中郎亭榭据江乡,雅称诗翁赋卒章。莼菜鲈鱼好时节,秋风斜日旧烟光。一杯有味功名小,万事无心岁月长。安得便抛尘网去,钓舟闲傍画栏旁。"〔3〕中郎,指屯田郎林肇,任吴江令时,作鲈乡亭于松江上。诗翁,指陈了翁。陈作《留题松陵》诗,末有"秋风斜日鲈鱼乡"之句。莼菜鲈鱼,吴江所产特色菜品,张翰为思念此二物而弃官还乡。全诗表现了诗人了却尘网,隐居水乡,钓鱼自适的思想。

杨万里(1127—1206),字廷秀,号诚斋。吉水(今属江西)人。绍兴二十四年(1154)进士,历任太常博士、秘书监等职。诗法自然,为"南宋四家"之一。杨万里至太湖作《太湖晚秋》诗:"水气清空外,人家秋色中。细看千万落,户户水精宫。"〔4〕描写了晚秋时节的太湖,万里晴空,水气一碧,农渔之户,有水晶宫之美。又有《泊平江百花洲》诗:"吴中好处是苏州,却为王程得胜游。半世三江五湖棹,十年四泊百花洲。岸旁杨柳都相识,眼底云山苦见留。莫怨孤舟无定处,

---

〔1〕 叶绍翁:《四朝闻见录》丙集《洞仙歌》,中华书局1989年,第127页。
〔2〕 陈去病:《五石脂》,江苏古籍出版社1999年,第422页。
〔3〕 龚明之:《中吴纪闻》卷五,上海古籍出版社1986年,第106页。
〔4〕 杨万里:《太湖晚秋》,《吴中诗旅》,南海出版公司1996年,第16页。

此身自是一孤舟。"[1]百花洲,在苏州胥门外,宋代有接待宾客的官邸,也是一个风景点。王程,根据皇命,在一定的期限与路程内完成使命。时杨万里任金国贺正旦使的接伴使,要完成接待任务。这首诗作于绍熙元年(1190),正是杨万里作接伴使路过苏州之时。诗描写了苏州风景之美,杨柳云山,风姿殊优,且在此多次停泊。全诗用意巧妙,不言自己留恋这里的风物,却反说,岸旁杨柳是老相识,旧时云山在苦留自己,用审美的移情,突出作者对景物的留恋。这首诗体现了杨万里"务去陈言"、质朴清新的风格。

张孝祥(1132—1170),字安国,号于湖居士,绍兴进士。隆兴元年(1163)至二年,任苏州知府。他对苏州景物留下一些题咏。如《水调歌头》一词,写出了垂虹亭"天与水连",鸥鹭翩翩的景色与自己追求功业的信念。又如咏枫桥寺(寒山寺)之诗:"四年忽忽两经过,古岸依然窣堵波。借我绳床销午暑,乱蝉鸣处竹阴多。"[2]窣堵波,梵语 Stupa 的音译,即佛塔。这首诗写出四年之中两经寒山寺的频繁,突出一塔高竖与竹翠荫浓的特色,表露了张孝祥的情怀。

叶适(1150—1223),字正则,温州永嘉(今属浙江)人,人称水心先生。淳熙九年(1182),升任两浙西路提刑干办公事,居平江四年。南宋永嘉学派的代表人物,著有《水心先生文集》等。曾作《虎丘》一诗:"虎丘之名岁二千,虎丘之丘何眇然。众山争高隐日月,笑此拳石埋平田。虽然培塿疑异物,划开阴崖十丈悬。冢中有恨索遗指,亭上无语传枯禅。偏是吴人爱山急,逐面分方夸凭立。屋承隋唐良稳称,墨题熙丰尚新湿。松梢莫遣风雨横,石盘自添苔藓涩。春来春去吴人游,足茧层巅踏应泣。"[3]岁二千,指虎丘之命名至宋近二千岁。培塿,小土丘。划开阴崖,指秦始皇为寻找阖闾宝剑,在此破崖挖墓而成池,称剑池。遗指,指阖闾伐越伤指而死事。亭,应指可月亭,在剑池东南。枯禅,晋竺道生在此说法,虽枯燥而道理深刻。屋承隋唐,指唐会昌灭佛后,后人把虎丘上的东西二废寺,合成一寺,建于山顶。熙丰,北宋神宗熙宁、元丰年号,从公元1068年至1085年。这一时期,曾公亮与释契适等刻《观音经》《观音诗》于石壁或石殿。这首诗形容虎丘小如拳石,而它的历史却十分辉煌:有吴王阖闾墓,秦始皇所凿剑池,生公在此说法,名人、名僧在刻经刻诗,显示虎丘的价值在于人文的永存。

姜夔(1155—1221),字尧章,号白石道人。鄱阳(今属江西)人。以诗才往来于仕宦之家,其诗词有精心刻意之处,以清妙远秀的风致见称。他常来往于苏

---

[1] 杨万里:《泊平江百花洲》,《宋诗钞》,中华书局1986年,第2264页。
[2] 《寒山寺志》编写组:《寒山寺志》(重修本)卷十二《艺文》,江苏古籍出版社2002年,第129页。
[3] 叶适:《虎丘》,《宋诗钞》,中华书局1986年,第2345页。

杭,与范成大多有唱和。其代表作咏梅的《暗香》《疏影》两词,就是在石湖所作。今举《次石湖书扇韵》一诗:"桥西一水曲通村,岸阁浮萍绿有痕。家住石湖人不到,藕花多处别开门。"〔1〕题中的石湖,即范成大住处。范隐居此地,号石湖居士。这一首诗,描绘了石湖的夏日风光,曲通水村,阁楼连岸,浮萍藕花,恬静如画,表达诗人清雅的情趣。

姜白石词名在诗名之上。淳熙丁未(1187),至苏州拜访范成大,路过吴松(即松陵,今吴江城区)写下了一首《点绛唇》词:"燕雁无心,太湖西畔随云去。数峰清苦,商略黄昏雨。　第四桥边,拟共天随住。今何许,凭栏怀古,残柳参差舞。"〔2〕商略,放纵不拘的样子。第四桥,也称甘泉桥,在吴江。因桥旁泉品为第四,故名。天随,即天随子,唐末隐者陆龟蒙。这首清空峭拔的词,以无心的燕雁起兴,面对残柳枯枝,抒发了思古的幽情,表达了作者甘于隐逸的心情,乃词中上品之作。

薛季宣,字士龙(龙,一作隆),号艮斋。南宋永嘉人,官至大理正,有《浪语集》等,来苏州作《吴江放船至枫桥湾》一诗:"短篷负长虹,破簌挂明月。风马坐中生,天幕波中出。高城多隐映,远岫才罗列。少小泛吴江,始识仙凡别。"〔3〕吴江,县名,在苏州南;亦可作水名解,吴江即松江。枫桥在苏州西郊。诗中多含想象,如把桥比作长虹,帆比作风马;又形容月亮之近,说成挂在船席之上。形容天幕的倒影的灵动,说成是从水波中出来。还用对比手法,描写苏城之高,以罗列的远岫相映衬。这首诗高度赞扬苏州人间仙境的美好。

吴文英(1200—约1260),字君特,号梦窗,四明(今宁波)人。绍定五年(1232)任浙西提举常平司幕僚,在苏州约十年。他热恋苏州,曾表示愿在此常住。吴文英咏苏州风物,有借景喻史之叹。《八声甘州·陪庾幕诸公游灵岩》:"渺空烟四远,是何年,青天坠长星?幻苍崖云树,名娃金屋,残霸宫城,箭径酸风射眼,腻水染花腥。时靸双鸳响,廊叶秋声。宫里吴王沉醉,倩五湖倦客,独钓醒醒。　问苍波无语,华发奈山青。水涵空,阑干高处,送乱鸦,斜日落渔汀。连呼酒,上琴台去,秋与云平。"〔4〕这首词对吴王"沉醉"的批评,与对范蠡清醒独钓的肯定,表达了超脱的心情与家国之思忆。吴文英词,严守格律,而有真情之流露。

---

〔1〕 姜夔:《次石湖书扇韵》,《全宋诗》,北京大学出版社 1998 年,第 32041 页。
〔2〕 姜夔:《点绛唇》,《全宋词》,中州古籍出版社 1996 年,第 1473 页。
〔3〕 薛季宣:《吴江放船至枫桥湾》,《宋诗钞》,中华书局 1986 年,第 2316 页。
〔4〕 吴文英:《八声甘州·陪庾幕诸公游灵岩》,《全宋词》,中州古籍出版社 1996 年,第 1964 页。

蒋捷，宜兴人，咸淳十一年（1275）进士，在元初曾到过吴江，寄寓苏州，作《贺新郎》词："深阁帘垂绣，记家人、软语灯边，笑涡红透。万叠城头哀怨角，吹落霜花满袖。影厮伴，东奔西走。望断乡关知何处？羡寒鸦，到著黄昏后，一点点，归杨柳。　　相看只有山如旧，叹浮云，本是无心，也成苍狗。明日枯荷包冷饭，又过前头小阜。趁未发，且尝村酒。醉探枵囊毛锥在，问邻翁、要写《牛经》否？翁不应，但摇手。"〔1〕苍狗，本指天狗，后以白云变苍狗，喻世事变化之速。毛锥，指笔。因笔形如锥，束毛而成。这首词，回忆往日"深阁绣帘""软语灯红"的生活，叹世事巨变，自己只能形影相随，到处漂泊，甚至对寒鸦的归柳，产生羡情。他想为邻翁抄写《牛经》而遭拒绝，反映了苏州战后的衰败与知识分子的痛苦。

翁卷，南宋诗人，字续古，一字灵舒。他与永嘉同乡徐照（灵辉）、徐玑（灵渊）、赵师秀（灵秀），因都有一个"灵"字，而号称"四灵"，开创"江湖派"之作。他曾来苏州，作《过太湖》一诗："水跨三州地，苏州水最多。昔年僧为说，今日自经过。亡国岂无恨，渔人休更歌。洞庭山一抹，翠霭白云和。"〔2〕三州，指苏、常、湖州。亡国，应指南朝之亡。这首诗描写了太湖水的浩大与绿雾白云的湖景，如写意之山水画。诗中强调不能忘记亡国之恨，不要唱什么"和平"的渔歌，暗中透出对南宋偏安于一隅的不满。

南宋大臣，以身殉国的文天祥（1236—1283）在德祐元年（1275）九月任平江知府，次月，到府视事。十一月下旬奉命移守余杭，第三天平江陷落。德祐二年（1276），文天祥至平江与元谈判被扣，托病卧舟中，作《平江府》一诗："楼台俯舟楫，城郭满干戈。故吏归心少，遗民出涕多。鸠居无鹊在，鱼网有鸿过。使遂睢阳志，安危今若何？"〔3〕"鸠居无鹊在"是化用《诗经·鹊巢》："维鹊有巢，维鸠居之。""鱼网有鸿过"，是化用《诗经·新台》："鱼网之设，鸿则离（罹）之。""睢阳志"，指张巡竭忠尽虑以赴国难的意志。唐安史之乱中，张巡死守睢阳（今商丘），保持了唐东南半壁江山。文天祥借已陷落于元蒙之手的苏州，抒发了内心郁愤的心情。苏州已一洗昔日绮丽的金粉，"满城干戈"，谴责侵略者"鸠居鹊巢"的强盗行径与"设网罹鸿"的险恶阴谋，反映了故吏、遗民不愿归心于元蒙的心情。最后指出，如朝廷让他死守苏州，可能像张巡那样，保持宋朝政权。这首

---

〔1〕 蒋捷：《贺新郎·兵后寓吴》，《全宋词》，中州古籍出版社1996年，第2299页。
〔2〕 翁卷：《过太湖》，《宋诗钞》，中华书局1986年，第2444页。
〔3〕 文天祥：《文山集》卷十八《平江府》，文渊阁《四库全书》第1184册，上海古籍出版社1987年，第697页。

诗多用与善用典故,诗中透露出爱国的情感。

林景熙(1242—1310),字德阳,号斋山。南宋平阳人,曾任礼部架阁、从政郎。宋亡不仕,教授于乡里。其诗感怀故旧,追念宋室,风格凄怆。作《馆娃宫赋》诗:"苎萝山女入宫新,四壁黄金一笑春。步辇醉归香径月,隔江还有卧薪人。"[1]馆娃宫,在苏州灵岩山上,吴王藏西施处。苎萝山,在浙江诸暨南,相传是西施故里。步辇,君主之车。卧薪人,指越王勾践,卧薪尝胆,以报吴仇。这首诗批判了吴王夫差贪图美色,金屋藏娇,醉香恋月的宫廷生活,赞扬了越君卧薪尝胆、艰苦奋斗的精神。

谢翱(1249—1295),字皋羽,号晞发子。福安(今属福建)人,后徙浦城(今属福建)。元兵南下时,曾参文天祥幕,任谘议参军,入元不仕。有《晞发集》。作《寒食姑苏道中》:"频年感烟草,荒家几人耕。吴楚逢寒食,山村见独行。天阴月不死,江晚汐徐生。到海征帆影,悠悠识此情。"[2]这首诗,应是宋亡后之作。战后,吴楚之地烟草荒家,一派凄凉,诗人独行寒食之时,倍感孤独。但月缺还明,江潮可生,对于亡国仍存再生的希望。全诗体现了诗人沉郁之风格。

张雨(1277—1348),字伯雨,一字天羽,号贞居子,自称勾曲外史。钱塘(今杭州)人。20多岁即弃家为道士,往来于吴越,曾至西山访华山寺,作诗咏之:"寺以华山名,一一灵泉泻。会昌旧文字,毁壁存牖下。往劫莲花开,曷以信来者?"[3]灵泉,华山寺一带多泉泓。会昌,唐武宗会昌年间(841—846)开展"灭佛"行动,寺庙多毁。这首诗写游山所见。首叙寺名来历与涌泉之境,次叙"会昌"之难犹有遗迹,最后讲劫而不灭,莲花重开,加强了后来者的信仰。

吴莱(1297—1340),字立夫,浦阳(今浦江)人,举进士不第,退居深山,专心著述,人称文气卓绝,风格雄深。卒后门人私谥为渊颖先生。有《渊颖集》。他在苏州作《过范蠡宅》一首:"漠漠寒云鹤影边,荒山故宅忽千年。大夫已赐平吴剑,西子还随去越船。白石撑空存赑屃,青松落井化蜿蜒。徒怜此地无章甫,只解区区学计然。"[4]大夫,指春秋越国大夫范蠡。西子,西施,原为吴王夫差之嫔妃,相传越灭吴后,随范蠡隐入五湖。赑屃,相传能负重,其形常作碑首。章甫,古代的一种帽子,宋国人冠之,吴越之人断发文身而不用。计然,传为范蠡的

---

[1] 林景熙:《馆娃宫》,《全宋诗》,北京大学出版社1998年,第43504页。
[2] 谢翱:《晞发集》,《宋诗钞》,中华书局1986年,第2846页。
[3] 张雨:《句曲外史集补遗》卷上《华山寺二泉》,文渊阁《四库全书》第1216册,上海古籍出版社1987年,第397页。
[4] 吴莱:《过范蠡宅》,《吴中诗旅》,南海出版公司1996年,第112页。

老师,春秋时经济理论家。范蠡宅在太湖西洞庭山。这首诗描写了范蠡宅的寒冷、落寞与荒凉。碑石空存,青松落井。而范蠡早已隐去,从商以终,末两句感慨异族统治下,汉族知识分子在政治上受压抑的悲情,诗把现实与典故相连,笔法阔深。

赵孟頫(1254—1322),字子昂,号松雪道人、水精宫道人。湖州人,赵宋裔孙,官至翰林学士承旨。书画奇佳,诗文风格和婉清深。赵孟頫居住湖州,常往来于苏,曾作《太湖辞》(亦作《渔父词》):"侬住东湖震泽洲,烟波日日钓鱼舟。山似翠,酒如油,醉眼看山得自由。"又曰:"渺渺烟波一叶舟,西风木落五湖秋。盟鸥鹭,傲王侯,管甚鲈鱼不上钩。"[1]东湖,东太湖的简称。震泽,太湖的别称。五湖,有多种说法,一般指太湖流域。这两首诗写西风木落,烟波山翠的东太湖秋色,表达了作者笑傲王侯、鸥鹭作侣、醉酒不羁的人生态度。赵孟頫还有《夜发吴门》诗,描绘了岸树依水流,吴月妩媚多情的景色,寄托了对吴地的感情。

善住,字无住,别号云屋。元代僧人,尝居苏州报恩寺。他往来于吴地江湖之上,与仇远、虞集、白珽相友善,互有酬唱。作《谷响集》。其描写苏州山水,有《阳山道中》一诗:"雨余春涧水争分,野雉双飞过古坟。眼见人家住深坞,梅花绕屋不开门。"[2]阳山,在苏州城西三十里,因面向南,故名。这是一幅阳山春景图,涧水争流,野雉双飞,梅花遍地,农家住山坞深处,充满古意。这首诗反映了山野情趣,体现了佛家超然物外的一些思想。

郑元祐(1292—1364),字明德。元时遂昌(今属浙江)人,年十五即能诗赋,流寓平江,至正十年(1350)为平江儒学教授、江浙儒学提举。以左手书写,自号尚左生。有《侨吴集》《遂昌杂录》。其诗多写吴中风光。作《夏驾湖》一诗:"吴王城西夏驾湖,至今草木青扶疏。想见吴王来避暑,后宫濯濯千芙蕖。酣红蠹翠总殊绝,谁似西施天下无?西施醉凭水窗睡,曼衍鱼龙张水戏。月上湖头王醉醒,归舟莲炬繁如星。不知拥扇喝人者,日夜窥吴不暂舍。"[3]夏驾湖,在吴县西城下,吴趋坊西,今学士街一带。相传从吴王寿梦开始,历代吴王避暑驾游于此,故名。漫衍鱼龙,亦称鱼龙漫衍,一种水戏。拥扇人,应指越王勾践。喝人,

---

[1] 赵孟頫:《松雪斋集》卷三《渔父词二首》,文渊阁《四库全书》第1196册,上海古籍出版社1987年,第629页。
[2] 善住:《谷响集》卷三《阳山道中二首》,文渊阁《四库全书》第1195册,上海古籍出版社1987年,第727页。
[3] 郑元祐:《侨吴集》卷二《夏驾湖》,文渊阁《四库全书》第1216册,上海古籍出版社1987年,第434页。

中暑的人。《淮南子·人间训》:"(周)武王荫暍人于樾下,左拥而右扇之,而天下怀其德。"此处以周武王喻勾践。勾践为复仇宽待百姓,发展经济,获越人拥护。这是一首咏史的诗,夏驾湖草木茂密,荷花满湖。荷叶呈翠,景色优美。讽刺吴王在这等环氛中,宠幸西施,迷恋于戏游,终被越国伺机而灭,从而提醒当时的统治者要清醒头脑,肃正风气,才能持政以久。又作《行春桥》:"醉拥捧心过,韶华艳绮罗。至今湖嘴上,彩霓卧沧波。"行春桥在石湖之嘴,茶磨屿以东,与越城桥相对,宋以前为十八孔桥,蜿蜒而平缓。这一带是吴离宫姑苏台所在,吴王、西施在这一带活动。诗人想象吴王带着宫女、侍臣在这里豪饮绮罗间的情状。西施捧心的媚态与卧波彩虹般的长桥互相映衬,显得更美。此诗亦有沧海桑田、世事相异之意。

金信,金华(今属浙江)人,不愿入仕,隐居于故乡优游洞,人称漫吟先生,著有《春草轩集》。曾至苏州太湖,作《洞庭曲》,今录其一:"浩荡太湖水,东西两洞庭。吹箫明月里,龙女坐来听。"[1]洞庭,可指太湖洞庭东山与西山,亦可泛指太湖。吹箫,箫史吹箫,吸引秦王女,与之共奔。明月里,洞庭西山的明月湾。这里喻指柳毅传书事。传洞庭龙君小女被夫家逐于泾阳牧羊,柳毅仗义为之传书。后柳妻病故,龙女投生,与柳结为夫妇。这首诗艺术性地表现了太湖浪漫故事,歌颂了人间真挚的爱情。

萨都剌(约1300—?),字天锡,号直斋,先世为回回。因祖父留镇云、代(今山西北部),遂居雁门(今代县)。泰定四年(1327)进士,官至燕南河北肃政廉访使经历。晚年寓居杭州,常游历山水,有时来苏州。有《雁门集》。萨都剌有《姑苏台》一首:"野水满城飞燕子,谁家小艇载吴姬?姑苏台上一樽酒,落日昏鸦无限悲。"[2]姑苏台,春秋吴王阖闾、夫差相继修筑,出于群山之上,台基高峻,曲折幽深,铜钩高槛,饰以珠玉。台在宋代已湮,但历代骚人墨客,路过苏州,多借此题诗。野水飞燕,落日昏鸦,借吴灭国之悲,喻元朝之衰,讽刺统治者的朽落。其题垂虹桥诗:"插天螮蝀势嵯峨,截断吴江一幅罗。"亦脍炙人口,常被引用。

倪瓒(1301—1374),字元镇,号云林子、幻霞子、荆蛮民等,无锡人。以水墨山水画著称。在元末动荡年代,卖去田庐,往来于太湖、泖湖一带,多与苏州名士交往。著有《清閟阁集》。曾作《望洞庭》一首:"一望洞庭秋水,相看南浦孤篷。

---

[1] 金信:《春草轩集·洞庭曲》,《苏州名胜诗词选》,苏州市文联1985年,第128页。
[2] 萨都剌:《登姑苏台二首》之一,洪武《苏州府志》卷五十《集文》,广陵书社2015年,第692页。

江干有兴骚客,闲居久钓渔翁。"[1]洞庭,指太湖。南浦,《楚辞·九歌·河伯》:"送美人兮南浦。"后常指送别之地。这首诗以寥寥数笔,勾画了淡远清疏的山水,表达了作者孤独而闲适的心情。

陈基(1314—1370),字敬初,临海(今属浙江)人,曾投靠张士诚。明朝立,预修《元史》。洪武三年(1370)卒于常熟凤山里。他在游苏州名胜时,作有《八月十三夜泛舟摇城江》:"画船挝鼓唱回波,皓齿青娥不用歌。好月爱看轮未满,清秋莫问夜如何。明将织女机丝动,寒恐嫦娥白发多。天上清光应更足,羽衣安得共婆娑。"摇城,在澄湖之滨,甪直西南,初为吴王所居,后越摇王居之。回波,乐曲名,即回波乐。这首诗用对比手法,首先点出皓齿青娥之美胜过图画、音乐,然后想象月中嫦娥与银河织女的生活,表现了一种淡泊清静的心境。

戴良(1317—1383),字叔能,号九灵山人,浦江(今属浙江)人。曾依张士诚来苏州,知其不可为而挈家浮海胶州。元亡,南归隐居于四明山。有《石湖晴望》一诗:"经冬不上河桥路,携伴来过又仲春。小憩闲身古寺里,相寻胜友暮溪滨。林花寒勒香犹浅,岸草阴滋色渐匀。却更凭阑遥寄目,湖山幽韵属词人。"[2]这首诗写出了至石湖的季节与林花香浅、岸草微绿的景色,富有情意。

郯韶(约1341年前后在世),字九成,号云台散史、苕溪渔者,湖州人。居处与苏州相近,常至苏赏景。其《登天平山》诗:"西来山势森如戟,上与浮云石栈连。华盖九峰当绝壁,龙门一道落飞泉。幽穿石洞潜通穴,下俯天池冷积渊。更欲更衣千仞表,侧身东望洞庭烟。"[3]华盖,华山,有九峰。龙门,在黄河中游,晋陕交界处。天池,在天平山北天池山腰。诗以夸张的手法,将天平山比作华山,将山中白云泉比作龙门,写出了石洞通幽,突出烟波里的山势雄伟奇境。

王泽,字叔润,号清霞,元末天台人,侨居山阴(今绍兴),曾作华亭(今松江,一说在平凉)县丞。《百城烟水》称,王泽为蓝田县丞。曾来苏州,作《吊故宫》:"天星散落水犀军,又见苏台走鹿群。睥睨金汤徒自固,仓皇玉石竟俱焚。将军只合田横死,义士宁无豫让闻。风雨年年寒食节,麦盂谁洒太妃坟?"[4]故宫,指春秋时吴王故宫,在阖闾大城子城内,今体育场、苏州公园一带。元末张士诚改建为王府。明初兵毁,今称皇废基。水犀军,穿犀甲之军,此指吴王夫差之军。

---

[1] 倪瓒:《清閟阁集》卷五《望洞庭》,文渊阁《四库全书》第1220册,上海古籍出版社1987年,第193页。
[2] 戴良:《石湖晴望》,《吴中诗旅》,南海出版公司1996年,第311页。
[3] 郯韶:《登天平山》,《苏州景物诗辑》,苏州市文联1962年,第17页。
[4] 王泽:《吊故宫》(又称《寒食》),《全元诗》第45册,中华书局2013年,第188页。

吴宫,即姑苏台,吴王重要离宫。睥睨,城上短垣。《释名·释宫室》:"城上短垣曰睥睨。"金汤,金城汤池之谓,见于《汉书·蒯通传》。田横,秦末齐王。汉灭楚召田横,横在途中自刭,退至海岛的五百名田横部属一齐死难。豫让,晋智伯家臣,赵襄子灭智伯,豫让一心报仇,未成,自杀。麦盂,寒食扫墓用具。《姑苏志》:"寒食戴麦扫墓。"太妃坟,指张士诚母曹太妃之坟,在苏州盘门外。这首诗描写了张士诚王宫荒凉景象与张士诚仓皇被俘,玉石俱焚的悲壮历史。赞扬了田横与豫让的忠烈,讽刺张士诚部文人软骨苟生的丑态。

陈徵,字明善,元江西人,长期寓于吴中。不求名利荣进,读书鼓琴,为世所重。作《登穹窿诗》:"绿水青山今再游,杜鹃花发雨初收。猿声好在千章木,云气深藏万丈楼。麋鹿近人来古涧,麒麟无主卧荒丘。吏情益愧成羁绁,西望太湖烟际头。"[1]穹窿山,号称吴中第一山,在藏书镇南,高峻纡曲,绵延数十里,有孙武、赤松子、三茅真君遗迹。穹窿山是诗人再游之地。这首诗刻画了穹窿山一派青绿、雨润花红、林木茂盛、云气深藏的美景,以猿声鹿跃,衬托出环境的幽静。尾句反映了诗人超脱尘世,融入烟波的心情。

潘庭坚,字叔闻,皖南当涂人。元末任富阳教谕。明太祖朱元璋由陶安荐,吸收参与机密,擢中书省博士,同知金华府事,守浙东,后任翰林院侍读。以老归,复召主持会试,卒。潘庭坚在元时曾至苏州登姑苏台,在柱间题《洞仙歌》:"雕檐绮户,倚晴空如画,曾是吴王旧台榭。自浣纱去后,落日平芜,行云断,几见花开花谢。 凄凉阑干外。一簇江山,多少图王共争霸。莫闲愁,金杯潋滟,对酒当歌欢娱地,梦中兴亡休话。渐倚遍西风,晚潮生,明月里,鹭鸶背人飞下。"[2]这首词是描刻姑苏台的历史画卷,在花开花谢中,随着时光的流逝,雕檐绮户的吴王台榭已旧,浣纱的美人西施早已玉殒成空。图王争霸,兴亡之业如梦幻一样消亡。西风晚潮,明月鹭飞,引起对历史的悲愁,还不如对酒当歌,休话兴亡。全词情景交融,由景而叹,当为好辞。按,姑苏台,在北宋时已不知其处,此台为元时新构于太湖之滨。陆友仁每至姑苏台,对这首词特别欣赏,常常"徘徊不忍去"。可见这首词艺术魅力之大。可惜在元元统三年(1335),郡守重修姑苏台时,将旧柱易去,此词手迹不再复存,十分惋惜。

外地作家的题材大至太湖浩水,小至园林庙台,均有吟咏,富于地方特色。他们高度赞扬苏州风物之美,抒发了对国事家事及个人的情感,为苏州山川增添

---

[1] 陈徵:《登穹窿》,《吴中诗旅》,南海出版公司1996年,第140页。
[2] 陆友仁:《吴中旧事》,《吴中小志丛刊》,广陵书社2004年,第7页。

了人文底色。也有一些诗作,借苏州历史遗迹与典故,触景生情,因史而发,写出了对历史兴衰的感怀与个人的心情。

四、民歌与曲

苏州是吴歌发源地,传说刘项之战的"四面楚歌",实是专对江东子弟而发的"吴歌"。流行于宋元的有山歌、鼓子词、竹枝词等。南宋初,金兵南侵,许多民户妻离子散,吴中"舟师"(船夫)[1]创作了《月子弯弯照九州》一曲:"月子弯弯照九州,几家欢乐几家愁?几家夫妇同罗帐,多少飘零在外头!"以凄凉的曲调,用强烈对比手法,反映了苦难中的离愁,因其具有震慑的感染力而流传至今天。

另一首,《爷取晚妻》:"南山头上鹁鸪啼,见说亲爷取晚妻。爷娶晚妻爷心喜,前娘儿女好孤恓。"[2]用"兴"的手法,反映了家庭伦理关系的变化,与失母儿女的痛苦,具有生活气息与现实意义。这些山歌保持了文化原生态的朴素本质。

1. 民歌的拟作

一些文人对民歌或搜集、整理,或模拟创作。其中佼佼者有宋无。宋无,字子虚,生于宋景定(1260—1264)间,苏州人。二十岁左右即弃科举之业,专门学习写诗。作诗造语新奇,尤其长于咏史,有《啽艺集》,梓行于世。所著《翠寒集》,由邓光推荐,请赵孟頫作序。冯海粟又摘其警句,评而序之,近千言。约于元至元末去世。他写有竹枝词:"莫折阊门杨柳条,带将离恨过枫桥。向道春愁不禁荡,兰舟长放橹轻摇。"[3]古人以折柳表示留别,枫桥是古代送别之处,全词以苏州之景,抒别离之恨,生动而有情思。另一佼佼者是杨维桢。杨维桢(1296—1370),字廉夫,号铁崖,又号东维子,别号铁笛道人。原籍浙江诸暨,晚年长居松江(旧属江苏,今归上海),常至苏州活动。善于作诗,其《五湖游》诗,使吴越春秋故事重现眼前,引发神化的想象。其诗文俊逸,时称"铁崖体"。他喜欢搜集、创作民歌,曾编撰《西湖竹枝集》,一时唱和者达数百人,促进了文人竹枝词的繁荣。杨维桢描写苏州的"竹枝"歌词,今留下七首,称《吴下竹枝歌》。这些竹枝词,有描写苏州风光的,如第一首:"三箬春深草色齐,花间荡漾胜耶溪。采菱三五唱歌去,五马行春驻大堤。"[4]三箬,箬竹,其型有三。耶溪,若耶

---

[1] 赵彦卫:《云麓漫钞》卷九,辽宁教育出版社1998年,第96页。
[2] 叶盛:《水东日记》卷五《山歌》,中华书局1980年,第59页。
[3] 宋无:《翠寒集·竹枝词》,文渊阁《四库全书》第1208册,上海古籍出版社1987年,第329页。
[4] 杨维桢:《吴下竹枝歌》,《江苏竹枝词集》,江苏教育出版社2001年,第599页。

溪,西施浣纱处,出美人的地方。采菱,指采菱歌。五马,汉时太守出行,用五匹马驾车,可指代太守。这首歌写出了江南暮春三月,莺飞草长、官府放马、行人随歌的怡乐景色。维桢的作品或专写某一景点,如《吴中竹枝词》第二首:"家住越来溪上头,胭脂塘里木兰舟。木兰风起飞花急,只逐越来溪上流。"这是写苏州南郊越来溪、胭脂塘一带泛舟水上,浪急飞花的情景。再有是从具体的景点引发,而主要是描写爱情:"宝带桥西江水重,寄郎书去未回侬。莫令错送回文锦,不答鸳鸯字半封。"歌词中的宝带桥水仅是映托对郎意之"重",主要是描写寄郎情书未复,无回文之锦,不成鸳鸯的怨怼。也有专写喜情的,如"白翎鹊操手双弹,舞罢胡筑十八般。银马勺中劝郎酒,看郎色似赤瑛盘",描写了弹乐舞蹈,纵情饮酒的欢乐情景。杨维桢的竹枝词,活用典故,与口语相结合,是文人竹枝词的开创者之一。

元陆川《吴中竹枝词》,现存六首,《采风类记》收录。它描写了苏州胥口、上方山、石湖、娄塘等风景。陆川的竹枝词通俗易懂,多颂扬爱情之作。如第四首:"石湖晴望水悠悠,风软沙平易结愁。日暮采莲归去晚,郎君荡桨妾操舟。"[1]不仅写出石湖水悠,风软沙平的景色,而且描绘一幅郎君划桨、妻操舵把的采莲晚归图,反映了劳动人民的生活情景。陆川的竹枝词还可作史料来应用,如"渔鼓乱敲沙市远","日暮迎郎归市中"等句,可证元时农村市集的存在与商品经济的发达。

元末薛兰英、薛惠英曾效仿杨维桢作《苏台竹枝词》十首。薛氏二英约1367年前后在世,苏州阊门外人,前者为姐,后者为妹。二人都聪明秀丽,其父为之作"兰惠联芳楼"居之。杨维桢见其《苏台竹枝词》,大为赞赏,手题二诗,加以盛赞,自此二英诗名远扬,有《联芳集》行于世。二英的竹枝词,有写苏州姑苏台、馆娃宫、虎丘山、寒山寺、宝带桥的迷人景色;也有写苏州柑橘、银鱼与河豚、石首(黄鱼)美味的;还有一些写纯洁的爱情。艺术的生命在于真实,他们的词,真实地反映了当时妇女对爱情的追求,对幸福的期盼,对负心郎的怨恨。如"妾似柳丝易憔悴,郎如柳絮太颠狂"。[2]以对比的手法,描写了妇女对爱情的专一与男子的花心。又如第八首,歌颂翡翠(一种鸟)、鸳鸯的不分,谴恨宝带桥水"半入吴江半太湖"的分道而流,表达了妇女对爱情的坚贞。这些词富有寓意。灵岩山上的馆娃宫,是吴王藏西施之处,诗人感叹时光易逝,境易物迁,这里宫殿化

---

[1] 陆川:《吴中竹枝词》,《江苏竹枝词集》,江苏教育出版社2001年,第601页。
[2] 赵明等:《苏台竹枝词》,《江苏竹枝词集》,江苏教育出版社2001年,第583页。

尘,已成麋鹿游息之地,西施入五湖已杳无影踪,其香魂玉屑不知在何处,还不及作为妓女的真娘,却长葬于虎丘,供人凭吊。两相对应,反映了富贵浮尘、贱物存价的真理。两英的竹枝词,不仅反映了苏州的风俗习尚,还迭现元代历史的真实。从第一首"姑苏台上月团团,姑苏台下水潺潺"的词句,可知元时确在水边建有姑苏台,只是今天已难于考查于何处了。又如第五首"洞庭余柑三寸黄,笠泽银鱼一尺长",可知洞庭东西山柑橘之丰与太湖水产之富。再如"早起腥风满城市,郎从海口贩鲜回",反映了吴门鱼市远方来货的热闹情景。

一些外地文人,亦有模仿民间文学之作。陈秀民,元代四明(今宁波)人,官至浙江行省参知政理,曾到苏州。他作竹枝词,反映了苏州风情:"吴门二月柳如眉,谁家女儿歌柳枝?歌声袅袅娇无力,恰如杨柳好腰肢。"柳枝与竹枝一样,为一种民歌体裁。这首词突出吴中女儿唱春歌软美悱恻之情。

无锡人倪瓒,特别喜欢苏州山水,漂泊于吴中江湖,作《娜如山竹枝词》。今录其二:"娜如山头松柏青,阊闾城外短长亭。到山未久入城去,驻马回看云锦屏。""娜如山头日欲西,采香泾里竹鸡啼。南朝千古繁华地,麋鹿蒿莱望眼迷。"[1] 娜如山,又名雅宜山、雅儿山、借尼山。相传唐青州刺史张济之女雅儿葬此,吴语中儿、宜、尼同音,故名,位于吴中区藏书社区。采香泾,又名箭泾,相传春秋西施采香于此而命名,在灵岩山下。倪瓒此词描写了娜如山松柏常青、遥看如云屏的景色与采香泾的历史演变。繁华之地,随时间的流逝而沦为麋鹿蒿莱之地,令人叹息。倪瓒词风格高古,淡然隽永,自然随意而意境不俗。

2. 散曲

曲由文人采集民间歌曲,融合词意,加工而成,盛行于元,成为元代重要文学体裁。一些文人用"曲子"描写"天堂风物"与佳山灵水。

卢挚(?—1314),曾用曲咏赞苏州如画的风光:"碧波中范蠡乘舟。䉱酒簪花,乐以忘忧。荡荡悠悠,点秋江白鹭沙鸥。急棹不过黄芦岸白𬞟渡口,且湾在绿杨堤红蓼滩头。醉时方休,醒时扶头。傲煞人间,伯子公侯。"[2] 卢挚,字处道,一字莘老,号疏斋,涿州人,至元进士。曾任江东道廉访使,到过吴地。这一曲子刻画苏郊白鹭沙鸥飞翔,黄芦摇曳,绿杨红蓼相映的画面,令人心旷神怡,引起愉悦之视觉想象,并借历史人物以喻己悠然之心胸。

张可久(1270—1348),字小山。庆元路(今宁波)人。曾作昆山幕僚,熟悉

---

[1] 倪瓒:《清閟阁全集》卷七《娜如山竹枝词》,文渊阁《四库全书》第1220册,上海古籍出版社1987年,第256页。

[2] 卢挚:双调《蟾宫曲》,《全元散曲》,中华书局1964年,第114页。

吴中湖光山色,用笔形容青天如镜,山色空濛的吴江三高祠一带景色。还以《人月圆·吴淞江遇雪》,描绘吴淞江雪境:"一冬不见梅花面,天意可怜人。晓来如画,残枝缀粉,老树生春。　　山僧高卧,松庐细火,茅屋衡门。冻河堤上,玉龙战倒,百万愁鳞。"[1]把雪花满树,比作梅花缀枝,萌发春意;加上松庐细火,山僧高卧,这一静式配搭,透出生机。结尾以阔大手笔"玉龙战倒,百万愁鳞"来形容雪盖神州的气势,可谓精练而雄放。

著名曲家乔吉(?—1345),亦有咏苏州山水之曲。乔吉一作乔吉甫,字梦符,号笙鹤翁、惺惺道人,太原人,后居杭州。其作品后人辑为《梦符散曲》。乔吉著有杂剧多种。他赞美吴中山水,在《折桂令》中描绘了"怪石於菟,老树钩娄。苔藓禅阶,尘粘诗壁,云湿经楼"的雨中虎丘。他游琴川(常熟)时留下一曲:"海虞雄踞山州,水濑丝桐,路列文楸。铺翠峰峦,染云林嶂,推月潮沟。有第四科贤哲子游,是几百年忠孝吴侯。舞榭歌楼,酒令诗筹。官府公勤,人物风流。"[2]海虞,今常熟。第四科,指文学科。子游,孔门弟子,擅长文学。这个曲子以"海虞雄踞山州",领起全词,使人烙下"地势雄胜"的深刻印象。"水濑丝桐",点明了地域如琴之川的特点。"铺翠峰峦,染云林嶂,推月潮沟",不仅描绘了虞城景色、优美风光,而且运用鼎足之对,动词之妙,尤为确切。最后以"舞榭歌楼,酒令诗筹"的繁荣欢娱景象,衬托人物的风流勤政。全词清新丽洁,音节响亮,余韵不尽。

另一著名剧作家马致远(?—1321),号东篱,大都(今北京)人,曾任江浙行省官吏,著有散曲《东篱乐府》。他吟咏苏州的曲子,将名胜与吴越兴亡联系起来,在游太湖时写下《四块玉·洞庭湖》一曲:"画不成,西施女,他本倾城却倾吴。高哉范蠡乘舟去。哪里是泛五湖?若纶竿不钓鱼,便索他学楚大夫。"[3]名写太湖,实咏史事。曲中隐含吴王恋女失江山的教训,而向往隐遁烟波之中的钓徒。

元末的汤式,曾作《沉醉东风·姑苏怀古》一曲。汤式,象山(今属浙江)人,字舜民,号菊庄,著有《笔花集》。其曲词曰:"长洲苑花明剑戟,馆娃宫柳暗旌旗。颦眉不甚娇,尝胆为何计?等闲间麋鹿奔驰。留得荒台卧断碑,再不见黄金

---

[1] 张可久:《新刊张小山北曲联乐府》卷上《人月圆》,《续修四库全书》第1738册,上海古籍出版社2003年,第147页。

[2] 乔吉:《乔梦符小令》卷一《游琴川》,《续修四库全书》第1737册,上海古籍出版社2003年,第115页。

[3] 马致远:《四块玉》,《全元散曲》,中华书局1964年,第236页。

范蠡。"[1]用古今重影的手法,由当前的柳暗花明联想到春秋时的剑戟旌旗,不管是送美、韬晦之计,还是范蠡隐后发财之术,都像流水一样过去,化为乌有。留下"麋鹿奔驰""荒台卧碑"的残迹。这首词前后对照,寓意分明,透露出元代统治走向没落的历史信息。

五、诗话、诗注

由于诗词创作的发展,宋元时期总结、欣赏诗歌的诗话逐步兴盛。《诗话》可记载轶事,记述有关诗文的掌故、言论,评论古今的作家和作品,考释诠订一些名篇佳句,也可对作诗理论与方法作深入探讨。随着时代的变化,诗话中"轶事小说"成分逐步减少,文学批评的成分逐步增强。当时苏州的诗话,虽未脱"探寻掌故"与"考释章句"的窠臼,但已有一些诗法的研讨。重要的苏州诗话诗注作者有顾禧。

顾禧,字景范,居吴县光福山中。其祖顾沂,终龚州太守,其父顾彦成,"尝将漕两浙"。顾禧其诗闻名天下,闭户读书自娱,自号"漫庄",又号"痴绝",曾注杜工部(杜甫)诗,又与施宿同注苏东坡诗,著述甚丰,是宋时苏州较早出现的诗注作者。此后,苏州此类文艺理论与批评人物逐步出现。

1. 叶梦得《石林诗话》

叶梦得所作诗论,称《石林诗话》,分上中下三卷,共九十篇。主要论述诗坛的遗闻掌故,其中关于王安石、苏轼的论述,尤是真切,为文学史的编写提供了一些有价值的史料。同时,对一些诗歌与诗人进行了评论,其内容牵涉到诗歌艺术的一些基本理论。

叶梦得反对字字有来历的江西诗派,着重于诗的艺术,主张自然式的创新,否定刻意的雕琢,即所谓"意与言会,言随意遣,浑然天成"。[2]同时,主张文学与社会生活的密切联系,做诗立意要明,气格要高,赞扬欧阳修的诗文革新,提倡重道重文,即平易流畅的文风。叶梦得抓住了诗的本质,强调缘情体物,抒写胸臆,崇尚兴趣而意味含蓄其中。叶梦得并不一味反对诗中用事和出处,但对故意刻削,作游戏式的诗歌,如王安石在诗中把古人的名字隐于其中,表示反对的态度。叶梦得主张"深婉不迫"的诗趣与"自然而工"的诗风。叶梦得的诗论深中肯綮,有独到的见解。一些文学主张对严羽作《沧浪诗话》有重大影响。尤其是

---

[1] 汤式:《笔花集·沉醉东风》,《全元散曲》,中华书局1964年,第1577页。
[2] 叶梦得:《石林诗话》卷上,《历代诗话》,中华书局1981年,第406页。

叶有关禅宗的思想,更启发了严羽以禅喻诗理论的勃兴。

2. 沈义父《乐府指迷》

沈义父,字伯时,震泽(今吴江)人。领乡荐,曾任白鹿洞山长。沈义父所处南宋后期,是词的成熟时代,也是走向形式主义与朦胧的时代。沈义父总结了词创作的经验,所作《乐府指迷》被奉为宋代词论史上的三大著作之一。(另两部为王灼《碧鸡漫志》与张炎《词源》)

沈义父在著作中首先提出了作词的四大标准,以为词的写作比诗难。他说:"盖音律欲其协,不协则成长短之诗;下字欲其雅,不雅则近乎缠令之体;用字不可太露,露则直突而无深长之味;发意不可太高,高则狂怪而失柔婉之意。"[1]沈义父以为作词要力求符合音律,用字以古雅为上,反对以俚语俗字入词,作词要像周邦彦那样,以绵密妍炼为主。他又以为,炼句下语,不可直接说破,如说"桃"可用"红雨""刘郎"之类。其说在构"词"之美上有一定道理,但却有过分重视技巧之嫌。

其他如张达明,在嘉泰(1201—1204)时任官,存循良之风,有《松陵渔具》等作品。他论诗以为"诗莫难于绝句,绝句尤莫难于五言。欲其章短而意长,辞约而理尽,实难其才"[2]。此论抓住了诗的本质,反映了诗的集中性与跳跃性,可谓深中奥祕。

六、散 文

这一时期的苏州散文,以古文为主。北宋时代掀起复古运动,至中叶,文坛领袖欧阳修,倡导文风的改革,反对辞藻典丽、内容空虚的文章,使散文走上平易畅达、反映现实的道路。南宋以后,在文学中形成爱国主义思潮,增添了爱国主义的内容。这一传统,一直影响到元朝的散文写作。苏州散文崇尚朴实文风,一般说来具有现实意义。就题材而言,苏州散文根据这里的自然条件与人文景观,多赞颂水乡之美、园林之秀与寺观之庄,具有地方特色。此时,苏州散文出现了范仲淹、苏舜钦、叶石林等大家。

1. 概述

五代时期有吴仁壁,字庭宝,长洲人,流落于川。大顺时(890—891)及第,善于写作文章,还擅长星相之学。吴越王钱镠,以客礼之,并访以"天文之学"。吴

---

[1] 沈义父:《乐府指迷》,文渊阁《四库全书》第1494册,上海古籍出版社1987年,第527页。
[2] 张泉:《吴中人物志》卷三《吏治》,古吴轩出版社2013年,第22页。

仁壁推说不知,辞其说。吴越王又想招辟入幕,吴仁壁又辞去。钱镠母亲死,钱镠准备了礼物,请他写墓志的志文,吴仁壁又不从命。吴越王发怒,把吴仁壁"沉之江中"。[1]吴仁壁之作,几近无留,但可知的是,文中反映了至死不屈的坚强性格。宋以后陆续出现了一些散文作者。

谢炎,字化南,与其兄谢涛(曾任太子宾客),都有文名。宋端拱初(988)举进士,补昭应(今临潼)主簿,调伊阙(今属河南)。后相继任华容(今属湖南)、公安(今属湖北)知县。文章以韩愈、柳宗元为宗,有古文之风。与杭州卢桢齐名,人称"卢谢"。有《文集》二十卷。

崔敦诗,字大雅,原通州静海(今属河北)人,晚年居常熟。绍兴年间进士,加侍讲,直学士院。为人端厚,识知大体,在朝廷的陈述与论对,都很剀直切实,获得宋高宗的重视与称道。所作诗文"性端厚,议论疏通",[2]有《文集》《内外制稿》《奏议总要》《通鉴要览》《制海十编》《监韵十编》等。

赵磻老,字渭师,原是东平(今属山东)人,居住于吴江黎里,门下侍郎赵野的从子,曾随范成大出使金国。由范成大推荐,拔擢为"正言"。乾道八年(1172)以通直郎知楚州(今淮安)。第二年入朝为太府寺丞。淳熙三年(1176),由两浙转运副使知临安府,任秘阁修撰,权工部侍郎。后因"殿司招兵事"获罪,谪饶州(今鄱阳),著有《拙庵杂著》三十卷,《外集》四卷。[3]

王楙(1151—1213),字勉夫,著作佐郎王苹的从孙。其父王大成,与唯室先生陈长方相知。大成交游的都是一些名士儒者,根据所闻,将其轶事撰成《野老纪闻》一书。王楙幼年丧父,家境贫寒,事母以孝闻。王楙刻苦于学,母亡后,不复功名之进取,闭门著书,讲学教书,不遗余力,人称"讲书君"。直至晚年虽得"拘挛"之疾,仍不废卷苦读。所著有《巢睫稿笔》五十卷。可惜已佚。《野客丛书》三十卷,自庆元元年(1195)至嘉泰二年(1202)经过七年,三易其稿,方始完成。末附其父《野老纪闻》一卷。书成后范成大等为之题跋。《野客丛书》分门别类立题。其文"钩隐抉微,考证经史百氏,下至骚人墨客佚事,细大不捐"。[4]其论证史事之真伪,揭示事实之真相,可以说大多言之成理,论之有据,有助于进一步的研究。其子王德文曾注魏了翁的《渠阳语》。孙王秋,著有《云峤类要》,可说学术世家,绵延不绝。

---

[1] 张昶:《吴中人物志》卷七《文苑》,古吴轩出版社2013年,第76页。
[2] 卢熊:洪武《苏州府志》卷三十五《人物》,广陵书社2015年,第458页。
[3] 徐达源等:《黎里志》卷七《人物一》,广陵书社2011年,第133页。
[4] 郭绍彭:《宋王先生圹铭》,《野客丛书·附录一》,中华书局1987年,第361页。

张端义(1179—?),字正夫,自号荃翁,原籍郑州(今属河南),长期居姑苏,少时勤学苦读,跟从著名学者项安世等学习。宋理宗端平年间,因上书直言,被放逐到广东韶州。在放逐中,从淳祐元年(1241)至八年(1248)作《贵耳集》一书,记叙宋南渡前后朝野杂事,当时朝中见闻以及经史考证,文人诗话等,文笔生动,不少条目具有故事性质,保存了唐宋一些难得的史料。

高定子,字瞻叔。嘉泰(1201—1204)进士,官至礼部尚书兼直学士院。语言温润,朝廷推服。淳祐初(约1241)为翰林学士,知制诰。一日,在未更换蜡烛之际,连草五《制》,理宗大喜。不久任签书枢密院事兼参知政事。六年(1246)知潭州,辞而未赴。由于朝廷赐宅于平江仰家桥,因而作苏州人。高定子熟读群经,博极淹通,文风谨严,人称著斋先生。[1]著《北门类稿》《徽垣类稿》等。

周南,字次山,常熟人。据传,五岁即能背诵《论语》。淳熙十年(1183),在举子业的"秋试"中举为"解魁",而周南放弃了被举的机会。参政宇文绍节招致作宾客,以边功加官,周南不就而去。周南研读经史百家之书,学问渊博,"无所不通",识见超卓,文笔凌厉。著有《韩生传》《章华台记》《石头城歌》。

陈振,字震亨。其父陈遵出赘于昆山李衡(侍御)家,因而成昆山人。官至太府寺丞,知永、瑞二州。他的文章简健高雅,能追随古人的著作,没有宋朝末年追求隐晦的陋习。有《止安集》。其子陈昌世,也以善文著称,兼习吏事,办事清廉。宋理宗曾有"一廉可喜"的褒语。[2]陈振喜欢楷书,有欧阳询、虞世南的"气骨"。

徐雷龙,字幼成,淳祐(1241—1252)间,名列解试中式之榜,授登士郎。曾经跟从状元阮登炳学习科举文章,有文名,为时论所重。所作议论之文,与黄竹野的"策",刘浩然的"赋",并称浒溪三绝。[3]元朝初年,有高官推荐他任武进县学教谕,未赴任,而隐居于光福山中,完寿以终。

刘岳,字公泰,世传医业。元世祖忽必烈下诏征求南方士人,地方官推荐了刘岳。任职于太医院。未几,知刘岳是个儒士,改任翰林学士,知制诰,同修国史,后刘要求外补,被任为建昌路总管,卒于任上,回葬于吴。刘岳在年轻时读书于白鹿洞书院,所作诗文,号称典雅,造诣超过古人,著有《东崖小稿》。

张渊,字清夫,吴江人。在元朝任东省提举,作有《心渊堂集》,虞集作序。

卫培,字宁深,宋状元卫泾的曾孙,号月山先生。延祐七年(1320),平江府

---

[1] 王鏊:正德《姑苏志》卷五十七《人物二十》,上海书店1990年,第779页。
[2] 卢熊:洪武《苏州府志》卷三十八《人物》,广陵书社2015年,第495页。
[3] 卢熊:洪武《苏州府志》卷三十八《人物》,广陵书社2015年,第498页。

推荐卫培充贡"龙虎榜",称培赋文不起草,具有扬雄、司马相如之才。曾经被聘为州学训导,所著有《过耳集》十卷。

龚瑑,字子敬,因官游于吴,留居于此,遂成吴人。龚瑑是宋司农卿龚漤之子。龚漤,具有爱国主义思想。当南宋降元,宋朝官员被遣北上时,行至辛集,龚漤不食而死。于是龚瑑力振儒业,刻苦于学,文誉日盛。浙右宪使徐琰置于幕下。不久,龚瑑担任教官,曾论役法之弊,被称作"有用之才"。有多人交替地向政府推举龚瑑,都无回复。著有《存悔斋稿》。文字审慎,"日以征辞奥义,自相叩击",[1]论证严密。

顾逢,字君际,尝举进士不第。学诗于周弼,作诗以五言为佳,人称"顾五言"。因此,自署其居曰"五字田家"。他放情山水,游踪遍及吴中。后辟为吴中教职。七十四岁卒。有诗刊行于世。但其主要成就在于散文的写作,著有《负暄杂录》《船窗夜话》。

姚原,字子东。长洲人。七岁失父,成孤儿。自幼认真读书,"以词赋称"。[2]曾经参加科举考试,后弃之而去,绝意仕宦,惟务著述,自号北窗居士。著有《剡溪丛话》《玉林瑶编》等。还作学术研究,著《纂玄》《洞微经》。卒葬徐侯山。

师余,字学翁,祖先是四川眉州人,其父亲师曾定任蕲州(今属湖北)教授。嘉熙(1237—1240)年间东下至吴,遂为吴人。师余从小失去父母,而刻苦自励,志于学习,"清修力行",[3]以教学为生,从学者甚众。平生作诗文甚多,惜不保存。到晚年,才收集成《楼裂集》一卷。

王万,字处一,家本婺州(今金华),随父迁濠梁(今凤阳),晚年定居于苏州常熟。嘉定十六年(1223)进士。官至太常寺少卿。宋理宗称他"立朝蹇谔,古之遗直;为郡廉平,古之遗爱"。他研究当世的事务,熟悉边防要害,文章多联系实际。谈经不涉支离,蕴畜深厚,善于总体概括,著有《时习编》《书志编》若干卷。[4]

吕肃,字敬夫,初名诚。诗文俱佳。昆山人。时称"昆山才士"。曾师从郑东之。郑称吕肃"气夷色壮,学端识敏"。态度平和,庄严清肃。县里请他作训导,不就。有《来鹤亭稿》《既白轩稿》《番禺稿》《竹洲归田稿》等,著作宏富。

---

[1] 卢熊:洪武《苏州府志》卷三十七《人物》,广陵书社2015年,第477页。
[2] 曹允源、李根源:民国《吴县志》卷六十七《列传》,江苏古籍出版社1991年,第127页。
[3] 卢熊:洪武《苏州府志》卷三十七《人物》,广陵书社2015年,第481页。
[4] 卢熊:洪武《苏州府志》卷三十五《人物》,广陵书社2015年,第457页。

黄锡孙,字禹畴,常熟人。读书能联系实际,生活穷困而简约,不改耿介本性。作文崇尚理气,诗亦清纯。有《谷山集》。

张简,字仲简,除作诗外亦能作文,少年时曾作道士,法号白羊山樵。元末兵起,为了奉养母亲,改道还俗。作有文集,金华王祎为之作序,称其文像韩愈、柳宗元。也有人认为有盛唐气象。

李祁,字一初,长沙人,一说茶陵(今属湖南)人。长期寄寓吴中。元李齐榜进士。授文林郎,翰林文字。转儒林郎、江浙儒学副提举。祁为人品质高尚,胸次宽广,作文不事雕琢,而师法自然,著有《云阳集》。其家学绵长,明著名文人李东阳为其五世孙。[1]

柳贯,字道传,浦江人。任翰林院待制。善为古文,与黄溍齐名。[2]住甫里(今用直),作《甫里书院记》。该《记》,先叙儒学之宗,次叙陆龟蒙之人品事迹与祀祠之盛,再叙甫里书院建立之经过及意义,条理清楚,言简而要。

五代宋元的苏州散文,以儒家思想为中心的议论性散文较多,也有一些铭、记、志一类议叙结合的作品。总体而言,文从字顺,语言流畅,结构完整,富有逻辑力量。

2. 散文大家及其代表作

(1) 范仲淹与"二记"

二记,指《岳阳楼记》与《严先生祠堂记》,[3]为范仲淹代表作。

范仲淹善写散文,所作碑传、铭记,在叙事中往往藏有深意。其《岳阳楼记》,尤为脍炙人口。庆历四年(1044)春,其友滕子京降官知巴陵(今岳阳)。滕上任之次年就达到"政通人和,百废俱兴"的境地,于是重修岳阳楼,请范仲淹为之作记。范仲淹在文中以骈散结合的方法,从大处着眼,描绘了洞庭湖"衔远山,吞长江,浩浩荡荡,横无际涯,朝晖夕阴"的万千气象与此地北通巫峡,南极潇湘,迁徙之客与诗人学士吟咏会聚的景象。接着,写出由情境而引出悲欢之情。当淫雨连月不断,阴风怒号,浊浪排空,日星隐没光辉,山岳潜没其形,樯倾楫摧,商路不通的冥冥薄暮中,登上岳阳楼,很容易产生去国怀乡、忧谗畏讥之感。相反,当春日和暖,光照上下,波平浪静,天色湖光,碧绿万顷,沙鸥飞翔,锦鱼遨游之时,或

---

[1] 钱谦益:《列朝诗集》甲编前六,《续修四库全书》第1622册,上海古籍出版社2003年,第367页。

[2] 王鏊:正德《姑苏志》卷五十七《流寓》,文渊阁《四库全书》第493册,上海古籍出版社1987年,第1074页。

[3] 范仲淹:《范文正集》,文渊阁《四库全书》第1089册,上海古籍出版社1987年,第621与623页。

岸边芝草、汀上兰花香气四溢,颜色泛青,或长烟一抹横在空中,皓月泛耀千里,浮散的光像金子的闪炫,静穆的影子,像白玉般皎洁,渔歌彼此唱和的时候,登上岳阳楼,便觉得心情舒畅,精神愉快,忘却荣辱,洋洋而喜。

由情景的互相作用,推测古代仁者忧国忧民之心,不随环境而转移,在庙堂之上则忧其民;处江湖之远则忧其君,充满忧患意识。这在内忧外患的宋朝,有其必然。最后提出了"先天之下忧而忧,后天下之乐而乐"的至理名言。全文结构紧凑,情景交融,借景议论,达到哲理性与艺术性的高度统一,因而千古传诵。

《严先生祠堂记》,是范仲淹在北宋景祐元年(1034)所作。是年,范仲淹出守睦州(今淳安),至则提倡文教,建严先生祠堂,并亲自为之作记。严先生即严光,字子陵,东汉时余姚人,与东汉开国皇帝光武帝刘秀同学。光武即位后,严隐于富春山以钓鱼为乐。光武帝派人劝他出山,严光不为所动,后召至京师同榻而眠,却不愿做官,回到江湖。此文赞扬了汉光武不忘故情,礼贤下士的亲民作风。更赞颂了严先生不愿富贵尊荣而保持清贞的风格。在文中阐述了刘秀与严光的关系。没有严光,显不出光武的容量;没有光武,也不能成就先生的高尚。两人相得益彰,互相辉映,开掘了思想深度。严先生的行动,可以使贪夫清廉、懦夫称勇,着实有功于名教。最后范仲淹赞扬严子陵道:"云山苍苍,江水泱泱,先生之风,山高水长。"全文夹叙夹议,结构紧凑,注意炼字造句,亦是散文中的佳构。

范仲淹散文精致优美,如《与晏尚书书》等,意趣高雅,语言简练清丽,多是思想性与艺术性高度统一的作品。

(2) 苏舜钦《沧浪亭记》

宋代苏州另一散文名家是苏舜钦。苏舜钦(1008—1048),字子美,号沧浪翁,梓州铜山(今中江)人,迁居开封,最后定居苏州。景祐二年(1035)进士,初以父荫补官,累迁大理评事,范仲淹荐为集贤校理、监进奏院。当时他的岳父同平章事兼枢密使杜衍,对吏治有所整顿,忌者欲通过倾陷舜钦而打击杜衍等人。庆历四年(1044),因卖公文废纸作祀神酒会而除名。[1]次年苏舜钦来到苏州,起废布新,筑沧浪亭,自作《记》。

《沧浪亭记》首先道出了筑园之缘由与经过。苏舜钦至苏州借屋而住,时暑夏蒸燠,居处褊狭,思得高爽之地以居。一日过郡学之东,见草树茂密、崇阜广水的空阔之地,原为吴越王钱氏近戚孙承祐所遗池馆,于是以四万钱得之,构筑亭子于弯曲的河岸之上,题名"沧浪"。接着,写沧浪亭之景:"前竹后水,水之阳又

---

[1] 文莹:《湘山野录》卷下,中华书局1984年,第47页。

竹无穷极,澄川翠干,光影会合于轩户之间,尤以风月相宜。"沧浪亭以多竹而取胜。继而写游沧浪亭之乐,"乘小舟,幅巾以往,至则洒然而忘归",到这里可以和鱼鸟共乐,引吭高歌,踞而长啸,心旷而神怡。最后抒发了个人感怀,表达自己摆脱荣辱之场,安于旷淡而笑傲万古的快乐心情,对溺于仕宦、至死不悟者的惋惜。这篇短短的散文由叙事而入景,在情景的交融中抒发感叹,道出真趣真言,正是"词气俊伟,飘然有超世之格"。[1]这对明归有光《沧浪亭记》有重大影响。舜钦亦能作诗,淡然名利,以诗自放。

(3)叶梦得与《石林燕语》等

叶梦得是两宋之交又一位苏州的散文家。叶梦得"嗜学早成"。一生主张抗金,在建康时致力于防务及军饷供应。叶梦得关心民生,"移帅颍昌府,发常平粟赈民"。[2]惩治以"括公田"为名而抄没百姓土地的黠吏,政声甚著。

叶梦得的散文以《石林燕语》为代表,此外还有《避暑录话》《岩下放言》《建康集》等。《石林燕语》是叶梦得于宣和五年(1123)隐于湖州卞山石林谷时所作,大约经过四五年的时间而写就。这部书,照叶梦得本人所讲,"纵谈所及,多故实旧闻,或古今嘉言善行"。"皆少日所传于长老名流,及出入中朝身所践更者,下至田夫野老之言与夫滑稽谐谑之辞,时以抵掌一笑。穷谷无事,偶遇笔札,随辄书之。"[3]既是《燕语》,即闲暇宁逸之言,随手所写,内容必然错杂。大至京师布局、宫观设计、朝廷仪规、官吏称制,小至"马齿"之源、伞的使用等,尤详于官制科目。文笔朴实,完全可作为两宋之交的史书来读。《石林燕语》中所述小故事,较为生动。如该书卷七所写元丰末年(约1085)范纯粹拒绝吴居厚赠款事,就是如此。当时是宋以五路大军讨伐西夏之后,前方军用十分匮乏,身为陕西转运判官的范纯粹(范仲淹之子)十分担忧,屡次向朝廷申请,要求增加财物供应。而身居京东转运使的吴居厚知道这一情况后,以他主持的"冶铁鼓铸"所得暴利三百万缗上交国家来支持关陕前线的军用。范得报,愀然谓其属曰:"吾部虽窘,岂忍取此膏血之余耶!"力辞讫弗纳。[4]表明了范纯粹清廉作风与对劳动者的同情。一些考据文字,如"玉堂""帽戴"的考证,亦称周详。当然由于《石林燕语》产生于动乱之时,偏僻之地,缺少可供参考的图书资料,出现了一些谬误,但总体而言,其史料与文学价值不容低估。

---

[1] 王闢之:《渑水燕谈录》卷四《才识》,中华书局1981年,第40页。
[2] 脱脱:《宋史》卷四四五《叶梦得传》,中华书局1977年,第13134页。
[3] 叶梦得:《石林燕语·原序》,中华书局1984年,第1页。
[4] 叶梦得:《石林燕语》卷七,中华书局1984年,第102页。

《避暑录话》是叶梦得在宋室南渡之初所写,其书"通悉古今,多有根柢",并不是无稽怪诞之言。所叙足资考证,有裨见闻。《岩下放言》,是叶梦得自崇庆节度使退休居住卞山时所作。书中所述多提倡释老之言,为以禅释《易》之萌芽。此书思路广阔,学问富赡,故实众多,颇有可采。《建康集》是叶梦得在绍兴八年(1138)再镇建康时所作,其文优美高雅,事有典型,尚存北宋遗风。

(4) 周必大与《吴郡诸山录》

周必大(1126—1204),字子充,一字洪道,自号平园老叟。南宋吉州庐陵(今吉安)人。绍兴进士。历官权给事中,中书舍人,任言官时不避权贵,任枢密使,创诸军点试法,整肃军队秩序。在孝宗淳熙末年(1189)任右丞相,光宗时封益国公。后以观文殿大学士出判潭州(今长沙),宁宗初退休。所著有《玉堂类稿》《玉堂杂记》《二老堂诗话》等,后汇编成《益国周文忠公全集》。《吴郡诸山录》系周必大拜相前游吴中诸山时所作。记乾道丁亥(1167)五月初八至二十,乾道壬辰(1172)二月十八至四月初一两次在苏州旅游访友之事。该文记述了阳山、虎丘、黄山、灵岩、天平、尹山、穹窿山、横山、尧峰等山峰的名胜风景,对法华庵、澄照寺、龙母庙、承天能仁寺、云岩寺、东西庵、法云寺、灵岩秀峰院、天峰禅院、觉华庵、福臻禅院的所在与历史,尤为关注,其中有一些重要的宗教史料。如有关宝华寺、知显寺的记载,可补史书之缺。文中还反映了周必大与范成大、唐致远、张汉卿、王季海等官吏名士的来往。《吴郡诸山录》文字简洁,语言生动,有些文字富于想象,如作者描写自己登天平山之情形:"遂奋衣右转而上,酌白云泉,甚白而甘。蹑石磴至卓笔峰,高数丈,截然立双石之上,附着甚觥觬,疑其将坠,余如屏如矗,或插或倚,备极奇怪。"[1]用拟人手法道出了天平山尖峭怪状,令人感到石崖之险。

七、小 说

五代至宋,苏州还没有出现专门的小说,但在一些笔记中,有世俗生活的片段与怪力乱神之言,可作为今天意义上的短篇或微型小说。《中吴纪闻》中《朱氏盛衰》一节,记述了朱冲既拥多资,给贫者施医药、赐米衣、善举特盛的情况,而又记述其子交结中贵,以花石得幸,却为恶乡里的事实。跌宕起伏,富有戏剧性。《翟超》一节,写昆山弓手翟超,邑有盗未获而遭县尉的鞭挞,从此愤而出家的故事。翟超皈佛,改名道川,行脚江湖,连老虎也"驯伏其旁,逡巡引去"。显示了

---

[1] 周必大:《吴郡诸山录》,《吴中小志丛刊》,广陵书社2004年,第412页。

道川学佛的功力,富有传奇色彩。《石林燕语》虽多讲朝廷仪制、历史典故,但书中亦一些人物逸事,如范仲淹关注名将狄青的成长,王安石不洗澡等记述,均富有一些生动情节,多少有一些文学意味。像这一类笔记可以作短篇小说视之。

《水浒传》的创作与苏州有一定关系。《水浒》可说是集体创作,最早传播《水浒》故事的,可能是北宋末年宋江起义的直接参加者。后传遍各地,成为街谈巷议的重要内容。通过话本杂剧,影响进一步扩大。在此基础上,再进行整理、加工,成为一部完整描写水浒英雄的长篇小说。完成《水浒》定本的作者,应是施耐庵。施耐庵名惠,又名子安,字彦端,又字肇瑞,兴化白驹镇人,一说钱塘(今杭州)人。传施耐庵原籍苏州,[1]居阊门外施家桥,13岁在苏州浒关读私塾。元至顺二年(1331)进士。任钱塘县尹,兼营商业。在杭州与钟嗣成、赵君卿、陈彦实、颜君常、范居中等文人来往,从事于戏曲创作,参与了杂剧《鹔鹴裘》《芙蓉城》等创作。两年后,施耐庵辞职回苏州,想把北宋末年宋江起义写下来,初拟题名为《江湖豪客传》。元末农民战争时,施耐庵隐居于常熟、江阴,以教书为业。相传施耐庵曾一度参加张士诚义军,并担任职务。多年后,回兴化故乡,将《江湖豪客传》写到一百零八将排座次为止。为了避免遭禁,便采取了一个文雅的名称《水浒》。施耐庵对《水浒》的整理写作,应包括施耐庵的起义实践与对起义将士的观察所得。

《水浒传》反映了人民疾苦与"官逼民反"的现实,歌颂了敢于反抗黑暗的英雄人物,体现了民族传统的斗争精神。《水浒传》人物鲜明,情节生动,细节描写真实,语言通俗,号称"中国长篇章回之父",在中国文学史上是一块重要的丰碑。在它的直接影响下,一些农民起义以《水浒》人物的名号作为号召而起,连起义的战术战法也有效法之处。就艺术而言,《水浒》开创了长篇小说的先河,随后一些名篇巨著《三国演义》《西游记》《红楼梦》等相继而出。总之,《水浒传》的创作与苏州结下不解之缘。

第四节 艺 术

五代宋元时期继承隋唐传统,苏州的艺术逐渐走向成熟。宋代苏州书法继"二王"(王羲之、王献之父子)正脉而有所拓展,具有尚意的特点。范仲淹等富功力灵性,卓然成家。宋时苏州一些画家开创文人画的先河,流连景物,给苏州

---

[1] 薛冰:《施耐庵本是苏州人》,《古都苏州新天堂》,白山出版社2004年,第792页。

绘画以重大影响。宋元时文人参与篆刻艺事,为明时吴门印派形成打下了坚实基础。吴门琴派,这时也在形成之中,与昆曲一样从萌芽状态而渐露头角。

一、书法与篆刻

五代宋元苏州出现了众多的书法篆刻家。

1. 书法

宋代,受禅宗影响,专注意趣,书法以行草为大体。范仲淹初师"二王",晚学《乐毅论》,其行楷,"落笔痛快沉著",[1]有晋宋(指刘宋)人味。其《道服赞》,遒劲中富有真韵,与其气质相合。其二子范纯仁、范纯粹,亦能书,多为尺牍之作,突破了传统章法构成,达到虚实相生的境界。

书法家苏舜钦,家藏《快雪时晴帖》、怀素《自叙帖》等精品,且具有鉴赏能力,其书法以行、草为优,如繁花晃月,光彩浮动,具吸引力。米芾、黄庭坚、蔡襄等受其影响。昆山慧聚寺僧良玉,"通文史之学又善书"。[2]两宋之交的叶梦得,存世有《人至帖》《阁下帖》,书法端雅清和,秀婉劲逸,字形瘦长,继承了王大令与欧阳率更的风格。

南宋范成大,精于行草,采唐人笔意。主张学书以选帖为上,其书法雄强刚健,有神骏之气,所书《明州赠佛照禅师诗碑》,运笔如飞,一气呵成。现存手迹有《兹荷纪念札》《垂海札》《荔苏沙札》《田园杂兴》,都是不凡之作,笔墨标韵,"圆熟遒丽,生意郁然",[3]名不虚传。与陆游、朱熹、张孝祥并称南宋四家。南宋时严焕,字子父,常熟人,绍兴时登第,终朝奉大夫,精于书学,盛名一时。林琰,字雅圭,又字玉圭,乾道五年(1169)与兄林璞,同登进士第,善篆书。颜直之(1222—1272),字方叔,长洲(今苏州)人,工于小篆,得秦《诅楚文》笔意。曾经替参政楼钥书写《攻愧斋榜》,笔势优美,楼钥曾作诗赞赏。著有《集古篆韵》二十卷。直之器质颖脱异常,爱好读书,无不涉猎,自号乐闲居士,常"幅巾危坐,焚香抚琴"[4]于退静斋之中。其子汝勋,亦精篆籀书法。

元时,苏州书法工于技巧,仿求古意,秀媚富丽。陆友精于汉隶八分,对三代汉魏碑文、钟鼎铭刻以及晋唐的书法、名画有很高的鉴赏辨识能力。陆友曾到大都活动,学者虞集、柯九思等大为赏识,并向皇上作了推荐,任命书未下,而陆友

---

[1] 马宗霍:《书林藻鉴》卷九《范仲淹》,文物出版社2015年,第122页。
[2] 龚明之:《中吴纪闻》卷一《梅圣俞与僧良玉诗》,上海古籍出版社1986年,第5页。
[3] 王世贞语,见《书林藻鉴》卷九《范成大》,文物出版社2015年,第143页。
[4] 卢熊:洪武《苏州府志》卷三十八《人物》,广陵书社2015年,第497页。

却离京返吴中。所居题名"志雅斋",表示自己爱好金石图书的志向。其隶书墨迹《世说》卷,温润中渗透刚劲之气。还著有《集古印谱》。同时的钱良佑、钱逵父子,亦是书法名家。钱良佑,一作良右(1278—1344),字翼之,博学多才,擅长作诗。元文宗时,曾奉旨编《农桑辑要》与《大学衍义》。至大(1308—1311)间,署吴县教谕,后不复出,自称"江村民"。少游徐琰之门,"于古篆隶真行小草,无不精绝"。钱逵,字伯行,良佑之子,刻意力学,长于书法,四十余岁未仕。到至正(1341—1368)间,江浙行省设分府于苏,始起家授登仕郎。继而任江浙行省管勾架阁,淮南行省员外郎。明初,选拔为太常议礼。钱逵为人"淳厚雅饬,稽古考订,虽老不倦。其书虽传家学,而论者谓特过之。篆、隶、行、楷,悉追古人妙处。一时若参政王叔能、平章达兼善,咸推崇之"。[1]可见钱逵在书法上是个多面手。

袁易(1262—1360),字通甫,号静春,长洲人。其书法以行楷见长,从传世的《诗卷》来看,墨迹端谨秀润,笔法劲峭。龚璛(1266—1331),字子敬,由高邮徙居平江。其传世作品有《行楷题跋》,笔调高古雅秀,韵佳姿美,有"晋宋人法度",[2]在元人书法作品中称上乘。张雨(1277—1350),茅山派道士,号贞居真人。其书法学欧阳询、赵孟頫,间学怀素。特别善于写大草、行书及小楷,字体俊爽清洒,具有道家之气。今存书法作品有《仙台阁记》卷、《七言诗帖》等十余种。倪瓒评其"诗、文、字、画皆为本朝道品第一"。[3]

元代书法家还有缪贞,字仲素,常熟人。亦是书法全才,篆、隶、真、行,样样精通。当时虞山的碑刻,大多出自他的手迹。此人"好古博识",凡见到三代汉唐的器物,都要收购守藏。曾经得到宋代宫廷所藏,绍兴年间邵谔所进的"述古图"圆砚,因而命名自己的住房为"述古堂"。蒋冕,字启端,工于小篆,[4]曾游左丞周伯温之门。其他如祖子静、滕权、朱珪等以攻篆书而成名家。宋克、宋广以草书闻名。

一些外地著名书法家,在苏州也留有墨宝。北宋大书法家米芾(1051—1107),字元章,号襄阳漫士、海岳外史,世居太原,后定居润州(今镇江)。他较长时间在苏州活动,相传虎丘剑池,石壁上"风壑云泉"四字为米芾所题写。在

---

[1] 乾隆《苏州府志》《人物六》,见《吴中人物志》,古吴轩出版社2013年,第182页注。
[2] 马宗霍:《书林藻鉴》卷十,文物出版社2015年,第157页。
[3] 倪瓒:《清閟阁全集》卷九《题张贞居书卷》,文渊阁《四库全书》第1200册,上海古籍出版社1987年,第300页。
[4] 曹允源、李根源:民国《吴县志》卷七十五上《列传·艺术》,江苏古籍出版社1991年,第500页。

穹窿山寺题壁草书,"字画奇逸",[1]受到宋高宗的赏识。其草书用笔俊迈,有"风樯阵马,沉着痛快"之评。而剑池题词笔势劲立,很有气魄。其子友仁(1072—1151),字元晖,官至兵部侍郎。其山水风格颇肖其父。因其妹嫁苏州大姚村(今车坊),绍兴八年(1138)来到苏州,作《大姚村图》并作了题记。

柯九思(1290—1343),字敬中,号丹丘生。原籍台州仙居(今属浙江),曾长期寓苏州的胭脂桥。能诗,书风古朴藏拙,浑厚有韵致,喜用焦墨,运笔多变化。善画竹,得文同笔法。倪瓒(1301—1374),也是一个书法家,工于楷书,师法晋宋,笔调秀美典雅,富有"道风禅韵",表现出简远萧疏、枯淡清逸的风格。

此时的书法理论,亦有成就。宋朱长文(自号潜溪隐夫)继唐张怀瓘《书断》之后,仿其体例作《续书断》。把唐宋时期的书家,按上、中、下三档,一一加以评品。上者称"神",中者称"妙",下者称"能",被评者达75人。在评论中体现了作者对书法真谛的感悟与深切理解,是书法史上的重要论著。朱长文本人亦是一个著名书法家,宋之名儒而善书者也,"有颜鲁公体"。[2]

2. 篆刻

与书法相联系,苏州篆刻在宋元时亦有所发展。苏州著名的摩崖石刻与石雕,有米芾与吕昇所书虎丘字迹,有李弥大在林屋洞口所书《无碍居士道隐园记》,有僧妙应刻石。妙应俗姓童,在淳熙(1174—1189)年间,居苏州龙兴寺,善于塑像,"妙于刻石"。张琪也精于"刊镵"。赵竦任两浙转使时,重新刊印《华夷图》,其图见方一尺半,其字如蝇头,都是规正的"楷书"。这是由张琪用了三年的时间,刊刻而成,"得之者以为奇玩"。[3]吕彦直,是苏州裱匠之子,在三馆作胥吏,驸马王侁(诜)留于门下,使用双句书帖,曾经篆写《黄庭》一卷,所刻被上所用。元时苏州谢杞,善于刻印章。元贞间(1295—1297),钱翼之存有两方私印,篆文为吾丘衍所写,而刻者就是谢杞。由于刻字漂亮,钱翼之特别把谢杞的名字,记在吾丘衍之后。

而元时最有名的篆刻家当是朱珪。朱珪字伯盛,昆山人。师从濮阳吴睿,向吴学习大小篆,因而工古篆、籀,精于六书之义。朱珪"读书十年不下楼,五十不娶",[4]受师之书法,凡三代金石篆刻,无不极意观仿。吴下碑刻,多出其手。

---

[1] 范成大:《吴郡志》卷三十三《郭外寺》,江苏古籍出版社1986年,第495页。
[2] 张景修:《朱长文墓志铭》,《乐圃馀稿》,文渊阁《四库全书》第1119册,上海古籍出版社1987年,第57页。
[3] 曹允源、李根源:民国《吴县志》卷七十五上《列传·艺术》,江苏古籍出版社1991年,第500页。
[4] 冯桂芬:同治《苏州府志》卷一○九《艺术一》,江苏古籍出版社1990年,第745页。

但如顾客无行,朱珪就不售其技。朱首创汉瓦篆刻,开拓新材,启发后人。又喜欢雕刻印章,刻法奇妙,获茅山张外史的推重,称朱珪所刻为"方寸铁"。[1]朱珪有悟于《石鼓》《峄碑》之法,取法宋人王顺伯,元人赵孟𫖯、吾丘衍印谱及吴睿所摹的古印文,并附上自己所刻之印,名《印文集考》。这是第一部文人创作的印谱,完成了由集古印谱向篆刻家创作印谱的转化。

二、绘画与雕塑

五代宋元时期,除本地文人外,一些文人来到苏、嘉、湖地区,促进了这一地区的文艺发展。苏州成为绘画中心之一,是文人画集中的地区。

1. 绘画概述

五代时画家罗塞翁,是诗人罗隐的儿子。罗隐本余杭人,结庵于甫里(今用直)北隅,成为苏州人。罗塞翁,曾作吴中从事,善于画羊,精妙卓绝。当时吴人画家还有一个滕昌佑,他后来到蜀地游历,以文学创作为事,不仕不婚,志尚高洁,脱俗沉雅。绘画不专门师从何人,而是注意观察动植物形态而"形于笔端"。他在住宅布置山石,栽种花木,用于摹写。善于描写蝉蝶、折枝、花果,尤其欢喜画鹅,色泽鲜明,"宛有生意"。[2]

宋初,苏州李成"以画知名"。卫融知陈州时,知道他的画名,召他到陈州,他欣然而往,受当时人的赏识。朱象先,字景初,吴江松陵人,以"善画驰名",苏东坡曾在他的画上作跋,称他"能文而不求举,善画而不求售。文以达吾心,画以达吾意而已"。[3]以其不求售也,故得之自然。朱象先的画,以自然为美。

何充,姑苏秀才,善于描绘状貌,称雄于东南。苏东坡曾赠诗说:"问君何苦写我真,君言好之聊自适。"冯大有,承事郎,居住在苏州吴趋里,七岁能文,善于描绘莲荷,"为阴晴风雨四种闲情,寄写精巧入神"。[4]北宋画家还有丁谓等人。

至南宋以后,有毛松一家。毛松是昆山人。"善画花鸟、四时之景",[5]很有名气。毛松的儿子毛益,在南宋乾道(1165—1173)担任过画院待诏。毛益的儿子允昇,在景定(1260—1265)亦担任画院待诏。一门都是以"花鸟"传世,成为家学。

---

[1] 张㤢:《吴中人物志》卷十三《艺术》,古吴轩出版社2013年,第183页。
[2] 佚名:《宣和画谱》卷十六,文渊阁《四库全书》第813册,上海古籍出版社1987年,第168页。
[3] 苏轼:《朱象先画后》,《东坡全集》卷九十三,文渊阁《四库全书》第1107册,上海古籍出版社1987年,第504页。
[4] 冯桂芬:同治《苏州府志》卷一〇九,江苏古籍出版社1990年,第744页。
[5] 张㤢:《吴中人物志》卷十三《艺术》,古吴轩出版社2013年,第178页。

赵伯骕(1128—1182),字希远,为著名画家赵千里之弟,宋宗室,官至观察使,曾摄平江府事。"尝画姑苏天庆观样进呈,孝宗书其上,令依原样建造,今玄妙观是也"。[1]可见其描物之真。他善画山水人物,传染轻盈,具有生意。今存《万松金阙图》,红日升海,近岸古松盘桓,远山白云掩映,使山幽水阔,融于一体。卒葬观音山,周必大为之作神道碑文。其弟子有单邦显,为苏州著名画家,其艺术水平不及赵氏伯驹、希远兄弟的"金碧山水",而花卉、蜂蝶的绘画,达二赵的境界。昆山人老戴,亦学二赵的"林木山水",却不及邦显。当时还有一些女画家。胡元功幼女,人称胡夫人,平江人,嫁吴江黄由。画兰竹颇工,受人赞誉。她善作诗文,有人把她比作李易安(清照)。女道士静顺亦能画。

宋末元初,曾寓平江的龚开(1222—1320),字圣与,号翠岩,淮阴人。景定年间(1260—1264),任两淮制置监职。入元后,坚决不仕元朝,以卖画自给。他善画人物,以浓笔画钟馗,形象奇特,意扫凶邪。所作《骏马图》,画了一匹瘦骨嶙峋的马以自喻,作为对元蒙统治者的讽刺。他作"山水人物尤卓绝。"[2]

郑思肖作画,富有寓意,表现了爱国思想。他画兰花,兰根并不着土,更无坡地,以此表明国土为元蒙所夺。在"水仙"画中题诗"御寒不藉水为命,去国自同金铸心",具有爱国情怀。元朝画家,取法清淡的水墨写景,追求清静境界,引发"心中逸气"。元时苏州画家以隐逸为标榜,摆脱了某些思想的束缚,使文人画有较大的发展。

张逊,字仲敏,号溪云,又称"髯张",以画竹取长,其"勾勒法妙绝当世"。"山水学巨然,亦有成就。"顾逵,善于画山水,能绘画人物肖像。郑禧,字熙之。他山水学习董源,用墨清润可爱。作墨竹禽鸟,学的是赵孟頫。

朱玉,字君璧,昆山人。永嘉王振鹏的学生,尽得振鹏之技。至顺庚午(1330),奉中宫画佛像,作首位以进。所画"方不盈矩,曲尽其状",[3]十分生动。后元朝清宁殿装饰,命画工彩绘其壁,有人推荐朱玉,而朱玉已老。

李立,吴门人。其画法多模仿小李将军。曾经为顾瑛作《玉山雅集图》,风行于世。谢百诚,常熟任阳人。得董北苑(董源)的真传,曾作《瀑布图》,受到杨维桢的赏识,为之作了品题。顾安(1289—1368),字定之,由父荫授兰溪巡检,再任常州录事判官、泉州路判官等职,以"写竹"驰名。朱德润(1294—1365),字泽民,平江人,他学习郭熙、李成,间得许道宁画意,注意对自然的观察感悟,具有

---

[1] 夏文彦:《图绘宝鉴》卷四,文渊阁《四库全书》第814册,上海古籍出版社1987年,第595页。
[2] 冯桂芬:同治《苏州府志》卷一一一《流寓》,江苏古籍出版社1990年,第791页。
[3] 张昶:《吴中人物志》卷十三《艺术》,古吴轩出版社2013年,第182页。

"朝清而夕昏,远淡而近浓"的境界,所画因写生而被激活。其"文章典雅,而理致甚明"。[1]

2. 黄公望及受其影响的元代画家

元时苏州最有名望的画家是黄公望(1269—1354),字子久,号大痴,又号一峰、井西老人,平江常熟人,为元四大家之一。元四大家有两说,据王世贞《艺苑卮言·附录》称,为赵孟頫、吴镇、黄公望、王蒙;董其昌《画旨》以为黄公望、王蒙、倪瓒、吴镇四人。两说中都有黄公望其人。黄公望"善画山水,初师董源、巨然",[2]从家乡自然山水中撷取艺术素材,设色以浅绛色居多,水墨画极少皴纹,笔势雄浑,笔意苍远,开一代画风之先河。晚年所作而传世的《富春山居图》今一分为二,一存北京,一存台北。《九峰雪霁图》等亦为山水画杰作。他描绘苏州风光的《天池石壁图》,是构图繁复的代表作之一。天池山在苏州西郊,石壁峭立,半山中有较大水面的池塘,故曰天池。全画多用绛色,墨青墨绿合染,使图充满灵气。元末明初著名文人高启,在《题天池图小引》中,对这幅画作了高度评价,说由于这张《天池石壁图》而使"天池之名益著"。[3]

受黄公望影响,元时本地画家还有陆广、顾瑛、张逊、陈植等人。陆广,字季弘,号天游生,画法取黄公望、王蒙。所作有至顺二年(1331)《仙山楼观图》,峰峦重叠,山路蜿蜒,意境清幽深远。还有为伯顺作《豀亭山色图》,现藏上海博物馆。顾瑛喜写畦田蔬菜,笔致生动,清新韵逸,所作有《墨菜写生图》《菜蝶图》。张逊,字仲敏,号溪云,善画墨竹兼工山水,用双钩法写竹,妙绝一时。陈植(1293—1362),字叔方,号慎独,晚号痴叟,吴(今苏州)人。能诗,所画山水泉石,苍莽疏宕,各呈其态,传有黄公望之艺韵,曾为袁泰作《江浦树石图》,传世作品还有《云山图》。

赵衷,字原初,号东吴野人,吴江人,世以医为业,工画人物山水兼花卉,能篆隶书。白描人物,学李公麟。《隔岸望山图》,用笔细润雅淡,一人眺望湖山,湖面浩茫,远山林茂,意境旷远。至正二十一年(1361)所作《墨花图》卷,每段一花,每花一词,别有情趣。朱叔重,一作朱叔中,吴(今苏州)人,或作娄东(今太仓)人。主张诗画相容,作品有至正二十五年(1365)作《秋山叠翠图》,简淡古雅,还有《春塘柳色图》,表现了一种欣欣生意。

---

[1] 卢熊:洪武《苏州府志》卷三十八《人物》,广陵书社2015年,第499页。
[2] 王鏊:正德《姑苏志》卷五十六《艺术》,《北京图书馆古籍珍本丛刊》第27册,书目文献出版社1988年,第68页。
[3] 高启:《题天池图小引》,《高青丘集·凫藻集》卷四《题》,上海古籍出版社2013年,第924页。

苏州土肥水软,物产丰润,文化素称发达,一些文人画的作者留连苏州,给苏州画坛增添了灵色,推动苏画的发展。

3. 外地画家与苏州

在这一时代,苏州的一些画家与著名书画大家有所交往。北宋苏东坡,就很赏识苏州画家何充、朱象先两人,对他们的画作多有好评。东坡作画,古木拙而劲,疏竹老而活,[1] 表现一种仙灵之气。苏东坡这一画法,对苏州画有一定影响。宋时另一位大画家米芾(1051—1107),寓居苏州有年,其女嫁苏州东郊大姚村,与苏州关系密切。他在《画史》中论及的苏州画家画作有六家之多。如李成的"松石"与"山水"四轴、苏子美、黄筌《鹁鸽图》、丁氏《五星图》、赵伯充《金星》小帧等。其子米友仁(1074—1153),也是大书法家、画家,曾住虎丘。他在妹妹家戏作山水横轴《大姚村图》,描绘了宋时苏郊景物。由于"东南胜地熟跻攀",因而《村图》显得生动逼真。他的山水画发展了米芾的技法,用水墨横点写烟峦云树,运笔草草,自称墨戏。

元代长期流寓苏州的有倪瓒(1306—1374),无锡人,人称其"工诗善书画"。[2] 常与苏州名士往来。元末社会动荡,因而往来于太湖、泖湖,或寄住于村舍、佛寺。据其《跋画》自述,至正辛丑(1361)曾寓居于苏州甫里(今用直)。[3] 倪瓒擅长山水,多以水墨为之,创用"折带皴"写山石。所作多取材于太湖一带景色,好作疏林坡岸、浅水远岑之景,意境幽淡萧瑟。画墨竹不求形似,而抒胸中之气。其画简中寓繁,似嫩实苍的画法,发展了文人水墨山水画之风格。他画有苏州狮子林全图。

王蒙(？—1385),湖州人,赵孟頫的外孙,因隐居临平(今属杭州)黄鹤山,号"黄鹤山樵",善画山水、人物。山水得外祖赵孟頫法,并以董源、巨然为宗,创新变法,自立门户。写景多稠密,山川掩映,幽深意远。用解索皴和渴墨点苔表现了林茂峦苍的气氛。王蒙与苏州画家沈澄、陆汝言等交往颇多。在张士诚据吴时,被召为长吏,长期住苏州。他游灵岩山后画《竹石图》并题诗三首,称"德机忽持此纸命画竹",而"德机"是张士诚的部吏,可见王蒙与苏州的密切关系。《竹石图》现藏苏州博物馆。

王立中,字彦强,原籍四川遂宁,寓居苏州,元末任松江太守,善诗能画。至正二十六年(1366),与王蒙一起,为刘易作《破窗风雨图》,表达了一种道德追求

---

[1] 张丑:《清河书画舫》,文渊阁《四库全书》第817册,上海古籍出版社1987年,第340页。
[2] 冯桂芬:同治《苏州府志》卷一一一《流寓》,江苏古籍出版社1990年,第796页。
[3] 许治:乾隆《元和县志》卷二十六《流寓》,江苏古籍出版社1998年,第307页。

的执着精神。苏大年(1296—1364),字昌龄,号西坡,又号林屋洞主,晚年避兵寓居吴中,受张士诚弟兄的礼遇,称苏学士而不名。善于画竹石松木,画迹有《西涧诗意图》《秋江送别图》。唐棣(1296—1364),字子华,湖州人,以茂才起家,号称"神童",曾任吴江知州,得赵孟頫之传,并师李成、郭熙,作品有《霜浦归渔图》,描写了吴地在秋山暮霭、烟林清旷之中,一群渔人打鱼归来的情景,富有农村气息。传世的作品还有《松荫聚饮图》《雪港捕鱼图》等。

宋元时期,一些文人对书画艺术的进程与经验作了总结,促进了绘画理论的发展。著名科学家沈括,在《梦溪笔谈》卷十七中,以形象化的笔调介绍了董源、巨然山水画的意趣,阐述了画作的鉴赏方法,所谓"书画之妙,在于神会",达到主客观的统一。又说,山水画的求索,应以大视小,指明了欣赏的视角。沈括有关绘画的论述,提供了史料,简明精确地评论画家之得失,从而提至理论的高度。

元黄公望《写山水诀》,重于画法的研究,总结了古人艺术经验,以为如董源、李成所画山水树石的方法,各显特色,提出创新之本。文中,对如何画石,如何画水口水潭,如何用笔,都提出了中肯意见,提出作画应去掉"邪、甜、俗、赖"四字,倡导纯正的艺术,一直为后世画家所法。

4. 雕塑

宋代苏州杰出的雕塑家是雷潮夫妇。他们因避战祸,到了南方。由于来自民间,富有生活体验。相传紫金庵(今属吴中区东山)观音与罗汉即其夫妇所塑,神态生动,极富性格特征,堪称艺术精品,名扬中外。

南宋雕塑艺术家有僧妙应。妙应俗性童,擅长刻石。淳熙(1174—1189)中,居住苏州龙兴寺时,曾经模仿庐山的像法,在龙兴寺内刻"须菩提"像,在像的背后作"天台五百尊者",都栩栩如生,笔法奇古。又在虎丘作石观音像亦佳。

宋时善作泥塑的有袁遇昌。遇昌,苏州木渎人,善于用泥塑造婴孩,形态生动,号称"天下第一"。他制作的高六七寸的一对泥孩,价值高达三数十缗。"其衣褶襞积与夫齿唇眉发,至于脑囟,按之胁胁括动。"[1] 许棐曾作《泥孩子》诗:"牧渎一块泥,装塑恣华靡。所恨肌体微,金珠载不起。双罩红纱厨,娇立瓶花底。少妇初尝酸,一玩一心喜。"[2] 正是咏其事。他的创作对今后"虎丘泥塑"有较大影响。同时,苏州还流行"黄胖""摩睺罗"等泥塑或木雕玩具。泥塑艺品上常在底部铸有塑工姓名,如"平江孙荣""吴郡包成祖"等,似已有品牌意识。

---

[1] 张昊:《吴中人物志》卷十三《艺术》,古吴轩出版社2013年,第179页。
[2] 金海龙:《吴中名贤图传》,西泠印社出版社2006年,第50页。

宋时,苏州还有木雕与漆雕。木雕以1978年在瑞光塔内发现的北宋真珠舍利宝幢为代表。宝幢用楠木雕刻。所刻佛教人物,形象生动。全幢加以玉雕、漆雕、描金等工艺,珠光宝气,造型优美,为国内稀有的艺术珍品。在同时同处发现的还有"螺钿镶嵌经箱"一只,木胎黑漆。箱体用700片0.1厘米的闪色贝壳,镶作石榴、海棠、鸟蝶等纹饰,间缀珠宝,黑白相映,配以团花,显得雍容华贵。

今镇湖西京村有元时的万佛石塔,以雕有万尊佛像而闻名。塔刹下的长方形石座四面各刻如来佛一尊。塔内高4.10米,直径2.08米。迎面北壁刻有一高30厘米的佛像,其余四周刻满仅高0.05米的小佛像。这些小佛像面容庄严,衣褶可辨,下面有莲座依托,甚为传神。

三、音乐、戏曲与舞蹈

苏州是吴歌与一些戏曲的发源地。这一时期的音乐,以词曲、民间歌谣的曲调创作为主。

1. 词曲音乐

吴地历来是民歌之乡,吴越王钱镠本身就能以吴音咏唱;上述《月子弯弯照九州》,亦是民间创作的歌曲。还有一种为推销商品而创作的小调,如卖乌腻糖所唱的《卖糖歌》,[1]就是这类歌调。这应是今天卖梨膏糖时所唱"小热昏调"的滥觞。词最早产生于民间,后由文人收集整理,成为定式的谱调,可以咏唱。词曲的音乐比较质朴,直抒胸臆。宋时如范成大等文人,从民间音乐中吸收营养,自作词牌,称"自度曲",则又比较细腻。范成大"梦玉人引""三登乐"等多有创新。至元代,文人多用"人月圆""梧叶儿"等曲调,以咏苏州山水风物。

元代的山歌、竹枝词,本来是用于歌唱的,并可依韵跳舞。经不断加工后,曲调更清新明朗,音色朴实,腔音悠长。上述《月子弯弯照九州》一曲,就是船民或渔民所唱的山歌。相传吴地流传的《孟姜女·春调》《吴江歌》等也是产生在这一时期。山歌、竹枝词一类的音乐,来自民间,质朴淳纯,显示了民间音乐的本色。

2. 戏曲

五代是一个崇尚戏剧的时代。后唐庄宗李存勖本人能唱曲子,尊重俳优,自作艺名为"李天下"。其俳优中不乏如敬新磨那样的人物,利用戏剧进行规谏,使庄宗纠正了一些错误。庄宗为中国古代戏神之一。

---

[1] 范成大:《元夕二首》自注,《宋诗钞》,中华书局1986年,第1794页。

北宋时代已出现"杂剧"一词,这时已有杂剧表演,说明这时戏剧文学已出现。杂剧是在唐代参军戏的基础上发展而来,人数可以根据剧情而增减,已用上道具。民间表演地点在瓦子、勾栏。表演形式也逐渐成为有歌唱、有音乐伴奏、有舞蹈、有杂技、有武术、有一定情节演变的近代戏剧了。在当时中元节(七月十五)要演《目莲救母》的杂剧,连续七八天。南宋时临安已有绯绿社等杂剧组织,杂剧班中已有末泥、副净(次净)、副末、装狐、装旦等角色。其流传于南宋地区的称作南戏。苏州是南戏重要的演出地点。南戏的主要剧本叫"传奇"。演唱传奇的声腔有发源于浙江海盐的海盐腔,流传江西与广大南方的弋阳腔,分布于浙江绍兴、江苏南部的余姚腔。后出而超越三腔的有发源于昆山的昆山腔。

南宋时,苏州南戏演出中,一些演员通过戏剧对当政者进行讽谏。正如张炎说:"活脱梨园,子弟家声旧,诨砌随机开笑口,筵前戏谏从来有。"[1]一些苏州演员,演技突出,受到文人与行家的称赞,"韫玉传奇,惟吴中子弟为第一流",他们的演唱"识拍道字,正声清韵,不狂俱得之"。[2]宋元间,平江一带著名演员有张玉莲、赛天香、小春宴等人。

这一时期的重要著作,有吴中九山书会《张协状元》,吴门学究敬先书会柯丹丘《王十朋荆钗记》,艺术地表现了当时的伦理思想。

昆曲应是元末顾坚所创。相传昆曲正声是唐朝艺人黄幡绰所传,顾坚继承了这一戏曲传统,在海盐腔基础上,结合昆山民间小调,而创造了昆山腔。"元朝有顾坚者,虽离昆山三十里,居千墩,精于南词,善作古赋,扩廓帖木儿闻其善歌,屡招不屈。与杨铁笛、顾阿瑛、倪元镇为友,自号风月散人。其著有《陶真野集》十卷,《风月散人乐府》八卷,行于世。善发南曲之奥,故国初有昆山腔之称。"[3]

顾坚,字廷玉,昆山千墩(今千灯)人,富有艺术才华,从小继承其父顾鉴诗文之雅好,又向姑母顾山山学习歌唱艺术,艺声响遍各地,被权臣扩郭帖木儿屡次招请。他深得南曲之奥秘,在戏曲中渗透了吴侬软语的特色,成为昆曲创作的鼻祖。传说他专攻艺术,生活贫困,过着绳床瓦灶的生活。特别是至正二十二年(1362)所住勾栏突然倒坍,"顾坚被砸,双目失明",[4]只能投靠顾阿瑛生活。但创作不息,成果颇丰,惜其作品均未流传下来。

替昆曲的流传推波助澜的是元末雅商顾阿瑛。阿瑛轻财好客,热爱文艺,经

---

[1] 张炎:《蝶恋花·题末色褚仲良写真》,《全宋词》,中州古籍出版社1986年,第2342页。
[2] 张炎:《满江红》词小序,《全宋词》,中州古籍出版社1986年,第2339页。
[3] 魏良辅:《南词引正》,《一曲长承——曲家》,上海人民出版社2006年,第12页。
[4] 郑闰:《顾坚身份之谜》,苏州日报2009年12月25日C02版。

常邀请当时名士杨维桢、倪云林、柯九思和顾坚等集会，吟诗创作，探赏戏曲等艺术。其所建池馆极盛，"甲于东南，一时胜流，多从之游宴……元季知名之士列其间者十之八九"。[1] 顾阿瑛与杨维桢等人，对昆曲的创制作了深入的探讨，主张文彩与音节完美的结合，改变过去"泥于文彩者失音节，谐音节者亏文彩"的局面，做到"文""音"兼具。他们的创作，在举办雅集时，由顾阿瑛家班女乐一起演唱。其中著名演员有小琼英、小琼花、丁香秀、南枝秀等人，使昆曲逐步完善。此外，宋元时还有水傀儡之戏。

昆山腔开始时，属于清唱小曲，由于"流丽悠远"，盛行于吴语区。生于无锡，长期居住昆山的周寿宜，以百岁高龄，在洪武九年（1376）被明太祖朱元璋召见。[2] 朱元璋问："闻昆山腔甚佳，尔亦能讴否？"此语不仅说明昆曲产生于元末的昆山，而且说明由于动听而盛行于吴地，直至明初的京师。

至于舞蹈，苏州历来具有优良传统。远古至春秋时有蛇龙之舞、鱼龙之舞、鞊舞等。唐朝"吴娃醉舞双芙蓉，"说明舞蹈传统绵延不断。南宋时，有所谓"扑蝴蝶"之舞，[3] 有一小妓舞得特佳，引起前后苏州太守刘震孙与郑润父两位长官的争夺。由于郑未几殂落，而小妓归于震孙。"扑蝴蝶"具体舞法，已不太清楚，这出来自于民间的舞蹈与今天的"采茶扑蝶"，有一定传承关系。

宋元时民间舞蹈，还有"荡湖船"（也称"旱船"或"跑旱船"），是在节日中表演的陆上行舟、似水中摇橹的舞蹈。一前一荡，十分逼真。正如范成大所说："旱船遥似泛，水傀近如生。"[4] 还有一种叫"社舞"，也是在元宵节晚上所舞，舞时故作"颠狂"之状，以吸引观众的眼球。

相传发源于宋元时代的舞蹈，还有流行于太仓的巫舞"走阴差""踏潮舞""珠子舞"等。宋元时苏州舞蹈与农时关系密切，歌舞与节日庆丰收相结合，与水上活动相联系，这可以说是一个特色。

第五节　科学技术

五代宋元时期是苏州科技发展较快的时期，不仅出现了如沈括那样杰出的综合型科技人才，而且也出现了一些专才，并创制了《天文图》等标志性仪物，一

---

[1] 永瑢等：《四库全书总目》，中华书局 1965 年，第 1710 页。
[2] 周亮工：《书影》卷八，上海古籍出版社 1981 年，第 207 页。
[3] 周密：《癸辛杂识》别集上《朔斋小姬》，中华书局 1988 年，第 245 页。
[4] 范成大：《上元纪吴下节物排谐体三十二韵》，《宋诗钞》，中华书局 1986 年，第 1787 页。

直流传到今天。苏州的桥塔、园林建筑技艺,其时已扬誉中国,甚而传至世界。

一、数学与物理学

这一时期的数学与物理科学的成就,以北宋杰出的自然科学家沈括为代表。沈括(1031—1095),字存中,因其母为苏州人,于嘉祐八年(1063)入籍苏州。以苏州考生的名义,中进士。历任翰林学士、鄜延路经略使等官,晚年居镇江梦溪园。沈括博学善文,天文、方志、律历、医药、音乐等,无所不通。一生著作多达三十余种,晚年作《梦溪笔谈》,加上《补笔谈》《续笔谈》共30卷,其中富含自然科技知识,是中国科技史上最重要的著作之一。

沈括在数学领域创造了用二阶等差级数求总和的算法,也称隙积术,总结了汉代《九章算术》以来有关等差级数的探求,开辟了其后两百年对高级等差级数的研究。[1]他还发明了"会圆术",从已知圆的直径与弓形的高度,求弓形的弦与弧长的方法,解决了工程的一些具体问题。南宋时在苏杭一带活动的杨辉,著有《详解九章算术》十二卷、《日用算法》二卷等数学专著,用"垛积术"求出几类高阶等差级数之和,得出了几种高阶级式的求法。

在物理学中,沈括在光、声、磁学研究方面均作出了贡献。他细致地观察光的直线传播,各种反光镜的成像,尤其是通过实验,得出光线通过小孔与焦点,形成"光束"而成像的原理。他通过共振现象的实验,证明了弦线基音与泛音的共振关系,这一成就领先于欧洲人数百年。他还发现了磁偏角问题,指出"以磁磨针锋,则能指南,然常微偏东,不全南也"。这是物理学中地偏磁角的最早发现。

二、天文、地理与气象学

宋元时期,苏州天文地理著作与天文地理学家不断出现。宋时祝庶幾,通天文象纬之学,累赴乡举不第。景德(1004—1007)中向朝廷要求,以自己所学作为考试内容,结果被任命为司天灵台郎。在瑞光寺宋代遗存中,刊刻于宋景德二年(1005)的《大隋求陀罗尼经》中就有西方十二星座(宫)的图案,与今天的十二星座图几乎没有差异。苏州是西方天文学的最早传播地之一。沈括也作了详细的天文观察,计有3个月之久,绘制了两百多幅星图,得出了北极星与北极有三度多角度差的正确结论。他是最早发现陨石成分中"有铁"的科学家之一。还提出"月本无光""日曜乃光"的科学见解。他用10年多时间,著《熙宁晷漏》,取得

---

[1] 沈括:《梦溪笔谈》卷十八,浙江古籍出版社1986年,第1页。

冬夏二至并不等长的成果,并提出以节气定月,实行十二气为一年的"十二气历",这比同一性质的"萧伯纳律"要早九百年。吴人李珣善于律历之学。绍圣二年(1095),曾肇作滁州守时,命李珣作漏壶,以记昼夜,很是准确,一郡便以李珣壶作为标准。

反映天文学与星图绘制技术进步的重要文物是今存苏州文庙的石刻《天文图》。[1]南宋光宗绍熙元年(1190)根据天文地理学家黄裳在北宋元丰(1078—1085)年间所观察的结果绘制,理宗淳祐七年(1247)苏州石工作图于石,刻石成碑。碑高8尺,上半部刻星象,下半部刻文字说明。星图上含1440颗大小不等的星。其绘制的黄、白、赤三道,日、月、经纬星、银河、十二次、十二分野都比较精确。文字共41行,记述了当时所认知的天文学知识。这是世界上最古老的石刻星图之一,也是天文教学的实物模型,具有科学与教学价值。

元时,通星历之学的还有昆山人陆德润、嘉定人谭士元。谭曾"判太史局",负责天文气象工作。

这一时期的地理学,也有新的发展。沈括在今浙江雁荡山、河北太行山与陕西延安进行实地考察与地质调查,强调流水侵蚀在地形改变中的作用,指出华北平原由黄河泥沙淤积而成。沈括在陕北发现了石油,他还第一次采用二十四至的方法,提高了大地测绘的准确性。

胡舜申是另一位地理学家。他在绍兴年间(1131—1162)由绩溪(今属安徽)迁来,定居苏州。他熟悉各地的风土人情,善于城市规划。他曾到苏州的城郭作了考察,以为蛇门不可废,作《吴门忠告》一篇,以为开正南的蛇门,方便行水,利于舟航。[2]舜申之请已获郡守同意,惜有种种原因而未果。

宋代平面绘制技术有较大提高,苏州文庙保存的石刻《地理图》与《平江图》就是很好的证明。《地理图》亦是黄裳绘制,由苏州石工依图刻成,碑宽1米,长约2米,共绘当时中国山脉120多条,长江、黄河、珠江等江河60多条以及全国各级行政区域路、府、州、军、县的方位及名称,反映了当时政治军事的布局,也反映地图学上的成就。图下为文字说明,指出刻图的目的在于"思祖宗境土半陷于异域而未归",具有爱国主义教育的意味。

《平江图》宽1.4米,高2.8米,绘刻了宋代平江城的全貌,显示了城市基本地理要素。城墙呈西北、东北二隅略宽的长方形,城中水系呈三横四直的网络

---

[1] 《天文图》与下述《地理图》《平江图》,苏州碑刻博物馆藏。
[2] 范成大:《吴郡志》卷三《城郭》,江苏古籍出版社1991年,第26页。

状;水上桥梁众多,并注上名称。道路众多,一般呈平、竖之态。当时的街坊、衙署、寺庙,也一一罗列。这些建筑物的标图,位置准确。这张平江图,是我国古代城市图的代表作之一,也是研究苏州历史的重要资料。

这时,一些文人学者,对农业气象变化作了总结与记录,如:"朝霞不出门,暮霞行千里","飞云走群羊,停云走三豨","月当天毕宿,风自少女起","烂石烧成香,汗础润如洗"。又如:"日出早,雨霖脑;日出晚,晒杀雁。"再如:"月如悬弓,少雨多风;月如仰瓦,不求自下。"范成大等对这些谚语作了记载,并进行了一定的研究,指出占卜之类,"不如老农谚,影响捷于鬼",[1]充分肯定了农谚中的科学成分。

三、水利学

吴地低洼,河道纵横,水利事业素称发达,这就为水利与水文学的突破性进展,提供了前置条件。北宋范仲淹提出综合治水的理念,使浚渠、修围、置闸三者并举。郏亶的水利理论与构思,亦值得重视。郏亶(1038—1103),太仓人。起于农家,自幼知道读书的重要,识度超越凡夫。年二十,即登嘉祐二年(1057)进士第。昆山(时太仓属昆山)一县,自宋以来,还没有登第的,郏亶是考中进士的第一人,号称"破天荒"。宋神宗熙宁二年(1069)时任广东安抚机宜文字的郏亶上书建议治理苏州水利,批评以前治水,未按地形高低排水、筑堤无卫民田等"六失",又提出自己主张的治水"六得"(即应辨地形高低之殊,求古人蓄泄之迹等),后又提出《治田利害大概》七条。熙宁五年(1072)任司农丞,负责苏州水利;刚任一年,由于保守派与地方豪强的阻梗而去职。他在家乡大泗瀼试行所拟方案,开筑圩岸、沟浍、场圃,取得丰收,因又绘图,上书政府,复任司农寺丞,升江东转运判官,后于知温州任上病死。著有《吴门水利书》。其子郏侨能传其学。郏侨,字子高,曾就学于王安石,他主张在太湖上游治江宁五堰,使水决于西江;润州(今镇江)治丹阳练湖,相视大岗,使水北向;常州治宜兴滆湖、沙子堰及江阴港浦,使水入江;以望亭堰分属苏州,以绝常州来水之患。如此,则西北之水不入太湖为害矣。又于苏州治诸邑限水之制,"辟吴江之南石塘,多置桥梁以决太湖,会于青龙、华亭而入海"。[2]开浚吴淞江,并筑石塘堤岸。杭州迁长河堰,使宣杭诸山之水决于浙江。如此,东南之水不入太湖为害。郏侨主张,旁

---

[1] 罗大经:《鹤林玉露》卷之三丙编《占雨》,中华书局1983年,第282页。
[2] 顾炎武:《天下郡国利病书·苏州备录上》,《顾炎武全集》第12册,上海古籍出版社2011年,第417页。

分支脉之流,使腹地避免畎亩之患。郏侨的导水分流理论,有一定的可行性、实用性。

政和六年(1116)平江府户曹赵霖,奉上命治苏州水利。赵亲自相度浦泾,上书陈述己见,以为治苏州水利,当开治港浦,置闸并及时启闭,筑圩以卫田。尤强调"置闸",所谓治水莫急于开浦,开浦莫急于置闸。后写一书上奏,于苏州施行。赵霖水利理论与郏亶所议有所区别。郏亶强调开辟塘浦,使水趋下,而赵霖强调置闸之重要,以节制水量与流向。

淳熙十三年(1186)提举常平易点主张开淀山湖,使湖水下流。元大德八年(1304)海道千夫长任仁发著《水利问答》,主张"浚河港必深阔,筑围岸必高厚,置闸窦必多广。设遇水旱,就三者而乘除之,自然不能为害"。[1]以后潘应武等均有此类言论。宋元时水利学理论以导水,筑圩与置闸三者并举作指导,结合苏州水情实际而施行,取得一定成效。

四、农学与园艺学

苏州是中国农业的发源地之一,特别是南北朝之后社会风气由尚武转向经济文化的开发,北人大量流向南方,带来了北方的一些先进的技术,苏州农业发展甚快,常获丰收。

苏州一向重视良种的培育,在宋时,有红莲稻、箭子米等佳种。南宋有黑色、耐寒而晚熟的水稻,是双季中晚稻的良品。宋元时苏州农业与灌排工具得到改进,并完善配套。在农业发展的基础上进行总结,推动了农学的发展。

钱良佑,字翼之,吴县人,工于诗书,元文宗时(1329—1331),奉旨撰写《农桑辑要》,对农事经验进行了总结。元时陆泳作《吴下田家志》(有人疑即《田家五行拾遗》),记录了吴地气象与农业生产关系,农事日程安排,分"宜""忌"两种,对于农村的及时种收有一定的经验性意义。

苏州郊区,尤其是西部多低矮山丘,便于水果、花木的种植,因而产生了专门研究果木的著作。宋代,韩彦直作《橘录》。彦直,随父韩世忠迁吴,绍兴十八年(1148)进士,官至龙图阁学士。此书是韩彦直在淳熙年间知温州时所作。《橘录》分三卷,上卷载柑品八、橙品一,中卷载橘品十八,下卷载种橘之法。对一些柑橘种类进行品评,对洞庭山优良品种"早红"(又称"洞庭红")作了记载,认为

---

[1] 顾炎武:《天下郡国利病书·苏州备录上》,《顾炎武全集》第12册,上海古籍出版社2011年,第425页。

该品种"皮细而味美",且成熟最早,而果韵略差,评论公允。其种柑橘之法,至今仍可作参考。

史正志著有《菊谱》一卷。史正志,字志道,原籍江都(今扬州),绍兴二十一年(1151)进士,任司农丞,历任庐州、扬州、建康府主官,官至吏部侍郎。自号吴门老圃,归老于苏州,花一百五十万缗在葑门内筑万卷堂,建渔隐园,以示终老之志。《菊谱》赖左圭《百川学海》收集,而保存下来。所列菊达二十七种,介绍了各种菊花的形状与品性。后序中关于菊花是否落英问题,作出考辨,以为有落有不落,可以息两家之争。[1]

范成大亦有此类著作,著《范村菊谱》一卷与《梅谱》一卷。《范村菊谱》记所居范村之菊,写成于淳熙十三年(1186)。该书所记之菊,凡黄色16种,白色15种,杂色4种,共35种。与史正志《菊谱》相比较,同之者十之五六。据《菊谱》所记,宋时已培育出有数千百朵的"婆娑团圞"成为后来千头菊的先祖。《菊谱》又介绍了各种植菊之法及菊的一些用途。[2]

《梅谱》,所记乃范成大在上方山下范村所植之梅12种。《梅谱》介绍了各种梅,如江梅、早梅、消梅、古梅等的特性、状态、口感及培育方法。如"官城梅"是圃人以直脚梅,择它本花肥实美者接之而成,因"花遂敷腴,实亦佳"。[3]还介绍了各地梅花,如成都唐梅、清江酒家大梅的品性;并由上述两梅嫁接,而成任子严盘园之梅等情。《梅谱》是植梅史上的重要著作。

五、医药学

苏州医学,一向以汇流众派,集南北之长作为特色。宋时苏州创建"济民药局",所采药物众多,远及川广。当时苏州城内已有民商的生熟药铺,出现了药市(今学士街)。药业的兴起,促进了医学的发展。苏州的一些名医,名闻遐迩。

南宋时有一个著名医师叫沈良惠。他由开封迁移苏州,以医仕宋,医术高超,高宗皇帝赐书"良惠"两字以赠,吴人因而称之,反而把他的原名忘记了。他的后代也都以医术闻名,一直到元明时代。[4]

南宋还有个小儿科名医滕伯祥。伯祥生于庆元(1195—1200)间。为人乐善

---

[1] 永瑢等:《四库全书总目》卷一一五《子部·谱录类》,中华书局1965年,第991页。
[2] 永瑢等:《四库全书总目》卷一一五《子部·谱录类》,中华书局1965年,第992页。
[3] 范成大:《梅谱》,《范成大笔记六种》,中华书局2012年,第254页。
[4] 张昱:《吴中人物志》卷十三《艺术》,古吴轩出版社2013年,第180页。下列医药人物介绍,多出自《吴中人物志·艺术》。

好义,碰到孤贫之人不能婚嫁与丧葬的多给予帮助,成全其事,乡里都称他为"滕佛子"。相传,有一次,他遇到了一个超凡的道人,送给他专治小儿疳积的单方,滕伯祥就用它治病,以此为业。他的子孙也能传授其业而不废。书法家颜直之亦是医学家,性情淡泊,曾主管建昌军仙都观。"平生好施与,尤乐以药石济疾苦,赖以全活者甚众。"[1]著有《疡医方论》《外科会海》《疡医本草》等书,对疮伤外科特有研究,可称一代儒医。

刘岳,字公泰。其祖有刘开其人,在宋代即称神医,世居江西星子县(今庐山市),宋末东游,定居吴地。刘岳秉承家学,精通医术。入元,元世祖命以奉议大夫的名义,任太医院医官。诊病以指点三下,就"洞知六脉受病之源","时称刘三点"。[2]刘岳亦稔熟儒学,后任翰林学士,知制诰,同修国史。有《东崖小稿》行于世。

刘勉,字仲勉。其祖先为开封人,随宋南渡,遂为吴人。世代作"疡医",善治痈疮。刘勉壮年后"学益进,术益精",探究医理,被推举为江浙官医提举,至元朝曾被召至京师,后以老病,放归家乡。刘勉诊病,慈善为怀,贫富一视同仁,赈济贫穷病人,曾说:"富者吾不利其所有,贫者吾不倦其所求。"

元朝,苏州涌现出不少著名医生,其中葛氏家族负有盛名。元初有葛应雷(1264—1324),葛家第一位著名医学家。"世业儒,父从豫,攻于医。"[3]应雷,字震父,著有《医学会同》二十卷。他以为诊病不能局限于现成的方剂,一定要探究病根,推算五运六气,明察阴阳升降,判定五脏六腑的虚实,以及经络气血的流注,才能对症下药。他开方子,施针砭,与一般的医生不一样,因此名动一时。

当时浙西提刑司的李判官,原是中原一带有名的医生,李父有病,都是李判官亲自诊治,并向应雷作咨询。听到葛应雷有关的医学理论,大吃一惊,说:南方竟有这样高明的医生!于是把自己所藏的刘守真、张洁的古医书拿出来,一一对照,无不吻合。自此,刘、张之学流行于江南。葛应雷本人由平江医学教授,升成全郎、江浙官医提举。

葛乾孙(1305—1353),葛应雷之子,字可久,长洲人。乾孙原本以读书入仕,而屡试见黜,于是认真阅读他父亲的医书,以医药作为一门学问,精深探求,悉庸医之未察。葛乾孙独得父亲与叔父葛应泽的真传,治疾病多有奇效。一些医生不能治的病,来叩问乾孙,往往"无不随愈"。葛乾孙对肺痨病尤有研究,著

---

[1] 陆友仁:《吴中旧事·颜直之》,《吴中小志丛刊》,广陵书社2004年,第17页。
[2] 卢熊:洪武《苏州府志》卷三十六《人物》,广陵书社2015年,第466页。
[3] 卢熊:洪武《苏州府志》卷四十一《人物》,广陵书社2015年,第524页。

《十药神书》传世。所谓"十药"是治疗肺痨病的十种方剂。其中三方主治吐血，三方治咳嗽，三方供营养，一方用于镇静，很有疗效。其医术号称"神验"。[1]相传有一妇难产，痛不可忍，请葛诊治，葛用手掌拍案，厉声叱妇，妇女大吃一惊，便产下一子。他还著有《医学启蒙》《经络十二论》等医学著作，对医学原理、人体经络，作了较详细的阐释与析示。葛乾孙与金元四大医家的朱震亨齐名，人称"吴中葛公"。

葛应泽，应雷之弟，医术亦很专精，元时担任平江路官医提领。应泽之子，名正蒙（字仲正），能传祖宗之医业，很有名气。乾孙之子葛晋，亦能守家业。葛家直至明代，以医学传世。葛氏居苏州城内杉渎桥，医室名"复生堂"，其家座右铭是："济世之道，莫大乎医；去疾之功，莫先乎药！"可见葛家办医宗旨是医药并重，深得医药之理。

张元善，亦为元著名医学家，字性之。他术业精湛，"切脉如神。当时招延者，不问远近寒暑，骈迹于门，且不以贵贱贫富贰其心，悉予善药不计直"。[2]由于声誉日隆，升任江浙官医提举。他上疏要求重视医学教学，以古代神医如岐伯、鬼臾区等配享三皇。张家以医传世，子孙以医道而昌盛。张元善之孙张潜，字希文，至明永乐初以医士征莅太医院任职。潜有三子。长子颐，终生不仕，而医术最为高明。次子豫，曾为御医。三子复，字启阳，也是江南驰名的医生。

李可道，黄子久的学生。医术高深，所居城东葑门外，成为病人求医的集中场所。后李可道把医术传授给黄仲安。倪维德，元时眼科专家，字仲贤，其先祖为大梁（今开封）人，徙吴已数世，倪家以医学传世。他承袭祖业学医，得到东垣的医书，以为医道尽在这里，而尽心学习。[3]著《东垣试效方》若干卷，刻板行世。东垣各科均详，而独缺眼疾之科，倪著《敕山老人原机启微集》一书，专论眼疾。上卷论致病的根源，下卷讲治理的方法，并附"杂论"一卷，在中国眼科医学史上较有影响。

赵良仁（仁，一作"仕"），字以德，祖籍开封，宋宗室。元时来吴，徙浦江。师从丹溪朱彦修学医。经长期学习，医术纯熟，治疗多有奇效，医名遍及浙西与浙东。张士诚据吴时，曾征招赵良仁，良仁不赴。后复来吴，占籍长洲。懂养生之术，以高年终。著有《医学宗旨》《金匮方衍义》《述丹溪药要》等书。

姚良，字晋卿，明于医道，著《溯源指治方论》《考古针灸图经》，注意病的成

---

[1] 黄省曾：《蓬轩吴记》卷上，《苏州文献丛钞初编》，古吴轩出版社2005年，第202页。
[2] 卢熊：洪武《苏州府志》卷四十一《人物》，广陵书社2015年，第525页。
[3] 张昶：《吴中人物志》卷十三《艺术》，古吴轩出版社2013年，第185页。

因与对症诊治。林文友,字会之,先世从闽迁吴。文友早年就留心医学,立志利群济众,曾命名其药室叫"生意堂",含有"确保生机"之意。晚年学习养生之术,以高寿而终。其子林以义,任医正郎,太医院御医。葛哲,字明仲,昆山人,累世精通内外科,著有《保婴集》,呈宣宗皇帝亲览,获皇帝"赐宴奖劳"。仕为建功郎,太医院御医。

王履(1332—?),字安道,号畸叟,昆山人。朱丹溪学生。他的医学主张是,人体与万物一样处在变易之中,医学要采取办法应付这一变易。王履说:"《素问》云:人伤于寒为病热,言常而不言变。仲景推寒热之故,履乃备常与变。"[1]因而作《伤寒立法考》以正之。又谓《伤寒论》有所脱漏,他说:"六经病症,《阳明篇》无目疼,《少阳篇》言胸胁满而不言痛,《太阳篇》无证'嗌乾',《厥阴篇》无'囊缩',若此者非皆本无也,必有之而脱简耳!"他在《伤寒论》三百九十七法中,除去重复的方子与没方子的一百五十九条,得二百三十八条,作《伤寒三百九十七法》一书。辨证内外伤"经旨"异同,与中风中暑的辨议,作《溯洄集》一卷、《标题原病式》一卷、《百病钩玄》二十卷、《医韵统》一百卷,医著众多,他人莫及。王履是温病学说的先驱者,他继承了《内经》中"冬伤于寒,春必病温"的思想,以应时感邪和"不即病",区分伤寒与温病的不同之处。由于不同,伤寒用"辛温解表",温病用"辛凉苦寒",以不同方法治疗,使"温病学说"逐渐酝酿成熟。

郑公显,是宋华原郡王的后代。居住在昆山平桥,以产科闻名。其孙辈郑壬明时为太医院医士。郑家著有《女科万金方》。沈贞(贞一作"真"),字士怡,昆山人。能汇众家学说于一炉,由于伤寒难治,便用张仲景的理论为主,取李浩《或问》、郭雍《补亡》以及从汉至元诊治伤寒的经验,著《伤寒会通》一书,补张仲景所未备之处。沈贞志在济世救众,医德高尚。中书卢儒曾撰写他的传记行于世。其子沈方,能继承父亲的医业。房伯圭(圭一作玉),号东野,常熟人,精于医理。韩复阳,名凝。其先为安阳(今属河南)人,元末来吴,以医术起家,水平高超,卒于明洪武初年(约1368)。其两子能传承他的医业。长子韩奕,字公望,著名儒医;次子韩诒,字公达,任太医院判。奕子伯承医术亦闻名吴中。徐亨甫,元时任常熟医学提举,家于城濠边,骨科名医,善于整骨。其子徐伯修任太医院院士。

五代宋元时代的苏州医学,人才辈出,学科全面,内外科兼优,所留医书医案

---

[1] 王鏊:正德《姑苏志》卷五十六《人物·艺术》,《北京图书馆古籍珍本丛刊》第27册,书目文献出版社1988年,第879页。

众多,为吴门医派的形成与发展奠定了基础。

六、建 筑 技 艺

吴地密布湖沼河流,气候潮润,其民居建筑填土高基,面南向阳,注意通风。由于交通的需要,建筑了众多桥梁,其结构科学,式样富有艺术性。由于经济繁荣,文化发达,人们希望适居休闲,因而建造了众多园林。自三国以来佛教在吴地盛行,寺庙纷起,建造了不少宝塔,苏州成为"宝塔之城"。苏州城墙,雄固而壮美。苏州积累的建筑理念与技艺,极为丰富。

1. 桥梁建筑

五代宋元以来,苏州的桥梁一般已由木构改成石砌,比较坚实。平江城内有"画桥四百",以《平江图》上所标之桥有314座,或说359座。一些唐代名桥,在这一时期,或加以重建或进行重大维修。五十余洞相连的宝带桥在宋绍定五年(1232)重新建造。枫桥(在宋时多称"封桥")、江村桥建筑于唐代,在宋元时经多次维修。在石湖之北,与茶磨屿相接的行春桥,在淳熙十五年(1188)由县令赵彦真重修,[1]它是石构拱桥,桥的围栏系木构,桥孔有十八个,利于水的畅流。位于今吴江九里石塘上的纤桥,始建于唐代,北宋庆历(1041—1048)与南宋绍定(1228—1233)年间两次进行维修,元代天历二年(1320)、至正二年(1342)再次进行修缮。

宋时,苏州市内名桥,有乌鹊桥、失履桥(原是吴王织里,称织里桥,后音讹为失履)、皋桥、百口桥、乘鱼桥、都亭桥、至德桥、孙老桥、苑桥,这些桥都以历史人文因素而命名,在漫长的五代宋元时期,不断进行修缮与重建。

当时,新建的有吴门桥(新桥)。在北宋熙宁五至七年(1072—1074)间,章岵作郡守时,由石氏出钱建造,沟通了盘门至木渎等地的交通。绍定(1228—1233)间,该桥重建,"环以三石洞,尤为庄伟"。[2]吴门桥不断修建,一直延续到今天。

宋时新建的名桥还有吴江垂虹桥、车坊大觉寺桥、沧浪亭桥(传说为北宋苏舜钦所筑)、虎丘山的双井石梁、澹台湖口的五龙桥(也称五泓桥)。还有市内的卢提刑桥、横塘的彩云桥、同里思本桥、甪直中美桥、光福铜观音寺的香花桥等等。元时所建,有建于大德二年(1298)的灭渡桥(又叫觅渡桥)、至正十五年(1355)所建的周庄富安桥、元至正间周富七郎所建东山具区风月桥(俗称渡水

---

[1] 卢熊:洪武《苏州府志》卷六《桥梁》,广陵书社2015年,第97页。
[2] 卢熊:洪武《苏州府志》卷六《桥梁》,广陵书社2015年,第97页。

桥)、太仓州桥(安福桥)、周泾桥等。

垂虹桥,在吴江城,该桥初建于北宋庆历八年(1048),为石墩木桥,初称利往桥。由县尉王廷坚所建,"东西千余尺,用木万计。萦以修栏,鳌以净甃,前临具区,横截松陵,湖光海气,荡漾一色,乃三吴之绝景也"。[1]桥中间有亭,称"垂虹亭"。有数十孔,以利通航。宋德祐元年(1275)毁于兵乱,同年重建有85孔。元大德八年(1304)重修,增至99孔。元泰定二年(1325)由知县张显祖重建为联石拱桥,共72孔,三起三落蜿蜒如虹,由僧徒雅师立总其役。垂虹亭平面方形,作九脊歇山顶,前后无门,可通行人。两边桥堍,共立一亭,南名"汇泽",北名"底定",镇以石狮子于亭前。1967年,古桥坍废,仅残存16孔,但仍可窥见这座古桥的宏大。由于古桥的巨丽,历代文人如王安石、苏东坡都来过这里。苏轼熙宁七年(1074)北上时,与张先等诗人,"夜半月出,置酒垂虹亭上",[2]兴尽而去。著名诗人苏辙亦作诗咏之:"六月长桥断不收,朱栏初起映春流。虹腰宛转三百尺,鲸背参差十五舟。"[3]

寿星桥,位于十梓街望星桥北,跨第四直河,宋淳熙五年(1178)建,在宋《平江图》中,名营桥。明时又名延寿桥。相传因浚河时得瓷寿星而改名。明清时曾进行修建。今桥身长18米,拱跨4.7米,矢高2.6米。两坡各设踏步15步。1965年将附近拆除的百狮子桥的栏板3块移置桥的北侧,原残存桥栏3块,集中置于南侧。北侧两面,各有舞狮16头,南侧各有浮雕花鹿16头,雕绘生动。由于桥基与其他构件保持了古代特征,被列为苏州市文物保护单位。

大觉寺桥,位于今工业园区车坊,创建于北宋庆历七年(1047),重建于元至正十一年(1351)。其桥墩、金刚墙以石灰岩凿磨而成,估计为宋代遗物。桥面为武康石,长5.15米,宽2.7米,东侧刻有二龙戏珠图案,西侧刻有宝珠、蝙蝠、天马、仙人;长系石端上雕饰捧着大钵的金刚力士,形象古朴,雕刻精美,是研究宋代雕刻、装饰艺术与桥梁建筑技术宝贵的实物资料。[4]

甪直和丰桥,又名中美桥。它的桥洞,全部用青石砌成,用拱板构拱的方法,两端错缝拼接,保持了宋代砌筑桥拱方法。桥洞为全圆形拱,很有特色,特别牢固,故《吴郡甫里志》说它"底如其穹,经久弥固"。[5]

---

[1] 朱长文:《吴郡图经续记》卷中,江苏古籍出版社1986年,第26页。
[2] 苏东坡:《东坡志林》卷一《记游松江》,华东师范大学出版社1983年,第6页。
[3] 苏辙:《新桥》,《全宋诗》,北京大学出版社1998年,第9993页。
[4] 张志新:《车坊大觉寺古桥》,《苏州古桥》,上海古籍出版社2000年,第125页。
[5] 陈维中:《吴郡甫里志》卷二《桥梁》,江苏古籍出版社1991年,第429页。

虎丘山双井桥,由宋隆兴二年(1164),由陈敷文捐钱20万建成。在两座山崖间,剑池之上,搭起楼阁,并架辘轳,以便于汲水。后经僧霜公改造而成今状。桥面长6.9米,宽3.3米,中间有两汲水用的井洞。从双吊洞下窥,剑池万丈深渊似的深不可测,水气迷漫,惊心动魄。

位于苏州西部光福铜观音寺的香花桥,也是始建于宋代。长5.35米,宽55.5厘米,高4.5米,西向立面的边沿下刻着两条同向的云龙,北面的是回首云龙,与南面的游龙相呼应,雕刻精致,以手弹击桥栏石,铮铮有声,音同琵琶,故又称"琵琶桥"。桥至今还葆有宋韵。

建于宋宝祐(1253—1258)年间的有同里思本桥,为单孔武康石拱桥,桥洞如满月,古朴凝重。此外,第三次全国文物普查野外调查发现的众缘桥,也是座宋桥。该桥位于浒关青灯村新乐自然村。桥面用整条武康石做成,呈弓形。桥墩用花岗岩与青石垒成。桥的两侧刻有桥名,两端还雕刻有植物忍冬纹,堪称精巧。"据专家介绍,该桥始建于宋代,明清两代多有修缮。"[1]

今存宋桥还有相城凤凰桥、吴江东庙桥(七都)、香花桥(八都)、园区永安桥(斜塘)等。

建于元代的桥最著名的当推觅渡桥。元代元贞(1295—1297)间,昆山僧敬修在苏州东南角的运河上摆渡时,因忘记带钱而遭船家奚落,因而发誓在此建桥。于是与乡里士绅陈阶、张光福等发动募捐,建造石桥。经过努力,于元大德二年(1298)开工建设,大德六年(1302)建成,命名为"灭渡",[2]后逐步演变为觅渡,为一石拱单孔桥。今桥由明正统(1436—1442)间知府况钟重建,清同治年间(1862—1874)又重修,但石料与基本框架还有元朝的遗韵。

苏州阊门外的吊桥,又称钓桥、虹桥。原为木桥,因水势湍急,木桥毁损。元朝郡民邓文贵,"捐资易石",[3]据说用了家产的一半。泰定六年(1329)落成,是座半圆形的石拱桥。其桥"绝水下石,起拱合理,致无间,下通圜空,涵水象月,引重过之,坚愈实地"。今已改成钢筋混凝土的梁式桥,但金刚墙桥基,仍有旧料。特别是金刚墙上并排竖立着的两根巨大排柱,还是原物。

太仓州桥,也是著名的元桥。此桥原名安福桥,在太仓南牌楼。元天历二年(1329),由太仓镇守千户与昆山州知州等创建。一说元僧崇福建。[4]桥有3

---

[1] 杨帆:《高新区发现宋代古桥》,《苏州日报》2008年8月16日A04版。
[2] 卢熊:洪武《苏州府志》卷六《桥梁》,广陵书社2015年,第98页。
[3] 冯桂芬:同治《苏州府志》卷三十三《津梁》,江苏古籍出版社1990年,第二册第52页。
[4] 王祖畲:《太仓州志》卷四《营建桥梁》,江苏古籍出版社1991年,第49页。

孔,长16.20米,中孔高4.27米,跨径6.2米;南孔今已淤塞。中孔由9节并列的券板组成,拱石上刻有寿桃、莲花为饰的边框,有一定的艺术性。这是一座比较完整的元桥,因而被列为全国文物保护单位。太仓元桥还有位于东门的周泾桥,系三孔石拱结构;以及位于太仓西门街,跨至和塘的兴福桥等。共计五座。

苏州之桥,数量众多,大小不一。由于河道与街巷并行,形成双棋盘格式的城市布局,因而街以桥联,桥梁对苏州人的出行至关重要。建桥材料,由木至石,文饰精巧。苏州园林与庙宇为数不少,园林与庙宇之桥跨池越涧,联结亭台楼阁,本身成为景点。游人信步其间,桥影波光,流连忘返。苏州之桥与自然风光、园林山水融为一体,其桥基加固技术与柔性墩、联锁法工艺堪称科学,栏杆石雕与附设建筑小品,甚为美观。

2. 塔的修建

苏州自南北朝以来,信佛者众,禅风日盛,寺塔大兴,现存古代宝塔,大多兴建于五代至南宋时期。这一时期,除对唐塔如苏州光福舍利佛塔进行维修外,还新建与重建了诸多佛塔,保留至今。

云岩寺塔,今称虎丘塔。据考,在南朝已建有木结构的佛塔。现存虎丘塔,始建于后周显德六年,也就是吴越王钱俶十三年(960),建成于北宋建隆二年(961)。塔高47.7米,底层南北向13.81米,东西向13.64米,八面七层,属仿木构的楼阁式砖塔。由岩层基础的关系,向东北倾斜2.34米,形成中国著名的斜塔。虎丘塔的平面形状,已从方形过渡到八边形。有两层塔壁,呈套筒形式。塔身平面由外墩、回廊、内墩和塔心组成。全塔有8个外墩与四个内墩支承。内墩之间有十字通道与回廊沟通,外墩间有门与外回廊连通。塔的砌作装饰,精致华美,斗拱粗硕、宏伟。门窗、梁枋再现了晚唐风韵。外塔壁的平座栏杆,使登塔者可走出塔壁,凭栏远眺,尽收眼底风物。塔壁内百余幅牡丹和勾栏湖石塑画,生动鲜活。壁间多幅折枝牡丹。

上方塔,又名楞伽寺塔,位于上方山顶。楞伽寺早毁,唯塔独存,今塔建于太平兴国三年(978),[1]外表为仿木楼阁式结构,亦是七级八面,高约23米,底层每边长2.4米,台基宽约2米。一二层为小八角形,三层以上为方形,隐出"一斗三升",栌斗作方形。第四层横有棱木。第三层起设腰檐、平座。每层塔壁四面辟壶门,各层塔壁外转角处均砌出圆形倚柱。各层平座亦以叠涩砖挑出塔室壁面,以叠涩法向中心收敛。其结构显示江南特色与宋代风格。

---

[1] 范成大:《吴郡志》卷三十三《郭外寺》,江苏古籍出版社1986年,第495页。

双塔,在苏州市内偏东稍南的定慧寺巷。宋太平兴国七年(982),由邑人判司王文罕三兄弟,在整修罗汉院的同时,在此新建宝塔两座。[1]一称舍利塔,一称功德塔。两塔相距15米,东塔高23.85米,西塔高24.24米。底层对边长5.4米,成为该塔轻盈体形的基础。塔为七层八面的楼阁式砖塔。三至七层实为四方形,各层之间均顺次按45°角相互重叠转换,从下向上仍构成八角形式样,腰檐微翘,翼角轻举。塔壁每层四面辟壶门,另四面隐出直棂窗。塔内方室与外壁壶门位置采用错角结构,使塔壁重量分布较为均匀。顶端锥形刹轮高8.7米,约占塔高的四分之一,起增强高度、稳定塔体的作用。双塔整体造型玲珑秀丽,如两支秀笔,矗立在城中。

瑞光塔位于苏州古城西南盘门内。三国赤乌十年(247),东吴孙权为报母恩,建13层舍利塔于寺中,后废。今塔初建于北宋景德元年(1004),至天圣八年(1030)方才落成,历时26年。淳熙十三年(1186)重修,七级八面,[2]楼阁式砖木结构。高53.57米,塔刹高9.14米。底层外围砌高1.04米,呈八角形青石须弥座,对边长22.25米。底层外壁对边11.2米。第四层以上四面辟门,共有砖木斗拱380余朵。六七层的塔心部位,采用刹柱与群柱组成伞骨结构,提高了强度,减轻了塔重。瑞光塔采用石灰膏泥作为砌砖的黏合剂,用于重要部位,保证了塔的质量。内壁上侧有观音、荷花塑像,外壁雕有简洁的花卉,须弥座的束腰上有石质嬉狮与孩童浮雕,还有如意流云,自然生动,为宋代石雕之佳作。瑞光塔腰檐突出,形成曲线之美,映衬蓝天白云与古老的城墙,特别俊美。

秦峰塔,位于昆山之南15千米的千灯镇。因建于原秦驻山上,始名秦驻山塔。南朝梁武帝时,在这里建波若寺,开山和尚从义曾建宝塔,日久而圮。今塔为北宋大中祥符元年(1008)里人王珏捐宅扩寺时重建。宋真宗赵恒敕令更名"释迦佛塔",而民间仍以"秦峰"称之。塔是砖木结构,仍是楼阁形式,方形七级,高38.7米。底层宽4米,内墙砌成八角形。墙壁厚实。铁铸塔刹高达7米,重量超过1吨,气势磅礴,增加了塔的雄健气概。秦峰塔每层各设一门,每层每面镶嵌两尊释迦牟尼佛像,共56尊,姿势端庄肃穆,意态闲雅。秦峰塔檐部轮廓略呈曲折,戗角翘起,给人以振翅欲飞的感觉。佛塔挺拔秀丽,塔身苗条,风姿绰约,一直被称作"美人塔"。[3]为千墩"三宝"之一(另两宝为顾炎武墓、少卿山)。

---

[1] 徐崧等:《百城烟水》卷三《长洲》,江苏古籍出版社1986年,第215页。
[2] 徐崧等:《百城烟水》卷二《吴县》,江苏古籍出版社1986年,第98页。
[3] 李洲芳:《绰约多姿的秦峰塔》,《苏州古塔》,上海古籍出版社1986年,第87页。

聚沙塔，全称聚沙百福宝塔，因在今常熟市梅李镇东，又称东塔。"聚沙"之名来自《妙法莲花经·方便品》："乃至童子戏，聚沙为佛塔；如是诸人等，皆已成佛道。"南宋绍兴年间（1131—1162），由邑人钱道者所建，相传用以镇潮水。塔为七级八面，高22.65米。塔身逐层收分，每层施木结构的腰檐与平座，腰檐翼角微微翘起。塔室正方形，塔内设木制扶梯，盘旋而上，塔底有回廊萦绕。塔门多为壸门，窗作实体仿木直棂窗。由于年久失修，第七层的西北壁已毁大半，塔顶全毁，危在旦夕。1993年，进行大修，焕然一新。

灵岩塔，又称多宝塔，位于苏州古城西南灵岩山上，灵岩寺大雄宝殿东侧塔园中。灵岩寺本馆娃宫遗址，晋陆玩舍宅为寺，梁天监二年（503），始建宝塔，称永祚塔，后毁。宋孙承祐在太平兴国二年（977）复建砖塔，后又毁。今塔于绍兴十七年（1147）重建。[1] 塔直接立于坚固的岩石上，不用砖基或石基，非常牢固。塔七级八面，高34米，底径7米。塔身全用砖砌，筒式结构。宝塔原有木质构件，在明万历二十八年（1600）遭雷击起火而被烧毁。今塔仅有外壁，内无塔心，称"空心塔"。底层东南西北都辟有壸门，二层南北开门，三层则改为东西置门，以上逐层变换门向。其余各面则设佛龛。底层有4龛，以上各层为6龛，龛中有石佛。现塔刹是在1990年重置。因灵岩寺是智积菩萨所驻，智积菩萨为多宝佛的侍者，故名多宝塔。该塔的建立，替灵岩山增添了重要景观。

北寺塔，即报恩寺塔。相传三国东吴孙权为报母恩而建寺。南朝梁代（502—556）僧人正慧募建宝塔，有11层，北宋时被毁。元丰年间（1078—1085），重建为九层。建炎年间（1127—1130）金兵南下时毁坏。今塔建造于南宋绍兴二十三年（1153）。由行者金大圆主持，募集捐款而建成。[2] 九级八面，楼阁式砖木结构，底层对边18.8米，高74米，占地1.2亩，塔刹高约15米。堪称古城区镇城之塔。由外壁回廊、内壁与塔心组成。各层的外壁八面辟门。底座与台基石雕精湛绝伦。塔心室砖砌斗拱与藻井等仿木构装饰，复杂华丽，外廊飞檐翘出，束腰处每面金甲护法力士坐像三尊，转角雕卷草、如意纹饰。宝塔耸云，峻拔雄奇，为苏州诸塔之冠。

崇教兴福寺塔，俗称方塔，在苏州常熟市大东门塔弄内。据传，在南宋建炎四年（1130）有僧文用认为常熟城西北有山，而东南为平畴，宜在东南立浮图以镇之。知县李阊之赞同文用之说，于绍兴三年（1133）开始建塔，耗资15万缗，惜

---

[1] 张一留：《灵岩山志》卷二《灵岩塔》，灵岩寺1994年，第33页。
[2] 徐崧等：《百城烟水》卷二《吴县》，江苏古籍出版社1986年，第101页。

功半而文用卒,未成。咸淳八年(1272),又有僧人法渊重建宝塔。塔为九级,高67.4米,底层平面呈正方形。底层塔壁厚1.96米,以上逐层递减,塔心柱以圆柱形硬槭木三接而成。底层之顶与二层之间设夹层,二层以上设木楼板。塔心柱高度为32.44米。七层楼板下有东西向大木梁两根承托,并于八九层中分南北、东西方向各用两根砌筑于塔壁上的木梁,夹住塔心柱,防止晃动。塔刹雄翘,结构全齐。四翼角有铁制风浪索与九层四个戗角相攀连。建筑符合力学原理,至今仍为常熟古城区高耸宏伟的建筑。

宋时苏州著名宝塔,还有寒山寺塔、天平山塔、慈云寺塔等高塔,惜原貌已不存。这些塔或湮没无闻,或系后代重建。

除了高塔外,唐末五代、宋时还建有一些小型宝塔。如甲辰巷砖塔,在苏州相门内甲辰弄,系五层楼阁式古塔,高6.28米。通体由砖砌成,不用木石,塔平面用八角形,每层有腰檐出挑,门窗方位交错。[1]第五层原已残缺。1993年进行维修才恢复原状。此塔,古时用于佛事活动,特别是七月十五日盂兰盆会,百姓要聚于塔周,烧香点烛,祈求来福。又如苏郊天平山观音塔,位于"一线天"下的岫云岩上,在龙门右侧,全用砖砌,方形四层,打破了宝塔层数为奇数的惯例。整座塔仅高3.38米,塔基面积0.8平方米有余,厚50厘米,塔身高2.38米,有腰檐,每层东南西北四方各辟一门,塔刹有檐口挑出。原每层都有观音塑像,今已无存。[2]岫云石上有一"佛"字,传为苏东坡手书。在观音塔附近的"白云亭"下,还有一座"云中塔",呈幢形,上刻《陀罗尼咒》,也是宋代遗物。

再如,宝带桥两座石塔,其雕刻造型都是独树一帜。两塔在南宋绍定五年(1232)重建宝带桥时雕筑。北塔在桥的北端,由整块青石雕成,总高四米许。塔座高出地面0.88米,长宽各1.2米,呈正方形。塔身为八面柱形,高3米,一层为重檐雕刻,二至五层为单檐。每层有腰檐、斗拱、戗角的雕刻。塔座上雕有海浪云龙纹。一至五层雕有佛龛佛像。塔刹高40厘米。四面出檐,可依稀见到平座与半拱。石塔造型粗犷,风格古拙。南塔在宝带桥27至28孔之间的水盘石边,与北塔一样,但塔刹已受损。

今存小型元塔,是元大德十年(1306)重建的万佛宝塔。该塔位于今吴中区西华半岛西泾村,方形锥状,由条形纯青石砌成,高11.4米。底座呈方形,四面各雕高1.5米的释迦牟尼像。室内环形石室,高4.1米,宽2.08米,上下雕小型

---

[1] 马祖铭:《别有情趣的甲辰巷砖塔》,《苏州古塔》,上海古籍出版社1986年,第51页。
[2] 崔晋余:《鲜为人知的袖珍宝塔——观音塔》,《苏州古塔》,上海古籍出版社1986年,第55页。

佛像60排,每排180尊,共计万余尊,故称。塔前屋中,储"万佛宝塔石刻题记"一方,为元著名书法家赵孟頫所题。塔为石筑,佛像众多,是其显著特色。佛像均为浮雕,由吴门石匠吴德谦兄弟所造。[1]

五代宋元,是苏州建塔的高潮时期。一些保留至今的宝塔大多是那时建设的,以楼阁式居多,有较宽的回廊。城中之塔,与城市溶为一体;郊外之塔,与山水相配合,具有精致、淡雅、隽永的色彩,在庄雄挺拔中糅进清幽秀丽。出檐深远,翼角高翘,与古桥、古城墙及郊外湖光山色,形成了一种优美景色。

3. 城墙建筑

苏州自开平三年(909),钱镠派牙将钱镖,擒淮南军徐温部将何朗后,苏州一直在钱氏的统治之下。钱镠子钱元璙任苏州刺史,于后梁龙德二年(922)重修苏州城墙,改土筑为砖砌,高2.4丈,厚2.5丈,里外设濠。南宋初,金人入城,纵火焚烧,城墙遭劫,多有毁坏。淳熙(1174—1189)中"郡守谢师稷又缮完之,至开禧间溃圮殆半,而城隍亦多为菱荡稻畦侵啮"。"嘉定间,郡守赵汝述、沈皞相继修治,为一路城隍之最。"[2]嘉定十七年(1224)朝廷赐钱三万、米二万,修缮苏州城墙,使之一新。至宝祐二年(1254)赵汝厉再增女墙。元军占领平江后曾拆毁城墙。元顺帝时因防备农民起义,下诏筑墙。至顺四年(1333)廉访使李帖木儿征民夫10万修筑平江城墙,周长22.5千米。张士诚于至正十六年(1356)占领苏州后,增置瓮城。李帖木儿所筑之城墙,"筑垒开濠,倍加深广"。[3]"城高三丈三尺,下地累石三层,加以大甓,凡厚三丈五尺,面广一丈六尺,仍甃巨石为水沟,每门上建戍楼,下筑蛾眉甬道。周回夹以长濠,视昔有加焉。"[4]绵延数百雉,经五月而筑成。今苏州残存的城墙部分以元城为基础,元时设有葑、娄、阊、齐、盘、胥六门。

苏州城墙布局分外郭、大城、小城三重城形制,而以大城为主。明清苏州大城的城墙,含有元墙的重要因素。胥门段城墙基宽12米,中间为夯实的土,两侧用砖包砌。砖墙下部的基部由元代石条组成。元末所用石条长60—80厘米,宽25—30厘米,厚15厘米左右。条石之间用"错缝"的方法来修筑。苏州元代城墙,设有"马面",即在城外侧设"凸"字形的墩台。胥门的马面"分别置于城门两侧,两马面之间相距4米,高约7米左右,宽0.65米,底部凸出墙面1.3米,向上

---

[1] 裘潇:《万佛石塔的前世今生》,《苏州高新》,2013年7月28日B4版。
[2] 施谦等:乾隆《吴县志》(一)卷之七,《善本方志辑》第36册,凤凰出版社2014年,第68页。
[3] 冯桂芬:同治《苏州府志》卷四《城池》,江苏古籍出版社1990年,第151页。
[4] 许治修、沈德潜:乾隆《元和县志》卷三《城池》,江苏古籍出版社1990年,第58页。

逐渐收进,至顶部仅凸出墙面0.1米。其底部垫有一块高1.35米,宽0.35米,厚0.25米大青石"。[1]其作用是加强城墙支撑,加固墙体。元代城墙有马道、女墙与雉堞之设。马道是每隔一段距离,在城墙内侧修一道走向城墙顶部的斜坡,一般相向设两条,不设台阶,采用"陡砖"砌法,以防滑倒。设马道,是为了便于马匹与军队上下城墙。女墙是城墙顶上的矮墙,起护栏作用。雉堞是城墙顶部外侧连续的齿形矮墙,在战争时便于保护自己,攻击敌人。

元城墙继承春秋筑墙法,根据苏州水乡特点,设水陆城门。今盘门尚存陆门。它有内外两重,中间为平面略显方形的瓮城地块。外门在瓮城东北方,由三道纵联分节并列式石筒拱构成;以花岗岩砌筑。内门偏于瓮城西南,"以三道"穿堂砖拱构成,其中第二道穿堂拱变换90度砌筑。第一、二两道穿堂拱各厚三层,采用"二丁一顺砌法,门洞纵深13米,宽3.9米,第三道拱高5.45米。为增强稳固性,门外左右加筑梯形护身墙"。[2]

由于吴地多水,因此苏州城墙自古以来设有水门,置于陆门之旁。史书上多有谍报人员潜入水门的记载。今存盘门水门,由内外两重城门与水闸组成,纵深有24.5米,外门石拱券作分节并列式构筑,墙角各立方的石柱,上架楣枋上承拱券。水闸作长方形,横宽各15米,纵深4.6米。南北砌驳岸,东南方向辟有洞穴式通道,可登城台。"内门由三道纵联分节并列式石拱串连而成,三拱尺度不一,第三道拱最大,高9.7米,宽9.3米,深6米。内外两水门建筑结构不同,非同一时代遗存,外门显然早于内门。"[3]这也有可能是元明城水门的遗留,水门的基础结构是"以木排为主",木排置于水门下河底上,根据齐门的考古发掘,这种排木有100余根,圆木分三层叠压,中层50根圆木为东西向,木长8.35米,直径0.28—0.35米,南北全长15.2米,下层两侧圆木置于凸形槽的生土层上,加上上层两侧圆木,形成上下三层的稳固基础。苏州元代城墙,结构合理,坚实牢固,朱元璋长围而不下。

宋元时,苏州(平江府)下属各县城墙也日趋完善。唐武德七年移常熟县城于海虞镇(今虞山)。宋建炎年间(1127—1130),县令李阊之开建五门,"东曰行春,西曰秋报,南曰承流,北曰宣化,东北曰介福"。元时筑土城,周围14 804丈,辟门十一。至正十六年(1356),张士诚以常熟为要害,城以砖砌,围九里三十

---

[1] 苏州文物管理委员会、苏州市博物馆:《苏州古胥门调查与瓮城遗址发掘报告》,《东南文化》,2001年第11期,第19页。
[2] 江苏省地方志编纂委员会:《江苏省志·文物志》,江苏古籍出版社1998年,第217页。
[3] 江苏省地方志编纂委员会:《江苏省志·文物志》,江苏古籍出版社1998年,第217页。

步,高二丈二尺,厚一丈二尺,最为完固。[1]

昆山,本娄县故地,为苏州之"东城"。宋以前之城为土城,宋时列竹木为栅,故而有南栅湾、北栅湾之名。元时。昆山称州,州治一度移驻太仓。至正十七年(1357)知州费初复移州治于昆山,重筑土城,"周一十二里二百七十六步,凡二千二百九十九丈,高一丈八尺。濠周二千三百五十九丈,深五尺,广六丈"。[2] 共设有六门,东曰宾曦,西曰迎晖,南曰朝阳,北曰拱极,东南曰迎薰,西南曰丽泽。其城墙较高。

与昆山相连的太仓,张士诚治苏之前城墙为木栅组成。元至正十七年(1357),张士诚派遣部将高智广将支塘城移筑太仓,"城周围一十四里五十步,高二丈,阔三丈。池一十五里百七十步,深一丈五尺,广八丈。陆门七,曰:大东、小南、大南、小西、大西、小北、大北。水门三曰大东、小西、大西"。[3] 并在城郊的东、南、西、北分设张泾关、半泾关、吴塘关、古塘关,称作四关,均距城三里,呈众星拱月之势。元时派水军万户府驻守,加强对海寇的防御。

吴江为苏州南边门户。五代梁开平(907—911),吴越王钱镠设县,并筑城,以吴淞江为界,设江南、江北两城,因而有"南津""北津"的名称。根据《祥符图经》,县城周围长三里五十步。至北宋嘉祐二年(1057),知县裴煜建南北二门。元至正十二年(1352)知州扎牙进,重建北门,由州学教授马彦恂为此事刻石纪念。至正十六年(1356),张士诚扩大吴江城规模,奠定了今日吴江古城区的基础。元吴江城高二丈八尺,厚一丈五尺,周五里二十七步。陆门五,水门五,各以方名,[4] 门上各有鼓楼,水门可通舟。

其他如当时属于苏州的嘉定县城,自嘉定十二年设县后,知县高似孙筑土城,并立县廨于原马军司酒坊之地。元至正十七年(1357),张士诚遣部将吕珍筑嘉定城,"甃以砖石",周围九里,计一千六百九十四丈,高一丈五尺。陆门四:东曰晏海,西曰合浦,南曰澄江,北曰朝京。东西南水门各一。濠广十三丈,深一丈,堑广二丈,深五尺。[5]

苏州从五代至宋元的城墙建筑有下列特点:一是城墙规模逐渐扩大,如吴江扩大百分之六十有余。二是建筑材质提高。原多是土城,甚至以木栅作护,宋

---

[1] 冯汝弼:嘉靖《常熟县志》卷一《城池志》,《善本方志辑》第38册,凤凰出版社2014年,第240页。
[2] 金吴澜、李福沂:光绪《昆新两县续修合志》卷一《城池》,江苏古籍出版社1991年,第23页。
[3] 张志华:弘治《太仓州志》卷二《城池·四关村》,广陵书社2013年。
[4] 沈㲼:嘉靖《吴江志》卷四《城池》,《善本方志辑》第42册,凤凰出版社2014年,第55页。
[5] 王昶:嘉庆《直隶太仓州志·城池·嘉定县》,第5页。

元后逐步以砖石代替土木,使城墙得以加固。三是根据江南地势低下、水网密布的特点,多有水门之设,取得通航与防御的双重功效。

4. 园林建筑

五代宋元时期,江南在全国的经济重心地位得到确立,江南丝、棉、盐、茶出产丰富,商品经济发达,号称"人间天堂",为苏州园林的成熟奠定了物质基础。苏州园林的发展与吴地"尚文重教"的精神分不开,吴地自南北朝以来,重视休闲文化的发展。加上唐末以来,战火之燎烧不如北方之猛烈,北方士族与一些富商巨贾移民苏州,在这里定居、养老,或进行经商等活动,使"百年之间,井邑之富,过于唐世,郛郭填溢,楼阁相望,飞杠如虹,栉比棋布,近郊隘巷,悉甃以甓。冠盖之多,人物之盛,为东南冠,实太平盛事也"。[1] 这些人有余力经营园林。加之,苏州自春秋以来有造园之传统,至五代宋元造园技术日趋成熟,因而从五代的南园始至元玉山草堂,建造了众多园林,其中至今保持较为完好的园林,有列入世界物质遗产名录的沧浪亭与狮子林。

(1) 园林建筑的纷出

五代所建,有吴越王钱镠第四子、中吴建武军节度使钱元璙所建南园,在今书院巷一带。据《吴郡图经续记》所记,南园"醻流以为沼,积土以为山,岛屿峰峦,出于巧思,求致异木,名品甚多,比及积岁,皆为合抱。亭宇台榭,值景而造,所谓三阁、八亭、二台,'龟首''旋螺'之类"。[2] 三阁,即清风、绿波、近仙;八亭谓清涟、涌泉、清暑、碧云、流杯、沿波、惹云、白云。还有迎春、百花等亭。可以说极园池之胜。后南园逐渐遭到破坏,北宋大中祥符年间(1008—1016),京师作景灵宫,郡中取南园珍石以贡。北宋之末,朱勔将南园异木奇石,编成花石纲,进奉皇室。建炎兵燹,南园毁废。绍兴间侍郎张仲几得之,建立惹云亭、凌霞阁,挖池名清涟,称"张氏园池"。开禧间吴机在园内建美锦堂、琅然亭等,杂植桃李。至元时更日趋荒废,成廷珪写道:"啼乌树老台空在,饮马池荒水不流。"[3] 明清时还残留一些亭台遗迹,苏人闲时仍于此一游。民国后全沦为菜地、民居,失去园林面貌。

有钱元璙之子,任衙前指挥使的钱文奉所创的"东圃"(也叫东墅),在葑门内今苏州大学处。园内植奇卉异木;开挖碧绿的清池,以养游鱼;累土成山,皆成岩谷,极园池之胜。钱元璙父子在这里宴集宾客,或缓步花径,或泛舟池中,尽

---

[1] 朱长文:《吴郡图经续记》卷上《城邑》,江苏古籍出版社1986年,第6页。
[2] 朱长文:《吴郡图经续记》卷上《南园》,江苏古籍出版社1986年,第15—16页。
[3] 魏嘉瓒:《苏州历代园林录》,北京燕山出版社1992年,第60页。

欢而散。吴越后,东圃废为民居。元末明初,邑人吴猛融在此建立了一个庄园式的园林,名东庄,有稻畦麦垄、桑果之园,还建有续古堂、拙修庵、耕息轩、知乐亭等,[1]文人多有题咏。明嘉靖间,东庄归徐廷祼所有,称"徐参议园"。以后东庄几易其主,于清朝废。

还有钱文奉兄弟钱文恽所建的金谷园。他利用晋王珣兄弟所建景德寺故址,筑台开沼,种树养花,得林泉之胜。钱氏去国后,金谷园废为民居。至宋庆历(1041—1048)间为吴夫人购得,其子光禄卿朱公倬扩拓其地,达三十亩。高岗清池,乔松名桧,粗有胜致,名朱光禄园。光禄之子州学教授朱长文进一步营造,取名乐圃。圃中建堂三楹名乐圃堂,堂旁有庑,为亲党所居。堂的南面,又作堂三楹,称"遂经堂",用来探讨经义,开展学术活动。遂经堂之东筑有储粮的米廪,有养鹤的鹤室;还有"蒙斋",用作教学的场所。遂经堂的西北堆有高岗,岗上有琴台、咏斋,用来弹琴赋诗。山下有池,曲流至东。池旁之亭名"碧溪",溪旁有钓渚。圃中植有松柏、黄杨、椅桐等名木,"柯叶相蟠,与风飘扬"。[2]南宋时乐圃改为学道书院,再改为兵备道署。至元朝,属张适所有,筑室曰"乐圃",树石秀丽,池水迂回,有林泉之幽趣。其地今为环秀山庄所在地。

宋时,苏州的著名园林有隐圃,是两次任苏州太守的蒋堂所筑,在灵芝坊(今侍其巷),开设池塘,池边结庵,名水月庵。圃之南有小溪,水碧鱼欢,岸竹成荫,还有烟萝亭、风篁亭、香岩峰、南湖台诸胜,植桂养鹤,得悠闲之趣,"皆极登临之胜"。[3]皇祐五年(1053)因有灵芝生于圃中之溪馆,蒋堂所居地命名为灵芝坊。堂为人修洁,好学工文,延誉晚进。

范家园,是范仲淹家族所建,在范家的西斋,"两松对植,扶疏在轩",[4]广树花木,嘉树庇荫,不出户庭,如在林壑。范氏戒其子孙勿剪勿伐。后范仲淹侄孙在此建园,名范家园,遗址保留至今。

五柳堂,由通直郎胡稷言所筑,在今临顿路。稷言,字正思,学于安定先生。以特奏名拜官,任鄞县簿、山阴丞等地方佐官。告老之后,即在所居蔬圃植树成园,慕陶渊明名,曰五柳堂。

五亩园与梅园,都在今苏州桃花坞一带。宋熙宁间,梅宣义在这里筑台建园,柳堤花坞,风物一新,称五亩园。苏东坡曾玩石于梅家。太师章粢(1027—

---

[1] 李东阳:《东庄记》,《苏州园林历代文钞》,上海三联书店2008年,第59页。
[2] 朱长文:《乐圃记》,《苏州园林历代文钞》,上海三联书店2008年,第18页。
[3] 龚明之:《中吴纪闻》卷一《蒋密学》,上海古籍出版社1986年,第19页。
[4] 范仲淹:《岁寒堂三题并序》,《范仲淹史料新编》二,沈阳出版社1989年,第55页。

1102)在五亩园之南筑桃花坞别墅,其园广七百余亩。章氏广辟池沼,旁植桃李,曲折十余里。又在五亩园之西筑旷观台,又筑走马楼,俯视全园,历历在目。梅、章两家,仿效晋"曲水流觞"之雅,疏通双方水池,以通五亩园的"双荷花池"和桃坞别业的"千尺潭",以水取胜。至南宋建炎(1127—1130)年间经金人的破坏,章园桃李仅存一二,而梅园的古树,几乎全毁。中华人民共和国成立后此地被林机厂等占用。

万华堂,在苏州资寿寺后,提刑蓝师稷所居,植牡丹三千多株,多为名品。

同乐园,由北宋末年朱勔所建,在苏州盘门内孙老桥东南。朱勔交结蔡京等重臣,取得宋徽宗的信任,负责平江供奉局,专供皇宫花石,大肆搜刮,骚扰百姓。自己亦乘机建筑园林,设神霄殿、上善庵、御赐阁、迷香楼、九曲桥、八宝亭等建筑。广植牡丹数千株,长约一里。异石广池,水阁曲通。朱勔还在阊门内栽种盆花数千,供人游观。绍兴二年(1132)"同乐园"旧地赐给孟忠厚。元至正间(1341—1368)庐山陈惟寅、惟元兄弟购得此地,取杜甫"名园依绿水"之意,取名绿水园,[1]设来鸿轩、清冷阁、萝径等名胜。这里因是朱勔园林,俗称朱家园,至今仍留有地名。

石湖别墅与范村,是南宋参知政事范成大所营建。石湖别墅,在上方山(楞伽山)下,石湖之西。范成大少年钓游此地,晚年卜筑于石湖,自号石湖居士。别墅中有北山堂、千岩观、天镜阁、寿乐堂、玉雪坡、锦绣坡、说虎轩、梦渔轩、绮川亭、盟鸥亭[2]等景观,以天镜阁最胜。所植名花,以梅为多。石湖别墅水光潋滟,群峰映带,具有田园之美与山水之胜。范成大又在石湖别墅之东建范村,杂植众芳处,取名"云露"。其中梅、菊特多,范成大就此著《梅谱》《菊谱》传世。

渔隐园,在今葑门阔家头巷。南宋淳熙初(约1174),扬州人、吏部侍郎史正志归老于苏州,化一百五十万缗,在此建"万卷堂",环列书四十二橱,筑园名"渔隐",[3]颇具湖石花木之胜。其园名表明欲泛舟五湖,隐居终老。史正志死后,售给常州丁季卿。丁氏有四个儿子,园一分为四,逐年荒废。赵汝抦任浙西提刑官时,占为百万和籴场。其地在清朝时建网师园。

道隐园在西山林屋洞之上。南宋尚书李弥大罢官归田后所筑。此园共山水之胜。在园的西边,石壁数仞,洞穴岈然。南向一洞,称"丙洞",洞东攀缘而上有窈深石室名"阳谷"。沿山向东,乱石似牛羊起伏、蹲卧左右,称"齐物观"。再

---

[1] 高启:《绿水园杂咏序》,《吴郡文编》第四册,上海古籍出版社2011年,第6页。
[2] 周密:《齐东野语》卷十《范公石湖》,中华书局1983年,第177页。
[3] 卢熊:洪武《苏州府志》卷七《园第》,广陵书社2015年,第107页。

东有石曲小径名"曲岩"。园中建庵屋,名"无碍室""易老堂"。取名之由,表达了清静无为、人生易逝的思想。李弥大又种大梅树十几棵,在中建驾浮亭、道隐园,依山而建,借物湖光,具有自然之美。今仍留有李弥大的摩崖石刻。

盘野别墅,在吴江县东门学宫之旁,广约百亩,由状元黄由建,宋宁宗赐名。别墅内建有共乐堂、联德堂、茆堂、明月台、拥书楼、墨庄、三清阁、如壶中天、露台等建筑与佳构。园内植有参天的桧柏、浓密的竹丛与众多的花卉,号称绝俗的佳胜。黄由作诗曰:"满堂佳客满园花","茆堂万竹绿交加"。

就隐园,在今苏州西郊华山。南宋绍兴年间(1131—1162)郡人张廷杰(汉卿)所建,他自靖州推官归隐,到此刓剔岩窦,疏导泉源,佳花美木,四时皆有奇观。[1]经三十年的经营,因山筑室,凿池造亭,"种植艺菊以待游人",称吴门绝境。计有天池庵、临赋亭、绿龟池、流愒亭、泓玉钓滩、绿净亭、更好亭、宿云庵、独绣亭、绣屏、不夜关、大石屋、花岛、俯首岩、浮槎桥、龟巢石、翠壁、钓云台、云关、张公岩、观音洞、石鼓、月观、蘦石、集仙坛、龟甲井、瑞涧、柳洲、曲水流觞等三十二景。其中数"天池"为第一。张氏曾绘图征题,郡中士大夫多有题咏。今就隐园早已废圮不存,而天池依旧。

卢园,在苏州西南越来溪西边。是卢瑢辞官归隐后所作。有三十余景物,分别是南村、柴关、带烟堤、佐书斋、吴山堂、正易堂、紫芝轩、瑞华轩、静宜轩、玉华台、苍谷、来禽坞、逸民园、植竹处、江南如烟图、香岩、湖山清隐厅、听雪、傲襄、得妙堂、云村、玉界、古彦、玉川馆、山阴画中、杏仙堂、藕花洲、桃花源、曲水流觞等,都有诗咏之。卢园又名南村,园匾题"吴中第一林泉"。[2]园中"得妙堂"匾,为御笔亲书。

石涧书隐,在苏州府学西边的采莲里。南宋宝祐年间(1253—1258)郡人俞琰在石涧旁筑室隐居,筑有咏春斋、端居室、盟鸥轩诸胜。其孙贞木又筑九芝堂。这座园林植以松竹果木,有井可绠,有圃可锄,通渠周流,而僧龛渔坞映带左右,旁舍之所联属,湾埼之所回互,石梁之所往来,烟庖水槛,迤逦缮葺,则可舟可舆,可以觞,可以钓,书槃茶具、鼎篆之物亦且间设。"竹树阴翳,户庭萧洒,如在山林中也。"[3]园中花卉竹石布置妥帖,园池室庐宜隐者居。

宋时苏州名园还有臞庵、昼锦园、乐庵等。臞庵,由王文儒花三百万钱建成园圃于吴江松江之侧,"极东南之胜"。

---

[1] 周必大:《吴郡诸山录》,《吴中小志丛刊》,广陵书社2004年,第413页。
[2] 卢熊:洪武《苏州府志》卷七《园第》,广陵书社2015年,第105页。
[3] 朱存理:《题俞氏家集》,《苏州园林历代文钞》,上海三联书店2008年,第27页。

元朝虽民族矛盾与社会矛盾特别尖锐,但江南地区所受干扰较小,造园之势未减。尤其在乡村,园林反而呈现增加的趋势。在干戈扰攘中,一些知识分子不满蒙古贵族的腐朽统治,愤而投诸笔墨,以诗画、戏剧创作表示对社会的不满。一些文人画家参与造园活动,增加了园林的人文气息。元代除著名的狮子林之外,还有下列名园。

静春别墅,元初高士袁易隐居所创,位于苏州南郊吴淞江之滨蛟龙浦赭墩。因此人称袁易为静春先生。由于该园近水,园中壅水为池,堆石为山,柳树成荫,杂树生花,竹枝摇曳。园外,田肥野沃,烟波四绕。静春堂中有书万卷,由袁易亲手校定。此园雪中美景尤为突出。赵松雪慕静春先生高节,尝为绘《卧雪图》以赠。由于袁氏世居于此,被称作袁村。清时其裔孙在此建适园。今尚存地名。

耕渔轩,在苏州光福镇西,元末里人徐良辅所居。近湖面山,林庐田圃,清幽佳地。徐氏还在耕渔轩建"遂幽轩",清爽致人。著名画家倪云林为之绘《耕渔图》并题诗。此轩与顾瑛玉山佳处、倪瓒清閟阁,号称三大名景。

玉山草堂,顾仲瑛别墅,在昆山正仪镇。本是顾仲瑛的宅第,仲瑛进行扩拓,修建亭馆凡二十四处。前建桃源轩,中建芝云堂,东为可诗斋,西筑读书舍。后面的馆舍,称"碧梧翠竹"。有种玉亭、浣花馆、钓月亭、春草池、雪巢、小蓬莱、柳塘春、金粟影、绿波亭、绛雪亭、听雪斋、百花坊、拜石坛、寒翠所、放鹤亭,还有书画舫及草堂本身。"其幽闲佳胜,缭檐四周,尽植梅与竹,珍奇之山石,瓌异之花卉,亦旁罗而列。"[1]有人以为超越洛阳的西园与山阴之兰亭。经元末战乱,玉山草堂损伤严重。至明,倭寇入掠,园废。

万玉清秋轩,在吴江同里镇,是元江浙财赋司副使宁昌言的别墅。中间设屏,曰:岁寒屏。屏北设苍筤谷、来鹤亭、橘圃。北为芙蓉沼,沼旁有菊坡,坡有金粟坞,坞之南为碧梧岗,遍植梧桐。结室数楹,作为读书与休息之处。园中广植佳竹、青松、橘柚、芙蓉。池中遍种荷花,笼中蓄有珍禽。时人比之于晋石崇金谷园。惜在元末的兵燹中遭毁。

梧桐园,位于常熟北乡陆庄桥,当地富户曹善诚建于自己的住宅之旁。曹富于资财,其早年就经营园池,建池亭"清如许"。以后,又开辟梧桐园,种梧桐上百棵。因朝夕将梧桐洗涤,故又称"洗梧园"。有人将其比作王维的辋川。池荷怒放,鸳鸯戏水,隔岸飞花,开门清竹,景色优美,文人雅士多荟萃于此。梧桐园经元末兵火而毁,仅存的石块,或湮入土中,或为人所取。

---

[1] 郑元祐:《玉山草堂记》,《吴郡文编》第四册,上海古籍出版社2011年,第152页。

笠泽渔隐,在昆山吴淞江边。陆龟蒙的九世孙陆德原所建。园内有屋数椽,桂阴侵座,柳色映窗,竹丛响泉,花雾弥帘,涧深林茂,"石壁琴常润,书床砚已穿。俯池崖欲堕,登树薜相牵。瓶贮滋花水,帘通煮茗烟","弈客争饶子,琴僧上断弦。寻山穿雨屐,看竹棹孤船",[1]表达了园主闲适的心情。

除了私人园林,宋元时的苏州衙署,也多有园林式建筑。宋元时苏州州署(平江府署)在春秋时的子城内,今苏州公园、体育场一带。宋元时营建如下:齐云楼,在州署(也称郡治)之北,唐时建。宋绍兴年间(1131—1162)郡守王㬇重建,楼高美观,有两小楼翼之,轮奂雄特,超过了当时岳阳楼等一些名楼。楼前同时建文武二亭。淳熙十二年(1185)又在文、武二亭前建二井亭。齐云楼设芍药台,太守花时宴客于此,称"芍药会"。东楼,宋开庆元年(1259)重建,额名"清芬"。西楼,后名观风楼。宋绍兴十五年(1145)王㬇重建。木兰堂在郡治之后,堂前置木兰花,园中种荔枝。南宋时在此建新阁,有御书飞白字碑立其上。木兰堂东有双莲堂,原名芙蓉堂,后以双莲花开,至和初定名。杨备有诗赞之。北轩,宋在木兰堂后重建。东庑名"听雨",西名"爱莲",可见北轩之下有池塘。西斋在府署之东,王㬇重建。绍熙间(1190—1194)长洲县瑞麦秀四歧,及后池产双莲,当时人认为是瑞祥,因而把西斋改成双瑞堂。[2]北池,又名后池,在玉兰堂后,北宋皇祐年间(1049—1054)蒋堂守郡,增葺池馆,碧池晓涨,危桥跨波,鱼跃水藻,飞禽自适,菡萏成列,还有奇桧修竹,垂柳丛菊,景色优美。[3]

池光亭,在北池之北,宋绍兴十七年(1147),郡守郑滋重建。池旁有假山,西边有桧树,因是唐朝白居易手植,称白公桧,后不存;南宋时郡守洪遵又植桧于此。嘉熙四年(1240),池光亭毁。后在故址建春雨楼,宋理宗书额;再后,又建坐啸斋。郡圃,在池光亭北,齐云楼南,宋嘉定十三年(1220),中挖方池,周围堆以土山,并用西斋之石,加以美化。在池上建积玉、苍霭、烟岫、晴漪四亭。端平三年(1236)改名同乐园。四照亭在郡圃东北,宋绍兴十四年(1144),郡守王㬇建四阁,各植花石以应四时之宜。春有海棠,夏有湖石,秋有芙蓉,冬有梅花。因"亭四面见花,故以此为名耳"。[4]在郡治中,南宋绍兴年间修建的还有平易堂、坐啸堂、秀野亭、观德堂等。苏州郡治是亭楼相配、山池相连、花木相缀的园林式衙署。

---

[1] 张适:《题笠泽陆氏隐居》,《苏州历代园林录》,上海三联书店2008年,第105—106页。
[2] 范成大:《吴郡志》卷六《官宇》,江苏古籍出版社1986年,第56页。
[3] 蒋堂:《和梅挚北池十咏》,《吴郡志》,江苏古籍出版社1986年,第55页。
[4] 陈栖:《负暄野录》语,卢熊:洪武《苏州府志》,广陵书社2015年,第115页。

其他如通判东厅,为绍兴九年(1139)通判白彦惇建于郡治之西。正堂名"敬荀",厅西有泉水,"清冽可酿酒"。小丘嵌岩名西施洞,洞门口建有"捧心亭"。通判西厅依子城西南角,城上小楼,可观西山,名观山楼,又名涌翠。嘉熙初(约1237)又建足清堂、种书堂,以后又建屏星堂。司户厅的厅西有小圃建有玩花池、采香泾、秀芳亭、飞云阁、小蓬瀛、长啸堂等。在今乌鹊桥西北的提刑司"堂后小圃,种竹千竿,有亭曰留客"。在子城东的提举常平茶盐司署内,东有小池,池上有假山(名"壶中林壑"),池南有扬清亭,池北有"草堂亭"、鉴止亭。池旁有绣春亭。司署正厅西边有宝翰阁,厅东北有宣惠堂,厅后有皇华堂。提举常平司内建筑多数为绍兴年间所建。张士诚兵败纵火,这些园林毁于一旦。在盘胥门之间百花洲上,建有接待客人的姑苏馆,石堤环绕,花木扶疏,亦是休息佳处。一些县级衙署也很注意衙内环境的建设。吴县县治,在郡治之西二里,在原雍熙寺菜圃故址。公事大厅的西边设平理堂、无倦堂,堂之西有延射亭,为天圣年间(1023—1032)县令梁允成所作。在延射亭之傍,旧有幽圃,占地五亩。章岷在《延射亭记》中高度赞扬了这一带风光,"荫以佳木之清,畦以杂花之英,穿沼以类沧溟,筑山以拟蓬瀛"。[1]延射亭之南北,各有一座小山,南之亭曰松桂,北名高荫。吴县县治园林四时皆宜,有人比之于洛中之季伦、山阴的辟疆所筑。

长洲县治,在府治北三里,建有岁寒堂、掬月亭、蟠翠亭,[2]而以茂苑堂最具园林的胜概。堂之南植嘉木修竹,奇芳蕙草,郁葱吐秀。又南开竹径,筑绿荫庵。堂之西名尊美堂,其北龟首,有"维摩丈室",北向聚群石如岩谷,名绿野轩。

苏州衙署,建筑众多,房屋成群,渗透着园林艺术的因素,山水配套,花木扶疏,不仅是办公的处室,也是宴饮赏景的场所。

宋元时期寺观为吸引香客与修身养性的需要,其建筑亦颇具园林色彩。其中,狮子林是这类建筑的佼佼者。其他还有多处,如杨园,在和令坊,其地原南宋著名将领杨存中(后追封为和王)的别墅,居住于此三十年。元朝时为陆志宁寓馆,既而为僧舍,名"大林庵"。明永乐间改正觉寺。该寺地近百亩,屋仅数楹,余皆树艺,如城市中的山居。明朝后以竹子称胜。又如,位于陆墓(今苏州相城区元和街道)的祇园,传为红莲寺址,为屋数间,园石参差,高梧荫井,溪通池水,岸曲荷香,成为名园。再如昆山清真观,在山塘径东。宋乾道间(1165—1173)始建,至淳熙初(1174),增置三清殿及两庑与山门。后又建昊天阁,加上原有的

---

[1] 章岷:《延射亭记》,《吴郡文编》第二册,上海古籍出版社1986年,第288页。
[2] 卢熊:洪武《苏州府志》卷九《官宇》,广陵书社2015年,第127页。

放生池,成为游人祈福之地。元代初年观毁。以后陆续修复三清殿,又修建玉皇阁、方丈室、灵星阁、钟楼;还有太乙、二圣、梓潼等三祠。梅隐庵精舍,在瑞光寺之西,开禧年间(1205—1207)钟氏舍宅建。流水环绕,桂丛遮荫,颇具园林之胜。著名的寒山寺,宋元时建有宝塔,"孤塔临官道,三门背运河"。还栽有竹子,水流通寺,宝塔临道,竹荫深深,形成了优美的寺院园林环境。此外,一些学府也建有园林。

(2) 沧浪亭

沧浪亭是苏州的著名园林,是现存苏州园林最古老的一处。原系五代时吴越王钱氏近亲、中吴军节度使孙承祐的池馆。钱氏据吴越,"国富兵强,垂及四世,诸子姻戚乘时奢僭,宫馆苑囿极一时之盛"。[1]孙承祐始建园于郡学之南,"积土为山,因以潴水。"可见兼具山水之胜。苏舜钦在庆历五年(1045)南游寓吴中,过郡学,看到这里"草树郁然,崇阜广水,不类乎城中。并水得微径,于杂花修竹之间,东趋数百步,有弃地,纵广函五六十寻,三向皆水也。杠之南,其地益阔,旁无民居,左右皆林木相亏蔽"。知此地原为孙氏池馆,于是以四万钱买下,构亭北碕,修筑园林。有人以为此处池馆为吴越广陵王钱元璙修筑,此说恐非。因苏舜钦距五代钱元璙仅百年,当不会弄错。苏舜钦取《楚辞·渔父》"沧浪之水清兮,可以濯我缨;沧浪之水浊兮,可以濯我足"之意,起名沧浪亭。其景围绕亭台"前竹后水,水之阳,又竹无穷极。澄川翠干,光影会合于户轩之间,尤以风月为相宜"。[2]沧浪亭建成后,苏舜钦极为快慰,他欣赏沧浪亭的景色,"一径抱幽山","高轩面曲水,修竹慰愁颜"(苏舜钦《咏沧浪亭》)。又在《沧浪静吟》中说:"独绕虚亭步石矼,静中情味世无双。"给韩持国的书信中还说这座园林珍花奇石,曲池高台,鱼鸟流连,不觉日暮。沧浪亭以亭台、奇石、澄水、翠竹取胜,在清风明月之夜,风景特美,为无价之宝,正如欧阳修所说:"清风明月本无价,可惜只卖四万钱!"[3]

苏舜钦建沧浪亭后,不满五年即卒,亭被龚姓与章氏两家所得,各获其半。章粢,宋同知枢密院事,谥庄简,改谥庄敏,原籍福建浦城,晚年定居苏州。章粢得园后扩大面积,购买黄土,增筑山亭。在沧浪亭北山下,发现嵌空大石,以为广陵王时所藏,于是"增累其隙,两山相对,遂为一时雄观"。[4]南宋建炎、绍兴年

---

[1] 归有光:《沧浪亭记》,《苏州园林历代文钞》,上海三联书店2008年,第5页。
[2] 苏舜钦:《沧浪亭记》,《吴郡志》卷十四《园亭》,江苏古籍出版社1986年,第187页。
[3] 欧阳修诗句:《文忠集》,文渊阁《四库全书》第1102册,上海古籍出版社1987年,第40页。
[4] 范成大:《吴郡志》卷十四《园亭》,江苏古籍出版社1986年,第187页。

间蕲王韩世忠过吴,据此为府。在山上筑寒光亭、冷风亭、翊运堂、水边筑濯缨亭。梅亭名"瑶华境界",竹亭名"翠玲珑",桂亭名"清香馆"。又在两山之间架桥称"飞虹"。但仍以沧浪亭为最胜。元时,沧浪亭废为僧居,曾是妙隐庵、大云庵所在。

(3) 狮子林

狮子林是苏州寺观园林的典范,也是元朝园林的代表作之一。狮子林在今苏州古城区东北隅仁寿桥东碎金巷内,原是贵家的别业。元至正二年(1342),僧人惟则创建。惟则是天如禅师的门人。禅师俗姓谭,江西永新人,在天目山狮子岩,师从中峰禅师。当时江浙名寺屡次请天如前往住持寺务,天如屡请不起,遁迹于松江九峰间十二年。惟则为安置其师,准备在这里建造寺院,特请名流朱德润、赵善良、徐幼文、倪元镇(倪瓒)商量,购地十余亩,建房屋二十余间。倪元镇参预了设计并绘图,寺名菩提正宗寺。"狮子林"是该寺的一部分,是天如禅师讲经静修的处所。

狮子林中有竹万竿,竹下多湖石,或跂或蹲,状如狻猊(狮子);且天如禅师曾在狮子岩学经,故而命名。狮子林的湖石,据传来自花石纲之遗。朱勔从太湖运来,未及送汴(今开封),于是这批湖石留在苏州,为寺僧所用。

元时之景,正如欧阳玄所写:"因地之隆阜者,命之曰山,因山之有石而崛起者名之曰峰,曰含晖,曰吐月,曰玉立,曰昂霄者,皆峰也。其中最高状如狻猊,是所为师子峰,其膺有文以识其名也。立玉峰之前,有旧屋遗址,容石磴可坐六七人,即其地作栖凤岭。昂霄峰之前,因地洼下,浚为涧,作石梁跨之,曰小飞虹。他石或跂或蹲,状如狻猊者不一,林之名亦以其多也。"[1]庭院有柏如腾蛟,在此设指柏轩;有梅如卧龙,设问梅阁;竹间结茅屋,称"禅窝",乃方丈之室。其他一如丛林之制,有崇佛之祠,僧住之舍,香积之厨。安禅之室曰"卧云",传法之堂曰立雪。另有玉鉴池、冰壶井、修竹谷、大石屋诸胜。湖石玲珑,洞壑婉转。多是因势就形,自然敷景,在当时就称"灵巧"。惟则禅师作《狮子林即景十四首》咏之。袁学澜称之为"石之奇,为吴中冠"。[2]张紫琳称其"玲珑奇险,得峨嵋、雁宕景趣,后之造园者,莫能及也"。[3]元末,狮子林为张士诚女婿潘元绍所居,其时规模小而号幽胜,清池流其前,崇丘峙其后,怪石罗立,森竹交翳,可息可游。明时一度归于能仁寺,清中叶至民国为私人所有。中华人民共和国成立后

---

[1] 欧阳玄:《狮子林菩提正宗寺记》,《苏州园林历代文钞》,上海三联书店2008年,第29页。
[2] 袁学澜:《狮子林记》,《苏州园林历代文钞》,上海三联书店2008年,第36页。
[3] 张紫琳:《红兰逸乘》卷一,《苏州文献丛钞初编》,古吴轩出版社2005年,第270页。

收归国有,并对外开放。

　　苏州园林在五代宋元时期布局广泛,衙署、寺观、学校,特别是私人,都有园林之建,由于在太湖边上,很重视湖石布置与结构。因其地势低下,很重视堆土的功效与水的流淌,造园技艺在全国领先。

大 事 记

907　梁太祖开平元年　朱温立国,史称后梁。

908　梁太祖开平二年　杨行密遣周本围钱镠占领下的苏州。

909　梁太祖开平三年　钱镠讨杨行密,重占苏州。钱氏分吴县南部为吴江县。

915　梁末帝贞明元年　置都水营田使主管水利,设撩清军。

917　梁末帝贞明三年　吴越改称苏州为中吴府。吴王杨隆演派陈璋将兵侵苏、湖。

919　梁末帝贞明五年　吴越王遣子传瓘与杨吴徐温战于常州,钱氏战败。杨吴归俘于钱,自此休兵二十余年。

922　梁末帝龙德二年　吴越苏州刺史钱传璙重修苏州城墙,改夯土为砖砌。

924　唐庄宗同光二年　吴越升苏州为中吴军,领常、润等州。以钱传璙为中吴军节度使。

925　唐庄宗同光三年　中吴军节度使钱传璙贡后唐锦绮多件及经书史籍多卷。

926　唐明宗天成元年　中吴军(苏州)大水,水中生"米"如豆,民取食之。

932　唐明宗长兴三年　吴越王钱镠死,子元瓘立。免除民田荒绝者租税。

940　晋高祖天福五年　以嘉兴县置秀州,领嘉兴、海盐、华亭、崇德四县。苏州领吴、长洲、昆山、常熟、吴江五县,州境缩小。是年苏州大水。

941　晋天福六年　因吴越王钱元瓘薨,下令免其境内税三年。

942　晋天福七年　吴越中吴军节度使钱元璙(原名传璙)卒。钱元璙治苏近三十年,兴修水利,屏蔽一方,其功甚伟。

949　汉隐帝乾祐三年　吴越置营田军数千人,在淞江辟土而耕。

956　周世宗显德三年　吴越命中吴军节度使钱文奉为水陆应援诸军都统使,作助周战争的准备。

961　宋太祖建隆二年　虎丘云岩寺塔(今称虎丘塔)建成。

969　宋太祖开宝二年　中吴军节度使钱文奉卒。钱文奉治苏亦近三十年，力求保成，建南园、东庄，为吴中之胜。

975　宋太祖开宝八年　十二月，改中吴军为平江军，以孙承祐为节度使。属江南道。

978　宋太宗太平兴国三年　吴越王钱俶入朝，表请以所部十三州献于宋，宋收吴越版图，复以平江军为苏州，属两浙转运使司，并定吴县为首县。宋廷派闫象为知州。上方塔建成。

989　宋太宗端拱二年　范仲淹诞生。

993　宋太宗淳化四年　苏州知州宋珰治苏，关心民间疾苦，派长吏至民间救饥治病，获民众好评。

1011　宋真宗大中祥符四年　九月，苏州吴江水灾，泛害民居。政府全力救灾。

是岁，宋廷下诏免除丁身钱，苏民蒙泽良多。宋在苏推广占城稻。

1012　宋真宗大中祥符五年　置开江营兵1200人，专修吴江至嘉兴塘路一百余里。

1018　宋真宗天禧二年　令江淮发运副使张纶、同知苏州孙冕疏治昆山、常熟湖泊港浦，导太湖水入海。减免苏人租税60万斛。

1022　宋真宗乾兴元年　是年水灾，诏发邻郡兵疏开壅淤。

1023　宋仁宗天圣元年　以苏州大水，废民耕地，诏转运使徐奭、江淮发运使赵贺自市泾以北至赤门以南筑石堤90里，浚积涝自吴至海，复田10万亩。

1030　宋仁宗天圣八年　瑞光塔重建落成。

1034　宋仁宗景祐元年　范仲淹知苏州，疏茜泾等五河，导太湖水入海。

1035　宋仁宗景祐二年　范仲淹捐地办州学，延聘胡瑗为教授，创苏湖教学法。

1042　宋仁宗庆历二年　苏州通判李禹卿在淞江、太湖之间筑大堤，横截60里，以防风涛败舟。

1045　宋仁宗庆历五年　文学家苏舜钦罢官居苏筑沧浪亭，庆历八年卒。

1052　宋仁宗皇祐四年　资政殿学士范仲淹卒，赠兵部尚书，谥文正。

1055　宋仁宗至和二年　苏州知州吕居简、昆山县主簿丘与权，开挖自苏州娄门至昆山的河道至和塘。

1059　宋仁宗嘉祐四年　招置苏州开江兵士，兴修水利，设吴江、昆山、常熟等共四指挥。

1061　宋仁宗嘉祐六年　苏州水灾,转运使王纯臣建议苏州等四州并筑田塍。

1063　宋仁宗嘉祐八年　望亭堰闸废,拨士兵隶属苏州开江指挥;兴修至和塘堤。

1068　宋神宗熙宁元年　命雍元直治浙西河渠。

1070　宋神宗熙宁三年　郏亶上书论苏州水利,极陈利病,朝廷以为可。任郏亶司农寺丞,提举兴修。

1074　宋神宗熙宁七年　苏州大旱,太湖水涸。是年,分两浙为东西两路,苏州属浙江西路。至九月,又诏不分。

1076　宋神宗熙宁九年　复分两浙为东西路。

1078　宋神宗元丰元年　七月四日夜,大风雨,潮起二丈余,漂荡尹山至吴江塘岸,冲决桥梁,沙土皆尽。

1081　宋神宗元丰四年　太湖水溢,自吴江至平望民房尽坏,死者万人。

1084　宋神宗元丰七年　朱长文作《吴郡图经续记》成,苏州知州章岵为之作序。

1091　宋哲宗元祐六年　大水,苏常湖三州尽淹,苏州死人三十万。

1094　宋哲宗绍圣元年　秋,海风坏民田。

1095　宋哲宗绍圣二年　自夏至秋,地震不断。

1098　宋哲宗元符元年　史志学家朱长文卒。

1099　宋哲宗元符二年　冬,大水。

1102　宋徽宗崇宁元年　命童贯制御器于苏杭。童贯于二州置局,造金银竹玉等器,日役诸色匠人数千,民力大困。

1103　宋徽宗崇宁二年　水利学家郏亶卒。

1105　宋徽宗崇宁四年　十一月,命朱勔领苏杭应奉局与花石纲,朱勔破屋毁墙,尽搜珍异石木以进,民不能堪。

1113　宋徽宗政和三年　定苏州为节镇,升苏州为平江府,领吴、长洲、昆山、常熟、吴江五县。是年四月,苏州火,烧苏州公私房屋170余间。

1116　宋徽宗政和六年　诏令于平江三十六浦,照旧置闸。后因两浙扰甚,诏罢役。

1118　宋徽宗重和元年　两浙霖雨,复以赵霖兴水利。反复多次治理,终使积水减退。

1120　宋徽宗宣和二年　浙江睦州发生方腊起义,苏州石生响应。

1121　宋徽宗宣和三年　正月,诏罢花石纲。

1123　宋徽宗宣和五年　置浙西提举司,治所置平江府,下诏重砌平江城墙。

1126　宋钦宗靖康元年　朱勔伏诛。

1129　宋高宗建炎三年　二月,宋高宗南渡,驻跸苏州,三日后赴杭。三月,宋扈从统制苗傅等叛乱,张浚以苏州为"根据地",派韩世忠镇压叛乱。

1130　宋高宗建炎四年　金兵攻入苏州,纵火焚烧五昼夜,烟焰见三百里。后金兵至镇江黄天荡,被韩世忠击败。

1132　宋高宗绍兴二年　八月五日,长洲县地震,树木皆摇动。

1133　宋高宗绍兴三年　苏州大地震。

1136　宋高宗绍兴六年　虎丘云岩寺高僧绍龙圆寂。

1142　宋高宗绍兴十二年　以左司员外郎李椿年为运副,至苏州丈量土地,以正"经界"。

1144　宋高宗绍兴十四年　王晚任苏州知府,修整苏州城,筑姑苏馆。

1148　宋高宗绍兴十八年　苏州文学家叶梦得逝世。

1151　宋高宗绍兴二十一年　蕲王韩世忠薨,葬灵岩山麓。

1153　宋高宗绍兴二十三年　报恩寺塔(俗称北寺塔)重建竣工。又,太湖周边土地原被"军下"所占,命撤去军队所占土地,"使军民各安田畴利益"。

1158　宋高宗绍兴二十八年　七月,大风雨,潮溢百里,苏州被水尤甚。同年,开浚白茆浦。

1161　宋高宗绍兴三十一年　金主亮大举南侵。十月,宋高宗下诏亲征。不久,亮为部下所杀。高宗欲乘机肃清中原,十二月十四日至苏州,十六日赴无锡。

1163　宋孝宗隆兴元年　发生大风与水害。是岁大饥。

1164　宋孝宗隆兴二年　大水浸苏州等城郭,坏庐舍圩田,人溺死甚众。

1165　宋孝宗乾道元年　平江等府大饥,迁徙者不可胜记。州县设粥赈济。

1169　宋孝宗乾道五年　增置撩河军兵,专一管辖水面。

1175　宋孝宗淳熙二年　开浒浦等常熟诸浦,并开运河54里。

1176　宋孝宗淳熙三年　苏州大水。

1179　宋孝宗淳熙六年　三月,发运使魏峻重新疏理至和塘,富民出财助工,二月而毕。

1193　宋光宗绍熙四年　诗人、史志学家范成大逝世。

1217　宋宁宗嘉定十年　割昆山东部置嘉定县,属平江府。

1223　宋宁宗嘉定十六年　减板帐钱,常熟每年减一万贯,昆山、吴江每年减三千贯。

1229　宋理宗绍定二年　《平江图》碑问世。《吴郡志》出版。至宋理宗淳祐七年,《天文图》刻石成碑,《地理图》也刻石传世。碑为天文地理学家黄裳所绘。

1232　宋理宗绍定五年　宝带桥(俗称长桥)重新建成。

1234　宋理宗端平元年　提举曹豳创和靖书院于虎丘,这是苏州第一所书院。

1275　宋恭宗德祐元年　三月,元伯颜军进平江,会宋张世杰兵至,元军引去。八月,文天祥兼知平江府。十二月,元军再次占平江。置浙西路军民宣抚司。文天祥至伯颜军议和,被扣。

1276　元世祖至元十三年　改苏州为平江路总管府,领吴县、长洲、昆山、常熟、吴江、嘉定六县。

1286　元世祖至元二十三年　苏州多雨伤稼,百姓艰食。

1288　元世祖至元二十五年　苏州大水,民鬻妻女易食,以上供米二十万石赈之。

1295　元成宗元贞元年　昆山、常熟、吴江、嘉定四县均升州。天庆观,从邱处机请,改名玄妙观。

1297　元成宗大德元年　浙江行省平章政事彻里浚吴淞江,四月毕工。

1299　元成宗大德三年　苏州大水,元政府实行赈济。

1301　元成宗大德五年　董章任平江路总管,作善教二十四条以劝民。苏州大水。

1316　元仁宗延祐三年　螟虫害稼,水稻不实,免除全部田税。

1328　元泰定帝泰定二年　吴江垂虹桥改石拱桥。

1329　元文宗天历二年　吴江知州孙伯恭大修石塘,以巨石筑之。

1331　元文宗至顺二年　台风暴雨,太湖水溢。

1342　元顺帝至正二年　天如禅师建狮林寺。其园保留至今,称狮子林。

1352　元顺帝至正十二年　廉访使李铁木儿等修平江城,重开胥门。

1353　元顺帝至正十三年　名医葛乾孙卒,葛专治痨病,卓有成效。

1354　元顺帝至正十四年　元四大家之一的名画家黄公望卒。

1355　元顺帝至正十五年　九月,立分海道运粮万户府于苏州。

1356　元顺帝至正十六年　张士诚军占苏州,改平江路为隆平府,建大周政权,以承天寺为府。

1357　元顺帝至正十七年　张士诚降元,又改隆平府为平江路,以粮输大都。苏州织染局首建于平桥南。冬,在虎丘作城。

1360　元顺帝至正二十年　朱元璋部俞通海,攻福山、刘家港。

1363　元顺帝至正二十三年　张士诚自称吴王。

1364　元顺帝至正二十四年　张士诚动用民工十万,开白茆港,长九十里。

1366　元顺帝至正二十六年　朱元璋遣徐达、常遇春等进围平江。

1367　元顺帝至正二十七年　朱元璋军破平江,张士诚被俘自杀。改平江府为苏州府,属于江南行中书省,领吴、长洲两县与昆山、常熟、吴江、嘉定四州。十月徙富民至濠州。

参考文献

安上：《苏州佛教简稿》，西园寺档案室藏。
边实：《玉峰续志》，中华书局 1990 年。
毕沅：《续资治通鉴》，上海古籍出版社 1986 年。
蔡沉：《书经集注》，上海鸿文书局 1936 年。
曹勋：《松隐集》，上海古籍出版社 1987 年。
曹寅：《全唐诗》，中华书局 1961 年；上海古籍出版社 1986 年。
曹允源、李根源：民国《吴县志》，江苏古籍出版社 1991 年。
陈邦瞻：《宋史纪事本末》，中华书局 1977 年。
陈旉：《农书》，上海古籍出版社 1987 年。
陈鹄：《西塘集耆旧续闻》，中华书局 2002 年。
陈基：《夷白斋稿》，上海古籍出版社 1987 年。
陈金元、邹志一：《吴中诗旅》，南海出版公司 1996 年。
陈开俊等译：《马可·波罗游记》，福建科技出版社 1981 年。
陈其弟点校：《长洲县志》，广陵书社 2006 年。
陈其弟点校：《吴中小志丛刊》，广陵书社 2004 年。
陈去病：《五石脂》，江苏古籍出版社 1986 年。
陈维中：《吴郡甫里志》，江苏古籍出版社 1991 年。
陈垣：《元典章校补》，励耘书屋丛刊本。
程端礼：《畏斋集》，上海古籍出版社 1987 年。
丁传靖：《宋人轶事汇编》，中华书局 1981 年。
丁正元等：乾隆《吴江县志》，江苏古籍出版社 1991 年。
丁祖荫：《重修常昭合志》，江苏古籍出版社 1991 年。
董诰：《全唐文》，上海古籍出版社 1993 年。
杜文澜：《古谣谚》，中华书局 1981 年。
范成大：《范成大笔记六种》，中华书局 2002 年。
范成大：《石湖诗钞》，中华书局 1986 年。

范成大：《吴郡志》，江苏古籍出版社1986年。
范培松、金学智：《苏州文学通史》，江苏教育出版社2004年。
范晔：《后汉书》，上海蜚英馆1888年。
范镇：《东斋记事》，中华书局1980年。
范仲淹：《范文正公全集》，上海古籍出版社1987年。
方勺：《清溪寇轨》，中华书局1983年。
费衮：《梁溪漫志》，上海古籍出版社1985年。
冯桂芬：同治《苏州府志》，江苏古籍出版社1990年。
冯普仁：《吴地交通文化》，南京大学出版社1997年。
冯汝弼：嘉靖《常熟县志》，凤凰出版社2014年。
傅璇琮：《全宋诗》，北京大学出版社1998年。
傅璇琮：《中国古典诗歌基础文库·宋诗卷》，浙江文艺出版社1996年。
高德基：《平江记事》，广陵书社2004年。
高启：《高青丘集》，上海古籍出版社2013年。
高斯德：《耻堂存稿》，上海古籍出版社1987年。
龚明之：《中吴纪闻》，上海古籍出版社1986年。
顾公燮：《丹午笔记》，江苏古籍出版社1986年。
顾吉辰：《宋代粮食亩产小考》，《农业考古》1983年第2期。
顾禄：《清嘉录》，上海古籍出版社1986年。
顾禄：《桐桥倚棹录》，古吴轩出版社2005年。
顾炎武：《日知录》，上海古籍出版社1984年。
顾炎武：《天下郡国利病书》，上海古籍出版社2012年。
顾瑛：《玉山璞稿》，上海古籍出版社1987年。
顾沅：《吴郡文编》，上海古籍出版社2011年。
官修《宋会要》，上海古籍出版社2011年。
官修《元典章》，天津古籍出版社2011年。
管凤良：《一曲长承》，上海人民出版社2006年。
《寒山寺志》编写组：《寒山寺志》（重修本），江苏古籍出版社2002年。
何文焕：《历代诗话》，中华书局1981年。
何薳：《春渚纪闻》，中华书局1983年。
洪迈：《容斋随笔》，中华书局1982年。
洪迈：《夷坚志》，中州古籍出版社1994年。

黄仁生：《论顾瑛在元末文坛的作为与贡献》，《湖南文理学院学报（社会科学版）》2005年第1期。

胡瑗：《周易口义》，上海古籍出版社1987年。

黄庭坚：《山谷诗钞》，中华书局1986年。

黄省曾：《理生玉镜》，中华书局1985年。

黄省曾：《蓬轩吴记》，古吴轩出版社2005年。

黄省曾：《吴风录》，广陵书社2004年。

黄宗羲：《宋元学案》，中华书局1986年。

纪昌熙：《望亭镇志》，苏州大学出版社2003年。

江苏省地方志编辑委员会：《江苏省志·文物志》，江苏古籍出版社1998年。

江苏苏州浒墅关开发区：《阳山文萃》，古吴轩出版社2007年。

蒋子正：《山房随笔》，浙江古籍出版社1986年。

金海龙：《吴中名贤图传》，西泠印社出版社2006年。

金吴澜、李福沂：光绪《昆新两县合修续志》，江苏古籍出版社1991年。

金友理：《太湖备考》，江苏古籍出版社1986年。

孔齐：《至正直记》，上海古籍出版社2003年。

李伯重：《宋末至明初江南农民经营方式之变化》，《中国农史》1998年第2期。

李昉：《太平广记》，岳麓书社1996年。

李昉：《文苑英华》，中华书局1966年。

李纲：《梁溪集》，上海古籍出版社1987年。

李觏：《盱江集》，上海古籍出版社1987年。

李祁：《云阳李先生集》，上海古籍出版社1987年。

李升：《朝野类要》，中华书局2007年。

李时珍：《本草纲目》，书业堂本，1784年。

李焘：《续资治通鉴长编》，上海古籍出版社1987年。

李心传：《建炎以来系年要录》，上海古籍出版社1987年。

李心传：《建炎以来朝野杂记》，中华书局2000年。

李幼武：《宋名臣言行录》，上海古籍出版社1987年。

林逋：《和靖诗钞》，中华书局1986年。

凌泗、谢家福：《五亩园小志》，广陵书社2006年。

凌万顷、边实：淳祐《玉峰志》，中华书局1990年。

陆九渊：《象山集》，上海古籍出版社1987年。

陆泳：《吴下田家志》，广陵书社2004年。

陆游：《老学庵笔记》，中华书局1979年。

陆游：《渭南文集》，上海古籍出版社1987年。

陆友仁：《吴中旧事》，广陵书社2004年。

陆肇域、任兆麟：《虎阜志》，古吴轩出版社1995年。

逯钦立：《先秦汉魏晋南北朝诗》，中华书局1983年。

路振：《九国志》，上海古籍出版社2003年。

卢琦：《圭峰集》，台湾商务印书馆1986年。

卢熊：洪武《苏州府志》，广陵书社2015年。

卢桢：《重修琴川志》，中华书局1990年。

罗大经：《鹤林玉露》，中华书局1983年。

罗烨：《醉翁谈录》，辽宁教育出版社1998年。

马端临：《文献通考》，上海古籍出版社1987年。

马令：《南唐书》，上海古籍出版社1987年。

马致远：《东篱乐府》，中华书局1964年。

马宗霍：《书林藻鉴》，文物出版社2015年。

马祖常：《石田集》，上海古籍出版社1987年。

梅尧臣：《宛陵集诗钞》，中华书局1986年。

孟元老：《东京梦华录》，中华书局1962年。

妙生：《常熟破山兴福寺志》，古吴轩出版社1993年。

闵宗殿：《宋明清时期太湖地区水稻亩产量的探讨》，《中国农史》1984年第3期。

耐得翁：《都城纪胜》，中华书局1962年。

倪师孟：乾隆《震泽县志》，江苏古籍出版社1990年。

倪瓒：《清閟阁集》，上海古籍出版社1987年。

聂士全：《但得本莫愁末》，《寒山寺文化论坛论文集2008》，上海古籍出版社2009年。

钮琇：《觚賸》，上海古籍出版社2009年。

欧阳修：《文忠集》，上海古籍出版社1987年。

欧阳修：《新五代史》，中华书局1974年。

潘耒：《切问斋文钞》，同治杨国祯刻。

漆侠：《宋代农业发展及其不平衡性》，《中州学刊》1983年第1期。

钱伯城等：《全明文》，上海古籍出版社1992年。

钱谦益：《列朝诗集小传》，上海古籍出版社2003年。

乔吉：《乔梦符小令》，上海古籍出版社2003年。

丘濬：《大学衍义补》，京华出版社1999年。

裘潇：《万佛石塔的前世今生》，《苏州高新》2013年7月28日B4版。

善住：《谷响集》，上海古籍出版社1987年。

沈括：《梦溪笔谈》，浙江古籍出版社1986年。

沈刻《元典章》，1908年。

沈啓：嘉靖《吴江志》，《善本方志辑》第42册，凤凰出版社2014年。

沈义父：《乐府指迷》，上海古籍出版社1987年。

施谦等：乾隆《吴县志》，《善本方志辑》第36、37册，凤凰出版社2014年。

史能之：咸淳《毗陵志》，中华书局1990年。

宋濂：《元史》，中华书局1976年。

宋林飞：《江苏通史》，江苏人民出版社2012年。

宋无：《寒翠集》，上海古籍出版社1987年。

司马光：《资治通鉴》，中华书局1956年。

苏东坡：《东坡诗钞》，中华书局1986年。

苏东坡：《东坡全集》，上海古籍出版社1987年。

苏东坡：《东坡志林》，华东师范大学出版社1983年。

苏东坡：《仇池笔记》，华东师范大学出版社1983年。

苏舜钦：《沧浪集》，中华书局1986年。

苏州市博物馆：《苏州市文博论丛》，文物出版社2013年。

苏州市博物馆：《苏州吴张士诚母曹氏墓发掘简报》，《考古》1965年第6期。

苏州市文管会、苏州市博物馆：《苏州古胥门调查与瓮城遗址发掘报告》，《东南文化》2001年11期。

苏州市文管会、吴县文管会：《苏州七子山五代墓发掘简报》第2期，苏州市博物馆档案室1981年。

苏州市文联：《苏州名胜诗词选》，苏州市文联1985年。

苏州市政协文史资料委员会：《范仲淹史料新编》，沈阳出版社1989年。

隋树森：《全元散曲》，中华书局 1964 年。
孙觌：《鸿庆集诗钞》，中华书局 1986 年。
孙觌纪念馆：《孙觌研究文集》，上海古籍出版社 2006 年。
孙佩兰：《吴地刺绣文化》，南京大学出版社 1997 年。
孙应时：《琴川志》，中华书局 1990 年。
唐圭璋：《全宋词》，中州古籍出版社 1986 年。
陶安：《陶学士集》，上海古籍出版社 1987 年。
陶穀：《清异录》，上海古籍出版社 1987 年。
陶宗仪：《南村辍耕录》，中华书局 1959 年。
童书高：民国《钱塘门乡志》，江苏古籍出版社 1998 年。
脱脱：《宋史》，中华书局 1977 年。
脱因：至顺《镇江志》，中华书局 1990 年。
王安石：《临川集诗钞》，中华书局 1986 年。
王鏊：正德《姑苏志》，上海古籍出版社 1987 年。
王存：《元丰九域志》，中华书局 1984 年。
王稼句：《苏州园林历代文钞》，上海三联书店 2008 年。
王謇：《宋平江城坊考》，江苏古籍出版社 1986 年。
王楙：《野客丛话》，上海古籍出版社 1991 年。
王明清：《挥麈录》，上海古籍出版社 2012 年。
王闢之：《渑水燕谈录》，中华书局 1981 年。
王维德：《林屋民风》，广陵书社 2003 年。
王象之：《舆地纪胜》，中华书局 1992 年。
王栐：《燕翼诒谋录》，中华书局 1981 年。
王禹偁：《小畜集诗钞》，中华书局 1986 年。
王恽：《玉堂嘉话》，中华书局 2006 年。
王应麟：《玉海》，台湾商务印书馆 1986 年。
王祯：《农书》，上海古籍出版社 1987 年。
王銍：《默记》，中华书局 1981 年。
王祖畲：《太仓州志》，江苏古籍出版社 1991 年。
委心子：《新编分门古今类事》，中华书局 1987 年。
卫泾：《后乐编》，上海古籍出版社 1987 年。
魏了翁：《鹤山集》，上海古籍出版社 1987 年。

魏徵：《隋书》，中华书局1993年。

文天祥：《文山集》，上海古籍出版社1987年。

文廷式：《大元官制杂论》，上海古籍出版社2003年。

文莹：《湘山野录》，中华书局1984年。

翁广平：《平望志》，广陵书社2011年。

吴昌绶：《吴郡通典》，苏州市地方志办公室等2005年。

吴宽：《平吴录》，上海古籍出版社2003年。

吴奈夫等：《古代刘家港资料集》，南京大学出版社1985年。

吴潜：《许国公奏议》，上海古籍出版社2003年。

吴任臣：《十国春秋》，中华书局1983年。

吴曾：《能改斋漫录》，上海古籍出版社1960年。

吴之振：《宋诗钞》，中华书局1986年。

吴自牧：《梦粱录》，中华书局1962年。

夏荃：《退庵笔记》，北京出版社1997年。

谢翱：《晞发集诗钞》，中华书局1986年。

谢应芳：《龟巢稿》，台湾商务印书馆1986年。

徐达源等：《黎里志》，广陵书社2011年。

徐积：《节孝集》，上海古籍出版社1987年。

徐兢：《宣和奉使高丽图经》，上海古籍出版社1987年。

徐梦莘：《三朝北盟会编》，上海古籍出版社2008年。

徐崧、张大纯：《百城烟水》，江苏古籍出版社1986年。

徐叟：《宋人小说类编》，中国书店1985年。

徐文涛：《苏州古桥》，上海古籍出版社2000年。

徐震堮：《世说新语笺注》，中华书局1984年。

许树东：《古都苏州新天堂》，白山出版社2004年。

许治：乾隆《元和县志》，江苏古籍出版社1991年。

薛居正：《旧五代史》，中华书局1976年。

熊其英：《吴江县续志》，江苏古籍出版社1991年。

严振非：《东屿德海传略》，《寒山寺文化论坛论文集2008》，上海古籍出版社2009年。

杨譓：至正《昆山志》，中华书局1990年。

杨镜如：《苏州府学志》，苏州大学出版社2013年。

杨镰:《全元诗》,中华书局 2013 年。

杨循吉:《吴邑志》,广陵书社 2006 年。

杨士奇:《历代名臣奏议》,上海古籍出版社 1987 年。

杨万里:《朝天续集诗钞》,中华书局 1986 年。

杨万里:《诚斋集》,上海古籍出版社 1987 年。

杨亿:《杨文公谈苑》,上海古籍出版社 1993 年。

叶昌炽:《寒山寺志》,江苏古籍出版社 1986 年。

叶梦得:《石林诗话》,中华书局 1981 年。

叶梦得:《避暑录话》,上海古籍出版社 1987 年。

叶绍翁:《四朝闻见录》,中华书局 1989 年。

叶盛:《水东日记》,中华书局 1980 年。

叶适:《习学纪言》,上海古籍出版社 1987 年。

叶燮:《己畦集》,上海古籍出版社 1987 年。

叶子奇:《草木子》,中华书局 1959 年。

佚名:《宋大诏令集》,上海古籍出版社 2002 年。

佚名:《吴地记后集》,江苏古籍出版社 1986 年。

佚名:《宣和画谱》,台北文渊阁《四库全书》本 1986 年。

永瑢等:《四库全书总目》,中华书局 1965 年。

俞文豹:《吹剑录外集》,上海古籍出版社 1987 年。

虞堪:《希澹园诗集》,上海古籍出版社 1987 年。

袁华:《耕学斋诗集》,上海古籍出版社 1987 年。

袁景澜:《吴郡岁华纪丽》,江苏古籍出版社 1998 年。

袁枢:《宋史纪事本末》,中华书局 1964 年。

岳珂:《桯史》,商务印书馆 1936 年。

乐史:《太平寰宇记》,中华书局 2007 年。

赞宁:《宋高僧传》,中华书局 1987 年。

曾敏行:《独醒杂志》,上海古籍出版社 1986 年。

翟灏:《通俗编》,上海古籍出版社 2003 年。

章树福:咸丰《黄渡镇志》,江苏古籍出版社 1998 年。

章太炎:《章太炎全集》,上海人民出版社 2014 年。

张昶:《吴中人物志》,古吴轩出版社 2013 年。

张承先:嘉庆《南翔镇志》,江苏古籍出版社 1998 年。

张端义：《贵耳集》，上海古籍出版社2012年。
张景修：《乐圃馀稿》，上海古籍出版社1987年。
张可久：《新刊张小山北曲联乐府》，上海古籍出版社1987年。
张师正：《倦游杂录》，上海古籍出版社1987年。
张世南：《宦游旧闻》，中华书局1981年。
张廷玉：《明史》，中华书局1974年。
张一留：《灵岩山志》，灵岩寺1991年。
张应文：《清秘藏》，上海古籍出版社1987年。
张雨：《句曲外史集补遗》，上海古籍出版社1987年。
张志华、明安治：崇祯《太仓州志》，太仓市地方志办公室2013年。
赵良等：《苏州道教史略》，华文出版社1994年。
赵令畤：《侯鲭录》，中华书局2002年。
赵孟頫：《松雪斋集》，上海古籍出版社1987年。
赵明等：《江苏竹枝词》，江苏教育出版社2001年。
赵彦卫：《云麓漫钞》，辽宁教育出版社1998年。
郑思肖：《心史》，北京出版社1997年。
郑闫：《顾坚身份之谜》，《苏州日报》2009年12月25日。
郑元祐：《侨吴集》，上海古籍出版社1987年。
郑元祐：《遂昌杂录》，浙江古籍出版社1986年。
郑钟祥、张瀛：《常昭合志稿》，江苏古籍出版社1991年。
周亮工：《书影》，上海古籍出版社1981年。
周密：《齐东野语》，中华书局1983年。
周密：《武林旧事》，中华书局1962年。
支伟成等：《吴王张士诚载记》，中华书局2013年。
朱弁：《曲洧旧闻》，中华书局2002年。
朱善：《朱一斋先生集》，齐鲁书社1997年。
朱熹：《二程遗书》，上海古籍出版社1987年。
祝穆：《方舆胜览》，中华书局2003年。
庄绰：《鸡肋编》，中华书局1983年。
邹永明：《太湖西山名胜诗文选》，苏州大学出版社1997年。

后 记

历时四载，《苏州通史·五代宋元卷》总算草草拟就，即将面世。我自学习文史以来，受业师唐宋文学专家徐震堮先生与宋史专家柴德赓先生的影响，一直喜欢唐宋史的学习与研究，也写过一些论文与著作；只是由于教学需要与所处地域的关系，研究重点转移至文字学、吴文化与社会风俗史领域。五代宋元时期，民族矛盾尖锐，出现了诸多抗击外族侵略的英雄人物，谱写了一首首英雄史诗，历来被传颂。由于苏州偏处东南，相对稳定，经济繁荣，文化发达，加上自然的灵山佳水，号称人间天堂。其人、其事、其史，值得总结与研究。当国平先生在分配《苏州通史》撰写任务时，我毫不犹豫地认下了"五代宋元卷"的写作任务。

五代宋元时期，是全国经济重心转移到江南与市民文化的转型时期，这为明清苏州的全国首富地位与文化辉煌奠定了基础。由于历史的沉淀与宋元时期苏州人的努力，苏州文化茁壮成长，创造了一批批灿烂的成果，因而《五代宋元卷》中文化占了很大的比重，这正说明苏州文化的厚重。

在写作过程中，参阅了一些研究成果，恕不一一注明，特表歉意。本书获董粉和、杨文彬、钱玉成、倪浩文以及苏州图书馆孙中旺等先生的大力帮助，特表谢忱。有不当之处，请提宝贵意见。

戈春源

2015 年 9 月 10 日